国家科学技术学术著作出版基金资助出版

钢桥抗震设计

Seismic Design of Steel Bridge

谢 旭 唐站站 著

科 学 出 版 社
北 京

内 容 简 介

本书针对钢桥弹塑性地震反应计算方法和抗震设计方法，主要介绍地震中钢桥的破坏形式、钢桥弹塑性地震反应分析的计算模型、材料本构滞回模型、钢桥墩的结构抗震性能、地震作用方式对钢桥墩抗震性能的影响、钢拱桥的弹塑性地震反应、钢材的超低周疲劳性能及钢桥抗震性能验算方法等方面的内容。

本书可作为高等院校钢桥抗震研究方向研究生的参考书，也可供钢桥抗震设计工程技术人员参考。

图书在版编目(CIP)数据

钢桥抗震设计＝Seismic Design of Steel Bridge/谢旭，唐站站著. —北京：科学出版社，2019. 1

ISBN 978-7-03-059776-2

Ⅰ. ①钢… Ⅱ. ①谢…②唐… Ⅲ. ①钢桥-防震设计 Ⅳ. ①U448. 362. 5

中国版本图书馆 CIP 数据核字(2018)第 277078 号

责任编辑：牛宇锋　乔丽维 / 责任校对：王萌萌
责任印制：吴兆东 / 封面设计：钟婧如

科学出版社出版
北京东黄城根北街 16 号
邮政编码：100717
http://www.sciencep.com
北京九州迅驰传媒文化有限公司 印刷
科学出版社发行　各地新华书店经销
*
2019 年 1 月第　一　版　开本：720×1000 1/16
2024 年 1 月第四次印刷　印张：15 3/4
字数：307 000

定价：128. 00 元

(如有印装质量问题，我社负责调换)

前　言

与混凝土桥梁相比，钢桥由于自重轻、材料延性好、强度高，在过去的强震中破坏程度相对较轻，国内外对这类结构的抗震设计方法研究历史较短。特别是我国，过去钢桥数量少，地震破坏资料匮乏，现行规范对钢桥在罕遇地震作用下的设计方法也没有明确规定，设计者在实际工程中多采用较为保守的弹性设计方法，要求桥梁在地震中保持在弹性状态。这种弹性设计方法不但不经济，而且当桥梁遭受到超过预期强度的地震作用时容易发生致命的倒塌破坏。地震灾害表明，由薄壁截面构成的钢桥在强震荷载作用下钢板局部失稳易导致结构整体抗震性能大幅降低。在 1995 年的日本阪神大地震中，许多钢桥因钢板局部失稳、构件整体失稳、超低周疲劳开裂等原因发生结构失效。因此，弹性理论不能保证钢桥抗震安全。

自 1995 年日本阪神大地震以后，以日本为主的科研机构对钢桥的地震破坏机理及抗震设计方法进行了一系列研究。2006 年由日本名古屋大学宇佐美勉(Usami Tsutomu)教授主编出版了《钢桥抗震及减震设计指南》一书，该书较系统地总结了日本钢桥抗震设计的研究成果。但书中阐述的内容主要是单方向地震作用下的钢桥墩抗震设计方法，且以纤维模型的应变作为结构抗震安全的验算指标，计算精度及合理性仍有待进一步提高。自该书出版以来的十余年时间，人们在水平 2 方向地震作用下钢桥墩的损伤特性、结构超低周疲劳破坏特性以及钢桥抗震性能验算方法改进等方面又取得了不少新的研究进展，对钢桥地震破坏机理的认识也得到加深。因此，有必要对相关的内容再认识。

目前，国内对钢桥抗震设计方法的研究工作相对比较少，已不能满足我国钢桥迅速发展的建设需要。在这一背景下，作者所在课题组自 2014 年以来在国家自然科学基金面上项目(编号：51378460)的资助下，通过对既有钢桥抗震设计方法的学习，对钢桥的弹塑性地震反应计算方法、钢材的滞回本构模型、钢材的超低周疲劳性能、钢桥抗震性能评价等方面展开了一些研究工作。本书也是上述几个方面工作的体会和总结。

本书内容主要包括钢桥的地震破坏形式及计算模型、钢桥墩在单向与双向地震作用下的结构延性和承载能力特性、钢拱桥的弹塑性地震反应、钢材的超低周疲劳性能以及钢桥抗震性能验算方法。相关内容可为钢桥在强地震作用下的抗震设计、地震损伤机理分析提供参考。

在本书撰写过程中，唐站站(现工作于扬州大学)参与了各章节的撰写、修改和计算分析工作；王彤(现工作于湖州市交通运输局)对既有的修正双曲面滞回本构模型进行了再修正，标定了 Q345 钢材的材料参数，并承担了 3.4 节和 3.5 节的初稿撰写；研究生诸葛翰卿、廖燕华、李帅领等在计算分析、数据处理、试验以及书稿编排过程给予了许多协助，在此深表谢意。

作者对宁波大学黄剑源教授长期以来的鼓励、关心和指导深表感谢。另外，特别感谢日本长大株式会社沈赤博士提供了双曲面本构模型的基础资料；感谢日本长大株式会社矢部正明博士、中国同济大学李建中教授、日本名城大学葛汉彬教授以及中国天津大学李忠献教授的帮助和指导。

由于作者水平有限，且目前钢桥的抗震设计方法也尚未成熟，书中难免存在不足之处，敬请提出宝贵意见。

谢　旭

2018 年 3 月于浙江大学

目　录

第 1 章 钢桥地震破坏形式及结构抗震性能要求

1.1 概 述

近半个世纪以来，交通发展推动了桥梁结构抗震设计方法的进步。从第一部关于桥梁抗震设计标准诞生至今，已形成了独立于建筑结构抗震设计方法的桥梁结构抗震设计体系，该体系既体现了工程结构抗震设计中的共同特点，又反映了桥梁独有的结构动力特性和防灾对桥梁设施的震后功能要求。

受到地震灾害频繁发生的影响，美国和日本在世界上较早地建立了专门用于桥梁结构抗震设计标准体系[1,2]。经历了 1971 年的圣费南多地震之后，美国加利福尼亚州交通局参照建筑结构抗震设计标准提出了史上第一部适用于桥梁结构抗震设计的标准。1975 年，美国国家公路与运输协会（American Association of State Highway and Transportation Officials，AASHTO）以加利福尼亚州交通局的设计标准为基础颁布了桥梁抗震设计的国家标准（即 AASHTO 规范）。1983 年，AASHTO 规范改用美国应用技术协会在 1981 年编制的有关桥梁结构抗震的设计指南作为新的设计标准，第一次将桥梁抗震设计的地震作用分为中小地震和强地震两个级别，提出采用两阶段设计的基本思想，要求桥梁结构具有在中小地震作用下保持弹性，在强地震作用下不发生倒塌破坏的抗震性能，且规定结构的地震损伤部位仅限定于容易检查和容易修复的部位，用单自由度或者多自由度体系的反应谱方法计算结构的地震反应。此后，美国 1989 年发生了里氏 6.9 级的旧金山地震，AASHTO 规范根据桥梁结构的地震破坏特征对抗震设计方法进行了大幅度的修改，提出重视结构动力反应的设计计算方法。该标准对其他各国的桥梁抗震设计规范产生了较大的影响。

在 1964 年新潟地震之前，日本把地震作用等效为静力荷载来计算结构的地震反应；1971 年，日本道路协会颁布了第一部专门针对桥梁结构抗震设计的标准，该标准规定了考虑结构动力特性、场地条件的桥梁地震反应计算方法，并提出了相关的结构抗震构造措施；1978 年，因宫城地震中有不少桥墩和支座发生了地震破坏，日本道路协会根据桥梁的地震破坏特征对设计规范相关内容进行了一些修订，强调抗震设计时考虑桥梁结构动力特性的重要性；1980 年，日本道路协会颁布的桥梁抗震设计规范对既有的地震作用计算方法又进行了若干修正；1990 年修订的桥梁抗震设计规范引入了混凝土桥梁采用两阶段抗震设防的设计方法；由于在 1995

年阪神大地震中桥梁发生了严重的地震破坏，日本道路协会结合地震破坏特征对桥梁抗震设计规范进行了大幅度的修改，全面引入了两阶段设计、多水准设防的结构抗震设计理念，强调进行弹塑性地震反应计算的重要性，并积极推行减震、隔震的结构抗震设计方法，首次规定了在小概率的强地震作用下钢桥也应进行弹塑性损伤验算的抗震设计要求。这部规范的实施对普及动力地震反应计算以及重视结构延性的抗震设计理念起到了推动作用。此外，该规范提出桥梁应具备能抵抗类似于阪神大地震中记录的近场地震作用的抗震性能要求[1,3,4]，以反映近场地震对结构的破坏作用。

1976 年唐山大地震以后，我国开始重视桥梁结构的抗震设计理论研究，1977 年颁布了《公路工程抗震设计规范(试行)》，1987 年、1989 年又分别颁布了《铁路工程抗震设计规范》(GBJ 111—1987)和《公路工程抗震设计规范》(JTJ 004—1989)。经历 2008 年汶川大地震以后，借鉴国外桥梁抗震设计经验对铁路和公路桥梁的抗震设计方法进行了一次较大的修订，引入了两阶段设计的抗震设计理念，要求桥梁结构受到发生频率较高的中小地震作用时不出现损伤，在发生频率较低的强地震作用下允许桥梁出现局部损伤，但地震损伤程度限定在不经过修复或经过抢修可以恢复一定通行能力的程度。2012 年颁布的《城市桥梁抗震设计规范》(CJJ 166—2011)也采用了两阶段设计的抗震设计理念，规定了城市桥梁应具备的结构抗震性能。

多水准设防的桥梁抗震设计方法允许结构受到发生频率低、重现期长的罕遇地震作用时可以出现一定程度的损伤。因此，在进行结构抗震设计时除了按弹性理论验算结构承载能力外，还需要进行结构弹塑性地震反应计算和结构损伤程度验算，弹塑性地震反应计算模型、计算方法、损伤评价标准是影响抗震设计结果的重要因素。迄今，国内外学者对混凝土桥梁的结构地震破坏形式、弹塑性地震反应计算模型和计算方法、极限状态和损伤指标评价等一系列问题进行了大量研究，已基本形成了较为完整的计算方法和验算标准，研究成果在各国的抗震设计规范和标准中得到了体现。与混凝土结构相比，钢结构在过去的地震中损伤程度较轻，人们对这类结构在罕遇地震作用下的计算方法以及性能要求缺乏系统研究。在 1994 年的美国北桥地震和 1995 年的日本阪神大地震中，大量钢结构发生了失稳以及超低周疲劳破坏等事先没有预料到的地震破坏形式，此后人们开始系统研究钢桥结构抗震设计方法，开展了大量的基础性研究，逐渐形成了适用于钢桥结构抗震设计的基本体系[5]。目前，一些国家已把钢桥在罕遇地震作用下的抗震设计方法纳入设计规范，但我国现行的桥梁抗震设计规范对钢桥的弹塑性地震反应计算以及抗震性能要求还没有具体的规定，主要依靠设计人员的自行判断，多采用弹性理论设计。

近年来，我国的钢产量得到了迅速发展，粗钢产量已经占了全世界总产量的一半以上，钢材价格的相对下降和劳动力成本的提高导致钢桥的经济竞争力上升。特别是在施工条件受到限制、工期紧的桥梁工程中，采用钢桥不但不会显著增加材料的成本，同时还会因为施工时间缩短、工厂化施工、基础工程减小、跨越能力强等有利因素使得钢桥成为优选方案。

钢桥的地震破坏特征与混凝土桥梁有非常大的差异，钢板的局部变形及局部失稳、超低周疲劳破坏是钢桥地震破坏的重要特征。尽管钢材是一种力学性能稳定的均质材料，但是模拟钢板局部失稳和超低周疲劳破坏的结构弹塑性地震反应计算分析以及确定合理的结构极限状态并不容易。因此，适用于混凝土结构的弹塑性地震反应计算方法、验算指标不能直接套用到钢桥结构的抗震设计。

本书基于上述背景，根据作者所在课题组的研究工作以及国内外相关的文献资料，阐述钢桥弹塑性地震反应计算方法以及损伤评价方法。本书主要内容包括材料滞回本构模型、结构计算模型、钢桥墩和钢拱桥地震损伤特性、钢材的超低周疲劳性能及设计方法五个方面。为了使内容具有一定的系统性，第 2 章和第 3 章简单介绍桥梁抗震设防的目标、地震作用及钢桥地震反应计算实例等方面的内容，为钢桥在强地震作用下的结构抗震设计提供参考。

1.2　钢桥结构地震损伤形式

钢桥由于质量轻和材料延性好，其抗震性能也相对较好，在历史地震中除了较常见的落梁破坏外，结构破坏程度较轻。特别是我国，长期以来钢桥建设数量非常少，结构的抗震性能尚未受到强地震作用的检验，缺少具有代表性的钢桥抗震性能资料。以下根据国外的一些灾害资料介绍钢桥的地震损伤形式。

1995 年 1 月 17 日，发生在日本兵库县南部的阪神大地震震级为里氏 7.3 级，震源深度为 16km，震源位置靠近大阪和神户。地震中半数以上的钢桥墩出现了不同程度的损伤，其中有 4%左右的桥梁发生倒塌或者致命破坏，10%左右的桥梁发生严重损伤[6]。这次地震灾害表明，近场地震对钢桥具有强大的破坏作用。

根据日本阪神大地震的灾害调查报告以及相关试验研究结果[6-11]，钢桥在地震中除了落梁破坏外，主要有图 1.1 所示的几种破坏形式：

(1) 钢板在压缩或剪切荷载下发生局部失稳。

(2) 构件整体发生失稳。

(3) 在节点、焊接部位附近钢材发生超低周疲劳破坏。

(4) 支座、螺栓及连梁装置的连接板因抗拉强度不足发生断裂破坏。

在上述地震破坏中，结构失稳和支座等拉伸断裂是地震中较常见的损伤形式，但超低周疲劳破坏是过去地震中极为罕见的损伤形式。

(a) 整体及局部失稳

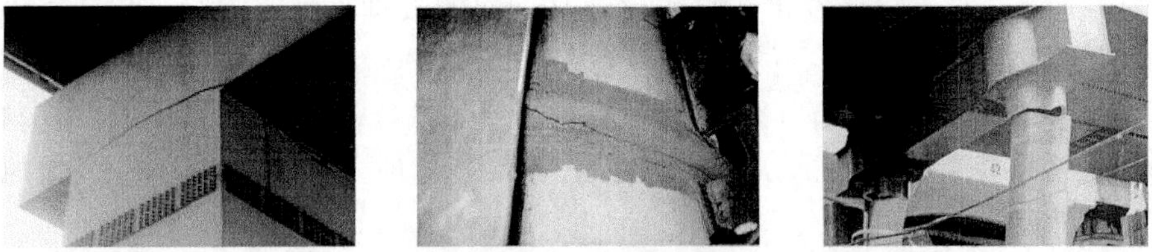

(b) 柱端开裂以及脆性断裂

(c) 连梁装置连接板拉断或锚栓拉伸破坏等

图 1.1 钢桥地震破坏实例

2011 年 3 月 11 日，在日本东北地区发生了里氏 9.0 级的大地震。地震的震中位置为北纬 38.1°、东经 142.9°，震源深度为 24km，有 18 个地震观测点观测到的最大加速度超过 1.0g，筑馆观测点的三方向合成最大加速度达到 2.7g。根据地震灾害调查发现，尽管这次地震的震级非常大，由于地震动的卓越周期分布在 0.1～0.5s，属于短周期卓越的地震运动，土木设施在地震作用下直接发生的破坏程度并不严重。但是，地震引起的海啸却导致大量桥梁支座及伸缩缝损坏，特别是钢支座地震损伤尤为显著。在这次地震中，有一座下承式钢桁架拱桥的弦杆横向支撑发生压屈失稳及节点板破坏（图 1.2(a)），并有一座钢桁架桥梁在连接防落桥装置的节点板处发生拉裂、局部失稳破坏(图 1.2(b))。此外，部分钢桥在端部发生构件失稳、节点板破坏及焊接部位开裂等形式的地震破坏(图 1.2(c)和(d))[12]。

根据上述地震中钢桥的破坏情况，结构抗震设计需要强度验算的内容至少应包括以下几个方面：

(1) 支座、连接板等受拉部位的结构强度验算，包括母材及焊缝强度。

(2) 钢板的局部稳定性及结构构件的整体稳定性。

(3) 节点(特别是焊接接头)附近应力集中部位的超低周疲劳破坏性能。

(a) 拱桥横向支撑压屈、节点板破坏

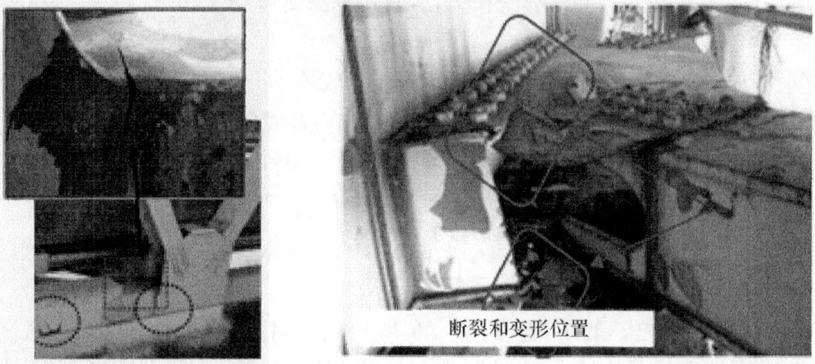

(b) 桁架桥弦杆拉伸开裂、节点板破坏

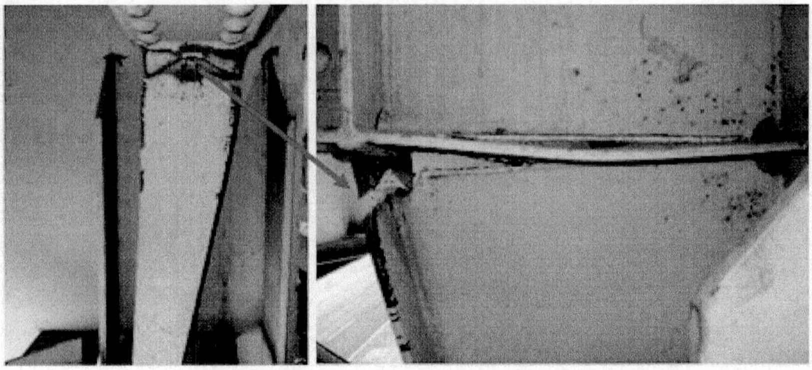

(c) 加劲肋焊缝开裂

(d) 铰支座及滚轴支座地震损伤

图 1.2 钢拱桥以及钢桁架桥地震破坏

此外，地震后的残余变形是影响结构地震后通行性能和可修复性能的重要因素，但这些损伤一般伴随着结构失稳、构件破断等其他形式的地震损伤而出现，因此当结构的上述强度得到保证时，残余变形一般也能得到控制。

1.3 桥梁结构抗震设防目标

桥梁作为重要的交通基础设施，具有建设成本高、地震后通行安全性判断困难及修复时间长的特点。因此，桥梁地震破坏不仅造成巨额的直接经济损失，同时还会因道路中断影响救灾工作的速度及灾后的恢复时间。为此，桥梁抗震设计的目标是控制结构地震损伤程度，满足震后的紧急使用要求和可修复性。抗震设计则是根据结构的震后性能要求，在确定的设计条件下提出经济、可靠的技术措施，并通过有效的手段进行性能检验的过程。

结构抗震性能要求，即抗震设防标准与外力作用及结构重要性有关，因此常用性能表格的形式表示[5]。作为一例，表 1.1 为用表格形式表示的桥梁结构抗震性能要求，表中的行表示抗震性能要求的等级，列表示地震作用的强度，其中的元素表示对应的桥梁类型。如表所示，结构抗震性能要求划分的主要根依据是地震作用强度和结构重要性，结构受到较小的地震作用时其使用性能不能受到影响，重要桥梁即使在强地震作用下也不应出现影响震后使用的地震损伤。

表 1.1　桥梁结构抗震性能要求一例

地震强度	抗震性能要求			
	无损伤 可直接使用	轻微损伤 不经修复或者简单抢修后可紧急使用	中等损伤 经过抢修可紧急使用	严重损伤 不倒塌
小震	所有桥梁	—	—	—
中震	甲～丙类桥梁	丁类桥梁	—	—
大震	甲类桥梁	乙类桥梁	丙类桥梁	丁类桥梁

对于表 1.1 中的地震作用强度，我国《建筑抗震设计规范》(GB 50011—2010)[13]根据重现期不同将地震划分为如下三个等级。

(1) 小震：本地区 50 年超越概率 63％的地震，即 50 年一遇的地震。

(2) 中震：本地区 50 年超越概率 10％的地震，即大约 475 年一遇的地震。

(3) 大震：本地区 50 年超越概率 2％～3％的地震，即 1600～2400 年一遇的地震。

其中，中震为本地区的设计地震基本烈度。我国现行抗震设计规范以地震动区划图的形式规定了各地区的基本烈度。在 6 度(地震动峰值加速度为 $0.05g$)及以上的地区需要进行抗震设计，而 6 度以下的地区不需要抗震设计。

表 1.1 中的结构重要性等级(甲至丁类)主要根据设施遭受地震破坏时的经济损失、社会影响及其设施对抗震救灾的作用进行划分。我国现行《建筑工程抗震设防分类标准》(GB 50223—2008)[14]把工程结构物的重要性分为以下 4 个类别。

(1) 特殊设防类(甲类)：涉及国家公共安全的重大工程、地震时可能发生严重次生灾害等特别重大灾害后果的工程。这类工程抗震设防采用的地震作用应高于本地区抗震设防烈度的要求，其值按批准的地震安全性评价结果决定。

(2) 重点设防类(乙类)：地震中功能不能中断或者需要尽快恢复的生命线工程，以及地震时可能导致大量人员伤亡等重大灾害后果的工程。这类工程抗震设防采用的地震作用符合本地区抗震设防烈度的要求，抗震措施应高于本地区基本烈度的要求。

(3) 标准设防类(丙类)：一般工程，除甲类、乙类、丁类以外的工程设施。这类工程抗震设防采用的地震作用和抗震措施符合本地区抗震设防烈度的要求。

(4) 适度设防类(丁类)：使用上人员稀少且地震破坏不致产生次生灾害的工程(仓库等)。这类工程抗震设防采用的地震作用符合本地区抗震设防烈度的要求，抗震措施可低于本地区基本烈度的要求（适当降低），但抗震设防烈度为 6 度时不应降低。

《公路桥梁抗震设计细则》（JTG/T B02-01—2008）[15]把公路桥梁的重要性划分为 A～D，而《城市桥梁抗震设计规范》（CJJ 166—2001）[16]用甲～丁表示结构重要性分类。由于公路桥梁和城市桥梁所承担的功能有所差异，重要性划分方式也不完全相同。表 1.2 为公路桥梁以及城市桥梁的重要性分类规定。

表 1.2　桥梁重要性分类

重要性分类	公路桥梁	城市桥梁
甲(A)	单跨跨径超过 150m 的特大桥	悬索桥、斜拉桥及大跨度拱桥
乙(B)	单跨跨径不超过 150m 的高速公路、一级公路上的桥梁，单跨跨径不超过 150m 的二级公路上的特大桥、大桥	除甲类桥梁以外的交通网络中枢纽位置的桥梁和城市快速路上的桥梁
丙(C)	二级公路上的中桥、小桥，单跨跨径不超过 150m 的三、四级公路上的特大桥、大桥	城市主干路、轨道交通桥梁
丁(D)	三、四级公路上的中桥、小桥	除甲、乙和丙三类桥梁以外的其他桥梁

桥梁结构抗震设防的性能目标是通过设计使结构能达到的抗震性能，一般用震后的使用性和可修复性来衡量。我国《城市桥梁抗震设计规范》规定的性能目标如表 1.3 所示，地震作用考虑 E1、E2 两个等级，相当于中震和大震两个级别。在 E1 地震作用下结构基本处于弹性阶段，在 E2 地震作用下重要桥梁处于弹性阶段，其他桥梁可以进入损伤状态。另外，公路桥梁的抗震设防目标与城市桥梁基本一致。

表 1.3　城市桥梁抗震设防目标

桥梁类别	E1 地震作用		E2 地震作用	
	震后使用要求	损伤状态	震后使用要求	损伤状态
甲	立即使用	结构总体反应在弹性范围，基本无损伤	不需修复或经简单修复可继续使用	轻微损坏
乙	立即使用	结构总体反应在弹性范围，基本无损伤	经抢修可恢复使用，永久性修复后恢复正常运营功能	有限损伤
丙	立即使用	结构总体反应在弹性范围，基本无损伤	经临时加固，可供紧急救援车辆使用	不产生严重的结构损伤
丁	立即使用	结构总体反应在弹性范围，基本无损伤	—	不致倒塌

1.4　钢桥抗震性能要求

钢桥抗震性能要求包括承载能力及震后使用性能、可恢复性要求。根据钢桥地震破坏形式、钢材的力学特性及桥梁的功能，在地震作用下钢桥性能应满足如下要求：

(1) 构件、连接节点的拉伸强度满足要求。

(2) 结构整体和局部的稳定性满足要求。

(3) 损伤累积不发生低周、超低周疲劳破坏。

(4) 结构变形小于容许变形量，不发生落梁破坏，尽量减小梁间地震碰撞及位移对桥梁附属设施安全性的影响。

(5) 地震后构件的残余变形在限定的程度内，确保桥梁的紧急使用功能和可修复的性能。

目前关于钢桥的延性设计方法研究历史较短，许多问题有待进一步研究。由薄壁截面组成的钢结构发生地震塑性变形容易引起钢板的局部失稳，影响结构的整体安全性。因此，钢桥抗震设计不能参照混凝土桥梁的设计方法，即利用损伤截面的耗能实现减轻地震作用、避免结构倒塌破坏的目的。

参考文献

[1] 山田善一. 耐震構造設計論[M]. 京都：京都大学出版会，1997.

[2] AASHTO. Guide Specifications for LRFD Seismic Bridge Design[S]. 2nd ed. Washington D C: American Association of State Highway and Transportation Officials，2011.

[3] 阪神高速公路株式会社. 桥梁抗震与加固——从灾后应急修复到抗震维修加固[M]. 向上，张建东译. 北京：中国建筑工业出版社，2013.

[4] Japanese Road Association. Specifications for Highway Bridges，Part V: Seismic Design[S]. Tokyo: Maruzen，2012.

[5] 宇佐美勉. 鋼橋の耐震・制震設計ガイドライン[M]. 東京：丸善，2006.

[6] 日本土木学会. 阪神淡路大震災における鋼構造物の震災の実態と分析[M]. 東京：丸善，1999.

[7] 渡邊英一，前川義男，杉浦邦征，他. 鋼橋の被害と耐震性[J]. 日本土木学会誌，1995，80(7)：54-62.

[8] Watanabe E，Sugiura K，Nagata K，et al. Performances and damages to steel structures during the 1995 Hyogoken-Nanbu earthquake[J]. Engineering Structures，1998，20(4)：282-290.

[9] 日本社団法人建設コンサルタント協会. 阪神淡路大震災被害調査報告書[R]. 東京：日本建設コンサルタント協会，1995.

[10] 越後滋，米田昌弘，片岡章悟，他. 平成七年兵庫県南部地震と構造物の被害の概要[J]. 川

田技報,1996,15：88-96.

[11] Kawashima K,Kosa K,Takahashi Y,et al. Ground motion and tsunami induced damage of bridges during 2011 Great East Japan Earthquake[C]//Proceedings of the 27th US-Japan Engineering Workshop,Tsukuba,2011：23-38.

[12] 日本土木学会鋼構造委員会. 東日本大震災鋼構造物調査特別委員会報告書[R]. 東京：日本土木学会,2012.

[13] 中华人民共和国住房和城乡建设部. GB 50011—2010 建筑抗震设计规范[S]. 北京：中国建筑工业出版社,2010.

[14] 中华人民共和国住房和城乡建设部. GB 50223—2008 建筑工程抗震设防分类标准[S]. 北京：中国建筑工业出版社,2008.

[15] 中华人民共和国交通运输部. JTG/T B02-01—2008 公路桥梁抗震设计细则[S]. 北京：人民交通出版社,2008.

[16] 中华人民共和国住房和城乡建设部. CJJ 166—2011 城市桥梁抗震设计规范[S]. 北京：中国建筑工业出版社,2011.

第 2 章　设计地震动

2.1　概　　述

地震是人类所面临的最危险的自然灾害之一。通过几代人的努力，人们对地球发生地震的机理已有了一定的认识。但是，面对巨大的地球及小概率发生的地震事件，现有的科技水平还不能精确预测地震发生的时间、地震规模、断层形式及地震对建设场地的影响。因此，在进行结构抗震设计时需要慎重评价设施在服役期间遭到地震破坏的风险，综合考虑设施的建设成本和失效带来的社会影响、经济损失，将地震破坏概率限定在合理的水准，尽量降低地震风险，同时合理控制建设成本。

地震风险评估作为确定设计地震动参数的基础依据，自 1968 年 Cornell[1] 首先开展地震风险分析研究以来，许多国家的学者对地震风险评价方法进行了大量研究，并依据经验和理论分析提出了多种评价方法。我国桥梁抗震设计采用的地震动以经验方法为主，根据地震重现期（或地震超越概率）确定地震动峰值加速度，对震源参数、地震波传播过程一般不进行模拟。美国、日本等国家采用的设计地震动虽然也主要依据经验方法，但对于重要结构物的抗震设计可依靠过去积累的历史地震资料，在地震风险评价时把断层特性、震源距离以及场地的增幅特性反映到评价结果中，以提高地震风险的评价精度。

地震风险评估包含的内容丰富，本书不进行详细讨论。本章简要介绍设计地震作用评估的基本方法，以及地震动时程模拟方法。

2.2　地震及地震动传播的基本特征

2.2.1　地震机理及断层的形式

根据成因不同，地震可分为火山地震、陷落地震、构造地震和诱发地震四种形式。其中构造地震是一种发生频繁、影响面广的主要地震形式。

所谓构造地震，是指地壳板块在运动过程中不断积蓄的应变能达到地壳极限强度时，断裂瞬间向四周释放能量过程中引起地表震动的现象。地球是由地核、地幔和地壳组成的球体，地幔与地壳之间存在不连续的界面，而地壳是由数十块刚度非常大且相互不连续的巨大岩块（板块）组成的。由于地幔表面存在较大的温差，引起地壳板块以非常缓慢的速度不断运动，而运动的地壳板块相互挤压，受到挤压的地壳在板块边缘周围积蓄应变能，当地壳的挤压变形达到岩石的极限应变时，岩石断裂并向四周释放积蓄的应变能，而能量以振动波的形式传播到地表，引起地表面及结构物的振动。

地震是地壳断裂时在短时间内释放累积能量的过程。如图 2.1 所示，断层按照互相运动的方式可分为三类：正断层、逆断层和走滑断层。当断层的上盘相对于下盘向下运动时，称为正断层(normal fault)；反之则称为逆断层(reverse fault)。当断层的两盘沿水平方向做相对运动时，称为走滑断层(strike-slip fault)。当上、下盘之间同时具有水平和竖直方向的运动时，还可称为斜滑断层(oblique-slip fault)[2]。

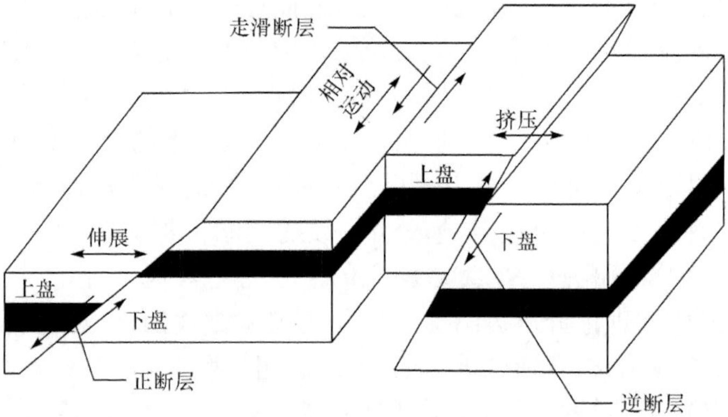

图 2.1 断层类型

根据震源深度、构筑物所在地的震中距，可将地震分为近场、近源和近断层地震动[3,4]。从地质学的观点来看，震中距小于 50km 的地震动是近场地震动(near-field earthquake)；近源地震动(near-source earthquake)是按照震源的深度划分的，震源深度在 70km 内为浅源地震，震源深度在 70～300km 为中源地震，震源深度大于 300km 为深源地震；近断层地震动(near-fault earthquake)是按照离断层的距离定义的，一般至断层距离不超过 20km 场地上的地震动为近断层地震动。前两种地震划分方法常用于地震学中，第三种划分方法常被工程界所采用。近年来发生的近断层地震的典型例子有 1994 年的美国北岭地震、1995 年的日本阪神大地震、1999 年的我国台湾集集地震、2004 年的日本新潟地震和 2008 年的我国四川汶川大地震。近断层地震动的主要特征是具有速度脉冲效应、方向性效应和竖向加速度效应。其中，速度脉冲型地震运动是最常见的近断层地震动，地震运动含有类似脉冲的波形，地震动中包含较丰富的中长周期分量，对结构安全的影响较大。方向性效应可以根据断层破裂方向与场地的关系分为前方向性效应、后方向性效应和中性方向性效应，如图 2.2 所示。近断层地震动具有强大的破坏力，因此此类地震对结构抗震安全的影响是近来研究的热点问题之一。

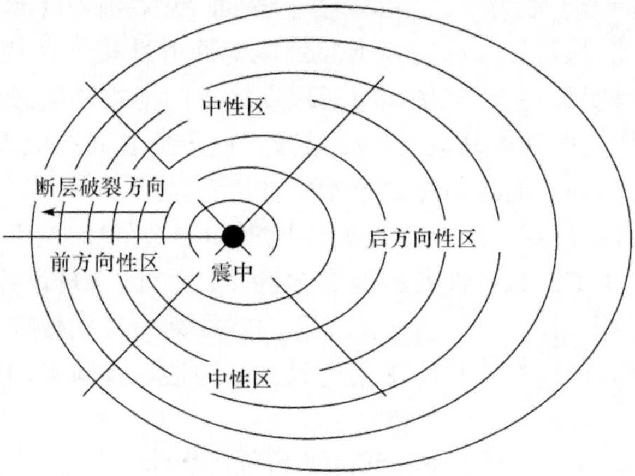

图 2.2　近断层地震动方向性效应

2.2.2　地震波的传播过程

地震波从断层至工程场地地表面的传播途径大致可分为两个阶段(图 2.3)：第一阶段是从震源传播至场地下方基岩位置的过程,第二阶段是从场地下方的基岩传播至地表面的过程。地震波在第一阶段传播过程中振动波形变化主要表现为振幅的衰减,包括几何衰减、黏性衰减和能量辐射衰减三个部分,地震波的周期特性变化比较小。因此,第一阶段也可称为距离衰减过程,根据传播的距离、震源规

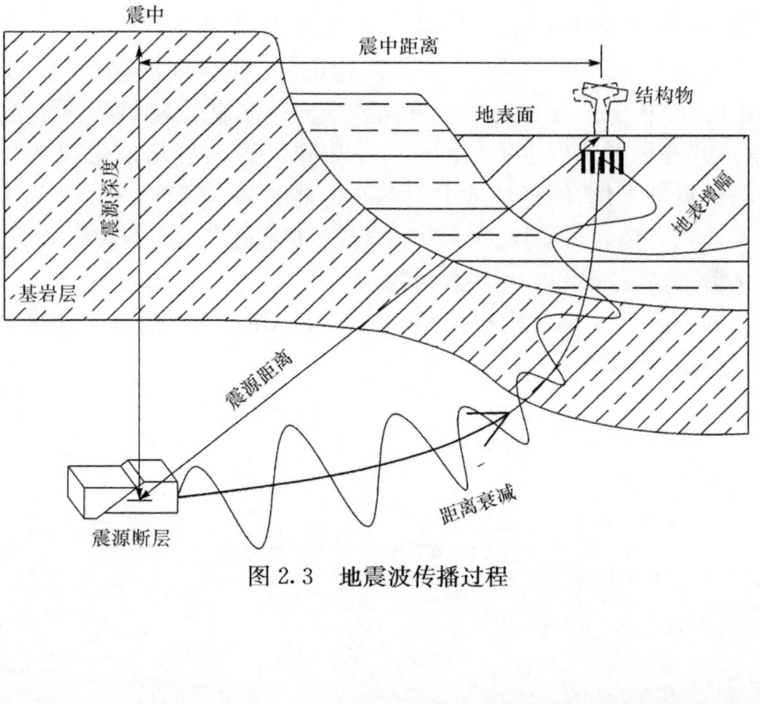

图 2.3　地震波传播过程

模预测地表下面基岩的地震动参数。地震波在第二阶段的传播过程中需要穿越地表面的覆盖土层。由于地表土层存在多个分界面，地震波在土层分界面上会发生折射和反射。因此，从基岩经过地表土层到达地面的地震波的周期和振幅与基岩位置的原地震波有明显差异，与场地卓越周期接近的地震动成分被放大，其他与场地振动特性差异较大的地震动成分发生衰减。由于地表面的地震动峰值一般比基岩的地震动峰值大，两者的比值称为增幅特性。

地震波传播过程决定了影响工程场地地震动参数的主要因素，这些影响因素分别为震源特性、距离衰减特性及场地增幅特性。因此，合理设计地震动需要考虑上述三种因素的共同影响。但是，实际工程中往往因为基础数据不足，相关因素难以得到比较合理的反映，有时只能采用经验方法评估设计地震动参数。

2.3　场地增幅特性

地震波从下面的基岩传至地表面，振动特性发生了很大的改变，场地的动力特性是影响设计地震动的重要因素。为了把场地振动特性的影响反映到结构抗震设计中，需要研究地震波传播过程中的场地地震反应，确定场地的增幅特性。相对于震源特性和距离衰减特性而言，场地尺度小，具备增幅特性分析的条件。

本节以简单的层状场地为对象，介绍竖向输入的弹性波传播特性以及场地地震反应计算方法。

2.3.1　简谐剪切波在单一覆盖层场地中的传播[5]

地震动在弹性体内传播的应力波有压缩波 P 波（primary wave，最初到达的波）、剪切波 S 波（secondary wave，第二到达的波）和表面波勒夫（Love）波、瑞利（Rayleigh）波，其中 S 波为最主要的地震波成分。这些振动波满足的波动方程不一样，传播形式和传播速度也不相同。以下以单一覆盖层场地受到基岩简谐 S 波激励下的场地振动为例，阐述场地中振动波传播的基本特性。

图 2.4 表示有单一覆盖层的场地，基岩受到竖向传播的 S 波激励，土体发生 x 方向的水平振动 $u(z,t)$ 并产生 x 方向的水平剪切应力 $\tau(z,t)$。

假设土的密度为 ρ，剪切模量为 G。根据 d'Alembert 原理可以建立微元土层在水平方向的运动方程：

$$\frac{\partial \tau(z,t)}{\partial z}-\rho\frac{\partial^2 u(z,t)}{\partial t^2}=0 \tag{2.1}$$

将剪切应力

$$\tau(z,t)=G\frac{\partial u(z,t)}{\partial z} \tag{2.2}$$

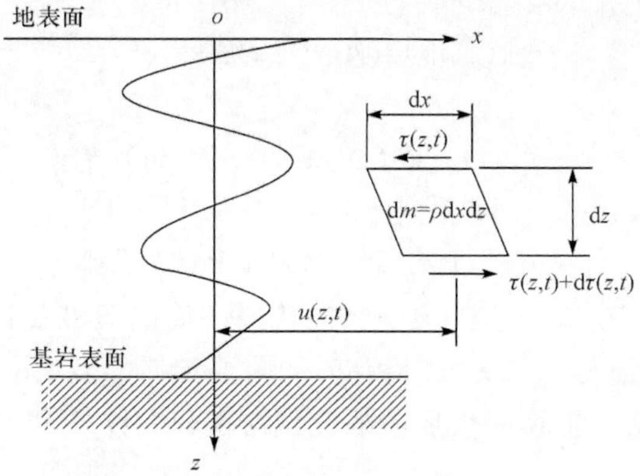

图 2.4　单一覆盖层场土中 S 波竖向传播

代入式(2.1)，则

$$V_S^2\frac{\partial^2 u(z,t)}{\partial z^2}-\frac{\partial^2 u(z,t)}{\partial t^2}=0 \tag{2.3}$$

式中，V_S 为 S 波的波速，$V_S=\sqrt{G/\rho}$。

当考虑阻尼影响时，式(2.3)改写成如下形式：

$$\frac{G}{\rho}\frac{\partial^3 u(z,t)}{\partial t\partial z^2}-2\xi\omega\frac{\partial^2 u(z,t)}{\partial t^2}-\frac{\partial^3 u(z,t)}{\partial t^3}=0 \tag{2.4}$$

式中，ω 为振动频率；ξ 为阻尼比。

波动方程(2.4)的解可以表示成如下形式：

$$u(z,t)=\phi(z)e^{i\omega t} \tag{2.5}$$

式中，i 为虚数单位；$\phi(z)$表示土层沿 z 方向的水平变形形状，称为土层的振型。

把式(2.5)代入式(2.4)并经过整理后，得到

$$\frac{\partial^2\phi(z)}{\partial z^2}+\frac{\rho\omega^2}{G}(1-2i\xi)\phi(z)=0 \tag{2.6}$$

当阻尼比很小时(即 $\xi\ll 1$)，$1-2i\xi\approx 1/(1+2i\xi)$，则式(2.6)可以近似地表示成如下形式：

$$\frac{\partial^2\phi(z)}{\partial z^2}+\frac{\rho\omega^2}{G^*}\phi(z)=0 \tag{2.7}$$

式中，$G^*=G(1+2i\xi)$表示土的复数刚度。

波动方程(2.7)的解为

$$\phi(z)=Ae^{ipz}+Be^{-ipz} \tag{2.8}$$

式中，$p=\omega\sqrt{\rho/G^*}$为传播常数；A 和 B 为由边界条件确定的积分常数。

将式(2.8)代入式(2.5)，可以得到简谐 S 波在单一覆盖层场地中传播引起的

振动

$$u(z,t)=(Ae^{ipz}+Be^{-ipz})e^{i\omega t} \tag{2.9}$$

对应的剪切应力为

$$\tau(z,t)=iG^{*}p(Ae^{ipz}-Be^{-ipz})e^{i\omega t} \tag{2.10}$$

当阻尼为零时，式(2.10)简化为

$$u(z,t)=Ae^{i\omega(t+z/V_S)}+Be^{i\omega(t-z/V_S)} \tag{2.11}$$

式(2.11)表明，在单一覆盖层中竖向传播的简谐S波是以波速 V_S 向上传播的波 $Ae^{i\omega(t+z/V_S)}$（传播方向与 z 方向相反）和向下传播的波 $Be^{i\omega(t-z/V_S)}$（传播方向与 z 方向相同）组合而成的，两种波所占的比例与积分常数 A 和 B 有关。

2.3.2　简谐振动波在界面上的反射、透射[6]

振动波垂直经过两种不同介质时，在介质分界面上发生反射和透射，如果传播方向与分界面不垂直，则波在分界面上发生反射和折射。这里以简谐S波垂直通过分界面为例，阐述振动波在两种不同介质分界面上的反射和透射特性。

图2.5表示入射波 f_1 从介质1向介质2的传播过程。两种介质的传播常数假定为 p_1 和 p_2，波在界面上产生透射波 f_2 和反射波 g_1。根据前述的振动波传播理论，并考虑到反射波为逆向传播，三种振动波可表示成以下形式：

$$\begin{cases} f_1(z,t)=B_1e^{i\omega t-ip_1z} \\ g_1(z,t)=A_1e^{i\omega t+ip_1z} \\ f_2(z,t)=B_2e^{i\omega t-ip_2z} \end{cases} \tag{2.12}$$

式中，B_1、B_2 和 A_1 表示各振动波的振幅。

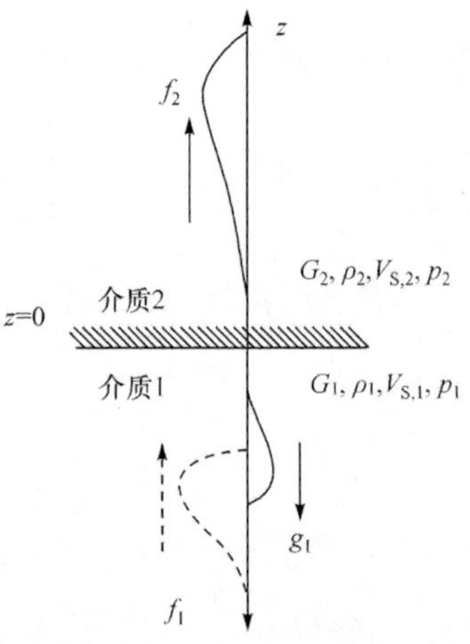

图2.5　振动波在不同介质分界面上的透射和反射

上述三种波对应的剪切应力为

$$\begin{cases} \tau_{f1}(z,t)=-iG_1^{*}p_1B_1e^{i\omega t-ip_1z} \\ \tau_{g1}(z,t)=iG_1^{*}p_1A_1e^{i\omega t+ip_1z} \\ \tau_{f2}(z,t)=-iG_2^{*}p_2B_2e^{i\omega t-ip_2z} \end{cases} \tag{2.13}$$

根据边界上位移和应力连续条件，可得到如下联立方程组：

$$\begin{cases} f_1(0,t)+g_1(0,t)=f_2(0,t) \\ \tau_{f1}(0,t)+\tau_{g1}(0,t)=\tau_{f2}(0,t) \end{cases} \tag{2.14}$$

因此，有

$$\begin{cases} B_1+A_1=B_2 \\ G_1^{*}p_1B_1-G_1^{*}p_1A_1=G_2^{*}p_2B_2 \end{cases} \tag{2.15}$$

即

$$\begin{cases}\dfrac{A_1}{B_1}=\dfrac{1-R}{1+R}=X\\[2ex]\dfrac{B_2}{B_1}=\dfrac{2}{1+R}=1+X\end{cases}\tag{2.16}$$

式中，X 为反射系数；$1+X$ 为透射系数。当反射系数大时，入射波大部分在分界面上被反射回来，透射波的成分比较小。相反，当透射系数大时，大部分入射波透过边界传到另一侧土层。称

$$R=\frac{G_2^*\,p_2}{G_1^*\,p_1}=\sqrt{\frac{\rho_2 G_2^*}{\rho_1 G_1^*}}\tag{2.17}$$

为动力阻抗比，是反映振动波分界面上透射波和反射波特征的参数。如果 R 小，表示透射波的振动成分比较大，相反则反射波的振动成分较大。一般而言，振动波从硬质介质向软弱介质传播时，透射波的振幅增加，反之则减小。因此，地震波从硬土层向软土层传播比较容易，从软土层向硬土层传播则比较困难。由于结构基础的刚度一般比周边的土层大，从场地输入结构的振动能量很大部分又反射到地基，辐射到周围场地，起到阻尼的作用。

2.3.3　层状场地中简谐波的传播

图 2.6 表示由 n 层组成的层状场地，各层的密度为 ρ_i，剪切模量为 G_i，阻尼比为 ξ_i，厚度为 h_i，传播常数为 p_i，竖向局部坐标为 z_i。

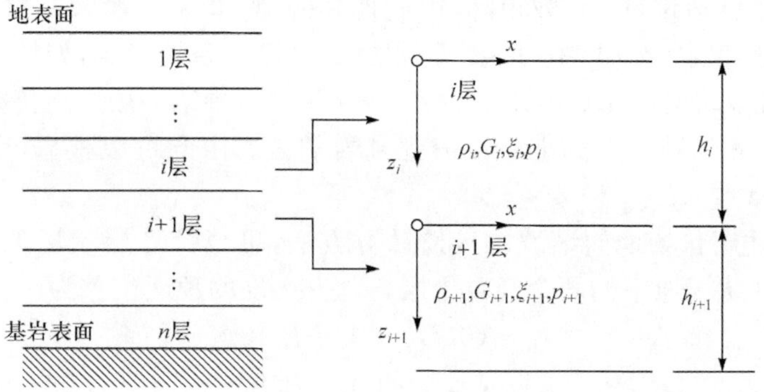

图 2.6　层状场地

根据单层场地简谐 S 波传播理论，i 层的振动位移和剪切应力可以表示成如下形式：

$$\begin{cases}u_i(z_i,t)=(A_i e^{ip_i z_i}+B_i e^{-ip_i z_i})e^{i\omega t}\\ \tau_i(z_i,t)=iG_i^*\,p_i(A_i e^{ip_i z_i}-B_i e^{-ip_i z_i})e^{i\omega t}\end{cases}\quad(i=1,2,\cdots,n)\tag{2.18}$$

式中，积分常数 A_i 和 B_i 由土层的上、下边界条件确定。当表层($z_1=0$)为自由表面时，剪切应力为零。因此，

$$A_1 = B_1 \tag{2.19}$$

根据各土层分界面的位移和剪切应力连续条件，可以得到

$$\begin{cases} u_i(h_i, t) = u_{i+1}(0, t) \\ \tau_i(h_i, t) = \tau_{i+1}(0, t) \end{cases} \quad (i = 1, 2, \cdots, n-1) \tag{2.20}$$

将式(2.18)代入式(2.20)，并解方程组得到积分常数为

$$\begin{cases} A_{i+1} = \dfrac{1}{2}[(1+R_i)A_i \mathrm{e}^{\mathrm{i}p_i h_i} + (1-R_i)B_i \mathrm{e}^{-\mathrm{i}p_i h_i}] \\ B_{i+1} = \dfrac{1}{2}[(1-R_i)A_i \mathrm{e}^{\mathrm{i}p_i h_i} + (1+R_i)B_i \mathrm{e}^{-\mathrm{i}p_i h_i}] \end{cases} \quad (i = 1, 2, \cdots, n-1) \tag{2.21}$$

式中，动力阻抗比 R_i 为

$$R_i = \frac{G_i^* p_i}{G_{i+1}^* p_{i+1}} = \sqrt{\frac{\rho_i G_i (1 + 2\mathrm{i}\xi_i)}{\rho_{i+1} G_{i+1} (1 + 2\mathrm{i}\xi_{i+1})}} \quad (i = 1, 2, \cdots, n-1) \tag{2.22}$$

式(2.21)还可以用矩阵表示成如下的形式：

$$\begin{Bmatrix} A_{i+1} \\ B_{i+1} \end{Bmatrix} = \frac{1}{2} \begin{bmatrix} (1+R_i)\mathrm{e}^{\mathrm{i}p_i h_i} & (1-R_i)\mathrm{e}^{-\mathrm{i}p_i h_i} \\ (1-R_i)\mathrm{e}^{\mathrm{i}p_i h_i} & (1+R_i)\mathrm{e}^{-\mathrm{i}p_i h_i} \end{bmatrix} \begin{Bmatrix} A_i \\ B_i \end{Bmatrix} = [C_i] \begin{Bmatrix} A_i \\ B_i \end{Bmatrix} \tag{2.23}$$

如果对每个土层分界面都进行上述计算，则可以得到由地表面向下递推的振幅传递公式

$$\begin{Bmatrix} A_{i+1} \\ B_{i+1} \end{Bmatrix} = [C_i][C_{i-1}] \cdots [C_1] \begin{Bmatrix} 1 \\ 1 \end{Bmatrix} A_1 \tag{2.24}$$

由于传递矩阵[C]为复数矩阵，由此得到的 A_i 和 B_i 一般为复数，且与 S 波的频率 ω 有关。在式(2.24)中，系数 A_1 根据振动输入条件确定，如场地振动从基岩输入时，基岩振动位移 $u_n(z_n, t) = A_n \mathrm{e}^{\mathrm{i}p_n z_n} + B_n \mathrm{e}^{-\mathrm{i}p_n z_n}$ 中第一项向上传播的波为已知输入条件，而第二项为上侧土层反射到基岩的波。由此可以根据已知的系数 A_n 确定未知的常数 A_1。

根据上述层状场地简谐波的传播计算方法，可以计算层状场地的增幅特性。设 r 和 s 为层状场地中的两个任意土层，r 层和 s 层的顶面位移为

$$\begin{cases} u_r(0, t) = (A_r + B_r)\mathrm{e}^{\mathrm{i}\omega t} \\ u_s(0, t) = (A_s + B_s)\mathrm{e}^{\mathrm{i}\omega t} \end{cases} \tag{2.25}$$

称

$$Z_{r/s}(\omega) = \frac{A_r + B_r}{A_s + B_s} \tag{2.26}$$

为 r 层与 s 层之间的频率响应函数，它表示以 s 层顶面位移为基准的 r 层顶面位移。$Z_{r/s}(\omega)$ 为频率 ω 的函数。称频率响应函数的绝对值

$$A_{r/s}(\omega) = |Z_{r/s}(\omega)| \tag{2.27}$$

为增幅率。由于增幅率为圆频率 ω 的函数，改变频率可以得到对应的增幅率，若

以频率为水平轴、增幅率为竖轴，可以描绘出增幅率与频率之间的相关曲线，称为增幅谱。当 $r < s$ 时，增幅谱中出现峰值的频率为第 r 层至第 s 层之间土层的固有频率。

2.3.4　场地地震运动计算

由于地震波在覆盖土层分界面上反射、透射及介质土的力学特性改变导致振动波的振动特性变化，结构抗震设计采用的地震动输入需要考虑场地的影响。

场地地震运动计算主要有两种方法：一是基于振动波传播理论的计算方法；二是基于有限元数值模拟的计算方法。

1. 基于振动波传播理论的计算方法

当振幅在弹性范围或者非线性程度较小且地层分布较简单时，场地地震运动可以通过基岩竖向传播的波重复反射计算得到(图 2.7)。由于基岩输入的地震动不是简谐振动波，首先需要把时域的地震输入通过傅里叶变换获得频域的振动信息，对不同频率的简谐波用重复反射理论计算层状场地的振动响应，然后通过傅里叶逆变换得到时域的振动结果，最终得到作为结构抗震设计的输入地震动。

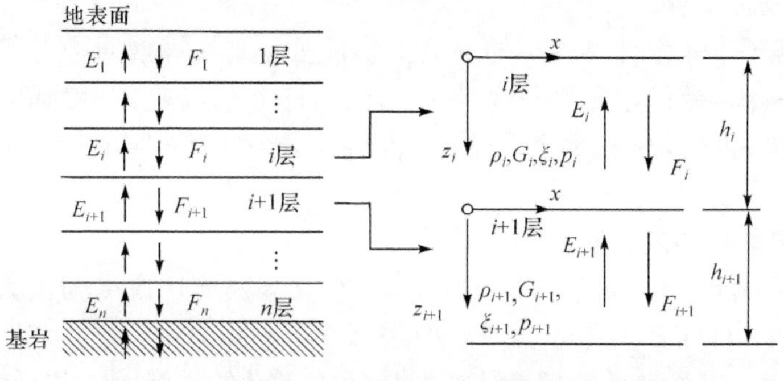

图 2.7　水平层状场地中剪切振动波传播计算模型

重复反射理论用叠加原理把不同频率的简谐波在传播过程中引起的场地振动加在一起得到场地的地震反应，因此只适用于线性振动问题。对于需要考虑非线性影响的场地振动，一般采用等效线性法近似地考虑非线性振动的影响，即剪切模量和阻尼根据材料应变依存曲线取值。这种方法的计算过程如下。

如图 2.8(a)所示，对于具有非线性特性的岩土，其剪切模量 G 与土的剪切应变 γ 有关，且弹塑性履历变形吸收能量。当采用线性计算时，由于不能考虑剪切模量的变化及履历吸收能量的影响，不能得到合理的结果。为了能让弹塑性地震反应计算得到的最大值和线性计算结果一致，需要对剪切模量进行折减并用较大的材料阻尼比考虑履历吸收能量的效果。即用等效的剪切模量 G_{eq} 替代岩土的实际

剪切模量 $G(\gamma)$，用等效的阻尼比 ξ_{eq} 考虑土的弹塑性履历耗能，使地震反应最大值与弹塑性地震反应计算结果基本一致。图 2.8(b)表示不同等效剪切应变 γ_{eq} 与对应的等效剪切模量和等效阻尼比的关系，由此可根据等效应变计算等效阻尼比和等效剪切模量。

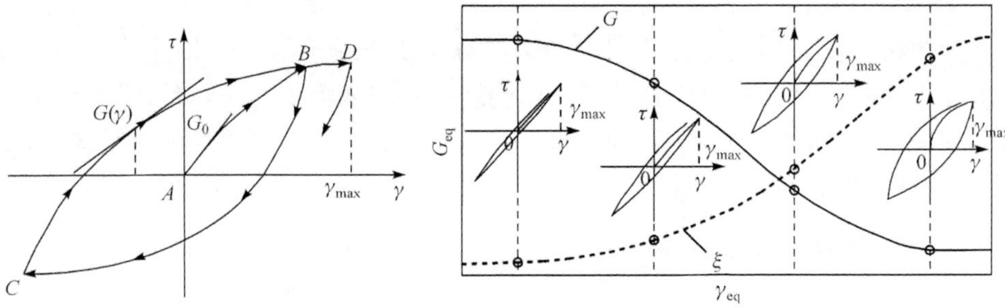

(a) 土剪切模量和剪切应变的关系 (b) 等效剪切模量、等效阻尼比与等效剪切应变的关系

图 2.8 剪切模量、阻尼比与等效剪切应变的关系曲线

上述等效线性化计算场地地震反应采用以下迭代方法实现：

(1) 第一次迭代计算时，根据假定的 γ_{eq} 确定对应的 G_{eq} 和 ξ_{eq}，然后用线性方法计算场地的地震反应。

(2) 根据 G_{eq} 和 ξ_{eq} 计算得到的最大剪切应变 γ_{max} 换算成对应的等效剪切应变 γ'_{eq}，如果 $\gamma'_{eq} \approx \gamma_{eq}$（差值小于容许范围），则认为计算已经收敛，得到的场地运动即为最终的结果；否则，按 γ'_{eq} 计算新的 G'_{eq} 和 ξ'_{eq}，继续用线性方法计算场地的地震反应。

(3) 重复第(2)步计算过程，直至收敛。

考虑到场地地震反应为非平稳振动，一般取等效剪切应变为最大剪切应变反应的 65%左右，即 $\gamma_{eq}=0.65\gamma_{max}$。

这种采用一维弹性振动理论计算场地地震运动的方法，优点是输入数据少且振动波的传递机理明确；缺点是计算方法的适用范围受到限制，而且等效线性化计算只保证了最大地震响应的精度，地震时程反应的计算精度并不理想。

2. 基于有限元数值模拟的计算方法

用重复反射理论计算场地地震运动是一种比较近似的算法，不能精确考虑岩土的材料非线性影响，导致计算结果偏大或者偏小。而有限元方法是把场地在一维、二维或者三维空间离散后用数值方法计算场地地震运动的方法，通过滞回本构模型考虑材料非线性的影响。其中，一维模型是用集中质量模拟地层的多自由度计算方法，以水平层状场地为计算对象；二维模型为平面应变问题，可以模拟土层不均匀分布的情况；三维模型为空间问题，可以模拟土层在空间三个方向不均匀分布的情况。图 2.9 为三种不同类型的场地地震运动有限元计算模型，分别为一维水平层状场地、二维平面应变场地及三维空间场地。

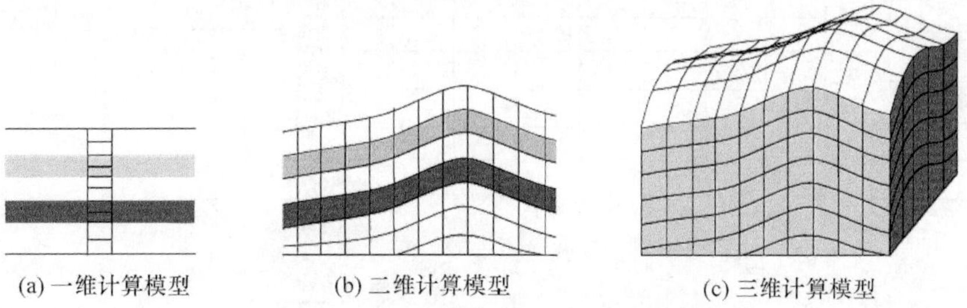

图 2.9　场地地震运动有限元计算模型

由于有限元法具有适用性强的优点，理论上只要计算容量允许就可以模拟实际场地的形状、地质条件变化、非线性力学行为等因素。但是，用有限元法计算场地地震运动时需要对无限的场地条件设置人为的计算边界，在有限的计算区域内进行求解。人为边界的设置会引起振动波在边界上反射(图 2.10(a))，影响场地地震运动的计算精度。为了消除人为边界的影响，计算模型需要对边界条件进行特殊处理(图 2.10(b))，通过设置黏性边界等措施吸收边界上的反射振动波，避免振动波在人为边界上发生反射。

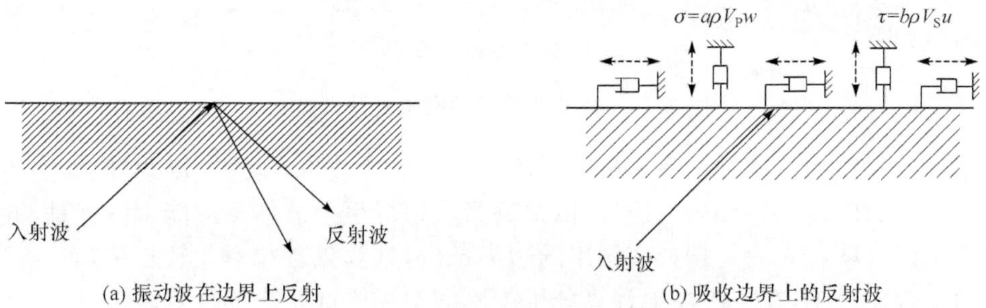

图 2.10　黏性边界吸收反射波

地震波从基岩表面位置输入时，在基岩表面同时受到由下至上的输入地表波 E 和表面地层的反射地震波 F 共同影响。因此，基岩位置的实际地震动是输入波和反射波的叠加(E+F)，实际地震强度为输入波的 2 倍。为了使基岩的地震强度与预先设定的值一致，计算时需要修改输入地震波，用 0.5 倍的地震波作为输入条件(图 2.11(a))，或者在基岩与地表面之间设置黏性阻尼边界，从黏性阻尼边界的下端输入地震波，利用黏性阻尼边界吸收反射波(图 2.11(b))。

为了消除边界上的反射波，人们已提出多种方法，通常有以下几种方式：

(1) 混合边界。引入固定和自由混合边界，利用入射波与反射波的相位差特

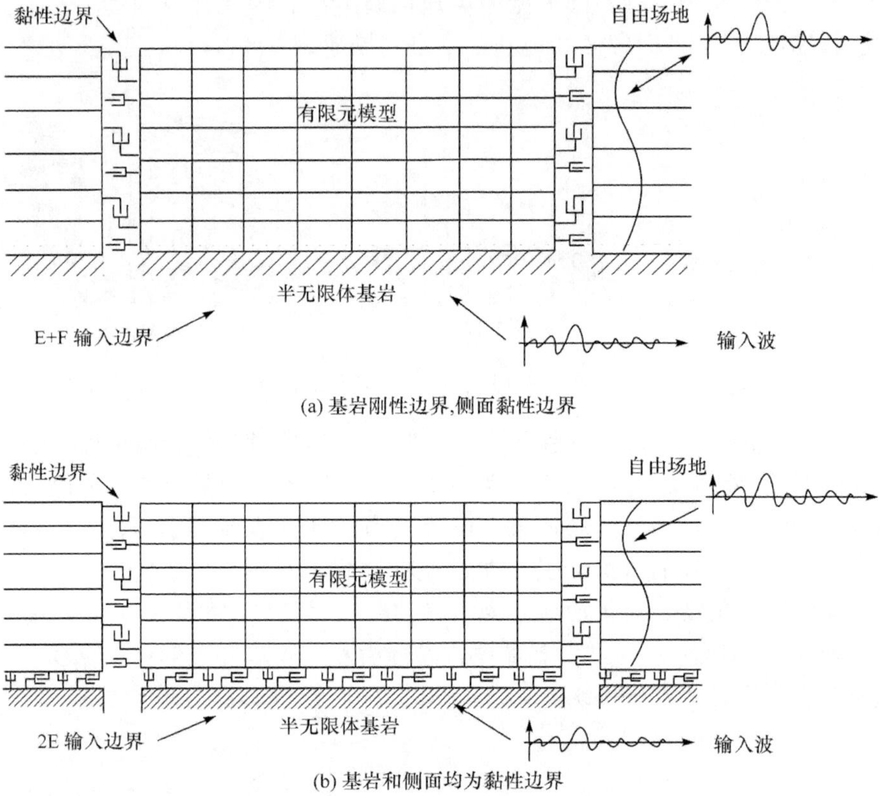

图 2.11　场地地震运动有限元计算模型

性消除反射波。这种方法由 Smith 提出并经过后人改进，是用速度边界、应变边界替换原来的固定边界和自由边界，以提高吸收边界反射波能量的能力。但是，混合边界是以位移和应力复合形式给出的边界条件，计算处理相对比较复杂，而且计算自由度也比较多，在三维场地计算分析中不能忽视由此带来的影响。

(2) 黏性边界。引入与速度成比例的应力边界，吸收反射波。场地地震响应分析程序 FLUSH 应用这种计算方法处理边界问题。

(3) 能量传递边界。以表面波在层状场地中的传播为前提，根据表面波在均匀层状场地中的传播理论考虑波在无限域的辐射效果。

2.4　设计地震动参数设定

2.4.1　基于历史地震资料的设计地震动设定方法

目前我国绝大多数地区还不具备进行地震动参数评估所必需的震源特性和距

离衰减资料，工程场地的地震安全性一般根据历史地震资料来进行评估。地震安全性评估的主要内容之一是确定地震动峰值加速度 A 和加速度反应谱基本形式，设计用的加速度反应谱 S_a 由地震动峰值加速度 A 和考虑场地条件的加速度反应谱基本形式确定。地震动参数主要反映在峰值加速度 A 的取值上，震源特性及传播路径的影响通过场地地震动峰值加速度 A 得到综合考虑；加速度反应谱的基本形式则是根据场地类型通过大量的历史地震记录资料统计分析确定。因此，加速度反应谱的基本形式粗略地反映了场地条件的影响，而震源特性及传播路径在地震动峰值加速度 A 的取值中得到了考虑。

地震风险曲线是反映地震动强度（地震动峰值加速度 A）与地震超越概率的关系曲线（图 2.12），曲线的概率分布通过历史地震记录统计数据分析确定。例如，用 P_{50} 表示 50 年的超越概率，根据设计确定的地震超越概率 P_{50} 要求，从地震风险曲线中得到对应的地震动峰值加速度 A。因此，根据地震超越概率、地震风险曲线可以确定对应的场地地震动峰值加速度 A 的值。

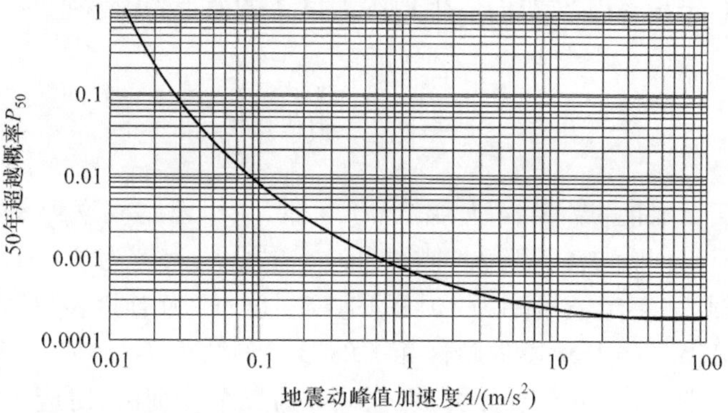

图 2.12　地震风险曲线

地震风险曲线根据历史地震资料统计分析得到。但是，绝大多数地区的历史地震统计资料比较匮乏，无法满足数据统计分析的需要。为此，常把地震发生假定为符合泊松分布的随机过程来进行分析，并假定：

(1) 地震发生在时间、空间和大小上是相互独立的事件；

(2) 在同一地点和同一时间内发生两次地震的概率为零；

(3) 单位时间内地震发生次数的期望值为常数。

根据上述假定，工程场地在 t 年内发生 n 次地震烈度不低于 I 的概率可表示为

$$P_t(I,n)=\frac{[\lambda(I)t]^n}{n!}\exp[-\lambda(I)t] \tag{2.28}$$

式中，$\lambda(I)$ 为地震烈度不低于 I 的年平均数。

发生地震烈度不低于 I 的重现期 $R(I)$ 为

$$R(I)=\frac{1}{\lambda(I)} \tag{2.29}$$

由式(2.28)和式(2.29)可确定该场地在 t 年内至少发生一次地震烈度不低于 I 的概率为[7]

$$P_t(I)=1-P_t(I,0)=1-\exp\left[-\frac{t}{R(I)}\right] \tag{2.30}$$

式中,$P_t(I)$ 为地震超越概率;$P_t(I,0)$ 为 t 年内烈度不低于 I 的地震不发生概率。

由式(2.30)可以得到与地震超越概率 $P_t(I)$ 对应的重现期为 $R_t(I)$ 相对于 50 年的超越概率为

$$P_{50}(I)=1-\exp\left[-\frac{50}{R_t(I)}\right] \tag{2.31}$$

假定在 50 年设计基准期内发生地震烈度 I 的概率符合极值Ⅲ型分布[8],其表达式为

$$F_{\mathrm{III}}(I)=\exp\left[-\left(\frac{\omega-I}{\omega-\varepsilon}\right)^K\right] \tag{2.32}$$

式中,ω 为烈度上限值,取 12;ε 为众值烈度,即 50 年超越概率为 63.2%的地震烈度,《建筑抗震设计规范》(GB 50011—2010)[9]取众值烈度为 I_0~1.55 度,这里 I_0 为基本烈度,即 50 年超越概率为 10%的地震烈度;K 为形状参数。由于不同地区的地震活动程度不同,与地震危险性相关的形状参数也不相同。李亚琦[10]通过对全国及邻区 6376 个点的 K 值分析,将全国分为三个特征区,对应的 K 值如表 2.1 所示。

表 2.1 不同地震危险性特征区对应的形状参数

地震危险性特征区	Ⅰ区	Ⅱ区	Ⅲ区
K	6	10	20

由此可以得到设计服役年限 50 年内的设计地震烈度和地震动加速度峰值[7]:

$$\lg[-\ln(1-P_{50}(I))]+0.9773=K\lg\frac{\omega-I}{\omega-I_0} \tag{2.33}$$

$$\lg[-\ln(1-P_{50}(I))]+0.9773=K\lg\frac{1.5-\lg A}{1.5-\lg A_{10}} \tag{2.34}$$

式中,A_{10} 为 50 年超越概率为 10%的地震动设计加速度峰值(g)。

另外,我国工程结构抗震设计规范采用的加速度反应谱基本形式是根据满足

相关条件的历史地震动记录统计分析得到的曲线，《建筑抗震设计规范》(GB 50011—2010)[9]、《城市桥梁抗震设计规范》(CJJ 166—2011)[11]给出的水平方向设计加速度反应谱值 $S_a(T)$ 如图 2.13 所示，其表达式为

$$S_a(T)=\begin{cases}[10(\eta_2-0.45)T+0.45]S_{a\max}, & 0\leqslant T\leqslant 0.1\text{s}\\ \eta_2 S_{a\max}, & 0.1\text{s}<T\leqslant T_g\\ \eta_2 S_{a\max}\left(\dfrac{T_g}{T}\right)^{\gamma}, & T_g<T\leqslant 5T_g\\ [\eta_2 0.2^{\gamma}-\eta_1(T-5T_g)]S_{a\max}, & 5T_g<T\leqslant 6\text{s}\end{cases} \tag{2.35}$$

式中，$S_{a\max}=2.25A$，A 为水平方向地震动峰值加速度；T_g 为场地的特征周期(s)；T 为结构自振周期(s)；η_2 为结构的阻尼调整系数；γ 为特征周期至 5 倍特征周期区段曲线衰减指数；η_1 为 5 倍特征周期至 6s 区段直线下降段下降斜率调整系数。

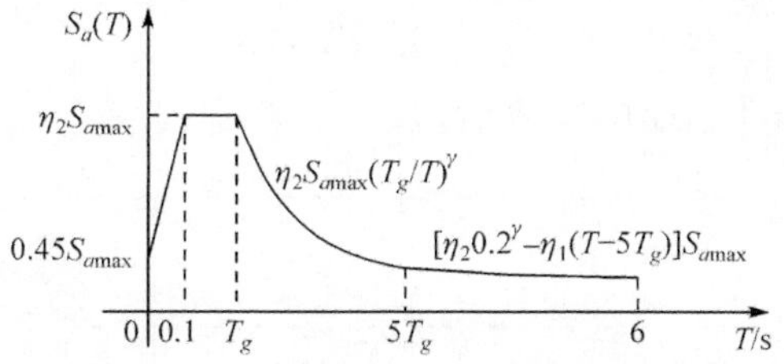

图 2.13　设计水平加速度反应谱曲线

为了考虑场地条件差异的影响，《建筑抗震设计规范》(GB 50011—2010)[9]等根据覆盖层厚度和平均剪切波速把场地划分成几种不同的类型，并通过场地特征周期 T_g 考虑场地条件的影响。详细参见相关规范，这里从略。

由此，设计地震动峰值加速度可根据结构设计基准期内超越概率、设防烈度、工程所在场地的地震危险性特征区得到，从而可以确定用于结构抗震设计的加速度反应谱曲线。

2.4.2　考虑震源距离的场地地震动参数评估方法

当影响工程场地抗震设计的震源可以确定时，震源的历史地震资料及震源距离可以为设计地震动评估提供依据。在评估时，首先确定影响结构抗震设计的断层分布情况，分析各个断层的地震发生概率、震级及地震波从断层至工程场地基岩位置的加速度衰减过程，然后根据场地的增幅特性评价地表面的地震动强度。

这种评估设计地震动的方法主要包括以下几个步骤：

(1) 根据历史地震资料，建立影响工程建设场地地震动输入的断层 t 年发生震级 M 的超越概率 $P_t(M)$ 模型。

(2) 利用距离衰减公式 $A_m=F(M,L,\Delta)$ 计算各断层发生不同超越概率地震

时的场地基岩位置地震动峰值加速度，并评价场地发生不同地震动峰值加速度的概率条件，即场地基岩位置地震风险评估曲线(图 2.14)。这里，L 和 Δ 分别表示震源距离和震中距离。距离衰减公式属于一种经验方法，它是建立在大量历史地震记录数据上的统计方法，根据震级、震中距离、场地条件与场地地震运动的经验关系推断发生不同规模地震时的设计地震动。距离衰减公式的一般形式为

$$\lg A_{\mathrm{m}}=aM-\lg(L+b\cdot 10^{dM})-cR+e \tag{2.36}$$

或

$$A_{\mathrm{m}}=a'\cdot 10^{d'M}(\Delta+b')^{c'} \tag{2.37}$$

式中，$a\sim e$ 及 $a'\sim d'$ 为统计参数。

(3) 根据场地表面覆盖土层组成、土的力学参数计算场地的增幅特性 $G_s(T)$。

(4) 计算地表面的加速度反应谱 S_a，一般为如下形式：

$$S_a=G_s(T)S_{a,0} \tag{2.38}$$

式中，$S_{a,0}$ 为基岩的标准加速度反应谱。

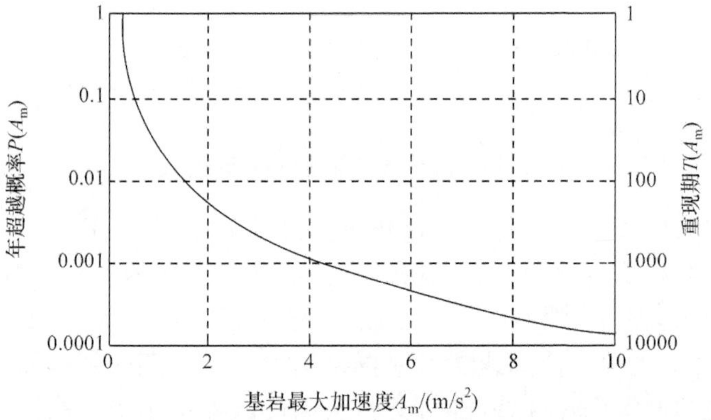

图 2.14　基岩位置地震风险评估曲线

由于场地地震运动计算工作量大，如果仅对不同类型场地增幅特性进行分析，得到与场地类型相关的经验增幅 $G_s(T)$ 特性，直接从式(2.38)计算地表面的地震动设计反应谱，可简化场地地震运动计算过程。

当影响工程场地抗震设计的地震动同时受到多个震源影响时，分别对每个震源的地震风险进行评价，并按风险大小由大到小进行排序，累积各震源的地震超越概率可确定场地的地震风险。例如，各震源参数地震风险的地震超越概率为 P_j，则累积至第 j 个震源的超越概率 Q_j 为

$$Q_j=1-(1-P_j)(1-Q_{j-1}) \tag{2.39}$$

式中，Q_{j-1} 为至 $j-1$ 个震源的地震累积超越概率。

2.5　地震动时程模拟

地震动峰值加速度及加速度反应谱规定了不同周期对应的地震作用的最大值,可以用反应谱方法进行结构地震反应计算,但不能直接用来进行结构地震时程分析。当结构地震反应计算需要进行地震时程分析时,需要输入与反应谱相对应的地震动时程。

为了使地震动能反映震源特性及传播影响,比较合理的模拟方法是采用综合考虑断层条件、传播路径及场地特性的计算模型得到与设防烈度基本吻合的地震动时程。由于实际地震具有不确定性和传播过程存在许多未知参数,获得考虑震源和传播路径的模拟地震动时程往往非常困难,目前一般用多条经过调整的历史地震记录或者人工模拟地震动作为结构地震反应分析的输入条件。

以下简单介绍历史地震动记录调整和人工地震动模拟方法。

2.5.1　历史地震动记录的调整

由于历史地震动记录的加速度反应谱与抗震设计采用的加速度反应谱曲线有差异,利用历史地震动记录进行结构地震时程反应计算时,首先需要对地震动时程进行适当调整,使其与设计反应谱一致。过度调整历史地震动记录会导致地震动时程的波形严重扭曲,不能反映地震动的基本特征。因此,在选择历史记录的地震动时程时,应考虑地震震级、震源深度、震源距离、场地条件等参数,尽可能让这些参数与设计条件一致,即选择符合下列条件的历史地震动记录进行调整:

(1) 具有相似的震源特性和地震震级;

(2) 具有相似的震中距离和传播路径;

(3) 具有相似的场地条件;

(4) 地震动时程的反应谱与设计反应谱大致等同。

根据调整的参数不同,地震动时程可用以下三种不同方法来调整:

(1) 改变历史地震动加速度时程的相位特性;

(2) 改变历史地震动加速度时程的振幅特性;

(3) 同时改变历史地震动加速度时程的相位特性和振幅特性。

上述三种方法中最后一种同时改变了历史地震动加速度时程的相位特性和振幅特性,得到的地震动性质如同人工波,失去了使用历史地震动时程记录的意义。因此前两种方法为常用的调整方法。

以下介绍日本学者荒川直士等[12]提出的调整地震动强度的方法。

设计加速度反应谱用 $S_a(\omega)$ 表示,历史地震动加速度反应谱用 $S_a^*(\omega)$ 表示。如果 $S_a(\omega)=S_a^*(\omega)$,则历史地震动记录没有必要调整,可以直接使用,否则需要改变历史地震动的振幅。

地震动时程的傅里叶变换可以表示为

$$c_k=\frac{1}{N}\sum_{n=0}^{N-1}a_{g,n}e^{-i\frac{2\pi k}{N}n}\quad (k=0,1,2,\cdots,N-1) \tag{2.40}$$

式中，c_k 为傅里叶系数；$a_{g,n}$ 为历史地震动加速度时程的各离散点；N 为地震动时程离散点的个数。

各振动频率 ω 对应的设计加速度反应谱和历史记录加速度反应谱之比定义为

$$d(\omega)=S_a(\omega)/S_a^*(\omega) \tag{2.41}$$

为了使设计加速度反应谱和历史加速度反应谱一致，按式(2.42)修正各频率的地震动傅里叶谱的振幅：

$$c_k^*=d(\omega)c_k\quad (k=0,1,2,\cdots,N-1) \tag{2.42}$$

对 c_k^* 进行傅里叶逆变换，可得到修正以后的历史地震动加速度时程离散点 $a_{g,k}^*$：

$$a_{g,k}^*=\frac{1}{N}\sum_{n=0}^{N-1}c_k^*\,e^{i\frac{2\pi k}{N}n}\quad (k=0,1,2,\cdots,N-1) \tag{2.43}$$

显然，地震动时程的加速度反应谱比 a_g 更接近设计加速度反应谱$S_a(\omega)$。如重复上述计算过程，最终可以满足 $S_a^*(\omega)\approx S_a(\omega)$的收敛条件。即通过反复对加速度时程的振幅进行修正，可得到与设计加速度反应谱较吻合的地震动加速度时程。

由于设计加速度反应谱是基于大量历史记录得到的包络结果，曲线形状较光滑，如果将实际地震动加速度反应谱也调整到光滑的反应谱曲线，则会导致地震动加速度时程的波形严重变形，与实际的地震动时程形状有很大的差异，失去了输入历史地震动的本来意义。因此，在地震动调整过程中，一般将地震动调整到一定精度后认为满足设计要求，不应过度追求反应谱拟合的精度。另外，为了考虑地震动的随机性，结构抗震设计应采用多条地震动记录进行分析。

2.5.2 人工地震动的模拟[6]

震源及地震波传播途径、场地条件的不确定性导致地震动具有很大的随机性。因此，在进行结构地震反应分析中，除了使用历史地震动记录的调整波外，还常常同时采用人工模拟地震动。

人工模拟地震动有许多方法，最常用的方法是根据具有功率谱密度函数 $S(\omega)$ 的平稳随机过程样本 $z(t)$ 和表示地震非平稳性的包络曲线 $g(t)$ 的乘积获得地震加速度时程 $a_g(t)$，即

$$a_g(t)=g(t)z(t) \tag{2.44}$$

平稳随机过程样本 $z(t)$ 有很多生成方法，对于已知功率谱密度函数 $S(\omega)$ 的随机过程，可以通过相位随机的等间隔周期简谐函数的叠加得到，即

$$z(t)=\sum_{k=1}^{n}a_k\cos(\omega_k t+\varphi_k)\quad(k=1,2,\cdots,n)\tag{2.45}$$

其中，

$$\begin{cases}\Delta\omega=\dfrac{\omega_u-\omega_l}{n}\\ a_k=\sqrt{2S(\omega_k)\Delta\omega/\pi}\\ \omega_k=\omega_l+\left(k-\dfrac{1}{2}\right)\Delta\omega\end{cases}\tag{2.46}$$

式中，φ_k 为 $0\sim2\pi$ 内由蒙特卡罗(Monte Carlo)法生成的随机相位角；ω_u、ω_l 为频率的上、下范围；n 为整数。

关于地震功率谱密度函数 $S(\omega)$ 已有不少建议，如 Kanei 等提出的地震功率谱密度函数为

$$S(\omega)=\frac{1+4\xi_g^2\dfrac{\omega^2}{\omega_g^2}}{\left(1-\dfrac{\omega^2}{\omega_g^2}\right)^2+4\xi_g^2\dfrac{\omega^2}{\omega_g^2}}S_0\tag{2.47}$$

式中，ξ_g 为场地的阻尼比，为 0.3～0.5；ω_g 为场地的卓越频率(圆频率)；S_0 为白噪声对应的功率谱密度函数。

式(2.47)相当于在基岩输入功率谱密度函数 S_0 的白噪声在地表面产生的绝对加速度响应功率谱密度函数，如图 2.15 所示。

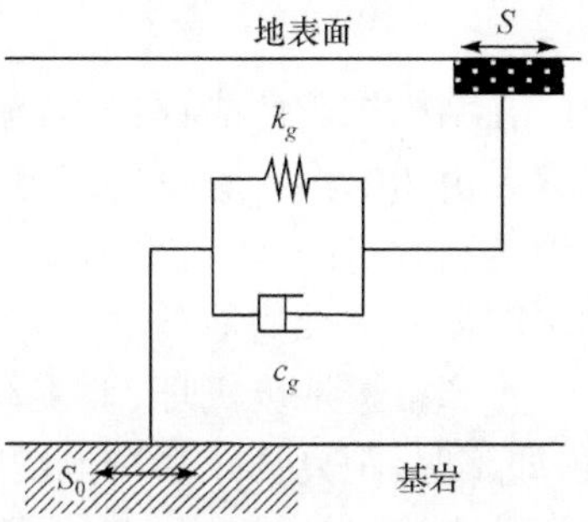

图 2.15　按单自由度计算场地振动功率谱密度函数的计算模型

表示地震动非平稳性的包络曲线 $g(t)$ 为地震动时程随时间的变化过程。根据历史地震动记录，地震动时程包络曲线可以用三个区间来描述(图 2.16)：$0\sim t_b$ 为二次上升曲线，$t_b\sim t_c$ 为水平线，$t_c\sim t_d$ 为指数下降曲线。即

$$g(t)=\begin{cases}(t/t_b)^2, & t\leqslant t_b\\ 1.0, & t_b<t\leqslant t_c\\ e^{-a(t-t_c)}, & t_c<t\leqslant t_d\end{cases}\tag{2.48}$$

地震持续时间是指从地震动开始到振幅下降至主要振动 1/10 左右的位置所经历的时间，可从实际地震动记录中获得对应的经验值，与震级 M 有关。日本学者久田(Kubata)根据历史地震资料统计得到地震持续时间的经验公式为

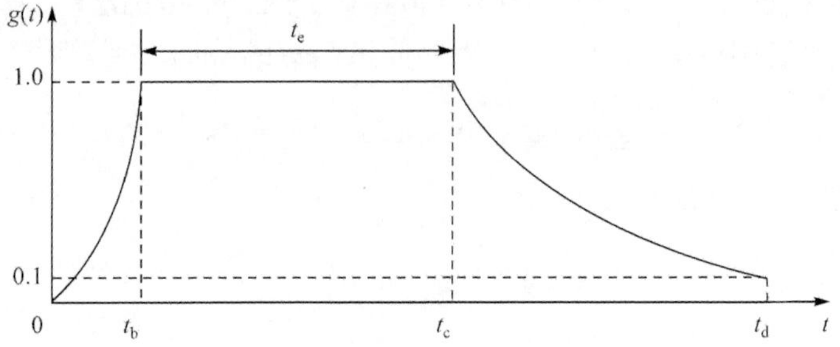

图 2.16　地震动时程包络曲线

$$t_d = 10^{0.31M - 0.774} \tag{2.49}$$

三个区间的持续时间参数也是根据历史地震动记录经验获得的，为

$$\begin{cases} t_b = [0.12 - 0.04(M-7)]t_d \\ t_c = [0.50 - 0.04(M-7)]t_d \\ a = -\ln \dfrac{0.1}{t_d - t_c} \end{cases} \tag{2.50}$$

关于包络曲线还有其他多种形式的建议，这些不再详述。

2.6　小　　结

在结构抗震性能评估中，输入的地震动是否合理是一个影响评估结果的关键因素。由于结构在服役期间可能受到的地震动具有不确定性，在设计阶段无法精确设定，为此许多学者根据地震概率模型用经验方法预测结构服役期间可能遇到的不同概率水准的地震动。

本章根据地震机理、地震动传播路径，简单阐述了影响设计地震动的三个因素，即震源、距离衰减和场地增幅特性；然后介绍了考虑三个因素的场地地震安全性评估方法；最后介绍了根据历史地震动记录、功率谱密度函数拟合地震动时程的方法。本章内容为结构抗震设计时合理确定地震输入提供参考。

由于场地的设计地震动评估属于地震学和地震工学研究的范畴，设计地震动的确定方法不是本书的目的，本章对相关的内容只做概要性介绍，更详细的内容可参考专门的文献资料。

参 考 文 献

[1] Cornell C A. Engineering seismic risk analysis[J]. Bulletin of the Seismological Society of America，1968，58(5)：1583-1606.

[2] Chen W F，Duan L. Bridge Engineering Handbook：Seismic Design[M]. 2nd ed. Boca Raton：

CRC Press，2014.

[3] 李爽，谢礼立. 近场问题的研究现状与发展方向[J]. 地震学报，2007，29(1)：102-111.

[4] 张令心，张继文. 近远场地震动及其地震影响分析[J]. 土木建筑与环境工程(增刊)，2010，32(2)：84-86.

[5] 大崎順彦. 新地震動のスペクトル解析入門[M]. 東京：鹿島出版会，1994.

[6] 柴田明德. 最新耐震構造解析[M]. 東京：森北出版株式会社，1981.

[7] 马玉宏，赵桂峰，谢礼立，等. 考虑地震环境下现役结构抗震加固设防地震动参数研究[J]. 四川建筑科学研究，2010，36(2)：163-167.

[8] 高小旺，鲍霭斌. 地震作用的概率模型及其统计参数[J]. 地震工程与工程振动，1985，5(1)：13-22.

[9] 中华人民共和国住房和城乡建设部. GB 50011—2010 建筑抗震设计规范[S]. 北京：中国建筑工业出版社，2010.

[10] 李亚琦. 中国地震危险性特征区划[D]. 哈尔滨：国家地震局工程力学研究所，1999.

[11] 中华人民共和国住房和城乡建设部. CJJ 166—2011 城市桥梁抗震设计规范[S]. 北京：中国建筑工业出版社，2011.

[12] 荒川直士，川島一彦，相沢興. 応答スペクトル特性を調整した時刻歴地震応答解析用入力地震動波形[J]. 土木技術資料，1984，26(7)：392-397.

第 3 章　结构地震反应计算模型

3.1　概　　述

钢桥弹塑性地震反应计算模型包括几何模型(结构离散、连接和约束条件等)及材料滞回本构模型两方面,计算模型的合理性关系到结构地震反应计算结果的可靠性,建立合理的计算模型是结构抗震设计的重要工作。

桥梁结构地震反应总体上是以低阶振型的振动为主,一般可采用杆系结构模型计算。钢桥弹塑性地震反应分析常用的杆系结构模型主要有弯矩-曲率模型和纤维模型两种形式。前者用截面的内力(弯矩)和变形(曲率)滞回本构关系描述材料的非线性行为;后者用截面上各点的应力-应变滞回本构关系考虑材料非线性的影响。与前者相比,后者可以模拟单元的双轴弯曲变形以及地震动轴力的影响,能把材料的滞回本构模型直接反映到计算中,适用性相对较强。尽管纤维模型的计算量比弯矩-曲率模型稍大,随着计算机处理能力的提高,用纤维模型验算钢桥结构地震损伤已成为一种较常用的方法。但是由于薄壁钢板组成的截面进入塑性以后,钢板的局部变形导致平截面假定不再成立,基于平截面假定的杆系结构模型计算精度往往得不到保证。因此,当钢板的局部变形不可忽视时,板壳模型具有较强的精度优势。然而,板壳模型的计算量大,在工程设计中推广应用尚有不少困难,兼顾计算精度和计算效率的合理算法仍是钢桥抗震设计计算分析中的一个难题。

滞回本构模型是钢结构弹塑性地震反应分析的基础,建立高精度滞回本构模型的研究工作从未间断。目前较常用的应力-应变滞回本构模型有各向同性强化模型、随动强化模型、混合强化模型等几种,这些计算模型在高应变、复杂应力条件下的计算精度得不到保证,特别是各向同性强化模型和随动强化模型计算精度较低。为此,近年来国内外学者提出了改进的钢材滞回本构模型,以提高结构弹塑性地震反应的计算精度。

本章针对上述两方面的问题,介绍杆系结构和板壳模型弹塑性地震反应分析的基础理论;以一座大跨度钢拱桥为例,比较计算模型对结构地震反应计算结果的影响;阐述传统的钢材滞回本构模型及双曲面滞回本构模型,通过试验研究确定钢桥中常用的 Q345q 钢材的材料参数,为后面的钢桥弹塑性地震反应分析提供材料滞回本构模型的基础数据。

3.2　弹塑性地震反应分析的有限元模型

3.2.1　弯矩-曲率模型

弯矩-曲率模型是杆系结构弹塑性计算分析最常用的计算模型之一。这种模型通过截面弯矩(M)和曲率(φ)之间的非线性关系考虑单元的弹塑性行为，而截面的 M-φ 关系根据平截面假定、材料的应力-应变关系、截面的平衡条件计算得到。

图 3.1(a)表示常轴力 N 作用下受到水平推力 H 作用的悬臂柱，以及柱子各截面的弯、压变形。根据平截面假定，由轴力和弯矩引起的 x_1-x_1 截面正应变分布如图 3.1(b)所示，为轴向变形引起的应变 ε_N 和弯曲变形引起的应变 ε_M 叠加得到，即

$$\varepsilon=\varepsilon_N+\varepsilon_M=\varepsilon_0-\varphi y \tag{3.1}$$

式中，y 为截面高度方向的坐标。

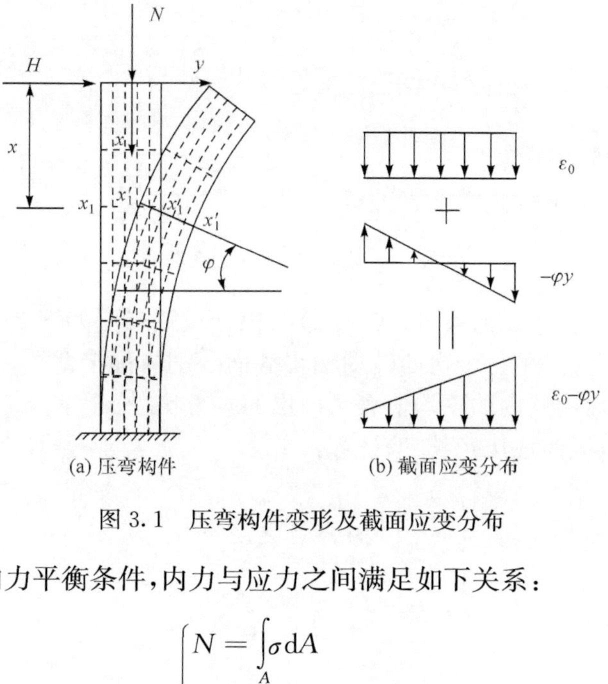

(a) 压弯构件　　(b) 截面应变分布

图 3.1　压弯构件变形及截面应变分布

根据截面内力平衡条件，内力与应力之间满足如下关系：

$$\begin{cases} N=\int_A \sigma \mathrm{d}A \\ M=Hx=\int_A \sigma y \mathrm{d}A \end{cases} \tag{3.2}$$

式中，A 为截面积，应力 σ 根据材料的应力-应变(σ-ε)关系得到。

因此，当已知截面尺寸、材料的应力和应变关系时，可根据式(3.1)和式(3.2)算出与轴力 N 和弯矩 M 对应的 ε_0、φ。不断增加水平推力 H，即增加截面的弯矩，可以得到轴力 N 不变条件下的 M-φ 关系曲线。弹塑性范围内钢材应力-应变表现为非线性关系，因此式(3.2)需要通过迭代计算得到，且得到的 M-φ 关系为非线性关系。

图 3.2 表示受到不同轴力 N 作用时的截面 M-φ 关系。如图所示，在材料开始屈服前 M-φ 曲线为线性关系，随着塑性的发展，M-φ 曲线趋于水平，即弯曲刚度下降。由于这种模型在计算过程中不考虑钢板的局部失稳，构件失稳前不会出现下降段，表现为良好的塑性变形能力。另外，在弹塑性范围内轴力和弯矩、双轴弯曲的力学行为相互影响，截面的内力和变形关系较复杂，故一般假定轴力 N 为常数，仅考虑单轴弯曲与对应曲率之间的相关关系。通过改变轴力 N，得到如图 3.2 所示的一系列 M-φ 曲线。

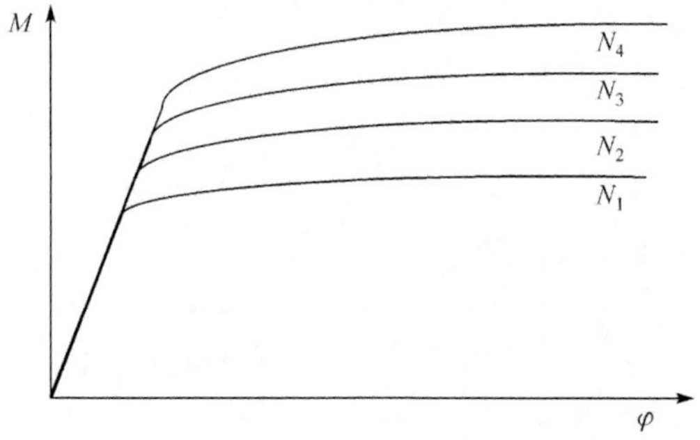

图 3.2　截面的 M-φ 关系曲线

在计算截面的 M-φ 关系时，式(3.2)的积分一般采用如图 3.3 所示的截面分割法计算。该算法是平行于弯曲转动轴将截面分割成许多薄层，当分割的薄层厚度比较小时，可以用层内的平均值表示该层的应力状态。因此，式(3.2)的轴力、弯矩平衡条件可以近似地按式(3.3)计算：

$$\begin{cases} N = \int_A \sigma \mathrm{d}A = \sum_{i=1}^{n} \sigma_i \Delta A_i \\ M = \int_A \sigma y \mathrm{d}A = \sum_{i=1}^{n} \sigma_i y_i \Delta A_i \end{cases} \tag{3.3}$$

式中，ΔA_i 为 i 层的截面积；σ_i、y_i 分别为对应层的平均应力、平均 y 坐标；n 为截面分层数。为了确保式(3.3)的计算精度，通常在沿截面高度方向划分的层数不应少于 50 层。

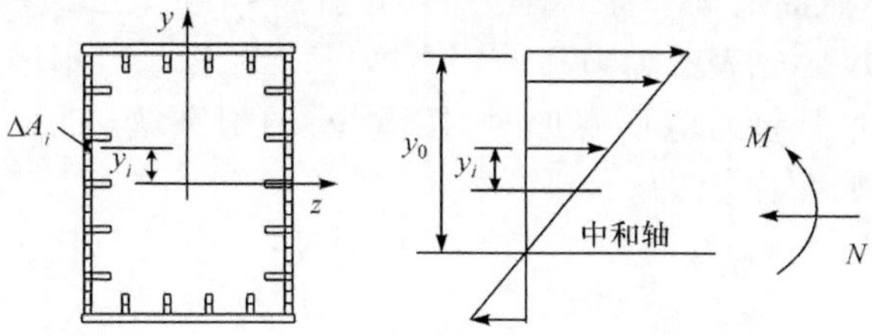

(a) 截面分层　(b) 应变沿截面高度分布

图 3.3　截面分割法计算轴力和弯矩

截面的 M-φ 关系仅给出了单调荷载下的内力(弯矩)和变形(曲率)关系。地震是反复荷载,计算时需要规定反复荷载下的滞回模型。钢结构的 M-φ 模拟多采用不考虑退化的随动强化双直线模型。

用弯矩-曲率模型计算结构非线性地震反应时,在迭代计算过程中通过修改单元的弯曲刚度来考虑非线性的影响。单元的弯曲切线刚度 $(EI)_t$ 由 M-φ 关系得到,即

$$(EI)_t=\frac{\mathrm{d}M}{\mathrm{d}\varphi} \tag{3.4}$$

图 3.4 为平面梁单元的节点位移增量和杆端力增量,分别表示为

$$\begin{cases}\Delta\boldsymbol{u}=[\Delta u \quad \Delta v \quad \Delta\theta]^{\mathrm{T}} \\ \Delta\boldsymbol{F}=[\Delta N \quad \Delta Q \quad \Delta M]^{\mathrm{T}}\end{cases} \tag{3.5}$$

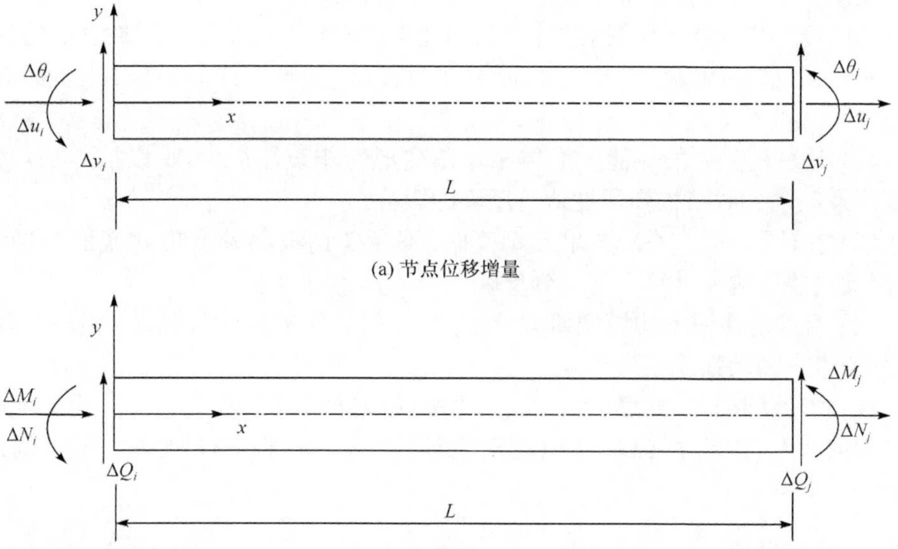

(a) 节点位移增量

(b) 杆端力增量

图 3.4　平面梁单元节点位移增量和杆端力增量

式中，Δu、Δv 表示截面沿 x、y 坐标轴方向的线位移增量；$\Delta\theta$ 表示截面绕 z 轴转动的角位移增量；ΔN、ΔQ 表示轴力和剪切力增量；ΔM 表示弯矩增量。

当不考虑剪力引起的剪切变形时，按欧拉-伯努利梁（Euler-Bernoulli beam）计算单元的切线刚度矩阵，即

$$\boldsymbol{k}_{\mathrm{t}}=\begin{bmatrix} \frac{EA}{L} & 0 & 0 & -\frac{EA}{L} & 0 & 0 \\ 0 & \frac{12(EI)_{\mathrm{t}}}{L^3} & \frac{6(EI)_{\mathrm{t}}}{L^2} & 0 & -\frac{12(EI)_{\mathrm{t}}}{L^3} & -\frac{6(EI)_{\mathrm{t}}}{L^2} \\ 0 & \frac{6(EI)_{\mathrm{t}}}{L^2} & \frac{4(EI)_{\mathrm{t}}}{L} & 0 & -\frac{6(EI)_{\mathrm{t}}}{L^2} & \frac{2(EI)_{\mathrm{t}}}{L} \\ -\frac{EA}{L} & 0 & 0 & \frac{EA}{L} & 0 & 0 \\ 0 & -\frac{12(EI)_{\mathrm{t}}}{L^3} & -\frac{6(EI)_{\mathrm{t}}}{L^2} & 0 & \frac{12(EI)_{\mathrm{t}}}{L^3} & -\frac{6(EI)_{\mathrm{t}}}{L^2} \\ 0 & \frac{6(EI)_{\mathrm{t}}}{L^2} & \frac{2(EI)_{\mathrm{t}}}{L} & 0 & -\frac{6(EI)_{\mathrm{t}}}{L^2} & \frac{4(EI)_{\mathrm{t}}}{L} \end{bmatrix} \tag{3.6}$$

而计算单元弯曲切线刚度 $(EI)_{\mathrm{t}}$ 的曲率增量为

$$\Delta\varphi=\frac{\Delta\theta_j-\Delta\theta_i}{L} \tag{3.7}$$

由于弯矩-曲率模型假定轴力不变，且单元除绕对应轴的弯曲变形外，其他自由度的刚度均作为常数处理，这种算法不能考虑双轴弯曲变形对塑性发展的影响。

用弯矩-曲率模型计算钢桥的弹塑性地震反应，虽然计算简单、计算量小，但存在以下几点不足：

(1) 计算模型一般只能考虑单轴弯曲变形的非线性行为，难以推广到双轴弯曲变形及动轴力对结构弹塑性地震反应的影响。

(2) 在计算 M-φ 关系及单元刚度时，不考虑钢板面外变形和截面变形的影响，因此这些影响在计算中得不到反映。

(3) 对应的滞回本构模型研究比较少，一般只能采用比较简单的滞回本构模型，如双直线随动强化模型等。

针对上述问题，一些学者对弯矩-曲率模型进行了一些改进。但后来随着纤维模型的普及，在钢桥弹塑性地震反应计算中弯矩-曲率模型的应用实例逐渐减少。

3.2.2 纤维模型

纤维模型是一种可以考虑双轴弯曲变形及动轴力影响的杆系结构计算模型，

可以认为是弯矩-曲率模型的扩展形式。为了考虑截面两方向的塑性发展，计算截面内力时在截面两个方向同时分层(图 3.5)，将整个截面划分成许多小块。由于每个小块在单元轴向为纤维条形状，称为纤维模型。各纤维条的应变根据平截面假定由截面中心位置(形心或者剪切中心等)的位移计算得到。

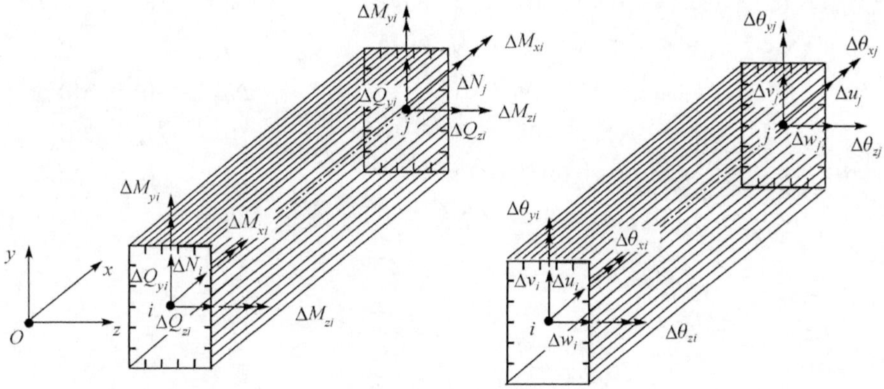

(a) 纤维梁单元节点内力和位移增量

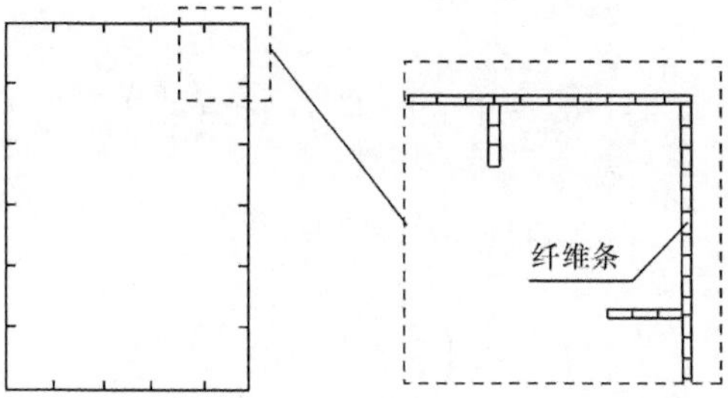

(b) 截面划分

图 3.5　纤维梁单元及截面划分

空间梁单元的节点位移包括 6 个自由度，其位移向量的增量为

$$\Delta \boldsymbol{u}=[\Delta u \quad \Delta v \quad \Delta w \quad \Delta\theta_x \quad \Delta\theta_y \quad \Delta\theta_z]^{\mathrm{T}} \tag{3.8}$$

式中，Δu、Δv、Δw 表示截面沿 x、y、z 三个坐标轴方向的线位移增量；$\Delta\theta_x$、$\Delta\theta_y$、$\Delta\theta_z$ 表示绕 x、y、z 三个坐标轴的角位移增量；$\Delta\theta_y=-\Delta w'$，$\Delta\theta_z=\Delta v'$，这里右上角“′”表示对坐标 x 轴求导数。

与节点位移自由度对应的截面内力增量为

$$\Delta \boldsymbol{F}=[\Delta N \quad \Delta Q_y \quad \Delta Q_z \quad \Delta M_x \quad \Delta M_y \quad \Delta M_z]^{\mathrm{T}} \tag{3.9}$$

对于不考虑剪切变形的空间欧拉-伯努利梁，根据平截面假定，轴向变形及双轴弯曲变形引起的截面轴向正应变增量为

$$\Delta\varepsilon=\Delta u'-y\Delta\theta_z'+z\Delta\theta_y' \tag{3.10}$$

另外,梁单元任意截面的位移通过形函数和单元的位移自由度向量计算得到,即

$$\Delta \boldsymbol{u}=\boldsymbol{N}\Delta \boldsymbol{u}^{e} \tag{3.11}$$

式中,$\Delta \boldsymbol{u}^{e}$ 为单元的位移自由度增量;$\boldsymbol{N}$ 为空间梁单元的形函数矩阵,即

$$\boldsymbol{N}=\begin{bmatrix} N_{a1} & 0 & 0 & 0 & 0 & 0 & N_{a2} & 0 & 0 & 0 & 0 & 0 \\ 0 & N_{b1} & 0 & 0 & 0 & N_{b2} & 0 & N_{b3} & 0 & 0 & 0 & N_{b4} \\ 0 & 0 & N_{b1} & 0 & -N_{b2} & 0 & 0 & 0 & N_{b3} & 0 & -N_{b4} & 0 \\ 0 & 0 & 0 & N_{a1} & 0 & 0 & 0 & 0 & 0 & N_{a2} & 0 & 0 \\ 0 & 0 & -N'_{b1} & 0 & N'_{b2} & 0 & 0 & 0 & -N'_{b3} & 0 & N'_{b4} & 0 \\ 0 & N'_{b1} & 0 & 0 & 0 & N'_{b2} & 0 & N'_{b3} & 0 & 0 & 0 & N'_{b4} \end{bmatrix} \tag{3.12}$$

其中,

$$\begin{cases} N_{a1}=\dfrac{L-x}{L} \\ N_{a2}=\dfrac{x}{L} \\ N_{b1}=1-3\left(\dfrac{x}{L}\right)^{2}+2\left(\dfrac{x}{L}\right)^{3} \\ N_{b2}=-x+\dfrac{2x^{2}}{L}-\dfrac{x^{3}}{L^{2}} \\ N_{b3}=3\left(\dfrac{x}{L}\right)^{2}-2\left(\dfrac{x}{L}\right)^{3} \\ N_{b4}=\dfrac{x^{2}}{L}-\dfrac{x^{3}}{L^{2}} \end{cases} \tag{3.13}$$

因此,式(3.10)的轴向正应变增量可以用两端节点位移增量计算得到,即

$$\Delta \varepsilon=\boldsymbol{B}\Delta \boldsymbol{u}^{e} \tag{3.14}$$

式中,矩阵 $\boldsymbol{B}$ 为

$$\boldsymbol{B}=[N'_{a1} \quad -yN''_{b1} \quad -zN''_{b1} \quad 0 \quad zN''_{b2} \quad -yN''_{b2} \quad N'_{a2} \quad -yN''_{b3} \quad -zN''_{b3} \quad 0 \quad zN''_{b4} \quad -yN''_{b4}] \tag{3.15}$$

式(3.10)~式(3.15)中,右上角“′”、“″”分别表示对坐标 x 轴求一阶导数和二阶导数。

根据有限元方法的基本原理,梁单元的切线刚度矩阵 $\boldsymbol{k}_{t}$ 为

$$\boldsymbol{k}_{t}=\int_{V}\boldsymbol{B}^{T}\boldsymbol{D}_{t}\boldsymbol{B}\mathrm{d}V \tag{3.16}$$

式中,V 表示单元的体积;$\boldsymbol{D}_{t}$ 为当前的材料矩阵。由于上述计算仅考虑截面的轴

向应变，对应的材料矩阵为单轴应力-应变滞回本构模型的切线模量 E_t。

由于式(3.16)中切线模量与单元内的塑性分布状况有关，不能得到理论解，一般用数值方法积分计算，即

$$\boldsymbol{k}_t \approx \int_L \left[\sum_{s=1}^{n} \boldsymbol{B}^{\mathrm{T}}(x, y_s, z_s) E_t \boldsymbol{B}(x, y_s, z_s) \Delta A_s\right] \mathrm{d}x \tag{3.17}$$

式中，s 为截面的纤维条序号；ΔA_s 为纤维条的截面积；E_t 为积分点对应位置的当前模量。式(3.17)可用高斯(Gauss)积分法计算。

根据内力平衡条件，截面的内力增量按式(3.18)计算得到：

$$\begin{cases}\Delta N = \int_A \Delta\sigma \mathrm{d}A \approx \left[\sum_{s=1}^{n} E_t \Delta A_s \boldsymbol{B}(x, y_s, z_s)\right] \Delta \boldsymbol{u}^{\mathrm{e}} \\ \Delta M_y = \int_A \Delta\sigma z \,\mathrm{d}A \approx \left[\sum_{s=1}^{n} E_t \Delta A_s z_s \boldsymbol{B}(x, y_s, z_s)\right] \Delta \boldsymbol{u}^{\mathrm{e}} \\ \Delta M_z = -\int_A \Delta\sigma y \,\mathrm{d}A \approx -\left[\sum_{s=1}^{n} E_t \Delta A_s y_s \boldsymbol{B}(x, y_s, z_s)\right] \Delta \boldsymbol{u}^{\mathrm{e}}\end{cases} \tag{3.18}$$

当 $x=0$ 和 $x=L$ 时，分别对应单元两端的内力增量。

由于上述计算不考虑剪力引起的剪切变形，无法通过物理方程计算剪力，单元两端的剪力增量需要从单元的平衡条件得到，即

$$\begin{cases}\Delta Q_{yi} = \dfrac{\Delta M_{zj} - \Delta M_{zi}}{L} \\ \Delta Q_{zi} = -\dfrac{\Delta M_{yj} - \Delta M_{yi}}{L} \\ \Delta Q_{yj} = -\dfrac{\Delta M_{zj} - \Delta M_{zi}}{L} \\ \Delta Q_{zj} = \dfrac{\Delta M_{yj} - \Delta M_{yi}}{L}\end{cases} \tag{3.19}$$

另外，上述计算过程忽略了扭矩变形对结构弹塑性行为的影响，单元的扭转刚度、杆端扭矩根据弹性理论计算得到。虽然纤维模型也可以考虑剪力和扭矩对应的剪切应力对单元弹塑性发展的影响，用平面应力状态(正应力和剪应力)考虑材料的滞回本构关系，但是剪切应变计算需要假定截面的变形条件，计算过程复杂且一般情况下考虑剪切变形后计算精度的提高也不明显，故通常被忽略。

纤维模型一方面可以考虑动轴力和双轴弯曲变形共同作用下的梁单元弹塑性力学行为，另一方面材料的单轴应力-应变滞回模型在结构地震反应分析中也得到了反映。因此，这种方法的适用性比弯矩-曲率模型好。但是，纤维模型也是基于平截面假定条件来计算截面的应变，不能考虑钢板局部变形的影响，故只能用于

塑性程度不显著的结构弹塑性地震反应分析。

3.2.3　板壳模型

由于钢板在厚度方向的尺寸远小于平面尺寸，使用板壳单元可以较精确地模拟薄壁钢结构的力学特性。与纤维单元相比，板壳单元可以考虑钢板面外变形，计算精度大幅提高；与三维实体单元相比，板壳单元不仅可以大幅减少计算量，还可以避免因刚度矩阵元素之间数量差异过大造成求解困难。因此，用板壳单元进行钢桥结构计算分析是一种相对较好的选择。

和梁单元的平截面假定相似，板壳单元在厚度方向仍假定平截面变形，这时板单元变形可以分解为平面内和平面外的变形。平面内的变形可以看成平面应力问题，平面外的变形则为弯曲变形。图 3.6 表示板的边缘受力形式，其中 ΔM_x、ΔM_y、ΔM_z 和 ΔM_{xy}、ΔM_{yx} 分别表示板在平面外受到的弯矩和扭矩增量，Δq_x 和 Δq_y 表示板在平面内受到的分布力增量，t 表示板的厚度。当板的厚度相对较小时，厚度方向的剪切变形可以忽略，按照薄板理论（Kirchhoff 板）计算弯曲变形；当板的厚度相对较大时，剪切变形不可忽视，则需按中厚板理论（Mindlin 板）计算弯曲变形[1]。

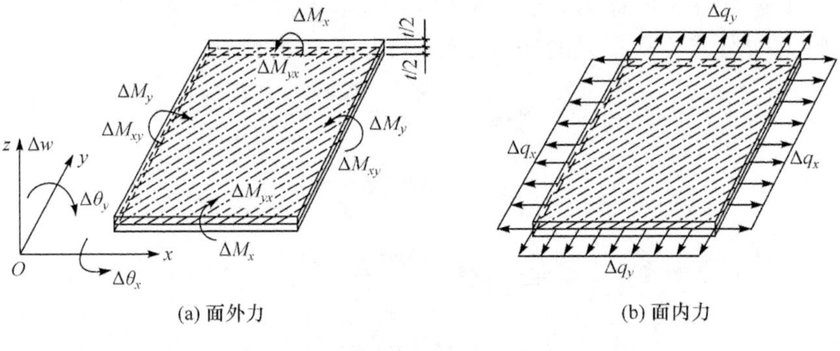

(a) 面外力　　(b) 面内力

图 3.6　板单元的受力分解

以下分薄板和中厚板两种情况介绍板单元面内外变形的基本方程，并简要介绍壳单元理论。

1. 板单元的面内变形理论

如前所述，板单元在平面内变形可以看成平面应力问题。以板的中面为 xy 平面，假定板仅在板边上受到平行于板面且不沿厚度变化的外力，所以有

$$\sigma_z\big|_{z=\pm t/2}=0,\quad \tau_{zx}\big|_{z=\pm t/2}=0,\quad \tau_{zy}\big|_{z=\pm t/2}=0 \tag{3.20}$$

考虑到外力不沿板的厚度方向变化，可以认为板内各点均满足

$$\sigma_z=0,\quad \tau_{zx}=0,\quad \tau_{zy}=0 \tag{3.21}$$

根据剪应力互等定律，$\tau_{xz}=0$，$\tau_{yz}=0$，应力分量为平行于 xy 平面的 σ_x、σ_y、τ_{xy}。由于板在厚度方向上受力均匀，以上三个应力分量可以认为是 x 和 y 的函数，不随 z 变化。因此，每个节点的位移增量向量为

$$\Delta\boldsymbol{u}=[\Delta u \quad \Delta v]^{\mathrm{T}} \tag{3.22}$$

应变增量向量为

$$\Delta\boldsymbol{\varepsilon}=\left[\frac{\partial\Delta u}{\partial x} \quad \frac{\partial\Delta v}{\partial y} \quad \frac{\partial\Delta u}{\partial y}+\frac{\partial\Delta v}{\partial x}\right]^{\mathrm{T}} \tag{3.23}$$

对应的材料矩阵为

$$\boldsymbol{D}_{\mathrm{t}}=\frac{E_{\mathrm{t}}}{1-\mu^2}\begin{bmatrix}1 & \mu & 0\\ \mu & 1 & 0\\ 0 & 0 & \dfrac{1-\mu}{2}\end{bmatrix} \tag{3.24}$$

式中，E_{t} 表示该增量步中材料的切线模量；μ 为泊松比。

假定矩形薄板单元的边长分别为 $2a$ 和 $2b$，4 个节点分别为 1、2、3、4。每个节点有 2 个自由度（Δu、Δv）。根据有限元基本原理，单元内任意一点的位移增量可以通过形函数和 4 个节点位移增量插值得到

$$\Delta\boldsymbol{u}=\boldsymbol{N}\Delta\boldsymbol{u}^{\mathrm{e}} \tag{3.25}$$

式中，$\Delta\boldsymbol{u}^{\mathrm{e}}$ 为由 4 个节点位移增量组成的单元位移向量；$\boldsymbol{N}$ 为板单元面内变形的形函数。

形函数可以写为

$$\begin{cases}N_i=\dfrac{1}{4}\left(1+\xi_i\,\dfrac{x}{a}\right)\left(1+\eta_i\,\dfrac{y}{b}\right)\\ \xi_i=\dfrac{x_i}{|x_i|},\quad \eta_i=\dfrac{y_i}{|y_i|}\end{cases}\quad (i=1,2,3,4) \tag{3.26}$$

应变矩阵可以写为

$$\boldsymbol{B}_i=\begin{bmatrix}\partial N_i/\partial x & 0\\ 0 & \partial N_i/\partial y\\ \partial N_i/\partial y & \partial N_i/\partial x\end{bmatrix}=\frac{1}{4ab}\begin{bmatrix}\xi_i(b+\eta_i y) & 0\\ 0 & \eta_i(a+\xi_i x)\\ \eta_i(a+\xi_i x) & \xi_i(b+\eta_i y)\end{bmatrix}\quad (i=1,2,3,4) \tag{3.27}$$

根据有限元理论，可进一步获得单元的面内切线刚度矩阵：

$$\boldsymbol{k}_{\mathrm{t}}=\int_V \boldsymbol{B}^{\mathrm{T}}\boldsymbol{D}_{\mathrm{t}}\boldsymbol{B}\mathrm{d}V \tag{3.28}$$

2. 薄板单元的面外变形理论

中面将板单元分成两个厚度相同的部分。当板受垂直于中面的外力作用时，

中面将发生弯扭变形，成为一个曲面。薄板弯曲变形可假设其法线方向没有伸缩，忽略厚度方向的挤压应力，并假定变形后法线仍垂直于中面。弯曲变形独立的位移增量为 Δw，如图 3.6(a)所示。假定应变增量分量 $\Delta\varepsilon_z$、$\Delta\gamma_{xz}$、$\Delta\gamma_{yz}$ 为零，则有

$$\Delta\boldsymbol{u}=\begin{bmatrix}\Delta w & -\dfrac{\partial\Delta w}{\partial y} & -\dfrac{\partial\Delta w}{\partial x}\end{bmatrix}^{\mathrm{T}} \tag{3.29}$$

因此，应变增量向量为

$$\Delta\boldsymbol{\varepsilon}=\begin{bmatrix}\Delta\varepsilon_x & \Delta\varepsilon_y & \Delta\varepsilon_{xy}\end{bmatrix}^{\mathrm{T}}=-z\begin{bmatrix}\dfrac{\partial^2\Delta w}{\partial x^2} & \dfrac{\partial^2\Delta w}{\partial y^2} & 2\dfrac{\partial^2\Delta w}{\partial x\partial y}\end{bmatrix}^{\mathrm{T}} \tag{3.30}$$

图 3.7 表示薄板微元体的内力与应力增量。在垂直于 x 轴的截面上正应变增量 $\Delta\varepsilon_x$ 与 z 坐标成正比。正应力增量 $\Delta\sigma_x$ 可以合成该截面上的弯矩增量 ΔM_y(即单位宽度上的弯矩，下同)。同理，$\Delta\sigma_y$ 可以合成 ΔM_x，$\Delta\tau_{xy}$ 与 $\Delta\tau_{yx}$ 可以合成 ΔM_{xy} 与 ΔM_{yx}。

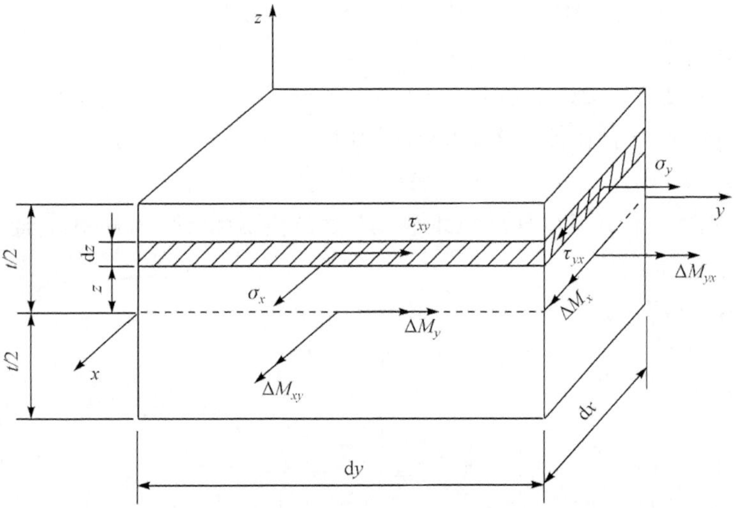

图 3.7　薄板微元体的内力与应力增量

因此，内力增量可以写为

$$\Delta\boldsymbol{M}=\begin{bmatrix}\Delta M_x & \Delta M_y & \Delta M_{xy}\end{bmatrix}^{\mathrm{T}} \tag{3.31}$$

$\Delta\boldsymbol{M}$ 可由应力向量 $\Delta\boldsymbol{\sigma}$ 对中面的力矩积分得到，即

$$\Delta\boldsymbol{M}=\int_{-t/2}^{t/2}z\Delta\boldsymbol{\sigma}\mathrm{d}z=-\boldsymbol{D}_{\mathrm{t}}'\begin{bmatrix}\dfrac{\partial^2\Delta w}{\partial x^2} & \dfrac{\partial^2\Delta w}{\partial y^2} & 2\dfrac{\partial^2\Delta w}{\partial x\partial y}\end{bmatrix}^{\mathrm{T}} \tag{3.32}$$

式中，$\boldsymbol{D}_{\mathrm{t}}'$ 表示微元板的抗弯切线刚度矩阵。

如果该增量步为弹性状态，则矩阵可写为

$$\boldsymbol{D}_{\mathrm{t}}'=\frac{Et^3}{12(1-\mu^2)}\begin{bmatrix}1 & \mu & 0\\ \mu & 1 & 0\\ 0 & 0 & \frac{1-\mu}{2}\end{bmatrix} \tag{3.33}$$

式(3.32)给出了板的变形增量与弯矩、扭矩内力增量之间的关系。在求得 $\Delta\boldsymbol{M}$ 后，根据平衡方程可以得到在单位长度板截面上的横向剪力增量 $\Delta\boldsymbol{Q}$ 为

$$\begin{aligned}\Delta\boldsymbol{Q}&=\int_{-t/2}^{t/2}\Delta\boldsymbol{\tau}\mathrm{d}z=\left[\frac{\partial\Delta M_x}{\partial x}+\frac{\partial\Delta M_{yz}}{\partial y}\quad\frac{\partial\Delta M_{xy}}{\partial x}+\frac{\partial\Delta M_y}{\partial y}\right]^{\mathrm{T}}\\&=-\frac{E_{\mathrm{t}}t^3}{12(1-\mu^2)}\left[\frac{\partial^3 w}{\partial x^3}+\frac{\partial^3 w}{\partial x\partial y^2}\quad\frac{\partial^3 w}{\partial x^2\partial y}+\frac{\partial^3 w}{\partial y^3}\right]^{\mathrm{T}}\end{aligned} \tag{3.34}$$

在弹性状态增量步中，薄板主要应力增量分量可由内力增量获得，即

$$\Delta\sigma_x=\frac{12\Delta M_x z}{t^3},\quad \Delta\sigma_y=\frac{12\Delta M_y z}{t^3},\quad \Delta\tau_{xy}=\frac{12\Delta M_{xy} z}{t^3} \tag{3.35}$$

此时，次要应力增量分量可由平衡方程(3.33)求得

$$\Delta\tau_{zx}=\frac{3\Delta Q_x}{2t}\left[1-\left(\frac{2z}{t}\right)^2\right],\quad \Delta\tau_{zy}=\frac{3\Delta Q_y}{2t}\left[1-\left(\frac{2z}{t}\right)^2\right] \tag{3.36}$$

以上公式表明，薄板的中面挠度增量 Δw 是唯一的基本未知量。

边长分别为 $2a$ 和 $2b$ 的矩形薄板单元，4 个节点(节点分别为 1、2、3、4)的每个节点有 3 个自由度(Δw、$\Delta\theta_x$ 和 $\Delta\theta_y$)。为使插值形函数满足完备性要求和位移连续条件，可将薄板面外变形增量 Δw 写为

$$\Delta w=\boldsymbol{N}'\Delta\boldsymbol{u}^{\mathrm{e}} \tag{3.37}$$

式中，$\boldsymbol{N}'$ 为板单元的面外变形形函数。

$$\begin{aligned}\boldsymbol{N}'&=[\boldsymbol{N}_1\quad \boldsymbol{N}_2\quad \boldsymbol{N}_3\quad \boldsymbol{N}_4]\\&=[N_1\quad N_{x1}\quad N_{y1}\quad N_2\quad N_{x2}\quad N_{y2}\quad N_3\quad N_{x3}\quad N_{y3}\quad N_4\quad N_{x4}\quad N_{y4}]\end{aligned} \tag{3.38}$$

$$\begin{cases}N_i=\dfrac{1}{8}(1+\xi_i\xi)(1+\eta_i\eta)(2+\xi_i\xi+\eta_i\eta-\xi^2-\eta^2)\\ N_{xi}=-\dfrac{1}{8}b\eta_i(1+\xi_i\xi)(1+\eta_i\eta)^2(1-\eta_i\eta)\\ N_{yi}=\dfrac{1}{8}a\xi_i(1+\xi_i\xi)^2(1-\xi_i\xi)(1+\eta_i\eta)\end{cases}\quad (i=1,2,3,4) \tag{3.39}$$

其中，

$$\xi=\frac{x}{a},\quad \eta=\frac{y}{b} \tag{3.40}$$

因此，薄板的弯曲和扭转变形增量可写为

$$\Delta\boldsymbol{\varepsilon}=\boldsymbol{B}\Delta\boldsymbol{u}^{\mathrm{e}} \tag{3.41}$$

式中，薄板单元应变矩阵 $\boldsymbol{B}$ 为

$$\boldsymbol{B}_i=-\begin{bmatrix} \dfrac{\partial^2 N_i}{\partial x^2} & \dfrac{\partial^2 N_{xi}}{\partial x^2} & \dfrac{\partial^2 N_{yi}}{\partial x^2} \\ \dfrac{\partial^2 N_i}{\partial y^2} & \dfrac{\partial^2 N_{xi}}{\partial y^2} & \dfrac{\partial^2 N_{yi}}{\partial y^2} \\ 2\dfrac{\partial^2 N_i}{\partial x\partial y} & 2\dfrac{\partial^2 N_{xi}}{\partial x\partial y} & 2\dfrac{\partial^2 N_{yi}}{\partial x\partial y} \end{bmatrix} \quad (i=1,2,3,4) \tag{3.42}$$

由此可以根据有限元理论获得单元的面外弯曲切线刚度矩阵。

3. 中厚板单元的面外变形理论

薄板理论假定板的横向剪切变形为零，形式上相当于在垂直于板中面的各切面上的剪切模量 $G_{xz}=G_{yz}=\infty$，从而使问题得到简化。但当厚度 t 与板的平面尺寸 l 的比值大于 1/5 时，厚度方向的剪切变形不可忽视，采用薄板理论的假定将会有较大的计算误差。中厚板理论假定中面法线在变形后虽仍保持为直线，但不再垂直于中面。仍以 Δw 表示中面的平均挠度增量，节点位移向量的增量为三个，即

$$\Delta\boldsymbol{u}=\left[\Delta w \quad -\left(\frac{\partial\Delta w}{\partial y}-\Delta\varphi_y\right) \quad -\left(\frac{\partial\Delta w}{\partial x}-\Delta\varphi_x\right)\right]^{\mathrm{T}} \tag{3.43}$$

式中，$\Delta\varphi_x$ 与 $\Delta\varphi_y$ 表示板的横向剪切转角变形增量，即二者分别为由横向剪力增量引起的绕 y 轴与 x 轴的平均转角增量。$\Delta\varphi_x$ 与 $\Delta\varphi_y$ 与横向剪力增量的关系可以表示为

$$\Delta\boldsymbol{\varphi}=[\Delta\varphi_x \quad \Delta\varphi_y]^{\mathrm{T}}=\frac{12(1+\mu)}{5Et}[\Delta Q_x \quad \Delta Q_y]^{\mathrm{T}}=\frac{12(1+\mu)}{5Et}\Delta\boldsymbol{Q} \tag{3.44}$$

因此，板的节点位移向量的增量又可写为

$$\Delta\boldsymbol{u}=\left[\Delta w \quad -\left(\frac{\partial\Delta w}{\partial y}-\frac{12(1+\mu)}{5Et}\Delta Q_y\right) \quad -\left(\frac{\partial\Delta w}{\partial x}-\frac{12(1+\mu)}{5Et}\Delta Q_x\right)\right]^{\mathrm{T}} \tag{3.45}$$

在中厚板中，内力增量可以表达为

$$\begin{cases} \Delta\boldsymbol{M}=\displaystyle\int_{-t/2}^{t/2} z\Delta\boldsymbol{\sigma}\mathrm{d}z=-\boldsymbol{D}'_{\mathrm{t}}\left[\frac{\partial^2\Delta w}{\partial x^2}-\frac{\partial\Delta\varphi_x}{\partial x} \quad \frac{\partial^2\Delta w}{\partial y^2}-\frac{\partial\Delta\varphi_y}{\partial y} \quad 2\frac{\partial^2\Delta w}{\partial x\partial y}-\frac{\partial\Delta\varphi_y}{\partial x}-\frac{\partial\Delta\varphi_x}{\partial y}\right]^{\mathrm{T}} \\ \Delta\boldsymbol{Q}=\left[\displaystyle\int_{-t/2}^{t/2}\Delta\tau_{xz}\mathrm{d}z \quad \int_{-t/2}^{t/2}\Delta\tau_{yz}\mathrm{d}z\right]^{\mathrm{T}}=\frac{5}{6}Gt[\Delta\varphi_x \quad \Delta\varphi_y]^{\mathrm{T}} \end{cases} \tag{3.46}$$

式中，G 为剪切模量；5/6 为剪切修正因子，用来修正横向剪应力增量沿板厚均匀分布导致的误差。

与薄板理论相同，应变增量沿厚度方向仍为线性分布。如果该增量步为弹性状态，应力增量还满足在厚度方向上的线性分布规律，即满足式(3.35)和式(3.36)。

由于考虑了横向剪切变形，中厚板理论包含了中面挠度和中面法线的两个转角位移。因此，中厚板理论比薄板理论复杂，但是在构造有限单元时比薄板理论更容易做到位移协调。另外，当板特别薄时，厚板单元容易出现“剪切自锁”现象。

厚板单元的面外弯曲形函数、应变矩阵和单元切线刚度矩阵的推导从略，详细内容可参见有关有限元计算分析的著作。

4. 壳单元理论

壳单元的中面是一个曲面，其受力状态与板单元类似，只是壳单元中面的变形不可忽略，需要考虑曲面弯曲带来的应力及中面应力。正是因为这个差别，两者在力学分析上有重要区别。板的中面只有垂直于中面的位移，即挠度 w，而没有面内位移。平板中面的位移 u、v 属于弹性力学平面应力问题，弯曲和面内变形状态是互相不耦合的。而壳体由于中面是曲面，受力时中面内的位移 u、v 和垂直于中面的位移 w 通常是同时发生的，弯曲和面内变形状态是互相耦合的。因此，壳体问题的力学分析比平板问题更加复杂，特别是壳体单元的非线性问题，至今仍是有限元领域研究的热点[2]。

在几何建模上采用板单元代替壳体是一种近似方法，但如果单元尺寸控制合理，也可以满足工程抗震的需要。关于壳单元的受力和有限元理论本章不做详细介绍。

板壳单元属于二维问题，除了可以考虑地震动轴力和双轴弯曲外，钢板的局部变形、二向受力状态等因素也能够得到反映。因此，与弯矩-曲率模型和纤维模型相比，考虑弹塑性和大变形效应的板壳单元模型具有较理想的计算精度。随着计算机技术的迅速发展，采用高精度计算方法是土木工程设计的发展方向。

3.3　有限元模型对结构地震反应计算结果的影响

3.3.1　桥梁概况及计算模型

以一座上承式钢拱桥顺桥向的弹塑性地震反应为例，对比纤维模型和板壳模型的地震反应计算结果[3]，如图 3.8 所示，桥梁为跨度 $L=200\text{m}$、矢高 $f=33.2\text{m}$ 的上承式拱桥，桥面宽度为 10m。桥面系由混凝土桥面板和四片工字型钢梁组成。拱肋截面为 0.9m×2.75m 的箱形截面，上下翼缘采用 76mm 厚的无加劲肋厚板，立柱采用单箱单室方形截面。除两端立柱 P3 和 P14 与加劲梁固结外，其余立柱均与拱肋固结、与加劲梁铰接。

以 P3～P14 之间(两端伸缩缝间)的结构为对象进行分析。图 3.9 为三维板壳模型及其细部网格划分情况，由于仅考虑顺桥向的地震作用，立柱的横撑不承受

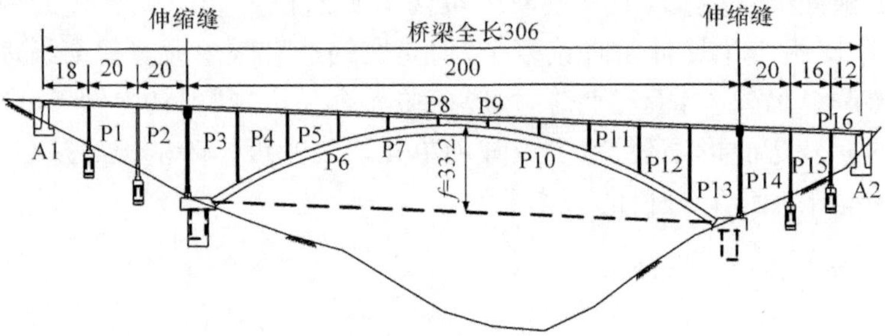

(a) 桥梁立面(单位：m)

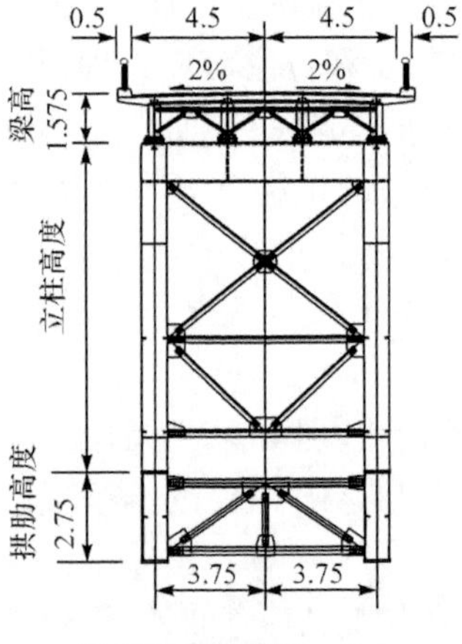

(b) 立柱立面(单位：m)

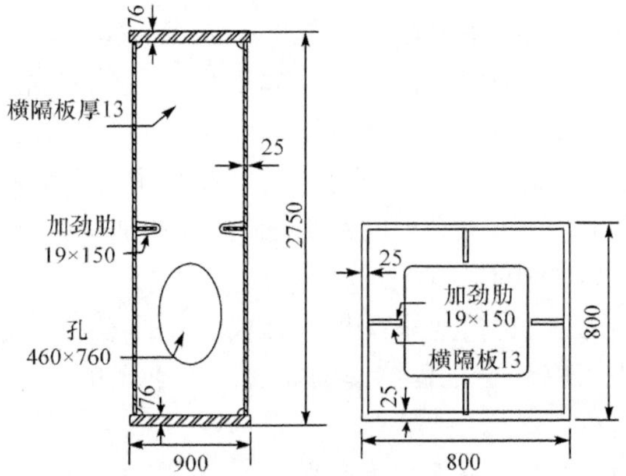

(c) 拱肋与立柱截面(单位：mm)

图 3.8　桥梁结构设计概况

地震作用，计算时采用弹性梁单元，其他构件均用板壳单元模拟，并在预期发生地震损伤的区域细分单元。

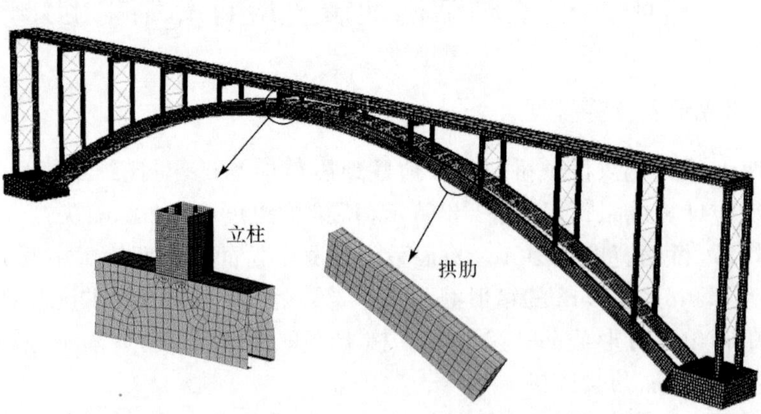

图 3.9　拱桥结构板壳模型

图 3.10 为拱桥结构纤维模型及拱肋、立柱截面的纤维划分情况。拱肋和立柱截面的纤维数分别为 775 条和 783 条。纤维单元的长度在预期发生地震损伤的区域细分。

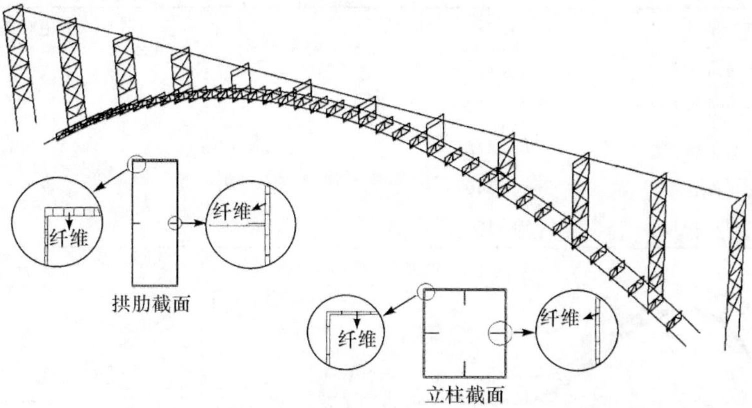

图 3.10　拱桥结构纤维模型及拱肋、立柱截面的纤维划分

计算采用通用有限元软件 ABAQUS 6.10，考虑几何和材料非线性的影响，材料的应力-应变关系采用双直线随动强化模型。屈服强度为 345MPa，初始弹性模量为 2.06×10^5MPa，屈服后弹性模量取初始弹性模量的 1%，以考虑材料屈服后强化的影响。

3.3.2　成桥状态的结构应力及自振特性比较

图 3.11 为板壳有限元模型和纤维模型在自重作用下的拱肋成桥初始应力对比结果，图中 σ_x 表示拱肋腹板中点位置的轴向应力，横轴表示截面的水平投影位置。如图所示，按纤维模型计算得到的拱肋初始应力与板壳模型基本一致。

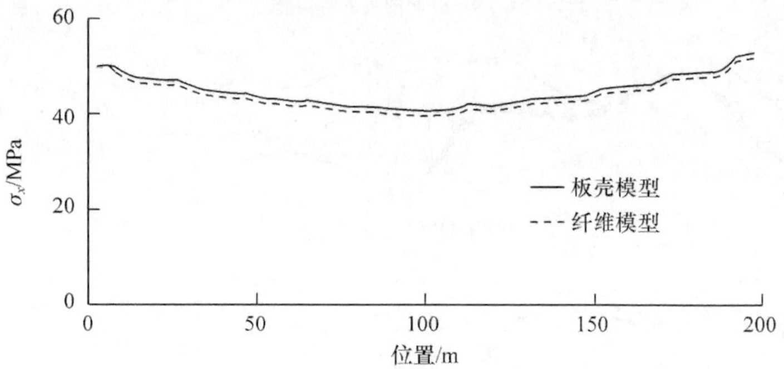

图 3.11　成桥时拱肋的初始应力对比

表 3.1 为两种计算模型拱桥结构在面内的自振周期对比。其中，T_s 和 T_f 分别表示板壳模型和纤维模型面内振型的自振周期。结果显示，两种模型得到的结

构动力特性基本一致，前五阶振型的自振频率差异不到 3%。图 3.12 为拱桥前五阶面内自振特性的振型对比。

表 3.1　拱桥自振周期比较

面内振型	T_s/s	T_f/s	相对差异/%
第 1 阶反对称振型	1.5184	1.4740	2.9
第 2 阶正对称振型	0.7774	0.7612	2.1
第 3 阶反对称振型	0.5272	0.5213	1.1
第 4 阶反对称振型	0.4440	0.4399	0.9
第 5 阶正对称振型	0.4384	0.4368	0.4

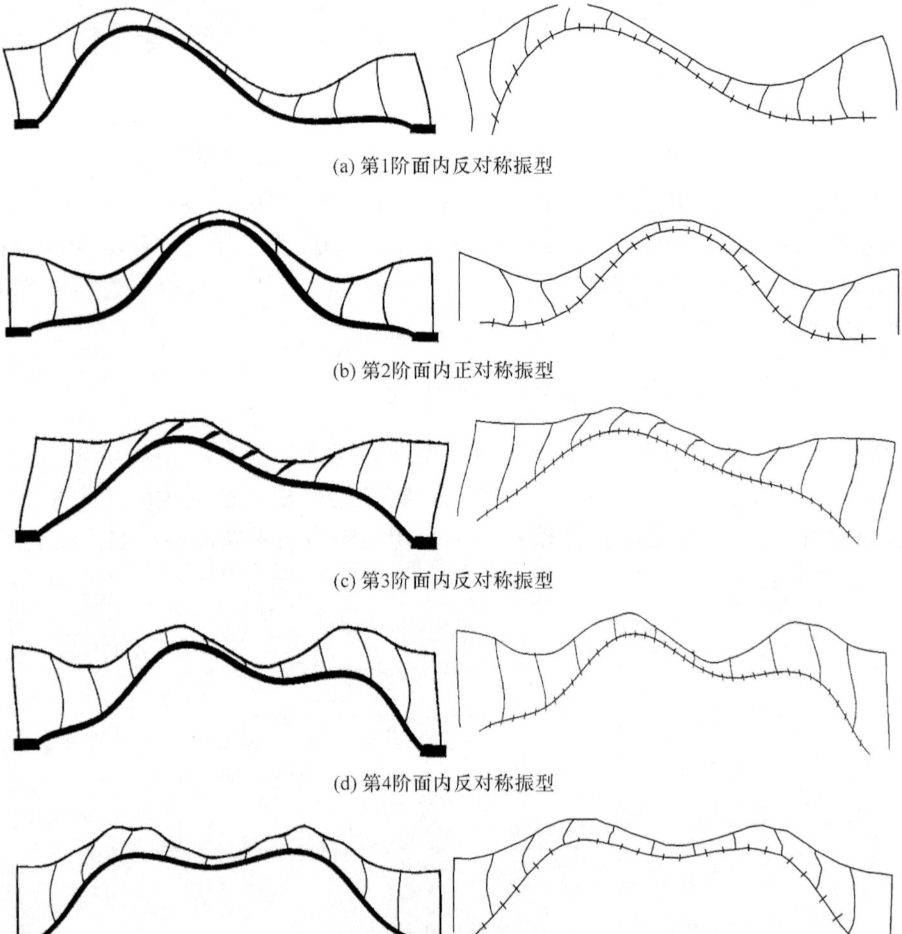

(a) 第1阶面内反对称振型

(b) 第2阶面内正对称振型

(c) 第3阶面内反对称振型

(d) 第4阶面内反对称振型

(e) 第5阶面内正对称振型

图 3.12　拱桥结构的主要振型对比

因此，纤维模型的结构刚度、质量分布与板壳模型基本一致，在线弹性范围内具有基本相同的力学特性。

3.3.3　地震动输入及结构地震反应

为了使桥梁在地震作用下能够进入弹塑性状态，选取 1999 年发生在我国台湾的集集地震日月潭记录和 2004 年发生在日本的新潟地震川口町记录作为输入，二者均为典型的近场地震动。图 3.13 为输入地震动的波形，a 表示地震动加速度，t 表示时间。集集地震记录的水平和竖直方向加速度峰值分别为 $9.87\mathrm{m/s^2}$、$3.14\mathrm{m/s^2}$，新潟地震记录的水平和竖直方向加速度峰值分别为 $16.75\mathrm{m/s^2}$、$8.70\mathrm{m/s^2}$。图 3.14 为地震记录的加速度反应谱曲线，反应谱的阻尼比取 5%，S_a 为加速度反应谱。

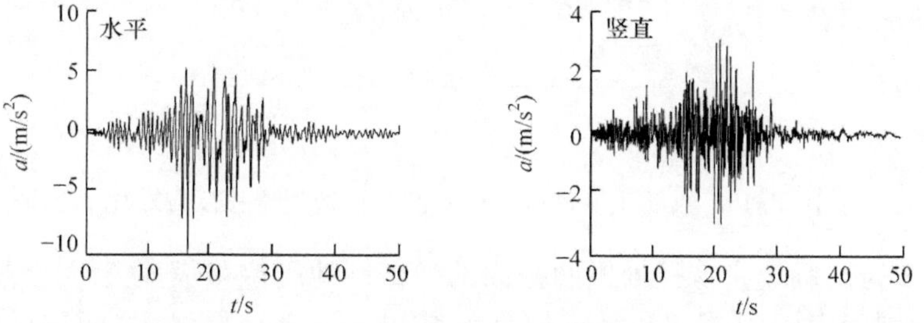

(a) 集集地震日月潭记录波形

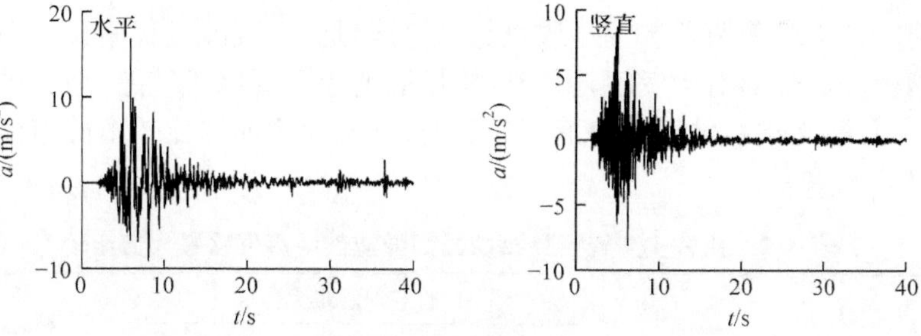

(b) 新潟地震川口町记录波形

图 3.13　输入地震动

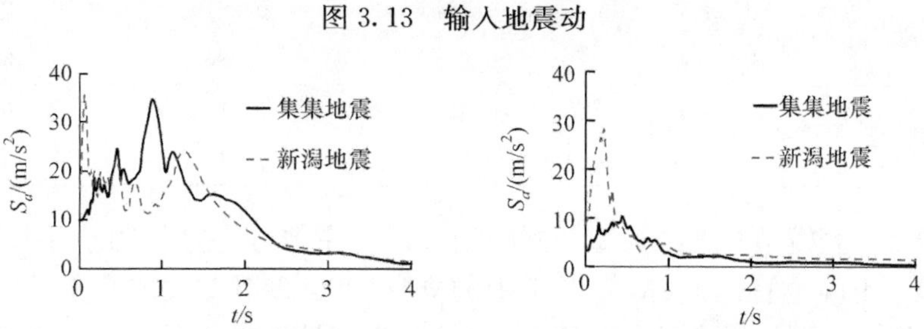

(a) 水平方向　(b) 竖直方向

图 3.14　地震动反应谱

图 3.15 为集集地震记录输入时两种计算模型得到的拱肋 1/4 跨截面位置的弹性地震位移反应计算结果，d_x 为水平方向位移，d_z 为竖直方向位移。结果表明，在弹性范围内纤维模型和板壳模型得到的结果一致。

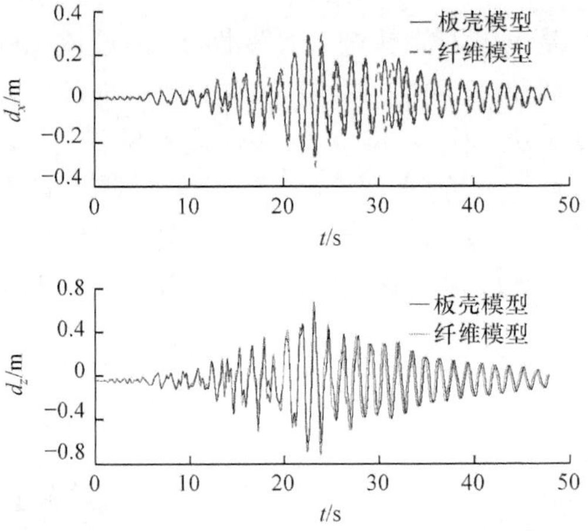

图 3.15　拱肋 1/4 跨截面位置的弹性地震位移反应对比

表 3.2 为拱桥 1/4 跨径处拱肋截面的弹塑性地震位移最大值对比结果。其中 d_s 和 d_f 分别代表板壳模型和纤维模型的结果。计算结果显示，两种计算模型的弹塑性地震位移差异并不明显。图 3.16 为拱肋 1/4 跨截面的位移时程曲线，在达到最大地震位移之前两者基本一致，板壳模型阻尼小、衰减过程略长。根据地震中的拱肋钢板局部变形对比发现，由于该桥拱肋的上下翼缘板较厚，地震中截面变形不明显。因此，当钢板的局部变形不显著时，纤维模型能够比较精确地模拟结构进入塑性以后的刚度。

表 3.2　拱桥 1/4 跨径处拱肋截面弹塑性地震位移最大值比较

地震	方向	位移时程最大值		相对差异/%
		d_s/m	d_f/m	
集集地震	水平	0.284	0.261	8.1
	竖直	0.606	0.584	3.6
新潟地震	水平	0.315	0.317	0.6
	竖直	0.710	0.744	4.8

另外，板壳模型与纤维模型得到的塑性区域主要分布在拱肋与立柱的连接部位，即 P6～P11 立柱的底部，靠近跨中的立柱 P8、P9 塑性发展大于端部的立柱。图 3.17 给出了塑性程度最显著的 P8 立柱底部塑性区域比较。可以看出，两种模型的塑性域分布形状有所不同，板壳模型得到的塑性域贯穿立柱全截面且进入拱

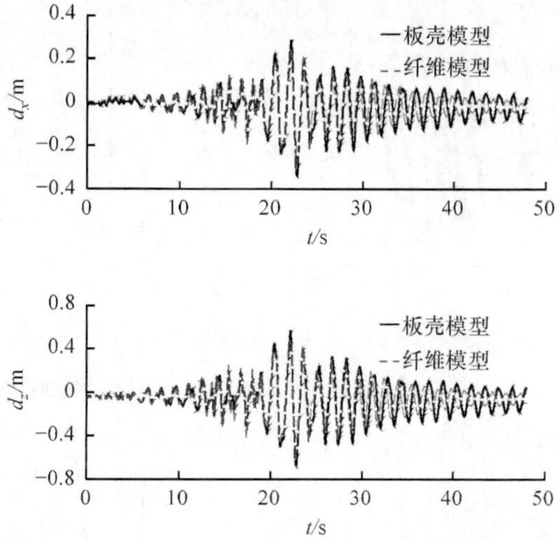

图 3.16　集集地震作用下拱肋 1/4 跨截面的位移时程曲线

肋截面,而纤维模型得到的塑性域集中在立柱截面上,塑性域范围较大,但没有贯穿全截面。

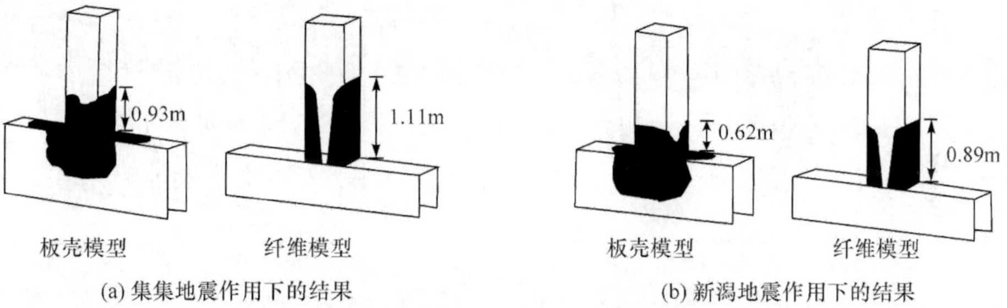

图 3.17　拱桥 P8 立柱底部塑性区域比较

图 3.18 为 P7、P8 及 P9 立柱底部发生最大塑性应变的积分点应力-应变履历。其中 σ 和 σ_y 分别表示应力和材料屈服应力,ε 和 ε_y 分别表示应变和材料屈服应变,实线、虚线分别为纤维模型和板壳模型的结果。结果表明,在损伤显著的部位,两种模型的计算结果差异较大,板壳模型塑性区较集中,局部区域塑性应变超过 20 倍的屈服应变,而纤维模型得到的平均应变和应变峰值较小。但对于塑性程度较小的损伤区域,两种结果的差距缩小。

根据上述比较可知,虽然纤维模型可以反映结构整体的刚度特性及塑性域大致分布情况,且当结构地震损伤程度较轻时具有一定的计算精度;但对于塑性程度较显著的部位,纤维模型计算结果并不能很好地反映结构的损伤程度。

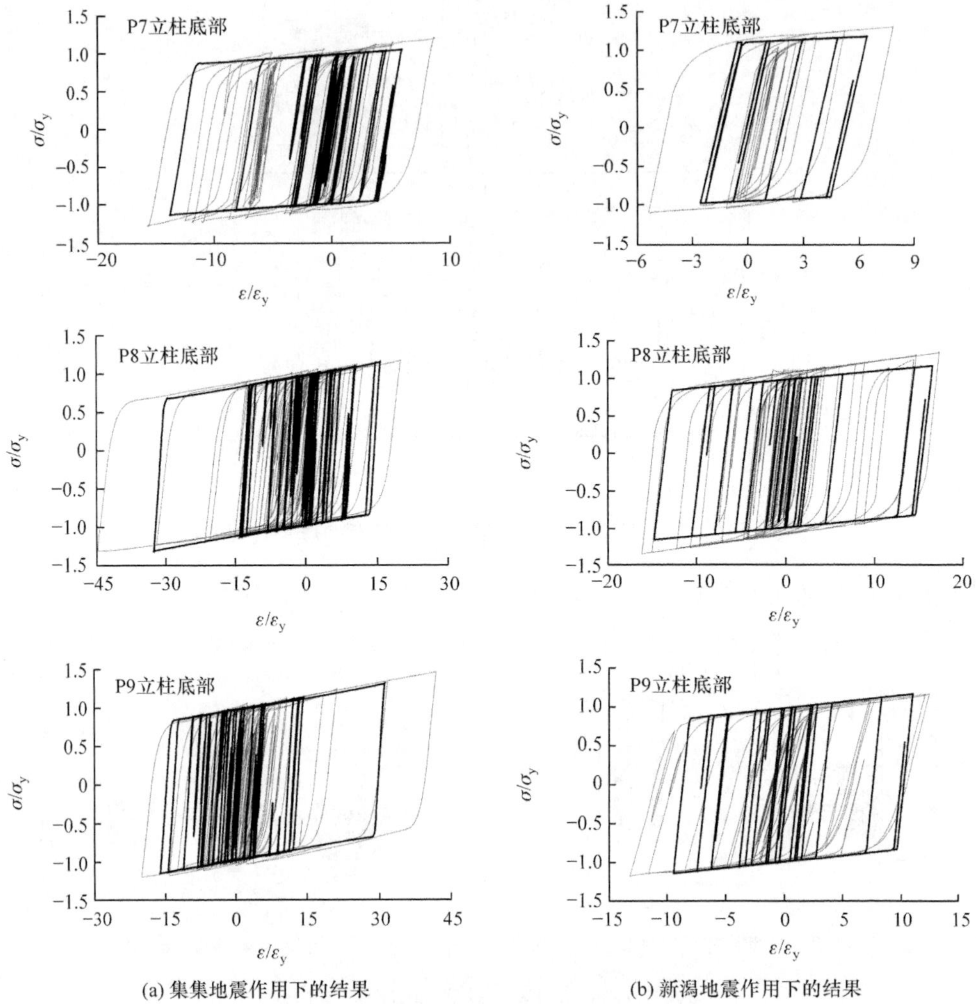

(a) 集集地震作用下的结果　　(b) 新潟地震作用下的结果

图 3.18　各立柱主要积分点的应力-应变履历

3.4　钢材的滞回本构模型

钢材的滞回本构模型是钢桥弹塑性地震反应分析的基础，其作为一个传统的问题迄今已有不少研究，早期提出的各向同性强化模型、随动强化模型在钢结构地震反应计算中得到了广泛应用。但是这些模型在受力比较复杂且可能发生大应变的结构计算中应用时精度低。随着钢结构抗震设计对地震反应计算精度要求的提高，近年来，许多学者对钢材的滞回本构模型进行了不少新的研究，提出了高精度的模型。混合强化模型、双曲面模型、三曲面模型都是为了提高复杂应力状态或大应变条件下结构动力反应计算精度提出来的改进计算模型。

本节以钢桥中广泛使用的普通低碳钢为对象，介绍传统的各向同性强化模型、随动强化模型、混合强化模型，在此基础上阐述较高精度的双曲面本构模型。以我国桥梁工程中较常用的 Q345q 钢材为例，通过材料试验确定双曲面滞回本构模拟的材料参数。

3.4.1　钢材的应力-应变曲线

图 3.19 为低碳钢单轴拉伸应力-应变试验曲线，钢材经过弹性阶段、屈服平台和强化阶段后至拉伸破坏。

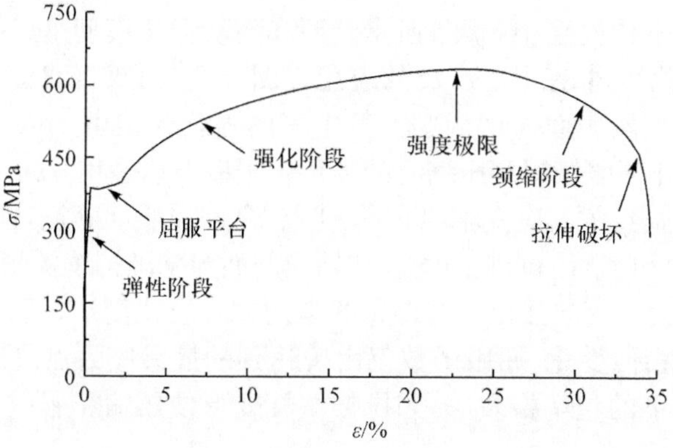

图 3.19　典型的钢材单轴拉伸应力-应变曲线

为了方便计算，常把钢材的单轴应力-应变曲线简化为双直线或者考虑屈服平台和强化过程的曲线，如图 3.20 所示。其中，双直线模型是以屈服点为界，应力-应变用两条直线来近似，为了考虑强化的影响，屈服后的材料弹性模量取屈服前的1%左右。

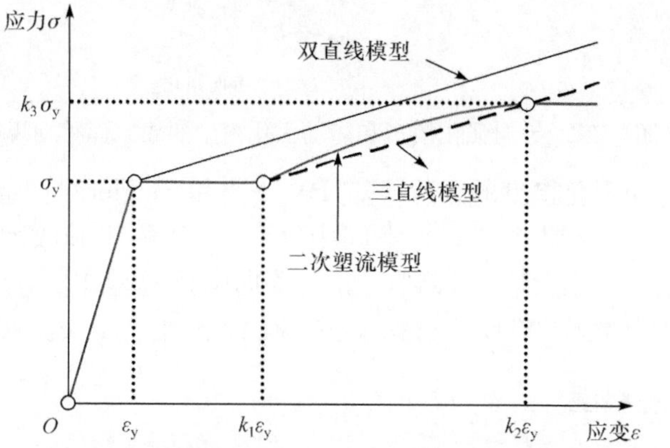

图 3.20　钢材单轴拉伸应力-应变曲线简化模型

考虑屈服平台及强化过程影响的应力-应变关系稍复杂，屈服平台结束的应力-应变关系可用直线或曲线表示，不同材料的曲线形式也有所差异。Esmaeily 和 Xiao[4]建议采用简化的二次塑流模型模拟钢材的应力-应变关系，其强化段采用二次抛物线形式：

$$\sigma=k_3\sigma_y+\frac{E_s(1-k_3)}{\varepsilon_y(1-k_1)^2}(\varepsilon-k_2\varepsilon_y)^2 \tag{3.47}$$

式中，E_s 为钢材弹性模量；f_y 为屈服应力；ε_y 为屈服应变；参数 k_1、k_2 和 k_3 用于控制单调加载曲线的形状，含义如图 3.20 所示。

3.4.2 等向强化模型和随动强化模型

在钢材滞回本构模型中，等向强化模型和随动强化模型是最基本的两种模型，在钢结构弹塑性分析中有十分广泛的应用。图 3.21 为双直线应力-应变关系对应的这两种本构模型屈服面移动规则。其中等向强化模型由 Hill[5]于 1950 年提出，认为拉伸时的强化屈服极限和压缩时的强化屈服极限总是相等的，即在图 3.21 中的反向屈服点为与 B 点关于应变轴对称的 B''点，允许屈服面膨胀，但屈服面的中心不移动。因此，每次卸载后的屈服面均以初始屈服面为基础持续扩张，导致拉压两侧的屈服极限不断增大。等向强化模型得到的本构方程形式简洁，但只能描述单一应变路径下的屈服面相似变化，屈服函数仅由曾达到的最大应力点决定，无法描述材料在循环荷载作用下的包辛格效应，如拉伸塑性变形使压缩屈服应力降低的现象。

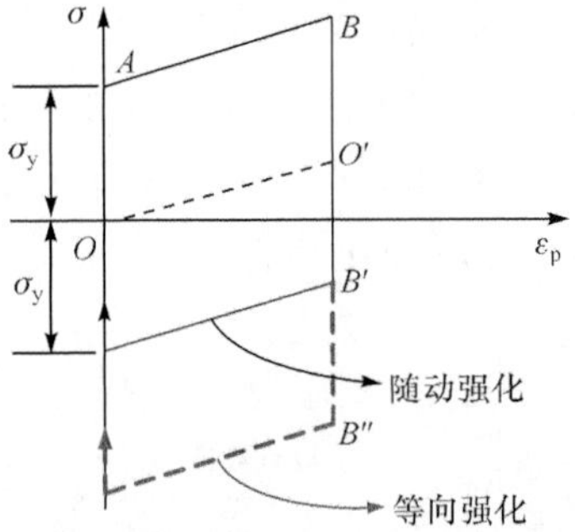

图 3.21 等向强化模型和随动强化模型的屈服面移动规则

为了克服等向强化模型的上述缺陷，Prager[6]和 Ziegler[7]在塑性理论中引入了随动强化准则，假定屈服面在应力空间中平移，不能膨胀和收缩，即图 3.21 中的 BB'在塑性变形后将原点从 O 移到 O'。与等向强化模型相比，随动强化模型能够粗略地描述包辛格效应，以反映材料在循环荷载下的应力-应变履历。

3.4.3 混合强化模型

等向强化模型和随动强化模型由于形式简单、计算方便，广为应用，但在复杂应力条件下它们都不能很好地描述钢材在循环荷载作用下的滞回特性。因此，一些学者提出了混合强化模型，即将等向强化和随动强化结合起来，使屈服面既能膨胀又能平移，还可考虑钢材的包辛格效应。混合强化模型最早由 Hodge[8] 于 1957 年提出，并由 Axelsson 和 Samuelsson[9] 及 Krieg 和 Key[10] 等完善。对于 von Mises 屈服准则，混合强化模型的屈服面函数 f 可表示为

$$f=F(\sigma_{ij}-\alpha_{ij})-h(\varepsilon_{ij})=\frac{3}{2}(s_{ij}-\alpha_{ij})(s_{ij}-\alpha_{ij})-(\sigma^0)^2=0 \tag{3.48}$$

式中，s_{ij} 为应力偏量张量；α_{ij} 为屈服面的中心，表示随动强化引起的屈服面移动；h 为描述屈服面等向膨胀的参数；σ^0 为屈服面。

混合强化模型的塑性应变增量可线性分解为等向强化和随动强化两部分，即

$$\mathrm{d}\varepsilon_{ij}^{\mathrm{p}}=\mathrm{d}\varepsilon_{ij}^{\mathrm{p(i)}}+\mathrm{d}\varepsilon_{ij}^{\mathrm{p(k)}} \tag{3.49}$$

式中，$\mathrm{d}\varepsilon_{ij}^{\mathrm{p(i)}}$ 为等向强化假设部分的塑性应变增量，$\mathrm{d}\varepsilon_{ij}^{\mathrm{p(i)}}=M\mathrm{d}\varepsilon_{ij}^{\mathrm{p}}$；$\mathrm{d}\varepsilon_{ij}^{\mathrm{p(k)}}$ 为随动强化假设部分的塑性应变增量，$\mathrm{d}\varepsilon_{ij}^{\mathrm{p(k)}}=(1-M)\mathrm{d}\varepsilon_{ij}^{\mathrm{p}}$；$M$ 为改变强化形式的参数，取值范围为 $0\leqslant M\leqslant 1$，当 $M=0$ 时为随动强化，当 $M=1$ 时为等向强化。屈服面的移动方向只与随动强化有关，而屈服面的膨胀只与等向强化有关，屈服面 σ^0 是等效塑性应变 $\bar{\varepsilon}_{\mathrm{p}}$ 的函数。根据上述假设，结合弹性状态的胡克定律，可推导得到弹塑性应力-应变增量关系为[11]

$$\begin{cases}\mathrm{d}\sigma_{ij}=D_{ijkl}^{\mathrm{ep}}\mathrm{d}\varepsilon_{kl}=(D_{ijkl}^{\mathrm{e}}-D_{ijkl}^{\mathrm{p}})\mathrm{d}\varepsilon_{kl}\\ D_{ijkl}^{\mathrm{p}}=\dfrac{(s_{ij}-\alpha_{ij})(s_{kl}-\alpha_{kl})}{\left[\dfrac{1}{9G^2}(\sigma_{\mathrm{y}}^0+E^{\mathrm{p}}M\bar{\varepsilon}_{\mathrm{p}})\right](3G+E^{\mathrm{p}})}\end{cases} \tag{3.50}$$

式中，E^{p} 为塑性模量；σ_{y}^0 为初始屈服应力；D_{ijkl}^{e} 为弹性张量；G 为剪切模量。

Chaboche[11] 提出的非线性混合强化模型满足塑性硬化模量连续变化的条件，能保证材料应力-应变曲线的光滑过渡。模型中的屈服面 σ^0 可表示为等效塑性应变 $\bar{\varepsilon}_{\mathrm{p}}$ 的非线性函数，即

$$\sigma^0=\sigma_{\mathrm{y}}^0+Q_{\infty}(1-\mathrm{e}^{-b_{\mathrm{iso}}\bar{\varepsilon}_{\mathrm{p}}}) \tag{3.51}$$

式中，Q_{∞} 为屈服面的最大变化值；b_{iso} 为屈服面随塑性应变发展变化的比率。

屈服面中心 α 的位置由一组背应力值 α_k 确定：

$$\begin{cases}\alpha_k=\dfrac{C_{\mathrm{kin},k}}{\gamma_k}(1-\mathrm{e}^{-\gamma_k\varepsilon_{\mathrm{p}}})+\alpha_{k,1}\mathrm{e}^{-\gamma_k\varepsilon_{\mathrm{p}}}\\ \alpha=\displaystyle\sum_{i=1}^{N}\alpha_k\end{cases} \tag{3.52}$$

式中，ε_{p} 为塑性应变；$C_{\mathrm{kin},k}$ 为随动强化模量的初始值；γ_k 为塑性变形增加时随动强化模量减小的比率；$\alpha_{k,1}$ 为第 k 个背应力组中的第一个数据点。曲线形状对不同的应变范围有较大的变化，因此采用多组背应力叠加的方式以得到更准确的曲线。

由于 Chaboche 混合强化模型需要的材料试验数据少，并具有良好的计算精度，一些通用有限元软件（如 ABAQUS 等）引入了 Chaboche 混合强化模型。

3.4.4 双曲面模型

在塑性大应变范围内，反复荷载使材料的弹性领域、强化系数等发生复杂的变化，等向强化模型、随动强化模型及混合强化模型不能很好地反映这些变化。为此，一些学者提出新的钢材滞回本构模型，其中 Mroz[12,13]提出的多曲面模型为具有代表性的模型之一。1975 年，Dafalias 和 Popov[14,15]及 Krieg[16]在多曲面模型的基础上提出了双曲面模型，该模型认为屈服面的移动和膨胀在不断移动和膨胀的“边界面”之内，而材料的塑性强化模量用加载点与边界面之间距离的函数表示，使塑性硬化模量连续变化，实现应力-应变曲线的光滑过渡。与 Krieg 提出的双曲面模型相比，Dafalias-Popov 双曲面模型因形式简单、物理意义明确，更受关注。

图 3.22 为单轴应力状态下的 Dafalias-Popov 双曲面模型。如图所示，应力-应变曲线被限定在拉压两侧的边界以内，边界的斜率为 E_0^p，屈服面和边界面的半径保持不变。进入塑性域后的材料塑性强化模量与加载点到边界的距离 δ 相关，即

$$E^p=\frac{d\sigma}{d\varepsilon^p}=E_0^p+h\frac{\delta}{\delta_{in}-\delta} \tag{3.53}$$

式中，δ 为加载点到边界的距离；δ_{in} 为当前加载过程中的初始屈服点到边界的距离；h 称为形状参数。当 $\delta=\delta_{in}$ 时 E^p 为无穷大，保证了弹塑性过渡的连续性；当 $\delta>0$ 时曲线呈现明显的非线性特征；当 $\delta=0$ 时应力沿边界线性强化。

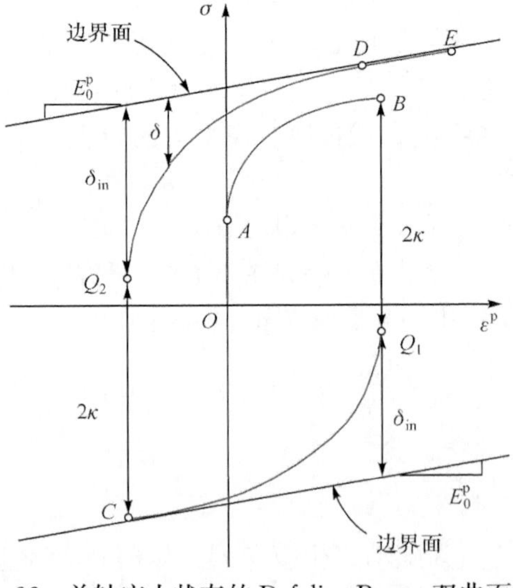

图 3.22 单轴应力状态的 Dafalias-Popov 双曲面模型

图 3.23 为三维应力状态下 Dafalias-Popov 双曲面模型在 π 平面上的投影。

在三维应力状态下 δ 定义为屈服面上的加载点 A 与边界面上的共轭点 $\overline{A}$ 之间的距离，而 A 点与共轭点 $\overline{A}$ 在各自曲面上的法向量相同。

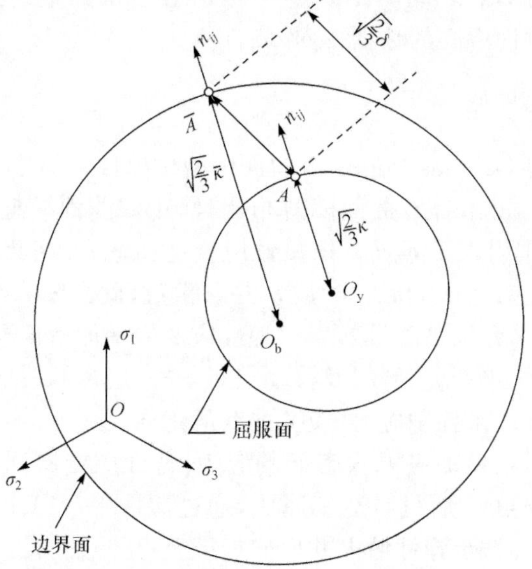

图 3.23　三维应力状态下 Dafalias-Popov 双曲面模型在 π 平面上的投影

双曲面模型为建立高精度钢材滞回本构模型奠定了基础。一些学者对双曲面模型进行修正，提出了改进的双曲面模型。1983 年，Tseng 和 Lee[17] 基于试验数据提出用记忆面代替边界面的双曲面模型(图 3.24)，而记忆面定义为材料在应力

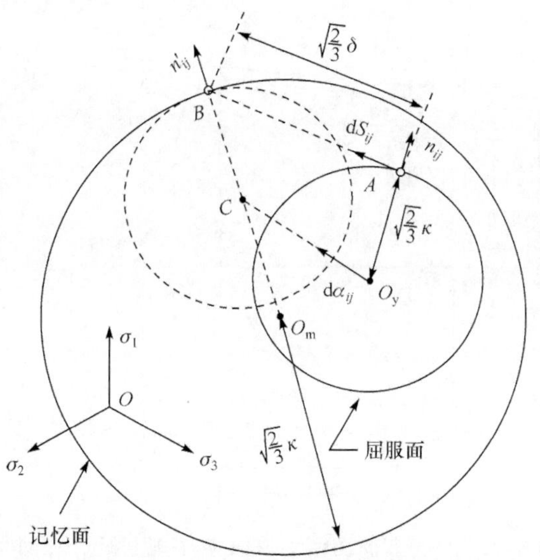

图 3.24　Tseng-Lee 双曲面模型

空间内曾经历的最大应力，是随应力的增大而逐渐膨胀的面；此外，Tseng-Lee 模型以屈服面上加载点（A 点）的应力偏量增量 dS_{ij} 的方向来确定记忆面上共轭点（B 点）的位置，并将两点之间的距离定义为 δ；假设两面最终接触时在 B 点处相切，以此来确定屈服面中心的移动方向 $d\alpha_{ij}$。

3.4.5 修正双曲面模型

Shen 等[18-20]对 Dafalias-Popov 双曲面模型做出较大的改进，提出了修正双曲面模型。与 Dafalias-Popov 双曲面模型相比，修正双曲面模型的改进主要体现在以下几个方面[21]：①引入了等效累积塑性应变的概念；②考虑了弹性域等效累积塑性应变缩小的效应；③认为形状参数 h 并非常数，而是随 δ 线性变化；④考虑了循环荷载下的屈服平台区域随等效累积塑性应变的增加而逐渐减小、消失的效应；⑤考虑了边界面的大小变化、倾斜及移动等影响；⑥通过修改形状参数表达式和引入记忆面、虚拟边界面来控制应力-应变曲线的走向。

图 3.25 为钢材在单轴应力状态下的应力-塑性应变滞回曲线。由原点 O 开始弹性加载，至屈服点 A 后材料达到屈服，通过塑性平台 AB 至 B 点后进入塑性强化阶段 BC；C 点卸载至弹性域内并反向加载至 Q_1 点后再次进入塑性，这时反向塑性加载段 Q_1D 的塑性模量 E^p 同样由式(3.53)计算得到，但形状参数 h 与 δ 呈线性关系：

$$h=e\delta+f \tag{3.54}$$

式中，e、f 为材料常数。

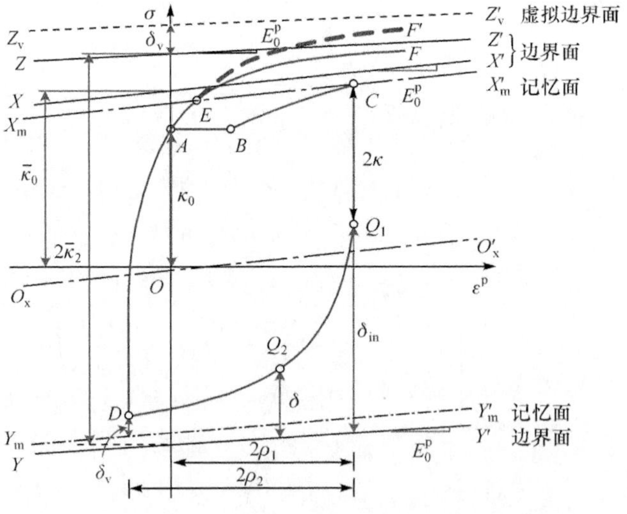

图 3.25　修正双曲面模型单轴应力-塑性应变滞回曲线

为了确定应力-应变滞回曲线的走向，修正双曲面模型引入了虚拟边界面和记忆面的概念。如图 3.25 所示，加载曲线 DEF 段对应的边界面为 ZZ'，而定义记忆面 $X_mX'_m$ 为经过历史应力最大值的 C 点，并与 C 点对应的边界 XX' 平行的面，其作用是记录加载点在加载历史上偏离边界面中线 $O_xO'_x$ 的最大距离。其中，$O_xO'_x$ 为边界 XX' 和 YY' 的中心线，记忆面 $X_mX'_m$ 和 $Y_mY'_m$ 在拉、压两侧关于 $O_xO'_x$ 对称。

记卸载点 D 到记忆面 $Y_mY'_m$ 的距离为 δ_v；加载路径 DEF 对应的虚拟边界面 $Z_vZ'_v$ 由边界面 ZZ' 向加载方向平移 δ_v 得到。在预测 DE 段曲线走向时，塑性模量 E^p 按式(3.55)计算：

$$E^p = E_0^p + h\frac{\delta+\delta_v}{\delta_{in}-\delta} \tag{3.55}$$

当加载点达到记忆面(即图 3.25 中的 E 点)后，塑性模量 E^p 仍按式(3.53)计算，曲线走向为 DEF，即曲线不能越过实际的边界 ZZ'。

修正双曲面模型认为弹性域半径 κ 和边界面半径 $\bar{\kappa}$ 在加载历程中均随等效累积塑性应变 $\bar{\varepsilon}^p$ 变化，即

$$\kappa = \kappa_0[\alpha - a\exp(-b\bar{\varepsilon}^p\times 100) - (\alpha - a - 1)\exp(-c\bar{\varepsilon}^p\times 100)] \tag{3.56}$$

$$\bar{\kappa} = \bar{\kappa}_\infty + (\bar{\kappa}_0 - \bar{\kappa}_\infty)\exp(-\zeta\rho^2) \tag{3.57}$$

式中，α、a、b、c、ζ 为常数；κ_0 和 $\bar{\kappa}_0$ 分别为弹性域和边界面初始半径；$\bar{\kappa}_\infty$ 为边界面的极限半径，即材料的极限强度 σ_u；$\rho=0.5\bar{\varepsilon}^p$。

修正双曲面模型考虑了应力历史对屈服平台的影响，循环荷载下屈服平台终点的判断准则可表示为

$$\left(\frac{\bar{\varepsilon}^p}{\varepsilon^p_{st}}-1\right) - M\left(\frac{W^p}{W^p_{st}}-1\right)\begin{cases}<0, & \text{平台继续}\\ \geqslant 0, & \text{平台结束}\end{cases} \tag{3.58}$$

式中，W^p 为塑性应变能，即应力-塑性应变曲线围成的面积；ε^p_{st} 和 W^p_{st} 分别为单调加载时屈服平台的长度和对应的塑性功；M 为常数。

另外，修正双曲面模型认为式(3.53)中的边界斜率 E_0^p 随加载历史的塑性应变能 W^p 的增大而逐渐减小，即

$$E_0^p = \frac{E^p_{0i}}{1+\omega W^p} \tag{3.59}$$

式中，E^p_{0i} 为单调加载时初始屈服点位置对应的边界线斜率；ω 为常数。

在三维应力空间中，如图 3.26 所示，基于 von Mises 屈服准则的屈服面和边界面均为垂直于 π 平面的圆柱面。图中的圆弧即屈服面和边界面与 π 平面的交线，α_{ij} 与 β_{ij} 分别为屈服面和边界面的中心，κ 与 $\bar{\kappa}$ 分别为屈服面(即弹性域)和边界面的半径。屈服面和边界面的方程分别为

$$f(\sigma_{ij},\alpha_{ij},\kappa) = \frac{3}{2}(S_{ij}-\alpha_{ij})(S_{ij}-\alpha_{ij}) - \kappa^2 = 0 \tag{3.60}$$

$$F(\sigma_{ij},\beta_{ij},\bar{\kappa})=\frac{3}{2}(S_{ij}-\beta_{ij})(S_{ij}-\beta_{ij})-\bar{\kappa}^2=0 \tag{3.61}$$

式中，S_{ij} 为偏量应力张量。与单轴应力状态下的计算模型相同，κ 与 $\bar{\kappa}$ 分别随等效累积塑性应变曲面的半径 ρ 的扩大而减小或增大，即分别按式(3.56)与式(3.57)计算。

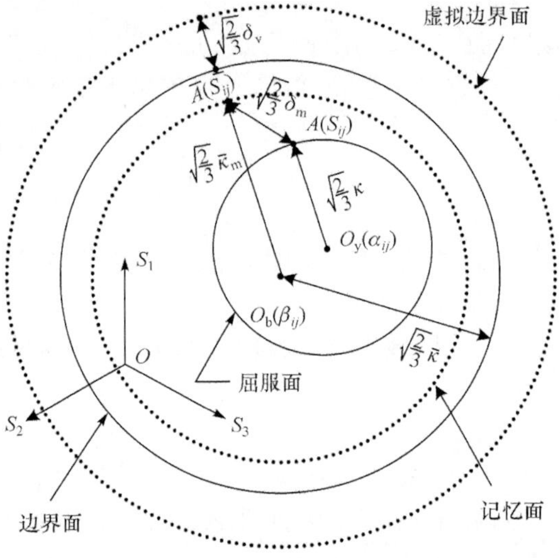

图 3.26 修正双曲面模型三维应力状态下虚拟边界面和记忆面

三维应力状态下塑性模量 E^p 的计算方法与单轴应力状态相同，但 δ 及 δ_v 需在三维应力空间中定义。为此，首先定义加载点 A 在边界面(或记忆面)的共轭点为 $\bar{A}$，如图 3.26 所示，共轭点 $\bar{A}$ 在记忆面上的法向量应与 A 点在屈服面上的法向量相同，即

$$\frac{\bar{S}_{ij}-\beta_{ij}}{\sqrt{\frac{2}{3}}\bar{\kappa}}=\frac{S_{ij}-\alpha_{ij}}{\sqrt{\frac{2}{3}}\kappa} \tag{3.62}$$

δ 定义为加载点 A 与其在边界面(或记忆面)上的共轭点 $\bar{A}$ 之间的距离，基于欧氏范数计算，即

$$\delta=\sqrt{\frac{3}{2}}\parallel \bar{S}_{ij}-S_{ij}\parallel \tag{3.63}$$

在三维应力空间中，虚拟边界面和记忆面中心与边界面相同。记忆面的含义与单轴应力状态时相同，其半径 $\bar{\kappa}_m$ 定义为

$$\bar{\kappa}_m=\left\{\sqrt{\frac{3}{2}}\parallel S_{ij}-\beta_{ij}\parallel\right\}_{max} \tag{3.64}$$

若图 3.26 中加载至 A 点时卸载，A 点尚未到达记忆面，A 点与其共轭点 $\overline{A}$ 基于欧氏范数的距离为 δ_{m}，则下一阶段塑性加载路径对应的虚拟边界面半径将向外扩张 δ_{v}，且有

$$\delta_{\mathrm{v}}=\delta_{\mathrm{m}} \tag{3.65}$$

通过式(3.55)得到塑性模量 E^{p} 后，三维应力状态下的弹塑性应力-应变增量关系可表示为

$$\begin{cases} \mathrm{d}\sigma_{ij}=D_{ijkl}^{\mathrm{ep}}\mathrm{d}\varepsilon_{kl} \\ D_{ijkl}^{\mathrm{ep}}=D_{ijkl}^{\mathrm{e}}-\dfrac{1}{\kappa^2}\dfrac{9G^2}{E^{\mathrm{p}}+3G}(S_{ij}-\alpha_{ij})(S_{kl}-\alpha_{kl}) \end{cases} \tag{3.66}$$

式中，D_{ijkl}^{e} 为弹性张量。

修正双曲面模型较全面、细致地描述了钢材在循环荷载下的滞回特性，达到了很高的计算精度，并且计算效率在可以接受的范围内。

3.4.6　改进的双曲面模型

在反复荷载作用下结构经历复杂的卸载-加载变化过程，小幅应变循环履历在以下两种情形下使式(3.55)计算得到的塑性模量 E^{p} 显著偏大。

(1) 钢材应力由塑性状态卸载至弹性域内，再沿起初的加载方向重新加载至屈服。即应力-塑性应变曲线沿图 3.27 中的路径 A—B—C—B 变化。

(2) 钢材应力由塑性状态卸载后又小幅反向加载至塑性域，再卸载后沿起初的加载方向再加载至屈服。即应力-塑性应变曲线沿图 3.28 中的路径 A—B—C—D—E—B 变化。

在上述两种情形下，再次加载进入塑性时，既有修正双曲面模型计算得到的 E^{p} 为无穷大，这与实际情况不符。对上述两种情形下的塑性模量 E^{p} 的计算方法提出如下改进措施。

图 3.27 的应变变化路径为第一种情形。钢材由塑性状态 B 点卸载至弹性域内的 C 点后，再次加载至屈服时，F 点、B 点分别为反向加载和同向加载对应的屈服点。既有修正双曲面模型中，无论同向还是反向加载，B 点或 F 点处的塑性模量 E^{p} 均为无穷大；但实际情况并非如此，同向加载时 B 点处的 E^{p} 无穷大是不合理的，而反向加载时 E^{p} 无穷大符合实际。因此，首先需对屈服点的应变变化路径进行判别，以分别确定 E^{p}。

再次加载的方向可用 B 点或 F 点处屈服面的法向量 $\boldsymbol{n}$ 判别，其中

$$\boldsymbol{n}=\frac{\sigma-\alpha_0}{\kappa} \tag{3.67}$$

式中，α_0 为弹性域中心的应力值。

在 B 点卸载进入弹性域时，记屈服面的法向量为 $\boldsymbol{n}_{\mathrm{in}}$；再次加载超出弹性域时，

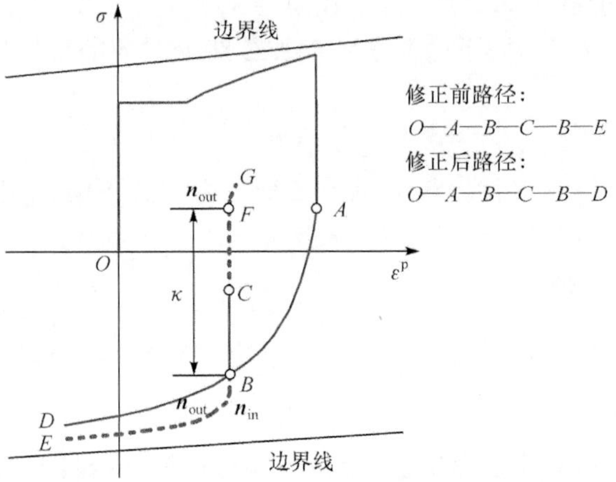

图 3.27　修正双曲面模型第一种情形的单轴应力-塑性应变关系

记屈服面的法向量为 $\boldsymbol{n}_{out}$。若 $\boldsymbol{n}_{out}=\boldsymbol{n}_{in}$，即加载点位于图 3.27 中的 B 点，此时式(3.55)中的 δ_{in} 和 δ_v 应与 AB 段一致，计算得到的塑性模量 E^p 应与 B 点卸载前相同；若 $\boldsymbol{n}_{out}\neq\boldsymbol{n}_{in}$，即加载点位于图 3.27 中的 F 点，此时式(3.55)中的 δ_{in} 和 δ_v 应按既有修正双曲面模型的规则(如图 3.26)更新，按式(3.55)计算得到的 E^p 为无穷大。如图 3.27 所示，修正后的应力-塑性应变曲线的走向由 $A—B—C—B—E$ 变为 $A—B—C—B—D$，B 点处的塑性模量不再为无穷大。

图 3.28 的应变变化路径为第二种情形。钢材由塑性状态 B 点反向加载至 C 点进入另一侧塑性域，进一步小幅加载至 D 点后卸载，至 E 点再次进入塑性。记 B 点处卸载进入弹性域时的 δ_{in} 和 δ_v 为 $\delta_{in,in}$ 和 $\delta_{v,in}$，记 CD 段塑性应变的变化量为 $\Delta\varepsilon^p$，应力的变化量为 $\Delta\sigma_{CD}$。在 E 点加载出弹性域时，δ_{in} 和 δ_v 按修正双曲面模型的规则(如图 3.27)更新为 $\delta_{in,out}$ 和 $\delta_{v,out}$，塑性模量 E^p 仍按式(3.55)计算；直至自 E

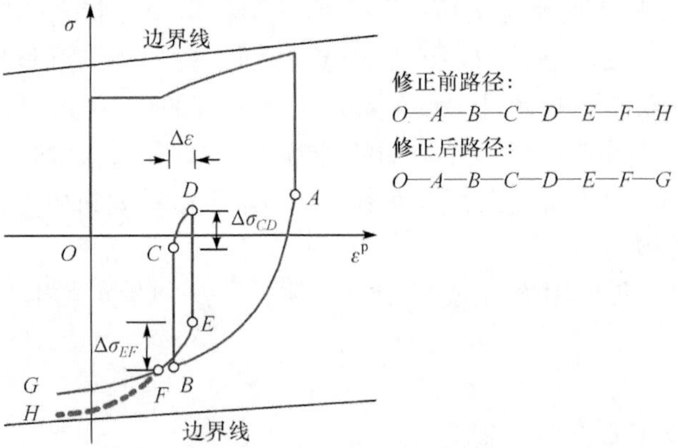

图 3.28　修正双曲面模型第二种情形的单轴应力-塑性应变关系

点起应力的变化量 $\Delta\sigma_{EF}$ 的绝对值超过 $\Delta\sigma_{CD}$ 后(图 3.28 中的 F 点),式(3.55)中的 δ_{in} 和 δ_{v} 按式(3.68)计算:

$$\begin{cases}\delta_{\text{in}}=(1-r)\delta_{\text{in,in}}+r\delta_{\text{in,out}}\\ \delta_{\text{v}}=(1-r)\delta_{\text{v,in}}+r\delta_{\text{v,out}}\end{cases}\tag{3.68}$$

式中,系数 r 反映 CD 段进入塑性的程度:

$$r=\frac{\|\Delta\varepsilon^{\text{p}}\|}{\xi\dfrac{\sigma_{\text{y}}}{E}}\tag{3.69}$$

其中,σ_{y} 为初始屈服应力;E 为弹性模量;ξ 为常数,取 2.0。式(3.69)中的分母即应变变化的限值,当 $0\leqslant r\leqslant 1$ 时认为应变变化幅度较小,需按式(3.68)对 δ_{in} 和 δ_{v} 进行修正。

如图 3.28 所示,通过式(3.68)在 F 点的修正后,后续的应力-塑性应变曲线 FG 走向变为合理。与第一种情形类似,加载点的加载方向均可用其在屈服面上的法向量判断。

为了验证改进的双曲面模型的计算精度,采用文献[18]的钢材试件 SS41-C、SS41-I 和 SM50-D 在循环加载试验结果中进行对比验证。所选试件的加载制度符合双曲面模型修正的前提,即小幅循环的应变历史。试件尺寸如图 3.29 圆柱形尺寸所示,有效长度为 56mm,有效截面直径为 18mm。试验时两端夹持,施加往复拉压荷载,应变通过拉压引伸计测得的位移换算得到。材料参数见表 3.3,其中 E_{st}^{p} 为屈服平台终点处的塑性模量,其余参数意义如前面所述。

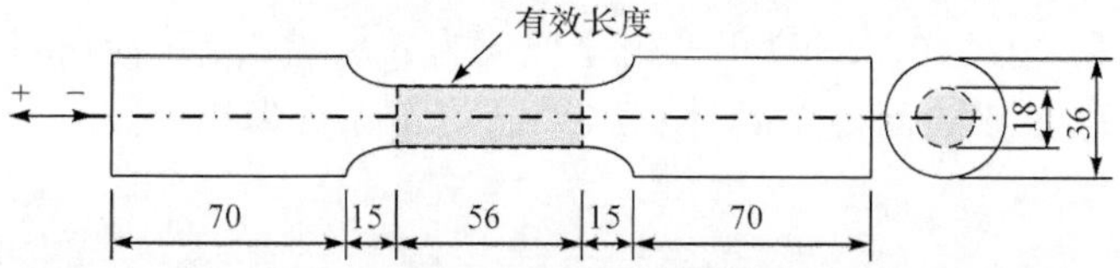

图 3.29　文献[18]试件尺寸(单位:mm)

表 3.3　文献[18]试件的材料参数

材料参数	SS41-C 和 SS41-I	SM50-D
E/GPa	206.7	205.8
σ_{y}/MPa	274.4	356.7
μ	0.29	0.25
E_{st}^{p}/GPa	5.147	6.997
$\varepsilon_{\text{st}}^{\text{p}}$	1.53×10^{-2}	1.24×10^{-2}
a	−0.505	−0.528

续表

材料参数	SS41-C 和 SS41-I	SM50-D
b	2.17	1.88
c	14.4	18.7
α	0.191	0.217
e	5.00×10^2	3.16×10^2
f/GPa	62.0	99.6
M	−0.37	−0.052
E_{0i}^{p}/GPa	185.2	207.9
ω/MPa^{-1}	1.12×10^{-2}	1.12×10^{-2}
$\bar{\kappa}_0$/MPa	315.6	403.1
σ_u/MPa	496.7	574.3
ζ	561.2	506.0

图 3.30 为改进前后的双曲面模型计算结果对比。由图可以看出，试件 SS41-C 在屈服平台结束后其塑性模量 E^p 被既有修正双曲面模型高估，导致其后的应力-应变曲线与试验结果偏离较大，而改进后的模型计算结果与试验结果吻合较好。另外，改进的双曲面模型计算得到的试件 SS41-I 和 SM50-D 的应力-应变曲线比改进前与试验结果更加接近。试件 SS41-C 与 SS41-I 相比，前者对应力计算结果的改进效果更加明显，这是由于前者每个荷载循环的塑性应变增量 $\Delta\varepsilon^p$ 很小，系数 r 接近于 0，δ_{in} 和 δ_v 经式(3.68)几乎完全修正为 $\delta_{in,in}$ 和 $\delta_{v,in}$。而后者系数 r 超过了 0.5，表明既有修正双曲面模型的计算结果已与实际较为接近。

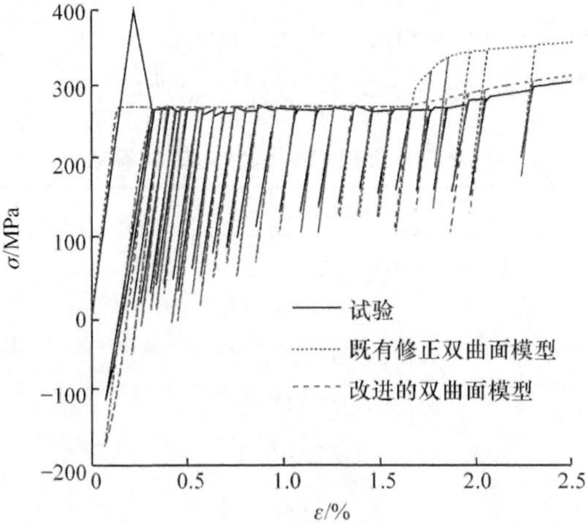

(a)试件SS41-C

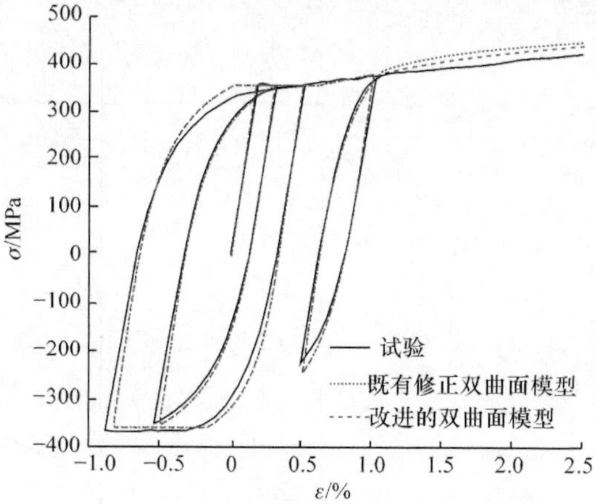

(b) 试件SS41-I

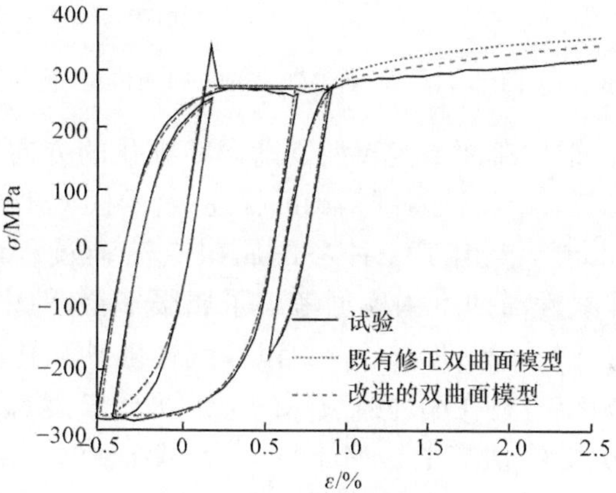

(c) 试件SM50-D

图 3.30　改进前后的双曲面模型计算结果对比

3.4.7　其他滞回本构模型

在 Dafalias-Popov 双曲面模型的基础上，Goto 等[22,23]于 1998 年提出了三曲面模型。如图 3.31(a)所示，在不改变式(3.55)的塑性模量计算方法的前提下，该模型在屈服面与边界面之间加入了“不连续面”，其定义类似于 Tseng-Lee 模型和修正双曲面模型中的记忆面。该模型中边界面完全固定，仅通过不连续面实现对材料循环强化效应的控制。在不连续面内外，式(3.53)的形状参数 h 遵循不同的计算方法，且出现突变，因而应力-应变曲线在与不连续面相交处出现转折点。如图 3.31(b)所示，转折点处，不连续面内外两侧的切线模量分别为 H_{dci} 和 H_{dco}。不连续面的引入虽然在一定程度上提高了应力-应变曲线的预测精度，但同时造成曲线不光滑，增加了模型的复杂程度，模型参数的测定也较困难，因此在钢桥地震反应分析中的应用还比较少[24,25]。

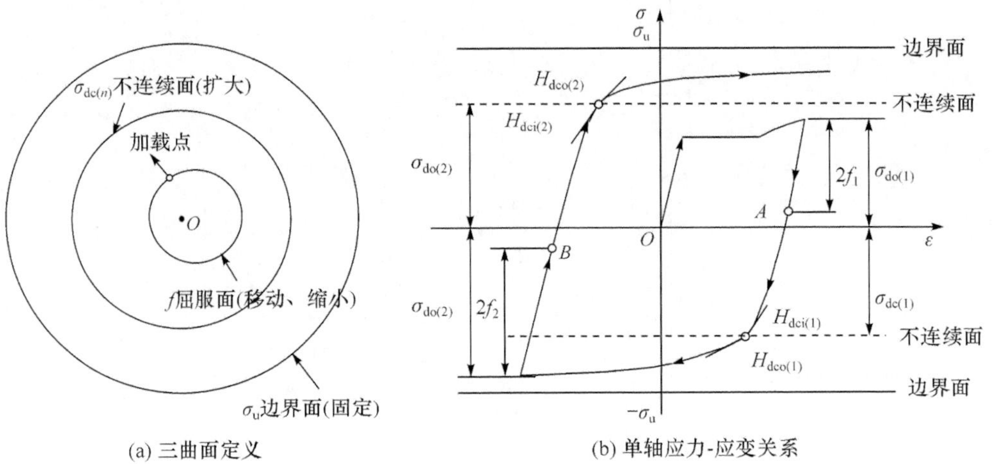

图 3.31　Goto 等提出的三曲面模型

进入 21 世纪后，钢材滞回本构模型逐渐向精细化的方向发展，力图使材料的各种复杂履历、大应变滞回特性得到精确的描述，新的模型普遍加入了对屈服平台的处理方法。Yoshida[26] 提出了一种考虑屈服点波动过程的模型。Jia 和 Kuwamura[27] 提出的非线性滞回本构模型考虑了屈服平台，但未考虑循环荷载下屈服平台长度的变化。Ucak 和 Tsopelas[28] 以非线性随动强化模型为基础，采用设置门槛值的方法来确定材料在循环荷载下的屈服平台长度，该门槛值的取值与等效塑性应变和应力历史峰值有关。Mahan 等[29] 基于 Dafalias-Popov 模型提出的双曲面模型则通过使边界面在累积塑性应变达到门槛值之前保持固定（即不能移动、扩大）的方法考虑材料在循环荷载下的屈服平台长度，取得较好的精度效果。

近年来，钢材滞回本构模型的研究在我国也逐步开展，其中最有代表性的是清华大学的石永久等[30,31] 提出的结构钢材滞回本构模型。该模型由单调加载曲线、循环骨架曲线及滞回准则三部分组成。如图 3.32 所示，单调加载曲线采用 Esmaeily 和 Xiao[4] 建议的简化后的二次屈服模型，分为弹性段、屈服段、强化段和二次屈服段。强化段采用两段线模拟，分为弹性阶段和循环强化阶段。滞回准则采用指向峰值模型，钢材再加载指向为同方向加载过的峰值点，再加载曲线的斜率在卸载刚度 E_s 与起点到终点的切线刚度 E_k 之间按一分段函数变化。该模型虽然能够反映钢材在大应变幅的循环荷载作用下的基本特征，但指向峰值模型在小应变幅及不规则加载时存在难以适应的问题，而且弹塑性过渡点在应变轴上的假设并未体现弹性域大小的真实变化，在应变较大时误差也会相应增大。

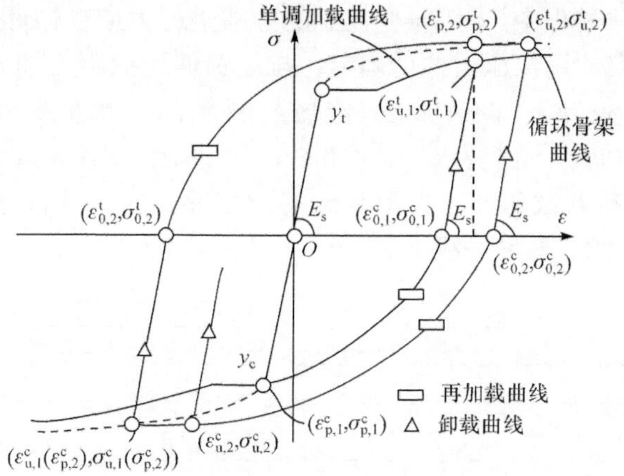

图 3.32　石永久等提出的钢材滞回本构模型

3.5　钢材双曲面模型的材料参数

双曲面模型虽然具有良好的计算精度，但计算时需要提供对应的材料参数，而这些参数需要从试验结果中识别。本节以我国桥梁工程领域中最常用的钢材之一——Q345q 钢材为对象，进行不同加载制度下的单调和循环加载试验，以测定适用于 Q345q 钢材的修正双曲面模型参数[32]。

3.5.1　试验概况

钢材单轴拉压试验在图 3.33 所示的 INSTRON8802-250kN 电液伺服材料试

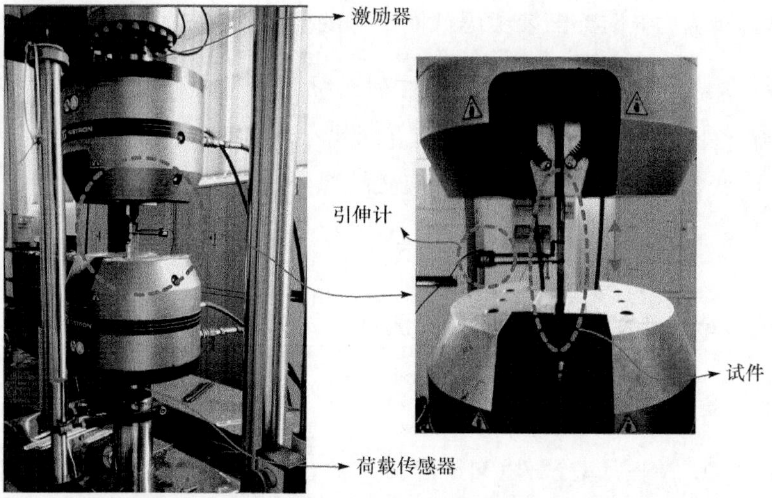

图 3.33　材料试验装置

验机上进行。加载过程中，采用应变控制的方式进行大应变循环加载，试件有效长度范围的平均应变使用拉压引伸计确定。拉压引伸计标距为25mm，拉、压量程分别为50%和25%。试件设计参考《金属材料轴向等幅低循环疲劳试验方法》(GB/T 15248—2008)[33]的要求，尺寸如图3.34所示，试件两端为夹持段，中段有效长度为25mm，有效截面为边长10mm的正方形截面。钢材选取桥梁结构用钢Q345qC，其中“C”代表质量等级。

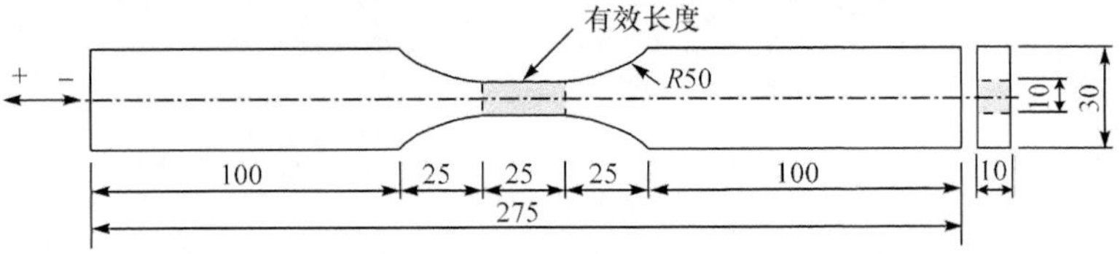

图3.34　材料试件尺寸(单位：mm)

根据测定参数的需要，通过单调或循环加载制度测量钢材的强度、延性和滞回性能。共进行了26组试验，主要测试内容包括：单调荷载下的屈服平台长度 ε_{st}^{p}；钢材的极限强度 σ_u 及断后延伸率 ε_u；反映弹性域随等效塑性应变缩小规律的参数 a、b、c、α；边界面初始半径 $\bar{\kappa}_0$、初始斜率 E_0^p、反映边界面随等效塑性应变扩大规律的参数 ζ、反映边界面斜率随塑性耗能减小的参数 ω，以及形状参数 e 和 f；不同加载履历下屈服平台长度变化规律的参数 M。为了获得更多的试验样本数据，每个试件尽量兼顾多个测量目的。根据试验目的，采用多种循环应变幅。

根据试验装置测得的数据为有效长度内的平均应变(即名义应变)e 和轴向荷载 P，名义应变 e 需按式(3.70)换算为实际应变 ε：

$$\varepsilon=\ln(1+e) \tag{3.70}$$

计算真实应力 σ 时亦需要考虑截面尺寸的变化，即

$$\sigma=\frac{P}{A}(1+e) \tag{3.71}$$

式中，A 为试件有效长度的原始截面积，试验前应精确测量。

塑性应变 ε^p 即总应变 ε 去除弹性应变的部分：

$$\varepsilon^p=\varepsilon-\frac{\sigma}{E} \tag{3.72}$$

3.5.2　试验结果及双曲面模型参数的测定

1. 单调荷载下的材料参数

图3.35为2个典型试件(H1和H2)的拉伸试验曲线。从图中可以看出，Q345q钢材具有较好的延性，两试件的断裂延伸率均达到30%以上，且结果较稳

定；试件断裂时的应力与最大值相比分别下降了 26.4%和 28.9%。

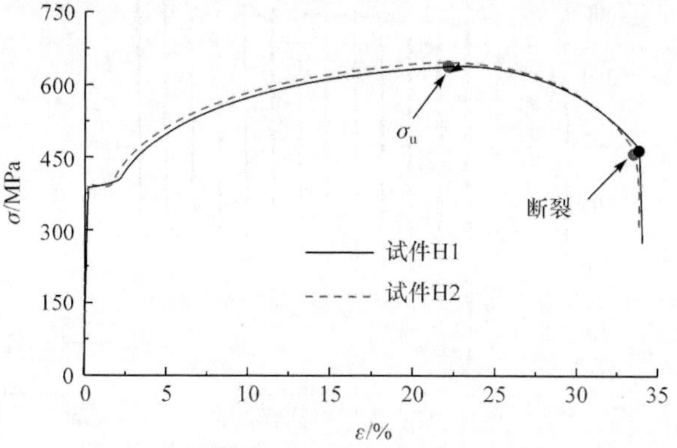

图 3.35　Q345q 钢材单调拉伸试验应力-应变曲线

由于试件加工精度、试验操作等不确定因素的影响，不同钢材试件测得的弹性模量 E、屈服强度 σ_y、屈服平台长度 ε_{st}^p 和初始塑性模量 E_{st}^p 均存在一定的离散性。取各试件的平均值作为 Q345q 钢材的材料参数，结果见表 3.4。

表 3.4　Q345q 钢材材料参数测试结果均值

E/GPa	σ_y/MPa	E_{st}^p/GPa	ε_{st}^p/%	σ_u/MPa	ε_u/%
204.5	391.2	4.47	1.53	636.4	33.7

2. 反映弹性域缩小规律的材料参数

图 3.36 为反映弹性域半径随等效塑性应变缩小规律的试件应力-塑性应变曲线，从试验结果中得到材料的 a、b、c、α 参数。试件 H16 和 H24 分别对应等效塑性

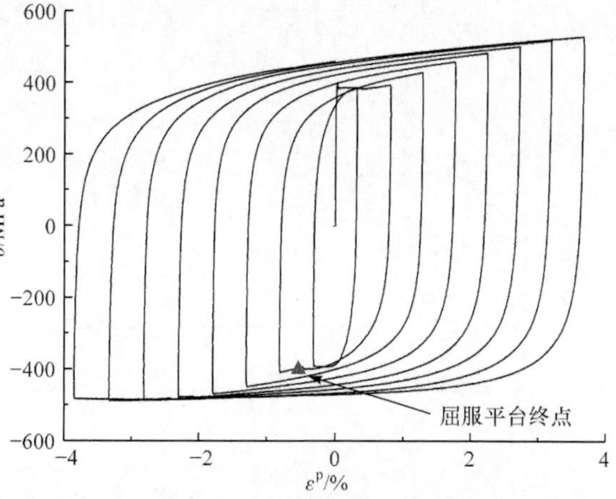

(a) 试件H16

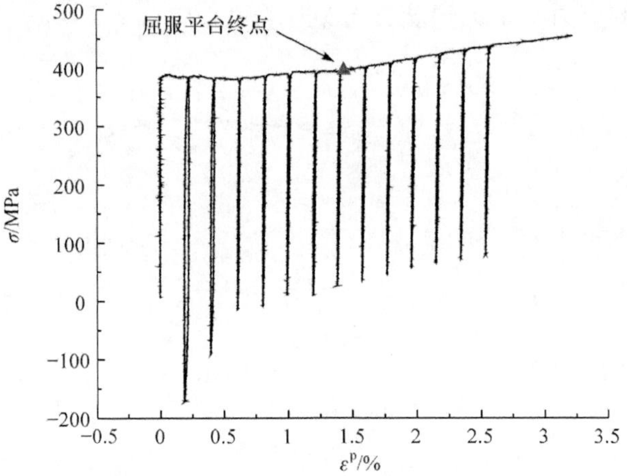

(b) 试件H24

图 3.36 用于测试弹性域缩小规律的试件应力-塑性应变曲线

应变较大和较小时的情况，图中标明了试件的屈服平台终点。从图 3.36(a)可以发现，受拉侧和受压侧的曲线不对称，当受压侧塑性应变达到−2%以上时，试件出现明显的损伤退化，刚度趋于恒定甚至下降，这种现象是试件受压时发生屈曲所导致的。因此，在确定弹性域半径时，仅以受拉侧的曲线作为依据，从图中得到每次卸载时的弹性域半径。

图 3.37 为弹性域半径与初始半径之比(κ/κ_0)随等效塑性应变 $\bar{\varepsilon}^{\mathrm{p}}$ 的变化规律散点及其拟合曲线。从图中可以看出，两试件得到的弹性域半径缩小规律较一致，拟合得到的曲线方程为

$$\frac{\kappa}{\kappa_0}=0.343+0.358\exp(-21.4\bar{\varepsilon}^{\mathrm{p}}\times 100)-(0.343+0.358-1)\exp(-1.03\bar{\varepsilon}^{\mathrm{p}}\times 100) \tag{3.73}$$

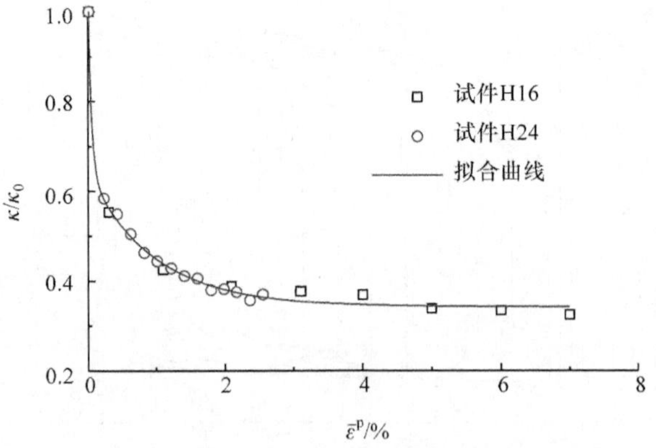

图 3.37 Q345q 弹性域半径随等效塑性应变的缩小规律

即 $\alpha=0.343$，$a=-0.358$，$b=21.4$，$c=1.03$。

3. 反映边界面扩大与斜率的材料参数及形状参数

反映边界面半径随等效塑性应变扩大规律的参数 $\bar{\kappa}_0$ 和 ζ、反映边界面斜率随塑性耗能减小的参数 E_0^{p} 和 ω，以及形状参数 e 和 f 可由图 3.38 所示的试件应力-塑性应变曲线试验结果得到。图中，XX'、YY'、ZZ' 分别为加载段 OA、AB、BC 对应的边界。

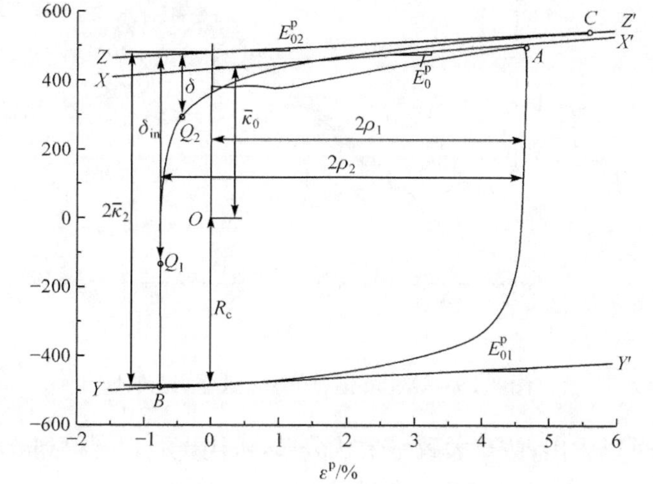

图 3.38　试件的应力-塑性应变曲线(试件 H15)

在 AB 段和 BC 段加载过程中，加载起始点的等效塑性应变分别为 ρ_1 和 ρ_2，对应的边界面半径分别为 $(\bar{\kappa}_0+R_{\mathrm{c}})/2$ 和 $\bar{\kappa}_2$，根据式(3.57)，有

$$\begin{cases}\dfrac{1}{2}(\bar{\kappa}_0+R_{\mathrm{c}})=\bar{\kappa}_\infty+(\bar{\kappa}_0-\bar{\kappa}_\infty)\exp(-\zeta\rho_1^2)\\ \bar{\kappa}_2=\bar{\kappa}_\infty+(\bar{\kappa}_0-\bar{\kappa}_\infty)\exp(-\zeta\rho_2^2)\end{cases}\tag{3.74}$$

式中，$\bar{\kappa}_\infty$ 即 σ_{u}，为 636.4MPa；ρ_1、ρ_2、$\bar{\kappa}_2$、R_{c} 由图 3.38 得到。

由式(3.74)解得 $\bar{\kappa}_0$ 和 ζ 分别为 412.2MPa 和 307.4；由图 3.38 得到边界面初始斜率 E_0^{p} 为 2.41GPa，对于加载段 BC，边界面斜率 E_{02}^{p} 为 1.43GPa，从 O 点至加载段起始点 B 点的塑性功 W_2^{p} 也可从图中得到。根据式(3.59)的关系得到反映边界面斜率随塑性功 W^{p} 变化的参数 ω 为 $1.61\times10^{-2}\mathrm{MPa}^{-1}$。

形状参数 e 和 f 通过塑性加载段 Q_1C 来确定。弹塑性过渡点 Q_1 可通过式(3.73)得到的弹性域半径来确定，δ_{in} 为图 3.38 中 Q_1 与边界面 ZZ' 的距离。根据 Q_1C 段曲线可得到一系列 δ 值及相应的应力 σ 和塑性应变 ε^{p}。文献[18]基于式(3.54)进行的推导结果，曲线 Q_1C 上任一点对应的形状参数 h 可由式(3.75)计算得到：

$$h=\frac{\sigma-\sigma_{\text{in}}}{\varepsilon^{\text{p}}-\varepsilon_{\text{in}}^{\text{p}}}+\frac{\delta_{\text{in}}}{\varepsilon^{\text{p}}-\varepsilon_{\text{in}}^{\text{p}}}\ln\left[1+\frac{E_0^{\text{p}}(\varepsilon^{\text{p}}-\varepsilon_{\text{in}}^{\text{p}})-\sigma+\sigma_{\text{in}}}{\delta_{\text{in}}}\right]-E_0^{\text{p}} \tag{3.75}$$

式中，σ_{in}、$\varepsilon_{\text{in}}^{\text{p}}$分别为弹塑性过渡点 Q_1 的应力和塑性应变。根据文献[15]的研究结果，在 $2\leqslant\delta/\delta_{\text{in}}\leqslant10$ 范围内可得到较稳定的形状参数 h。图 3.39 为曲线 Q_1C 在 $2\leqslant\delta/\delta_{\text{in}}\leqslant10$ 范围内得到的一系列 h-δ 散点。

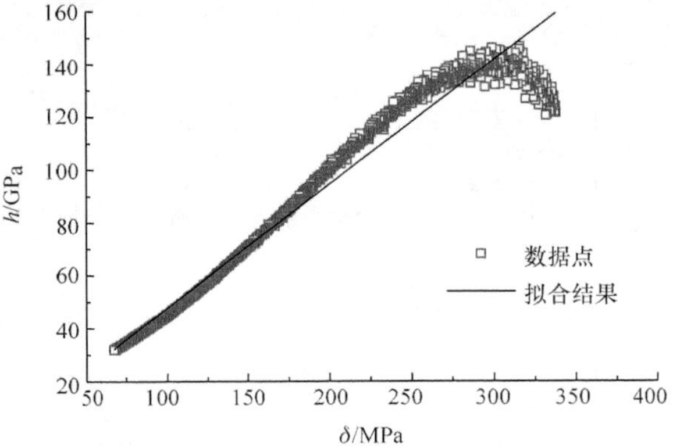

图 3.39　Q345q 钢材的 h-δ 关系(试件 H15)

从图中可以看出，散点大致呈带状分布，可用直线拟合得到

$$h=470\delta+5.34\times10^{8} \tag{3.76}$$

即 $e=470$，$f=0.53$GPa。

4. 判断屈服平台变化的材料参数

反映不同加载履历下屈服平台长度变化规律的参数 M 可通过图 3.36 及图 3.40 所示的试件应力-塑性应变曲线试验结果得到。图中标明了试件的屈服平台终点，试件 H17 第二圈加载时已无屈服平台现象，可以认为屈服平台在第一圈加载结束时达到终点。

图 3.41 汇总了各试件屈服平台结束时的等效塑性应变 $\bar{\varepsilon}^{\text{p}}$ 随塑性功 W^{p} 的变化关系，图中纵坐标为 $\bar{\varepsilon}^{\text{p}}/\varepsilon_{\text{st}}^{\text{p}}$，横坐标为 $W^{\text{p}}/W_{\text{st}}^{\text{p}}$。从图中可以看出，在屈服平台结束前，随着滞回耗能的增加，平台的长度呈减小趋势，但下降幅度并不显著，且数据点分布离散性较大。图中的拟合直线方程为

$$\left(\frac{\bar{\varepsilon}^{\text{p}}}{\varepsilon_{\text{st}}^{\text{p}}}-1\right)+0.142\left(\frac{W^{\text{p}}}{W_{\text{st}}^{\text{p}}}-1\right)=0 \tag{3.77}$$

即 $M=-0.142$。

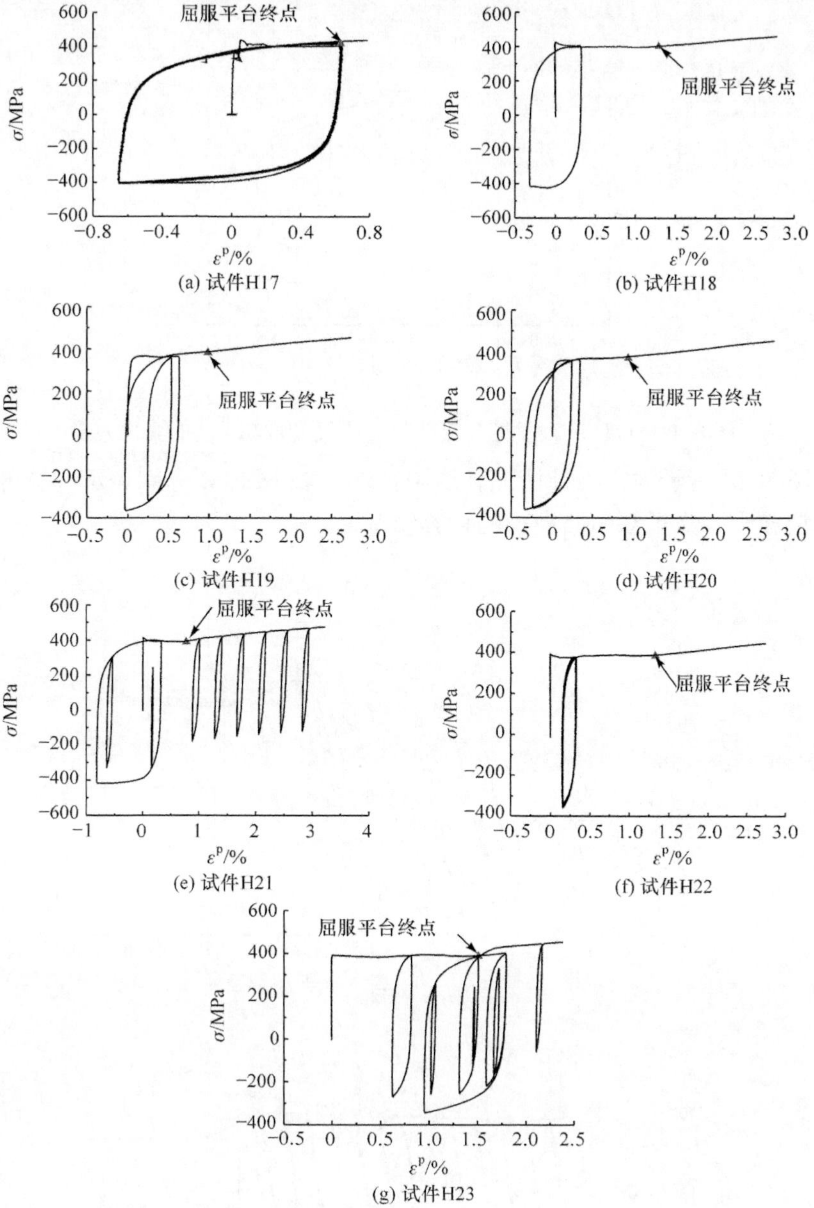

图 3.40　用于测定屈服平台变化的材料试件应力-塑性应变曲线

5. 材料参数的有效性验证

为了验证上述 Q345q 钢材双曲面参数的有效性,对试件 H23～H26 加载履历进行数值模拟,并与试验结果进行对比,结果如图 3.42 所示。其中,试件 H24 与 H25 的加载履历对应如图 3.27 所示的第一种情形,试件 H23 与 H26 的加载履历

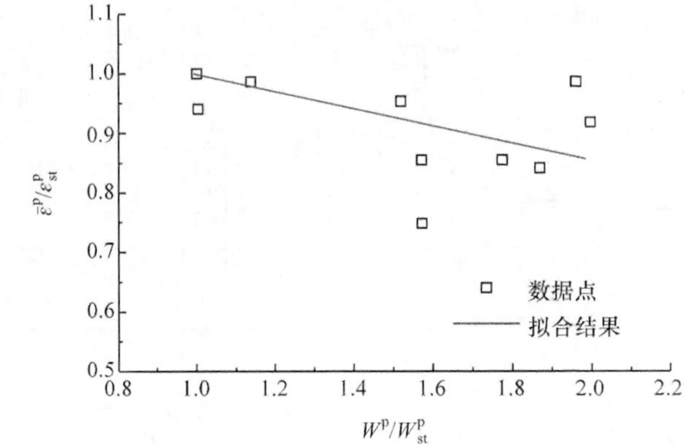

图 3.41 Q345q 钢材等效塑性应变 $\bar{\varepsilon}^{p}$ 随塑性功 W^{p} 的变化关系

对应如图 3.28 所示的第二种情形。图中，I2SM 和 M2SM 分别表示改进的修正双曲面模型和既有修正双曲面模型的计算结果。

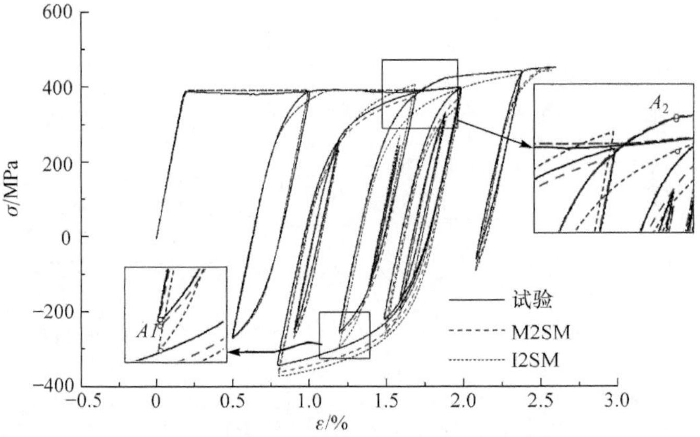

(a) 试件H23

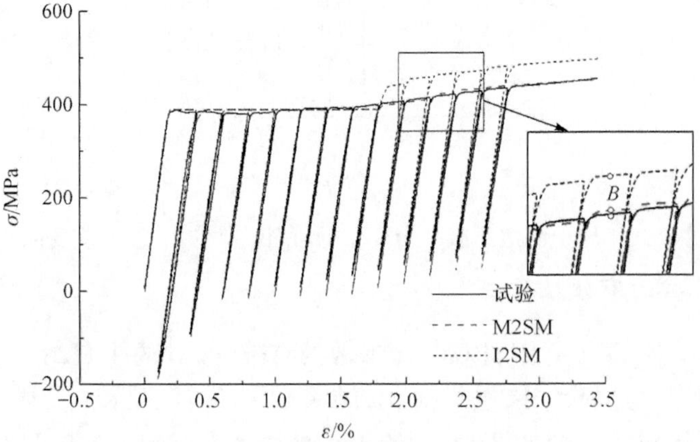

(b) 试件H24

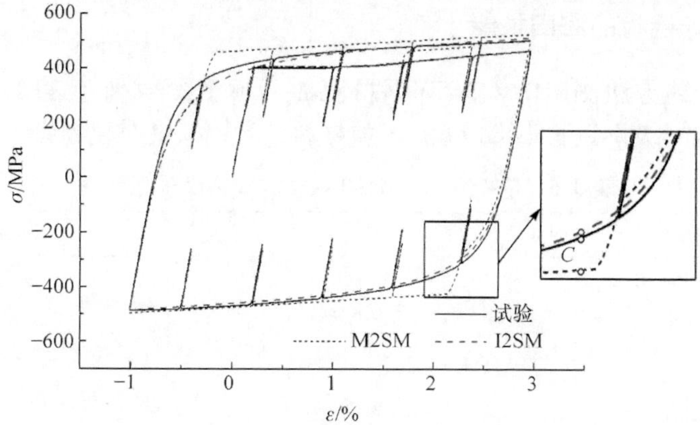

(c) 试件H25

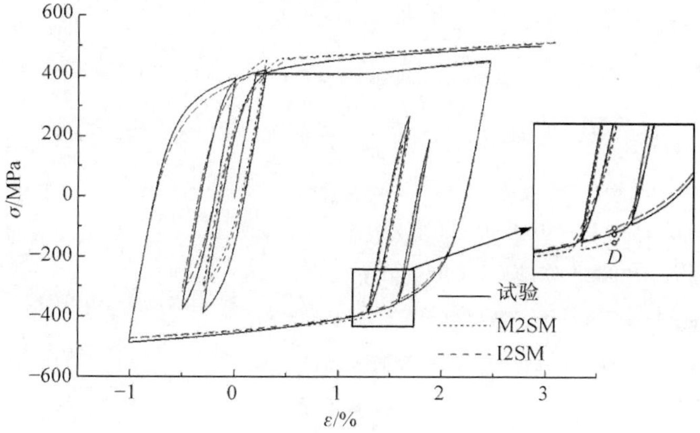

(d) 试件H26

图 3.42　材料参数有效性验证结果

从图 3.42 可以看出，与既有双曲面模型相比，改进的双曲面模型计算得到的材料应力-应变曲线与试验结果更加接近，尤其是对于第一种情形的加载履历，由于既有双曲面模型在每个弹塑性过渡点高估了塑性模量 E^p，应力计算结果与试验结果相比存在较大的误差。例如，试件 H23 既有修正双曲面模型高估了对转折点 A_1 处的应力，在此后的加载履历中应力被大幅低估，A_2 点（ε＝1.2%）的应力计算结果与试验结果的相对误差为－9.7%，而改进模型的相对误差仅为 0.2%；试件 H24 的 B 点（ε＝2.3%）位置，既有模型的应力计算结果与试验结果的相对误差高达 10.9%，而改进模型的相对误差仅为 0.9%；试件 H25 的 C 点（ε＝2.1%）位置，既有模型和改进模型的应力计算结果与试验结果的相对误差分别为 21.9%和－3.8%；试件 H26 的 D 点（ε＝1.4%）位置，既有模型和改进模型的应力计算结果与试验结果的相对误差分别为 4.8%和－1.2%。这些对比结果表明，对既有修正双曲面模型进行改进可以更加准确地模拟钢材的滞回特性。

3.5.3 Q345q 钢材的滞回性能

将通过上述方法测定的 Q345q 钢材双曲面模型参数列于表 3.5 中。表中同时给出了日本同级别钢材 SM490 的各项材料参数[17]，供对比参考。

表 3.5 Q345q 与 SM490 钢材的双曲面模型参数

参数	Q345q	SM490
E/GPa	204.5	205.8
σ_y/MPa	391.2	356.7
μ	0.30	0.25
E_{st}^{p}/GPa	4.47	7.00
ε_{st}^{p}	1.53×10^{-2}	1.24×10^{-2}
a	−0.358	−0.528
b	21.4	1.88
c	1.03	18.7
α	0.343	0.217
e	4.70×10^{2}	3.16×10^{2}
f/GPa	0.53	99.6
M	−0.142	−0.052
ω/MPa^{-1}	1.43	2.08
E_{0i}^{p}/GPa	1.61×10^{-2}	1.12×10^{-2}
$\bar{\kappa}_0$/MPa	412.2	403.1
σ_u/MPa	636.4	574.3
ζ	307.4	506.0

3.6 小　　结

本章以钢桥结构弹塑性地震反应计算模型为对象，介绍了杆系结构弯矩-曲率模型、纤维模型及板壳结构的薄板单元、厚板单元的有限元计算基本理论；通过一座大跨度钢拱桥的顺桥向弹塑性地震反应分析比较了有限元计算模型差异的影响；进一步介绍了弹塑性地震反应分析的几种滞回本构模型，并对修正双曲面模型进行了再修正，通过材料试验给出了 Q345q 钢材的模型参数。

在钢桥弹塑性地震反应分析中，有限元计算模型选择时需要注意如下几个问题：

(1) 弯矩-曲率模型只能考虑单轴弯曲变形时的塑性发展，且引入了平截面假定，这种计算模型计算效率高，但是适用范围小、计算精度相对比较低。

(2) 纤维模型可以考虑动轴力及双轴弯曲变形引起的截面塑性发展，比弯矩-曲率模型的适用范围大，计算量大于弯矩-曲率模型，但计算量总体上在工程设计中属于可以接受的范围。由于纤维模型的截面变形仍引入了平截面假定条件，当塑性程度比较显著时，计算精度不能得到保证，会引起塑性分布不合理。

(3) 板壳模型可以反映钢板的局部变形，是目前分析钢结构地震损伤较精确的有限元计算模型，且随着单元离散的精细化，其计算精度提高。但与前述两种模型相比，板壳模型的计算量大幅增加，因此在塑性程度较显著的部位，局部用板壳模型可以较好地发挥计算精度的优势，且不大幅增加计算量。

另外，随动强化或者等向强化滞回本构模型是钢结构弹塑性地震反应分析中最常用的计算模型之一，这种模型的收敛性好，计算效率较高。但是在高应变条件下计算精度差，且随着复杂应力下钢结构弹塑性地震反应分析计算经验的积累，虽然这两种模型可以反映结构的刚度特性，得到的位移反应与其他高精度滞回本构模型没有明显的差异，但是局部应力-应变履历有较大的区别。因此，在需要应力-应变精确计算的结构中，宜采用较高精度的模型，如混合强化模型、双曲面模型、三曲面模型等。

双曲面模型是兼顾计算精度和收敛性的一种滞回本构模型，本章对既有的双曲面模型进行了改进，以适用于复杂应力路径的结构弹塑性地震反应，通过钢材的材料试验得到 Q345q 的材料参数。

对于独柱式钢桥墩，由于结构形式相对简单且试验结果较多，很多学者直接以桥墩结构为对象、以试验结果为基础建立桥墩在水平反复荷载作用下的滞回模型[34]，在滞回模型中综合考虑塑性变形及钢板局部失稳履历对结构承载能力、刚度的影响，因此计算模型能合理反映结构的力学特性，且计算相对比较简单。但是这种计算模型仅适用于独柱式桥墩的单自由度体系结构计算，本章对此没有介绍。

参考文献

[1] 陈国荣.有限单元法原理及应用[M].2 版.北京：科学出版社，2016.

[2] 王勖成.有限单元法[M].北京：清华大学出版社，2003.

[3] 谢旭，唐站站，胡欣科，等.纤维模型在钢拱桥抗震设计中的适用性研究[J].中国公路学报，2015，28(2)：33-42.

[4] Esmaeily A, Xiao Y. Behavior of reinforced concrete columns under variable axial loads: Analysis[J]. ACI Structural Journal, 2005, 102(5): 736-744.

[5] Hill R. The Mathematical Theory of Plasticity[M]. Oxford: Oxford University Press, 1950.

[6] Prager W. A new method of analyzing stresses and strains in work-hardening plastic solids [J]. Journal of Applied Mechanics, 1956, 23: 493-496.

[7] Ziegler H. A modification of Prager's hardening rule[J]. Quarterly of Applied Mathematics, 1959, 17(1): 55-65.

[8] Hodge P G. Discussion to ‘a new method of analyzing stress and strain in work-hardening plastic solids’[J]. Journal of Applied Mechanics, 1957, 24: 482-483.

[9] Axelsson K, Samuelsson A. Finite element analysis of elastic-plastic materials displaying mixed hardening[J]. International Journal for Numerical Methods in Engineering, 1979, 14(2): 211-225.

[10] Krieg R D, Key S W. Implementation of a time dependent plasticity theory into structural computer programs[C]//Proceedings of the Winter Annual Meeting, New York, 1976: 125-137.

[11] Chaboche J L. Time independent constitutive theories for cyclic plasticity[J]. International Journal of Plasticity, 1986, 2(2): 149-188.

[12] Mroz Z. On the description of anisotropic work hardening[J]. Journal of the Mechanics and Physics of Solids, 1967, 15(3): 163-175.

[13] Mroz Z. An attempt to describe the behavior of metal under cyclic loads using a more general work hardening model[J]. Acta Mechanica, 1969, 7(2-3): 199-212.

[14] Dafalias Y F, Popov E P. A model of nonlinearly hardening material for complex loading[J]. Acta Mechanica, 1975, 21(3): 173-192.

[15] Dafalias Y F, Popov E P. Plastic interval variables formalism of cyclic plasticity[J]. Journal of Applied Mechanics, 1976, 43(4): 645-651.

[16] Krieg R D. A practical two surface plasticity theory[J]. Journal of Applied Mechanics, 1975, 42 (3): 641-646.

[17] Tseng N T, Lee G C. Simple plasticity model of two-surface type[J]. Journal of Applied Mechanics, 1983, 109(3): 795-810.

[18] Shen C. Development of a cyclic two-surface model for structural steels with yield plateau[D]. Nagoya: Nagoya University, 1993.

[19] Shen C, Mizuno E, Usami T. A generalized two-surface model for structural steels under cyclic loading[J]. Structural Engineering and Earthquake Engineering, 1993, 10(2): 59-69.

[20] Shen C, Mamaghani I H P, Mizuno E, et al. Cyclic behavior of structural steels. Ⅱ: Theory[J]. Journal of Engineering Mechanics, 121(11): 1165-1172.

[21] 高圣斌，葛汉彬. 交替荷载作用下钢材本构模型的适用范围[J]. 中国公路学报，2008, 21(6): 69-75, 113.

[22] Goto Y, Wang Q, Takahashi N. Three surface cyclic plasticity model for FEM analysis of steel bridge piers subjected to seismic loading[J]. Structural Engineering and Earthquake Engineering, 1998, 591(I-43): 189-206.

[23] Goto Y, Wang Q, Obata M. FEM analysis for hysteretic behavior of thin-walled column[J]. Journal of Structural Engineering, 1998, 124(11): 1290-1301.

[24] Goto Y, Jiang K, Obata M. Stability and ductility of thin-walled circular steel columns under cyclic bidirectional loading[J]. Journal of Structural Engineering, 2006, 132(10): 1621-1631.

[25] 後藤芳顯，小山亮介，藤井雄介，他. 2方向地震動を受ける矩形断面鋼製橋脚の動特性と

耐震照查法における限界值[J]. 土木学会論文集 A,2009,65(1):61-80.

[26] Yoshida F. A constitutive model of cyclic plasticity[J]. International Journal of Plasticity, 2000,16(3-4):359-380.

[27] Jia L J,Kuwamura H. Prediction of cyclic behaviors of mild steel at large plastic strain using coupon test results[J]. Journal of Structural Engineering,2014,140(2):441-454.

[28] Ucak A,Tsopelas P. Constitutive model for cyclic response of structural steels with yield plateau[J]. Journal of Structural Engineering,2011,137(2):195-206.

[29] Mahan M,Dafalias Y F,Taiebat M,et al. SANISTEEL:Simple anisotropic steel plasticity model[J]. Journal of Structural Engineering,2011,137(2):185-194.

[30] Shi Y J,Wang M,Wang Y Q. Experimental and constitutive model study of structural steel under cyclic loading[J]. Journal of Constructional Steel Research,2011,67(8):1185-1197.

[31] 石永久,王萌,王元清. 结构钢材循环荷载下的本构模型研究[J]. 工程力学,2012,29(9):92-98.

[32] 王彤. 桥梁结构钢材滞回本构模型改进及其应用研究[D]. 杭州:浙江大学,2016.

[33] 国家质量监督检验检疫总局. GB/T 15248—2008 金属材料轴向等幅低循环疲劳试验方法[S]. 北京:中国标准出版社,2008.

[34] Dang J,Yuan H H,Igarashi A,et al. Curve-approximated hysteresis model for steel bridge columns[J]. Journal of Structural Engineering,2014,140(9):758-782.

第 4 章　钢桥墩的结构抗震性能

4.1　概　　述

桥墩是桥梁结构的重要构件，在 1995 年的日本阪神大地震中许多钢桥墩发生了地震损伤，导致桥梁结构遭受严重的地震破坏。在钢桥墩地震破坏中，钢板局部失稳和构件整体失稳是两种主要的破坏形式。因此，建立考虑结构稳定性影响的钢桥墩地震破坏机理及结构抗震性能评价方法，是钢桥抗震设计方法的重要内容。

由于水平 2 个方向地震惯性力同时达到最大值的可能性较低且直线桥梁顺桥向和横桥向的地震反应相互独立，现行桥梁抗震设计规范在进行罕遇地震作用下结构抗震性能验算时一般不考虑同时承受水平 2 方向地震作用的情况，按顺桥向和横桥向分别来验算结构的抗震性能。基于这样的设计理念，近 20 年来一些学者对钢桥墩在水平单向地震作用下的结构抗震性能进行了较系统的研究，根据试验研究和理论分析结果提出了圆形和矩形截面钢桥墩的抗震性能评价方法。但是，桥梁在实际地震中同时受到空间 3 个方向的地震作用，即使竖向地震作用可以忽略，抗震设计也需要考虑水平 2 方向的地震作用。因此，开展空间 2 方向地震作用下的钢桥墩结构破坏特性研究对建立合理的结构抗震设计方法是十分必要的。最近几年，国外已有一些学者对水平 2 方向地震作用下的钢桥墩结构抗震性能进行了试验研究，结果认为，按单方向设计可能高估了结构抗震性能，设计偏于危险。

钢桥墩有多种结构形式，其中独柱式桥墩是最基本的结构形式。本章以无混凝土填充的圆形和矩形截面独柱式钢桥墩为对象，介绍结构在水平单方向和水平 2 方向地震作用下的破坏特征；讨论桥墩结构抗震性能的评价方法；通过数值分析得到桥墩破坏形式，探讨局部失稳的破坏区长度。

4.2　钢桥墩在水平单方向地震作用下的滞回力学性能

4.2.1　结构参数及国外钢桥墩抗震性能验算方法

钢桥墩地震破坏的主要形式为构件整体失稳和钢板局部失稳，对应的结构参数分别为桥墩的长细比和钢板的宽厚比(或径厚比)。

长细比是影响桥墩整体稳定强度的主要参数。对于图 4.1 所示的独柱式桥墩，长细比 λ 按悬臂受压柱结构计算得到，即

$$\lambda=\sqrt{\frac{\sigma_y}{\sigma_E}}=\frac{2h}{r}\frac{1}{\pi}\sqrt{\frac{\sigma_y}{E}} \tag{4.1}$$

式中，h 为墩高；r 为变形方向的截面回转半径；σ_y 和 σ_E 分别为屈服应力和欧拉失稳应力；E 为材料的弹性模量。在图 4.1 中，N 表示桥墩受到的轴力，H 为水平荷载，大小与位移 δ 相关。

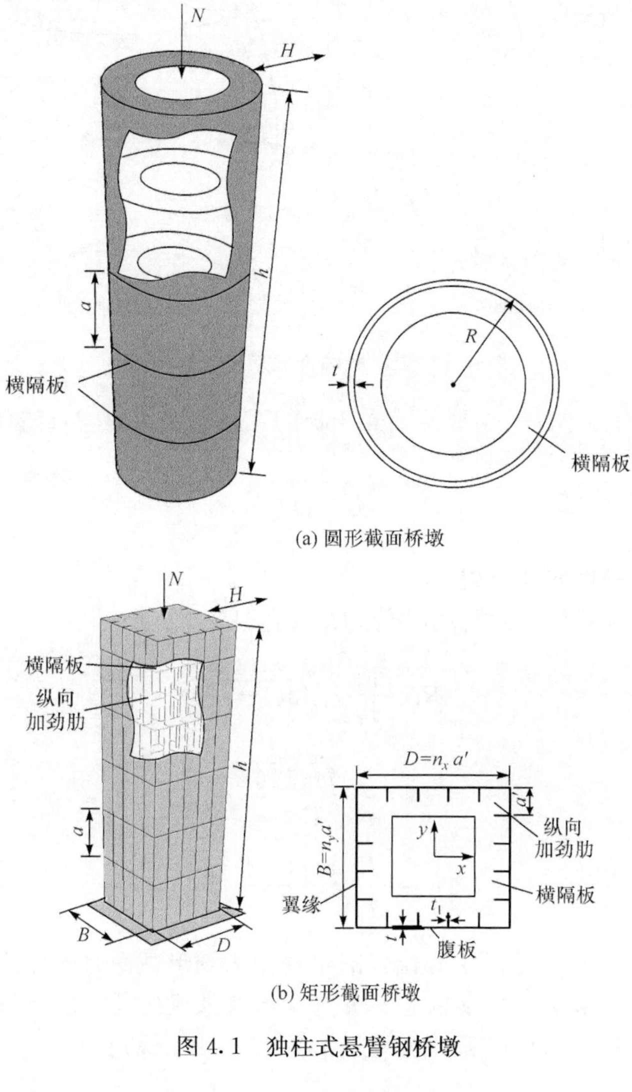

图 4.1　独柱式悬臂钢桥墩

受压钢板的局部失稳形式与钢板的结构形式有关。圆形和矩形两种截面的钢板失稳形态不一样,圆形截面的钢板局部失稳为环向曲面的外面变形[1],稳定强度取决于截面的径厚比 R_t;带纵向和横向加劲肋的矩形钢板局部失稳为两种基本形式的组合:一种是刚性加劲肋对应的高阶失稳(图 4.2(a)),另一种是柔性加劲肋对应的低阶失稳(图 4.2(b))。上述两种钢板稳定形式对应的结构参数为母板宽厚比 R_R 和加劲板整体宽厚比 R_F。其中,R_R 仅影响刚性加劲肋截面的局部失稳强度,R_F 同时影响刚性与柔性加劲肋截面的局部失稳强度。

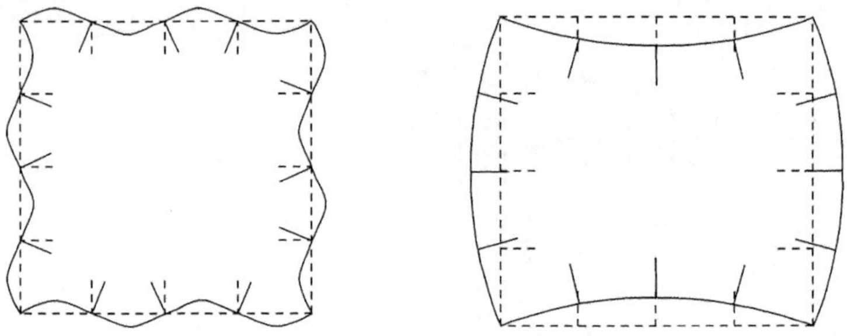

(a) 刚性加劲肋　　(b) 柔性加劲肋

图 4.2　矩形截面钢板局部失稳形式

圆形截面的径厚比及矩形截面受压板的宽厚比按式(4.2)计算得到:

$$R_x=\sqrt{\frac{\sigma_y}{\sigma_{cr}}} \tag{4.2}$$

式中,σ_{cr}为板的弹性屈曲应力。

由式(4.3)和式(4.4)得到径厚比 R_t 和宽厚比 R_R、R_F[2]:

$$R_t=\frac{R}{t}\frac{\sigma_y}{E}\sqrt{3(1-\mu^2)} \tag{4.3}$$

$$\begin{cases} R_R=\dfrac{B}{t}\sqrt{\dfrac{\sigma_y}{E}\dfrac{12(1-\mu^2)}{4n^2\pi^2}} \\ R_F=\dfrac{B}{t}\sqrt{\dfrac{\sigma_y}{E}\dfrac{12(1-\mu^2)}{\pi^2 k_F}} \end{cases} \tag{4.4}$$

式中,μ 为泊松比;R 为壁厚中心位置的半径;t 为圆形截面管壁厚度或矩形截面受压翼缘板厚度;B 为受压翼缘的宽度;n 为受压翼缘板被纵向加劲肋的分隔数(x、y 方向分别为 n_x 和 n_y);k_F 为屈曲系数,由式(4.5)计算得到

$$k_F=\begin{cases}\dfrac{(1+\alpha^2)^2+n\gamma}{\alpha^2(1+n\delta_l)}, & \alpha\leqslant\sqrt[4]{1+n\gamma}\\[2ex] \dfrac{2(1+\sqrt{1+n\gamma})}{1+n\delta_l}, & \alpha>\sqrt[4]{1+n\gamma}\end{cases} \tag{4.5}$$

式中，α 为翼缘板的相对尺寸，即横隔板间距 a 与翼缘宽度 B 的比值 (a/B)；γ 为纵向加劲肋的相对刚度；δ_l 为单根纵向加劲肋截面积与母板的截面积之比。γ 和 δ_l 分别定义为

$$\begin{cases}\gamma=\dfrac{EI_l}{BD'}\\[2ex] \delta_l=\dfrac{A_s}{Bt}\end{cases} \tag{4.6}$$

式中，D' 为单位宽度的钢板抗弯刚度，即 $D'=Et^3/[12(1-\mu^2)]$；I_l 为单根纵向加劲肋对翼缘板的抗弯惯性矩；A_s 为单根纵向加劲肋的截面积。

我国《公路钢结构桥梁设计规范》(JTG D64—2015)[3]规定，受压加劲钢板的纵横加劲肋相对刚度比应满足

$$\begin{cases}\dfrac{\gamma}{\gamma^*}\geqslant 1.0\\[2ex] \gamma_t=\dfrac{EI_t}{BD'}\geqslant\dfrac{1+n\gamma}{4\,(a/B)^3}\end{cases} \tag{4.7}$$

式中，γ^* 为加劲肋的最优刚度比，表示为

$$\gamma^*=\begin{cases}\dfrac{1}{n}[4n^2(1+n\delta_l)\alpha^2-(\alpha^2+1)^2], & \alpha\leqslant\sqrt[4]{1+n\gamma}\\[2ex] \dfrac{1}{n}\{[2n^2(1+n\delta_l)-1]^2-1\}, & \alpha>\sqrt[4]{1+n\gamma}\end{cases} \tag{4.8}$$

另外，规范还要求刚性加劲肋板的几何尺寸满足下列条件[3]：

$$\frac{h_s}{t_s}\leqslant 12\sqrt{\frac{345}{\sigma_y}} \tag{4.9}$$

式中，h_s 和 t_s 分别表示加劲肋板的高度和厚度，如图 4.3 所示。

图 4.3　板式加劲肋

根据《公路钢结构桥梁设计规范》的规定，同时满足式(4.7)和式(4.9)的加劲肋为刚性加劲肋，不满足这些条件的加劲肋为柔性加劲肋；当加劲肋为刚性时，受压钢板的局部屈曲形状将被加劲肋分割，失稳形式以高阶屈曲为主，宽厚比参数为 R_R 和 R_F；否则钢板失稳形式以低阶屈曲为主，宽厚比参数为 R_F。

4.2.2 圆形桥墩的滞回力学特性

曲面钢板发生环向的面外变形是圆形钢桥墩在水平单方向反复荷载下的主要破坏形式，桥墩的滞回力学特性与径厚比有关。葛漠彬等[4]根据水平反复荷载作用下桥墩弹塑性大变形的计算分析结果，提出圆形钢桥墩的承载能力和延性计算经验公式，即

$$\begin{cases} \dfrac{H_{max}}{H_y}=\dfrac{0.02}{(R_t\lambda)^{0.8}}+1.10 \\ \dfrac{\delta_m}{\delta_y}=\dfrac{1}{3\left(R_t\sqrt{\lambda}\right)^{0.8}}-\dfrac{2}{3} \\ \dfrac{\delta_{95}}{\delta_y}=\dfrac{0.24}{(1+N/N_y)^{2/3}\lambda^{1/3}R_t} \end{cases} \tag{4.10}$$

式中，H_{max}为桥墩的最大水平推力；H_y 为考虑轴力、屈曲影响的桥墩屈服水平推力；δ_y、δ_m 分别为荷载作用方向的屈服位移和承载能力最大时的位移；δ_{95}表示水平荷载经过最大值下降至 95%时的位移。

式(4.10)中，屈服水平推力 H_y 取式(4.11)中的较小值：

$$\begin{cases} H_y=\dfrac{M_y}{h}\left(1-\dfrac{N}{N_y}\right) \\ H_y=\dfrac{M_y}{0.85h}\left(1-\dfrac{N}{N_E}\right)\left(1-\dfrac{N}{N_u}\right) \end{cases} \tag{4.11}$$

对应的屈服位移根据悬臂柱结构计算得到，即

$$\delta_y=\frac{H_y h^3}{3EI} \tag{4.12}$$

在式(4.11)和式(4.12)中，M_y 为桥墩的屈服弯矩；N_E 为悬臂柱欧拉失稳的临界轴力；N_u 为轴心受压柱的抗压承载能力，即取结构设计规范给出的柱子轴心抗压强度；N_y 为钢桥墩的屈服轴力。式(4.10)适用于 $0.03\leqslant R_t\leqslant 0.11$、$0.25\leqslant\lambda\leqslant 0.5$ 及 $0\leqslant N/N_y\leqslant 0.3$ 范围内的桥墩极限承载能力和延性计算。

为了分析圆形桥墩的结构地震破坏特性及验证式(4.10)的计算精度，以表 4.1 所示的结构参数进行有限元数值模拟。桥墩结构在顶部受到常轴力 N 和单向水平反复推力 H 的作用。水平推力通过墩顶施加强制水平位移的方式进行控制。以结构的水平推力超过峰值 H_{max}并下降至峰值的 95%时作为结构失效状

态。屈服水平推力计算不考虑轴力 N 的影响，屈服位移 δ_y 根据考虑剪切变形影响的杆系结构计算公式得到，屈服点由式(4.13)计算得到：

$$\begin{cases} H_y=\dfrac{M_y}{h} \\ \delta_y=\dfrac{H_y h^3}{3EI}+\dfrac{H_y h}{\kappa GA} \end{cases} \tag{4.13}$$

式中，G 为剪切模量；A 为截面积；κ 为截面的剪力不均匀系数。

桥墩钢材采用 Q345qC，材料滞回本构模型采用经小幅加载、卸载履历修正的改进双曲面模型，详细参见第 3 章。加载制度及结构计算模型如图 4.4 所示。有限元计算模型在墩底 2 倍直径的高度范围采用四节点等参数板壳单元，其余采用纤维梁单元，并在距离底端 1 倍直径的高度范围将单元的网格进一步细化。计算采用 ABAQUS 6.10，同时考虑材料弹塑性和几何非线性的影响。

表 4.1　圆形钢桥墩结构参数

变化参数	R/m	t/mm	h/m	R_t	λ	N/N_y	a/R
R_t	0.3	10	3.0	0.095	0.3937	0.2	2.0
	0.3	15	3.0	0.063	0.3937	0.2	2.0
	0.3	20	3.0	0.047	0.3936	0.2	2.0
λ	0.3	10	2.0	0.095	0.2625	0.2	2.0
	0.3	10	3.0	0.095	0.3937	0.2	2.0
	0.3	10	3.5	0.095	0.4593	0.2	2.0
N/N_y	0.3	20	3.0	0.047	0.3936	0.1	2.0
	0.3	20	3.0	0.047	0.3936	0.2	2.0
	0.3	20	3.0	0.047	0.3936	0.3	2.0
a/R	0.3	20	3.0	0.047	0.3936	0.2	1.0
	0.3	20	3.0	0.047	0.3936	0.2	2.0
	0.3	20	3.0	0.047	0.3936	0.2	无横隔板

图 4.5 是四种参数变化时滞回履历包络曲线及极限状态的结构变形。从图中可以看出，径厚比 R_t 对桥墩的水平承载能力影响最为显著，减小径厚比可防止钢板早期发生局部失稳，提高桥墩的承载能力和延性；减小桥墩长细比 λ 可以提高结构的整体稳定性，也能够改善桥墩结构的抗震性能；增加轴压比 N/N_y 导致钢板的压应力增加，桥墩的承载能力和延性均有一定程度的下降；横隔板间距 a 对桥墩的抗震性能几乎没有影响。另外，圆形桥墩的破坏形式较为单一，均以墩底钢板发生局部失稳导致结构达到极限状态。

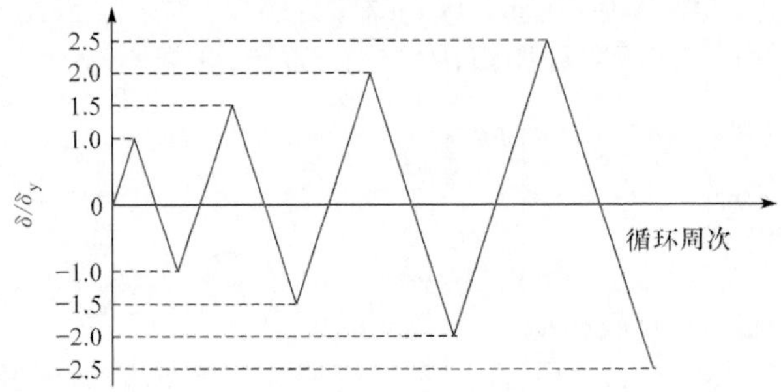

(a) 加载制度

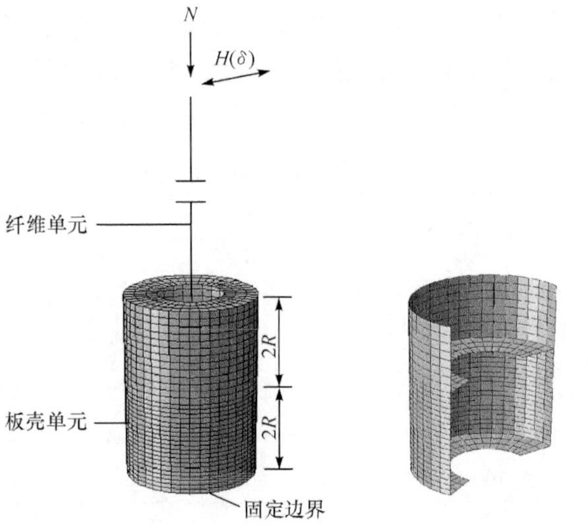

(b) 有限元计算模型

图 4.4　圆形桥墩在水平反复荷载作用下的计算模型

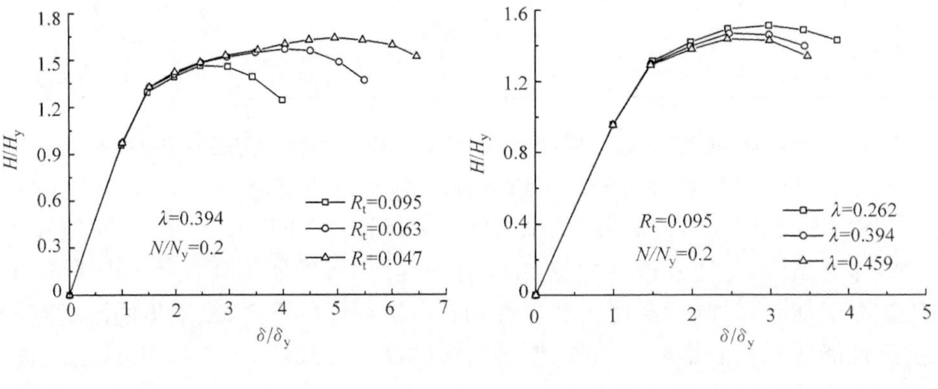

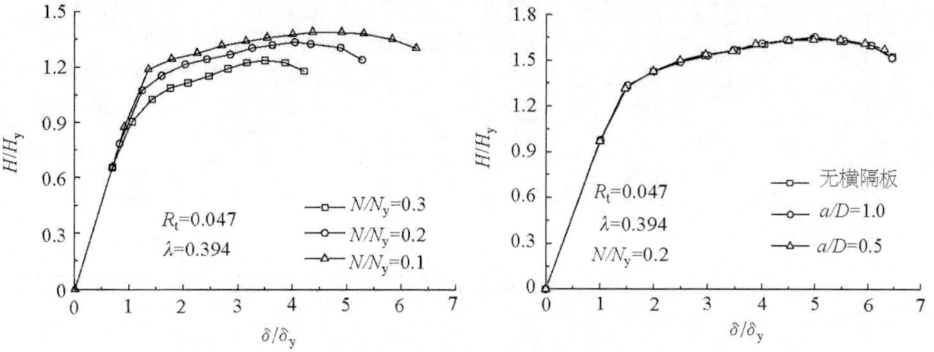

(a) 滞回履历包络曲线

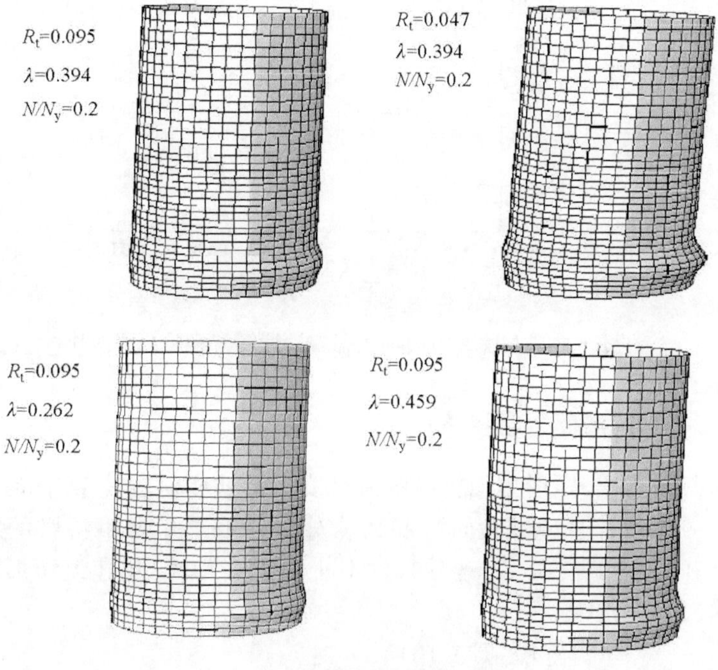

(b) 极限状态的变形图

图 4.5　圆形钢桥墩的滞回履历性能及极限状态时的结构变形

图 4.6 为数值计算结果与经验公式(4.10)的对比。从对比结果可以看出，尽管采用的材料参数与文献[4]并不相同，但计算结果与式(4.10)的经验值基本一致，表明式(4.10)的经验公式在评估圆形钢桥墩在单方向水平荷载作用下的承载能力和延性时具有良好的可信度。

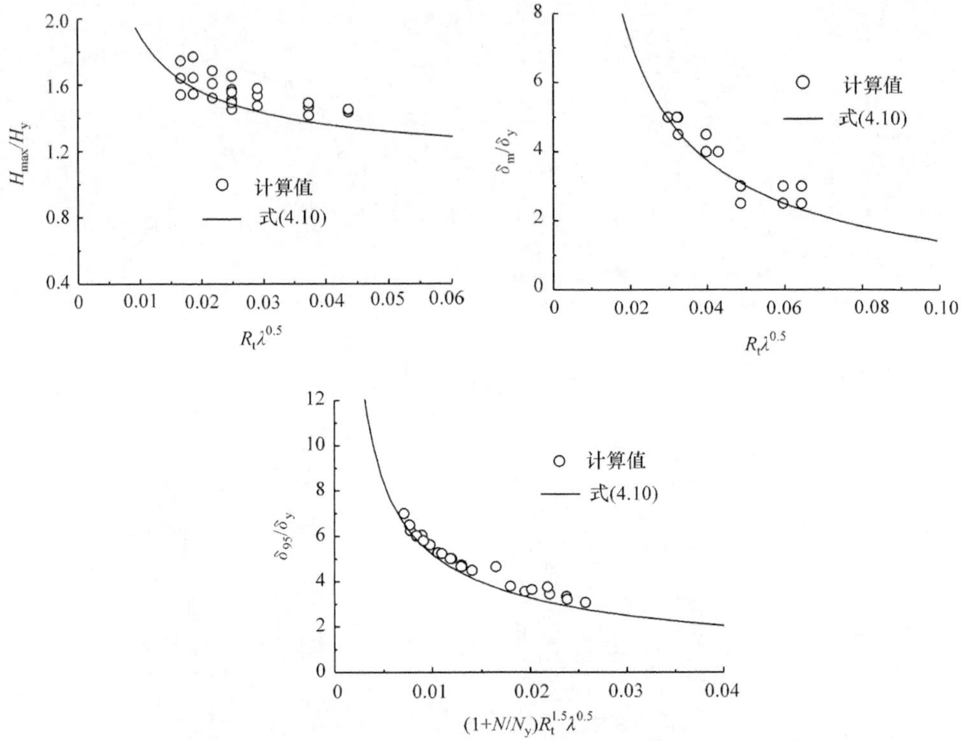

图 4.6　圆形桥墩的极限状态力学性能与经验公式对比

4.2.3　矩形桥墩的滞回力学特性

与圆形截面相比，矩形截面桥墩的局部变形形式相对较复杂，同时受到多个参数的影响。一些学者通过试验研究和数值分析模拟了矩形钢桥墩的结构抗震性能，提出了极限状态计算公式。例如，日本土木学会 1996 年建议矩形桥墩的抗震性能按式(4.14)评价[5]：

$$\begin{cases}\dfrac{H_{max}}{H_y}=\dfrac{0.101}{R_R\lambda}+0.88\\ \dfrac{\delta_m}{\delta_y}=\dfrac{0.00759}{(R_R\sqrt{\lambda})^{3.5}}+2.59\\ \dfrac{\delta_{95}}{\delta_y}=\dfrac{0.0147}{[(1+N/N_y)R_R\sqrt{\lambda}]^{3.5}}+4.20\end{cases}\tag{4.14}$$

式(4.14)适用于 $0.3\leqslant R_R\leqslant 0.7$、$0.25\leqslant\lambda\leqslant 0.5$、$0\leqslant N/N_y\leqslant 0.2$ 以及 $\gamma/\gamma^*\geqslant 3.0$ 参数范围内的钢桥墩。Ge 等[6]和 Usami 等[7]进一步考虑加劲肋修正长细比参数 λ'_s对桥墩结构性能的影响，对式(4.14)进行了改进。他们建议的独柱式矩形钢桥

墩结构承载能力和变形性能经验公式为

$$\begin{cases}\dfrac{H_{\max}}{H_y}=\dfrac{0.10}{(R_R\lambda\lambda_s')^{0.5}}+1.06\\[2mm]\dfrac{\delta_m}{\delta_y}=\dfrac{0.22}{R_R\sqrt{\lambda}\,\lambda_s'}+1.20\\[2mm]\dfrac{\delta_{95}}{\delta_y}=\dfrac{0.25}{(1+N/N_y)R_R\sqrt{\lambda}\,\lambda_s'}+2.31\end{cases}\tag{4.15}$$

式中，加劲肋的修正长细比参数 λ_s' 定义为

$$\lambda_s'=\frac{\lambda_s}{\sqrt[5]{\alpha}}\tag{4.16}$$

其中，

$$\begin{cases}\lambda_s=\dfrac{1}{\sqrt{Q}}\dfrac{a'}{r_s}\dfrac{1}{\pi}\sqrt{\dfrac{\sigma_y}{E}}\\[2mm]Q=\dfrac{1}{2R_R}\left[1.33R_R+0.868-\sqrt{(1.33R_R+0.868)^2-4R_R}\right]\end{cases}\tag{4.17}$$

式中，a' 为加劲肋长度（即为横隔板的间距 a）。

式（4.15）适用于 $0.25\leqslant R_R\leqslant 0.56$、$0.20\leqslant\lambda\leqslant 0.50$、$0\leqslant N/N_y\leqslant 0.3$ 及 $\gamma/\gamma^*\geqslant 1.0$ 参数范围内的钢桥墩。

为了说明矩形桥墩的结构抗震性能以及检验经验公式的适用性，这里设计一组结构参数计算薄壁矩形钢桥墩在单方向反复荷载下的结构性能。结构参数如表 4.2 所示，分析宽厚比 R_R、细长比 λ、截面高宽比 D/B、横隔板相对间距 α 以及轴压比 N/N_y 等对结构抗震性能的影响。材料选用 Q345qC，滞回本构模型采用经改进的修正双曲面模型。加载方式同圆形截面钢桥墩一样，在常轴力 N 条件下在墩顶施加单方向的水平反复荷载 H，以水平位移 δ 作为加载控制参数，加载制度同图 4.4(a)。图 4.7 为桥墩结构有限元计算模型，单元类型及采用的材料滞回本构模型同圆形桥墩。屈服水平力和屈服水平位移分别为 H_y 和 δ_y，按式（4.13）计算。

表 4.2　矩形钢桥墩结构参数

变化参数	B/m	D/B	R_R	λ	N/N_y	α	γ/γ^*
B	0.9	1.0	0.376	0.360	0.2	0.889	1.00
	1.26	1.0	0.376	0.360	0.2	0.889	1.00
	1.8	1.0	0.376	0.360	0.2	0.889	1.00
D/B	0.9	1.4	0.376	0.360	0.2	0.889	1.00
	0.9	2.0	0.376	0.360	0.2	0.889	1.00

续表

变化参数	B/m	D/B	R_R	λ	N/N_y	α	γ/γ^*
R_R	0.9	1.0	0.575	0.349	0.2	0.889	3.52
	0.9	1.0	0.482	0.352	0.2	0.889	1.66
	0.9	1.0	0.422	0.356	0.2	0.889	1.00
	0.9	1.0	0.331	0.367	0.2	0.889	1.00
	0.9	1.0	0.296	0.376	0.2	0.889	1.00
λ	0.9	1.0	0.376	0.200	0.2	0.889	1.00
	0.9	1.0	0.376	0.240	0.2	0.889	1.00
	0.9	1.0	0.376	0.280	0.2	0.889	1.00
	0.9	1.0	0.376	0.320	0.2	0.889	1.00
	0.9	1.0	0.376	0.398	0.2	0.889	1.00
	0.9	1.0	0.376	0.440	0.2	0.889	1.00
	0.9	1.0	0.376	0.481	0.2	0.889	1.00
N/N_y	0.9	1.0	0.376	0.360	0	0.889	1.00
	0.9	1.0	0.376	0.360	0.3	0.889	1.00
α	0.9	1.0	0.376	0.360	0.2	0.556	1.00
	0.9	1.0	0.376	0.360	0.2	1.222	1.00
γ/γ^*	0.9	1.0	0.482	0.360	0.2	0.889	1.00
	0.9	1.0	0.482	0.360	0.2	0.889	2.50

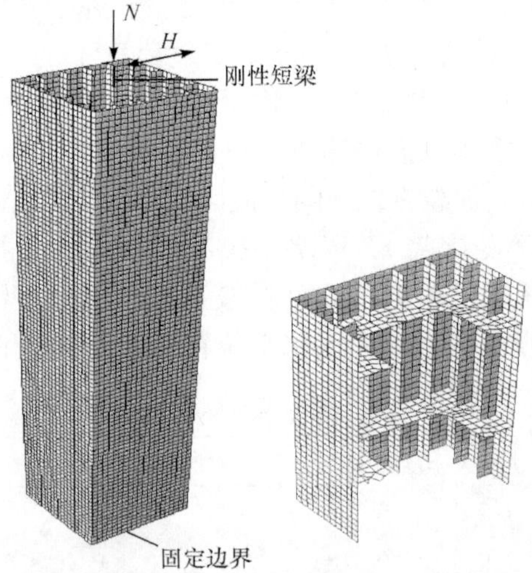

图 4.7　矩形桥墩在水平单方向荷载作用下的滞回性能计算模型

图 4.8 为桥墩结构达到极限状态时钢板局部变形计算结果。从图示结果可知，桥墩在墩底发生以一阶为主、含有高阶失稳的钢板局部变形，总体上较接近于柔性加劲肋的局部变形形式。

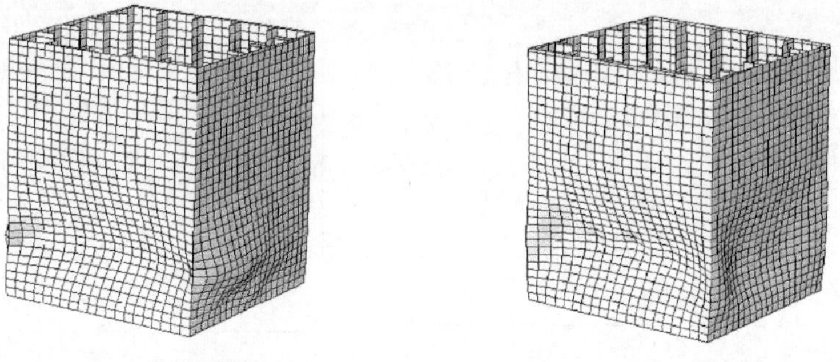

(a) R_R=0.482　　(b) R_R=0.296

图 4.8　失效状态时的钢板局部变形

图 4.9 为不同结构参数对应的墩顶水平荷载-水平位移滞回履历包络曲线对比。结果表明，矩形桥墩的承载力和延性性能受到多种结构参数的影响，除了宽厚比和长细比外，截面的高宽比等因素也会影响结构的抗震性能，而式(4.15)没有计入截面宽度和截面高宽比等参数的影响，经验公式所考虑的结构参数有一定的局限性。

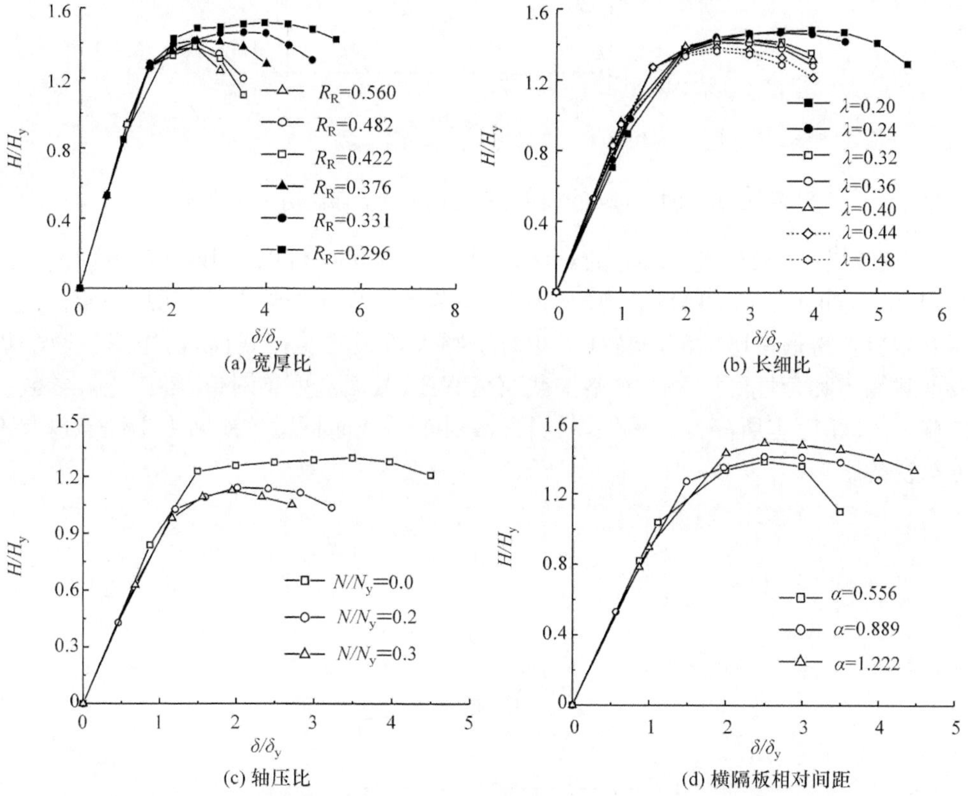

(a) 宽厚比　　(b) 长细比

(c) 轴压比　　(d) 横隔板相对间距

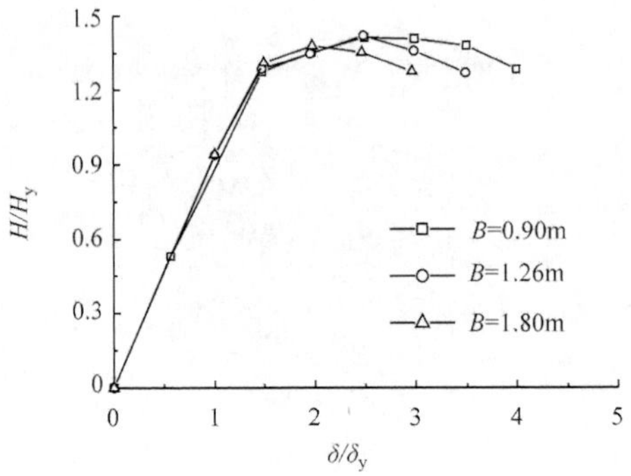

(e) 截面宽度

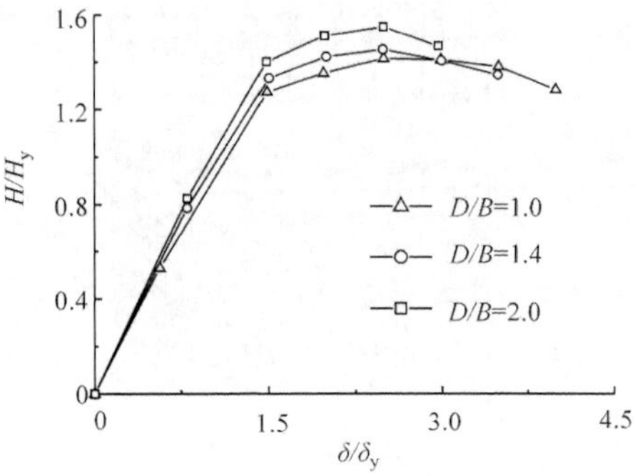

(f) 截面高宽比

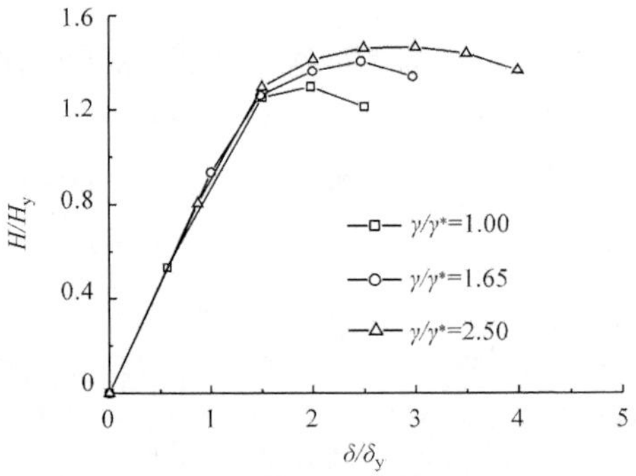

(g) 加劲肋相对刚度

图 4.9　矩形桥墩在单向反复荷载下的滞回履历包络曲线

上述计算结果与式(4.15)的对比如图 4.10 所示。可以看出，计算得到的承载力和延性结果比式(4.15)的经验结果小，但两者的变化趋势大致相似，经验公式总体上能反映矩形桥墩的滞回特性。相对于圆形桥墩经验公式而言，矩形桥墩的极限承载能力和延性经验公式忽略了截面高宽比、截面宽度绝对值、轴压比等参数的影响，计算精度有所降低。另外，材料参数对矩形截面桥墩的滞回力学性能也有不可忽视的影响。

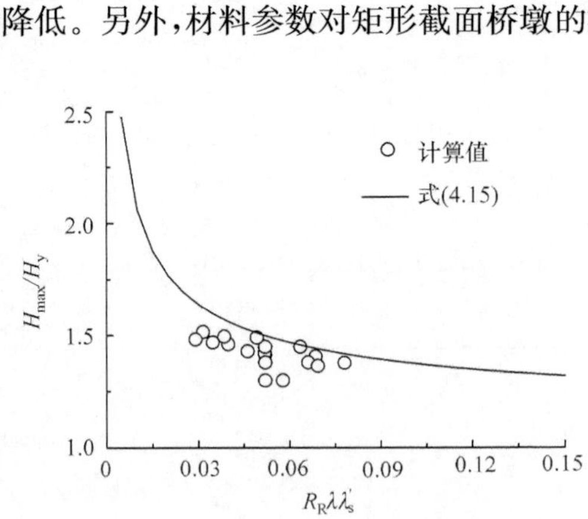

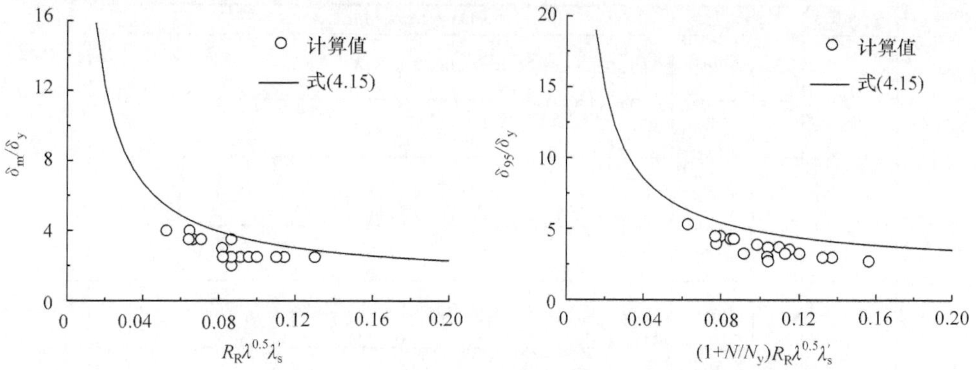

图 4.10　矩形桥墩的极限状态力学性能与经验公式对比

4.3　钢桥墩在水平 2 方向地震作用下的滞回力学特性

当桥墩同时受到 2 个方向的水平地震作用时，由于双轴弯曲变形的弹塑性力学行为相互影响，桥墩结构的地震损伤比单方向作用时复杂。

本节介绍桥墩在水平 2 方向反复荷载下的结构抗震性能研究现状，讨论结构在水平 2 方向地震作用下的损伤特性及圆形、矩形桥墩极限状态时的钢板局部变形长度。为了不使屈服位移和屈服荷载的下标 y 与坐标轴 y 重复，这里桥墩的水平位移和水平荷载用下标 0 表示屈服，水平 2 个方向的坐标轴用 x、y 表示，桥墩轴向坐标轴用 z 表示，其他参数的表示方法同前。

4.3.1　试验研究现状

试件在常轴力下进行水平 2 方向加载需要复杂的试验设备，相关的试验研究较少，钢桥墩在水平 2 方向地震作用下的承载能力评价方法尚有待进一步研究。以下根据文献资料的试验研究及理论分析，介绍钢桥墩在水平 2 方向地震作用下的力学特性。

Watanabe 等[8]以截面 150mm×100mm、有效高度 853mm、板厚 4.21mm 的矩形桥墩为对象，采用图 4.11(a)所示的多种荷载模式进行拟静力试验，比较了加载方式对结构变形能力、承载能力及耗能性能的影响。试验时设定桥墩的轴压比 N/N_y 为 0.2 不变，按图 4.11(a)的荷载模式施加循环强制位移直至破坏。相同大小的强制位移循环 3 次。桥墩水平方向的屈服位移和屈服荷载根据杆系结构理论计算得到。图 4.11(b)为试验得到的钢桥墩滞回履历包络曲线图。

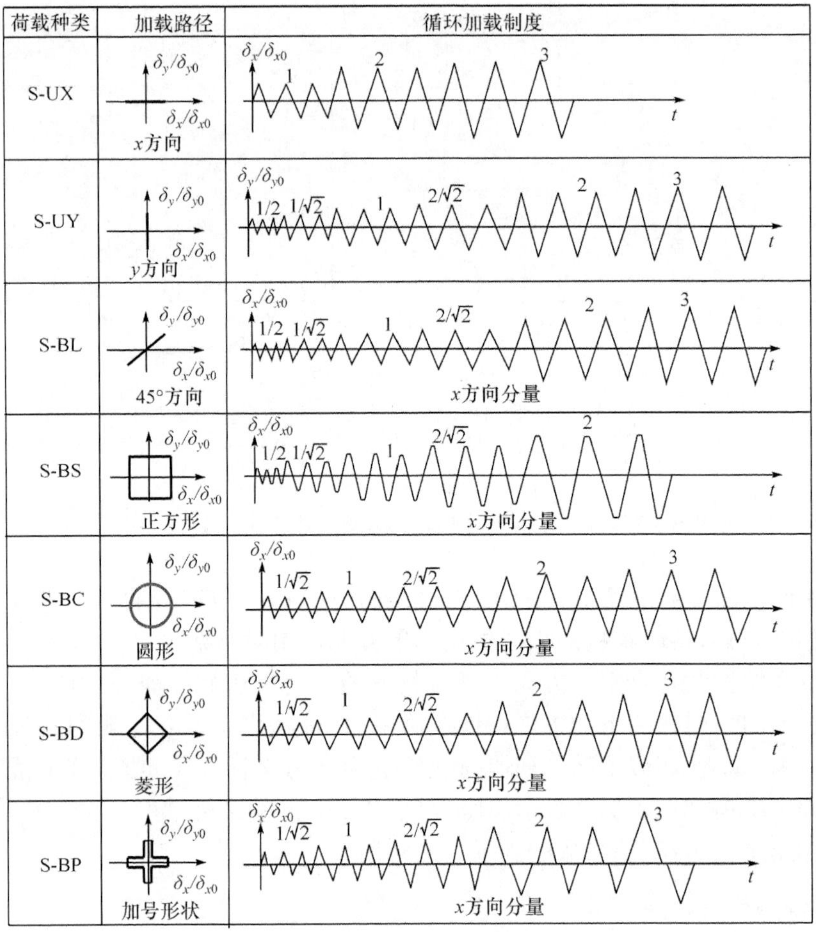

(a) 水平2方向加载方式

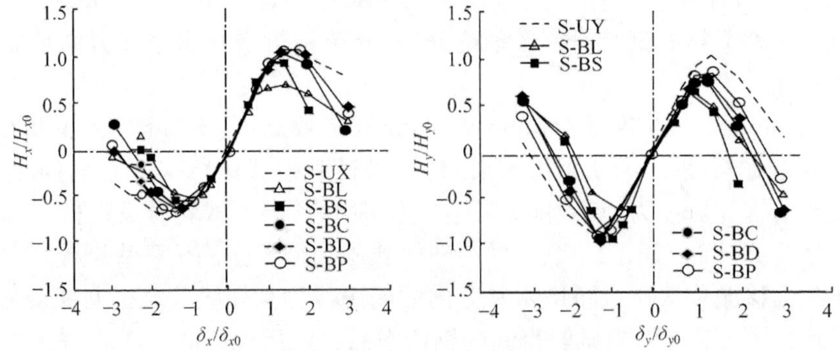

(b) 2个方向加载时的滞回履历包络曲线

图 4.11　Watanabe 等桥墩试验中采用的 2 个方向加载模式及试验结果[8]

试验结果发现，加载路径影响结构的承载能力和延性，水平2方向同时受到地震作用时的结构承载能力和变形性能均低于单方向作用的结果，影响程度与加载路径有关，按正方形和斜向加载时结构的承载能力和延性性能相对较低。

後藤芳顯等[9,10]以直径255mm、墩高1460mm的薄壁圆形桥墩为对象进行了水平单方向和水平2方向的拟静力试验对比。加载制度为图4.12(a)所示的圆环形和图4.12(b)所示的单方向直线形两种。其中，圆环形加载又细分为相同强制位移循环1次和循环3次两种方式；而单方向直线形加载相同强制位移循环3次。根据不同径厚比、长细比及轴压比的桥墩试件试验结果，得到图4.12(c)所示的滞回履历包络曲线。试验结果表明，圆环形加载时结构承载能力低于单方向加载的结果；径厚比 R_t 对结构在水平2方向荷载下的承载能力有较大影响，而长细比 λ 和轴压比 N/N_y 对结构的履历性能影响较小。

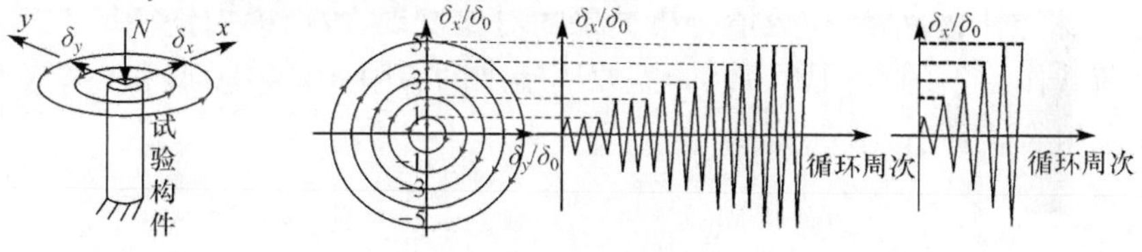

(a) 圆环形连续3周加载及连续1周加载

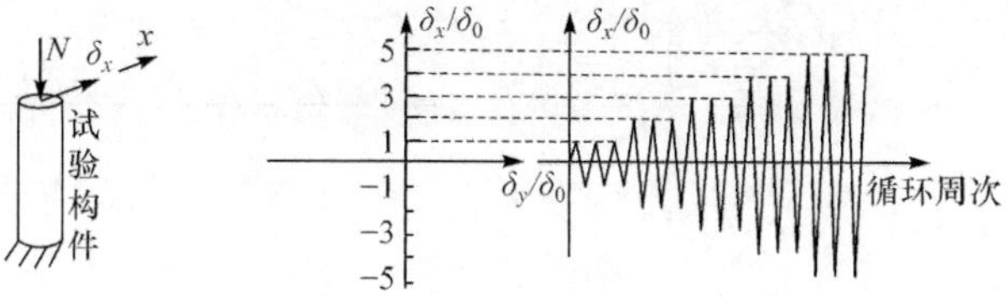

(b) 单向连续3周加载

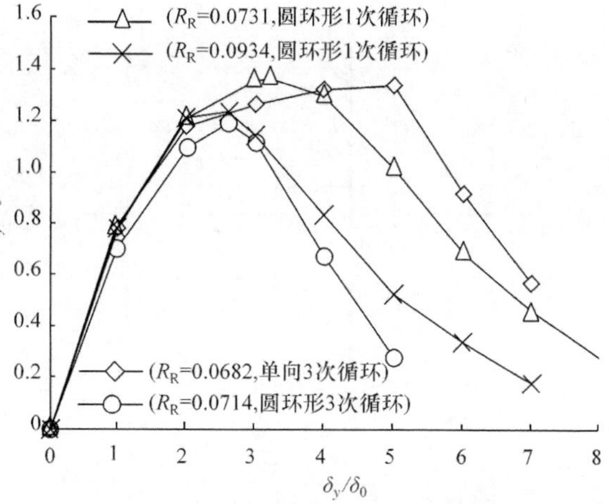

(c) y方向的荷载-位移履历包络曲线

图4.12　後藤芳顯等圆形桥墩试验中采用的2方向加载模式及试验结果[9]

後藤芳顯等[11,12]进一步对 6 个正方形钢桥墩试件进行了水平 2 方向反复加载的拟静力试验，荷载形式为图 4.13(a)、(b)所示的钻石形和单向直线形两种。截面尺寸约为 300mm，截面宽厚比为 0.522～0.530，长细比为 0.380～0.388，纵向加劲肋相对刚度 γ/γ^* 作为主要研究参数在 1～5 内分 3 组，每组 2 个试件。各试件的滞回履历包络曲线及滞回耗能试验结果如图 4.13(c)所示。试验结果发现，钻石形加载模式得到的结构承载能力和延性明显低于单向加载，且钢板的局部变形大；长细比和钢板的宽厚比对桥墩的抗震性能也有较大的影响，这些参数的增大会导致结构抗震性能下降。图 4.13(c)中的结构履历耗能 A_E 按式(4.18)计算：

$$\begin{cases} A_E = \int H_x \mathrm{d}\delta_x + \int H_y \mathrm{d}\delta_y \\ A_{E0} = 0.5 H_0 \delta_0 \end{cases} \tag{4.18}$$

另外，根据试验结果和数值分析结果的对比发现，数值模拟钢桥墩在水平 2 方向反复荷载作用下的结构履历性能需要用精细的有限元计算模型和高精度的滞回本构关系组合，否则计算精度低。

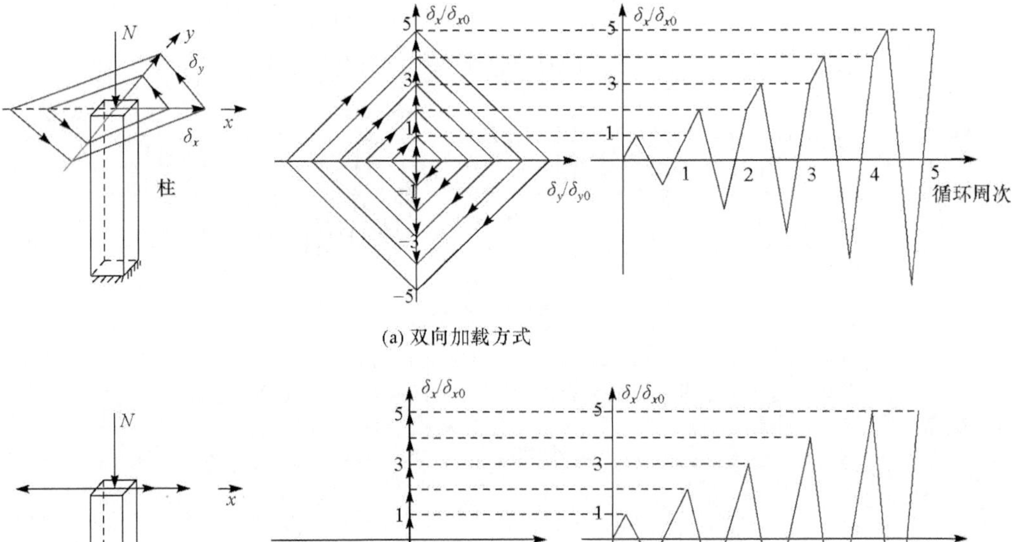

(a) 双向加载方式

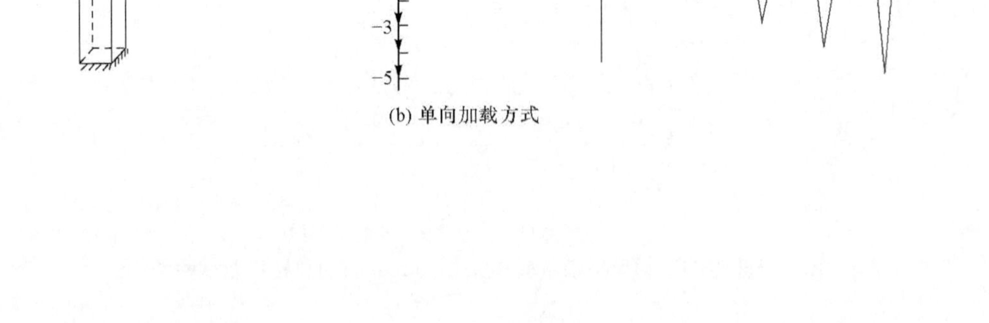

(b) 单向加载方式

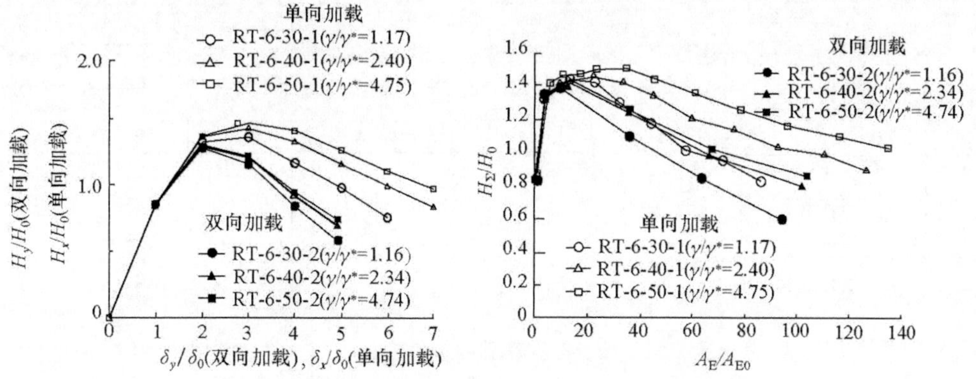

(c) 履历包络曲线及履历吸收的能量(H_Σ表示水平2个方向的合力)

图 4.13　正方形桥墩在水平 2 方向加载方式下的试验结果

青木徹彦等[13]也以正方形桥墩为对象进行了水平 2 方向反复荷载作用下的结构履历特性试验研究，荷载类型为图 4.14(a)所示的几种形式，包括直线形的 0°、22.5°和 45°三个方向及非直线形的圆环形、椭圆形、方形、辐射形、八角形五种形式。水平强制位移按初始屈服位移的整数倍增加(即 δ/δ_0)。试验得到的 x 方向滞回履历包络曲线及耗能性能如图 4.14(b)和(c)所示。从试验结果发现，对正方形桥墩按直线形加载时，荷载方向对结构滞回性能影响不大；按非直线形加载时，荷载路径的改变对结构滞回性能有显著的影响。辐射形加载出现桥墩承载能力急剧下降的情况，其他加载方式桥墩均显示出良好的变形能力。在这些加载方式中，圆环形加载得到的结构变形能力和承载能力相对较小。

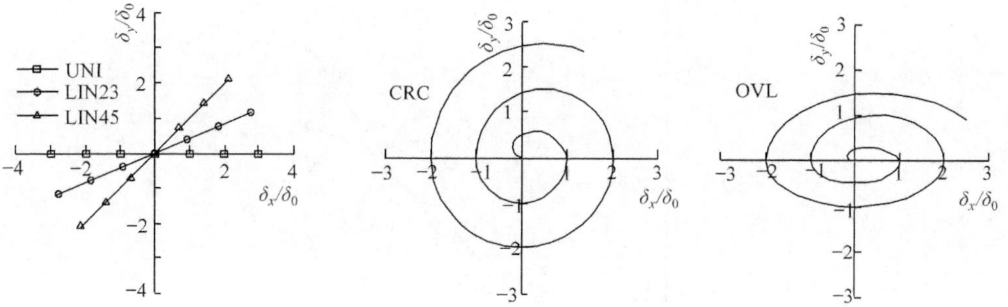

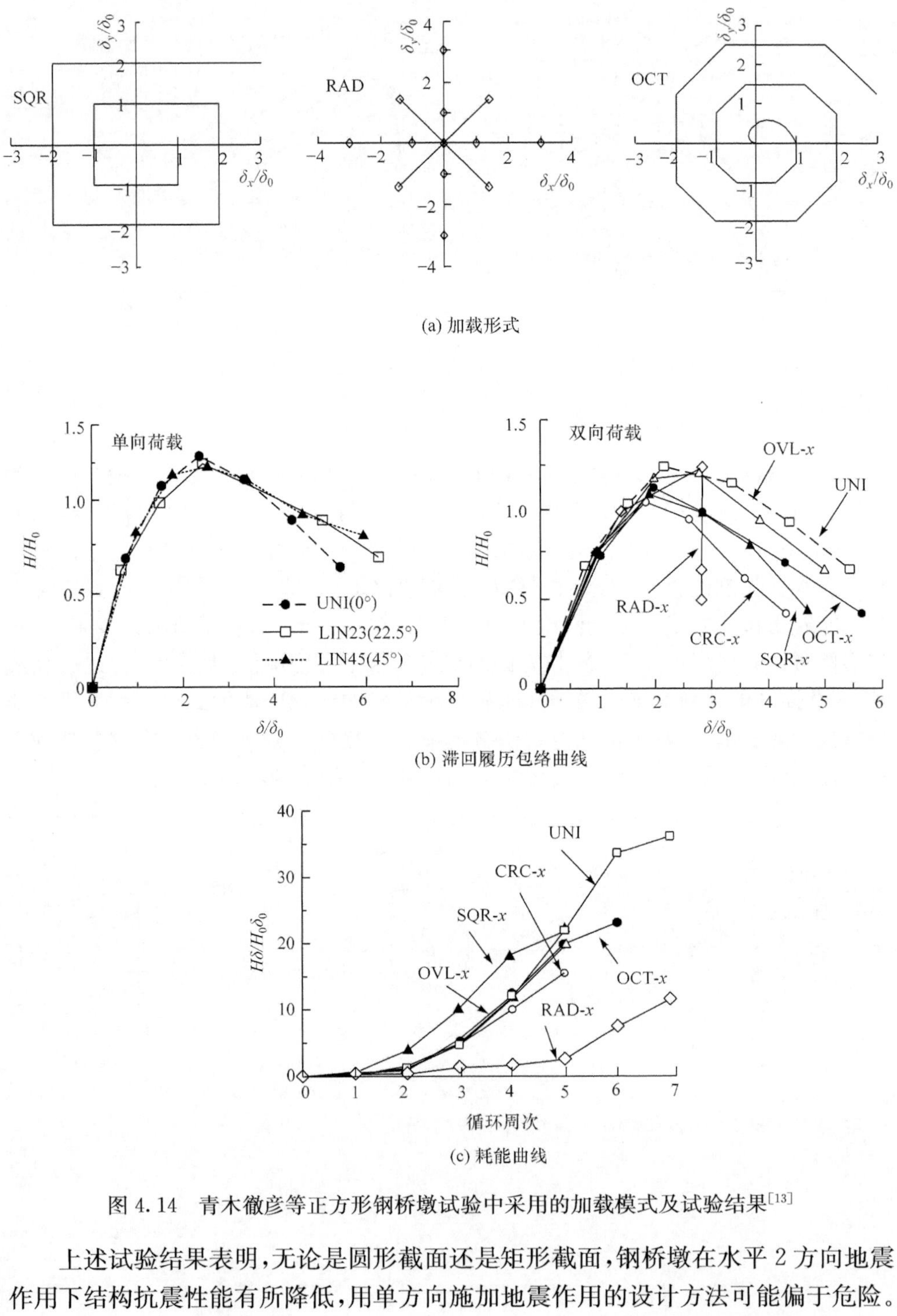

图 4.14　青木徹彦等正方形钢桥墩试验中采用的加载模式及试验结果[13]

上述试验结果表明，无论是圆形截面还是矩形截面，钢桥墩在水平 2 方向地震作用下结构抗震性能有所降低，用单方向施加地震作用的设计方法可能偏于危险。

另外，在进行水平 2 方向反复荷载下的结构抗震性能数值分析时，宜采用较精细的有限元模型和高精度的滞回本构模型，否则计算精度难以保证。

除了拟静力试验外，一些学者还进行了水平 2 方向地震作用的钢桥墩拟动力试验。永田和寿等[14]采用与文献[8]相同的试件（截面尺寸为 150mm×100mm）进行了钢桥墩拟动力试验研究，用 1995 年日本阪神大地震中神户气象台记录到的 NS 方向和 EW 方向地震动时程作为地震输入，进行了三种工况的比较：在水平 x 方向输入地震动，在水平 y 方向输入地震动，同时在 x 和 y 方向输入地震动。根据拟动力试验结果进一步确认了水平 2 方向同时输入地震作用时结构承载能力低于单一方向输入地震作用时的结果，即一个方向的地震损伤会降低另一个方向的结构性能，特别是弱轴方向的结构抗震性能受到两个方向地震作用的影响更为显著。另外，永田和寿等根据拟动力试验与板壳有限元弹塑性计算分析结果对比，认为有限元法能精确地模拟桥墩在水平单方向地震作用下的结构破坏过程，但不能很好地模拟水平 2 方向地震作用下的结构性能。计算采用的材料滞回本构模型为双直线随动强化模型。

後藤芳顯等[12]以截面尺寸 300mm 的 4 个正方形钢桥墩试件为对象进行了拟动力试验研究。试件的纵向加劲肋相对刚度比参数 γ/γ^* 为 0.93 和 2.15 两种，钢板宽厚比参数 R_R 为 0.5，桥墩的长细比为 0.38，轴压比为 0.15。输入 1995 年日本阪神大地震中神户气象台记录到的 NS 方向和 EW 方向地震动时程。试件因墩底发生局部失稳而达到极限状态，桥墩在 2 方向地震作用下的损伤程度大于单方向地震作用的结果。由于桥墩的极限位移与荷载履历有关，认为用变形作为极限状态的验算方法不能适用于钢桥墩在水平 2 方向地震作用下的结构抗震设计。

党紀等[15,16]以截面宽度 B 为 450mm、板厚 t 为 6mm 的正方形钢桥墩为对象进行了水平 2 方向地震作用下的拟动力试验研究，输入 1995 年日本阪神地震中Ⅰ类、Ⅱ类及Ⅲ类场地中记录到的 2 方向地震动时程，比较了轴压比、上部结构质量差异等参数对结构抗震性能的影响。横隔板间距为 225mm（为截面宽度的1/2），长细比为 0.344，加劲肋长细比为 0.184，宽厚比 R_R 为 0.517、R_F 为 0.169。根据拟动力试验结果，发现水平 2 方向输入地震动时结构损伤增大程度与输入地震动的振动特性有关，没有明确的规律性；桥墩结构在一个方向的地震损伤会影响结构另一个方向的抗震性能；输入水平 2 方向地震动时，单个方向地震荷载小于输入单方向地震动时的结果，但两个方向合力最大值与单方向输入时的结果基本相同；另外，当输入斜方向地震动时，结构承载能力明显降低。

上述结果表明，无论是拟静力试验还是拟动力试验，都得到了类似的结论，即钢桥墩的结构抗震性能与地震动输入方式有很大的关系，一个方向的抗震性能同时受到另一个方向地震反应的影响，输入水平 2 方向地震动时的结构地震损伤程度大于单方向输入。

4.3.2 水平 2 方向地震作用下的桥墩抗震性能评价方法

目前国外学者对钢桥墩在水平 2 方向地震作用下的抗震性能评价方法有一些研究报道。由于加载形式的多样性，一般选择具有代表性的几种方式进行对比，分析加载形式对结构抗震性能评价结果的影响，确定 1～2 种较不利的加载方式进行参数分析，根据反复荷载下结构滞回性能计算结果建立评价桥墩结构延性和承载能力的经验公式。

後藤芳顯等[10,12]用板壳有限元模型和三曲面滞回本构模型讨论了径厚比、纵向加劲肋、横隔板、轴压比等参数对桥墩抗震性能的影响，根据计算结果提出了桥墩在圆环形（针对圆形截面）或钻石形（针对矩形截面）反复荷载作用下的结构履历特性经验公式。如果 $H_{\max}/H_0$、δ_m/δ_0、δ_{95}/δ_0 的履历特性值统一用 F 表示，则圆形钢桥墩在圆环形反复荷载下的履历特性与径厚比 R_t、长细比 λ 及轴压比 N/N_y 参数之间的关系为

$$F=\frac{C_1}{R_t^{a_1}\lambda^{a_2}(1+N/N_y)^{a_3}}+C_2 \tag{4.19}$$

式中，C_1、C_2、a_1～a_3 为数值计算结果统计得到的常数，详细参照文献[10]。

矩形桥墩与宽厚比、长细比、轴压比等结构参数之间的关系表示为

$$F=\frac{D_1}{R_R^{b_1}\lambda_r^{b_2}\ (a/B)^{b_3}\lambda^{b_4}(1+N/N_y)^{b_5}}+D_2 \tag{4.20}$$

式中，D_1、D_2、b_1～b_5 为数值计算结果统计得到的常数，钻石形加载和单方向加载的统计参数参照文献[12]；λ_r 为一根纵向加劲肋和 $B/2$ 翼缘板宽度组成的 T 形截面柱长细比。

Kulkarni 等[17,18]以圆形桥墩为对象，研究了水平 2 方向地震作用下的结构抗震性能验算方法。通过水平反复荷载作用下桥墩结构的弹塑性计算分析，得到极限状态下破坏区域的平均应变计算经验公式，以破坏区域的平均应变作为结构抗震性能验算的极限值，提出适用于纤维模型计算结构地震反应的圆形桥墩抗震验算方法。图 4.15(a)为 Kulkarni 等研究采用的桥墩计算模型，在墩底 $3D$ 高度范围（这里 D 为截面的直径）采用板壳模型，高于 $3D$ 范围的墩身采用考虑剪切变形影响的梁单元。板壳模型的网格精细程度根据结构极限状态的变形特征区分，在可能发生局部变形的墩底区域（图中的Ⅰ区）用小尺寸的精细板壳单元，上部（图中的Ⅱ区和Ⅲ区）的单元划分相对较粗。墩顶受到常轴力 N 和两个方向的强制位移 δ_x、δ_y。由于圆环形加载方式对圆形桥墩的抗震性能较为不利，在墩顶施加如

图 4.15(b)所示的螺旋形加载模式。正方向和负方向的强制位移分别按式(4.21)和式(4.22)计算得到：

$$\begin{cases}\dfrac{\delta_x}{\delta_0}=\dfrac{1}{2}-\left(m-\dfrac{1}{2}\right)\cos(\pi s)\\[2ex]\dfrac{\delta_y}{\delta_0}=-\delta_{yx}\left(m-\dfrac{1}{2}\right)\sin(\pi s)\end{cases}\tag{4.21}$$

$$\begin{cases}\dfrac{\delta_x}{\delta_0}=m\cos(\pi s)\\[2ex]\dfrac{\delta_y}{\delta_0}=-\delta_{yx}m\sin(\pi s)\end{cases}\tag{4.22}$$

式中，δ_{yx} 为 y 方向和 x 方向强制位移幅的比值；m 为循环周次(≥1)；s 相当于时间变量。

屈服荷载 H_0 及屈服位移 δ_0 的计算方法类似于式(4.11)和式(4.12)，考虑剪切变形对桥墩水平位移的影响。

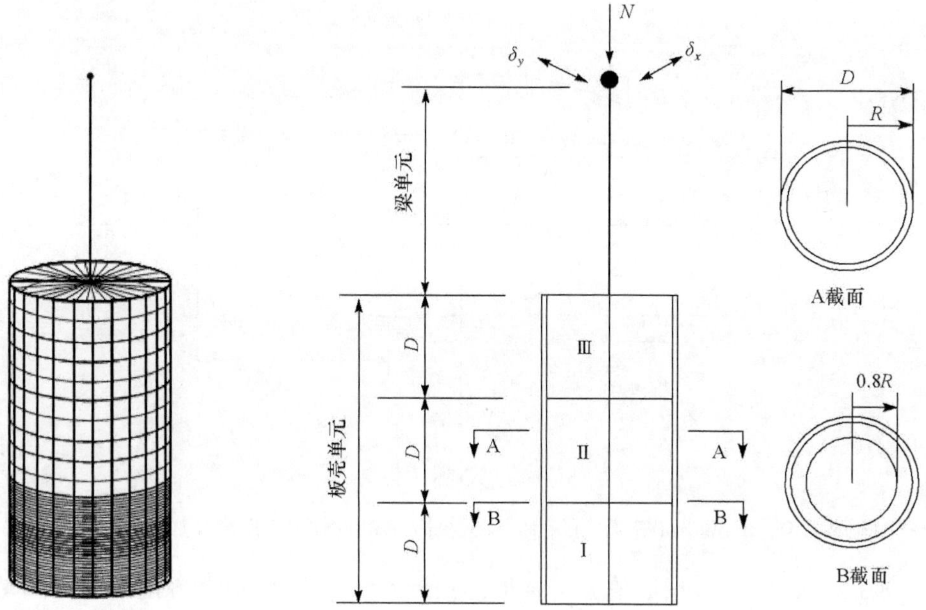

(a) 计算模型及截面形式

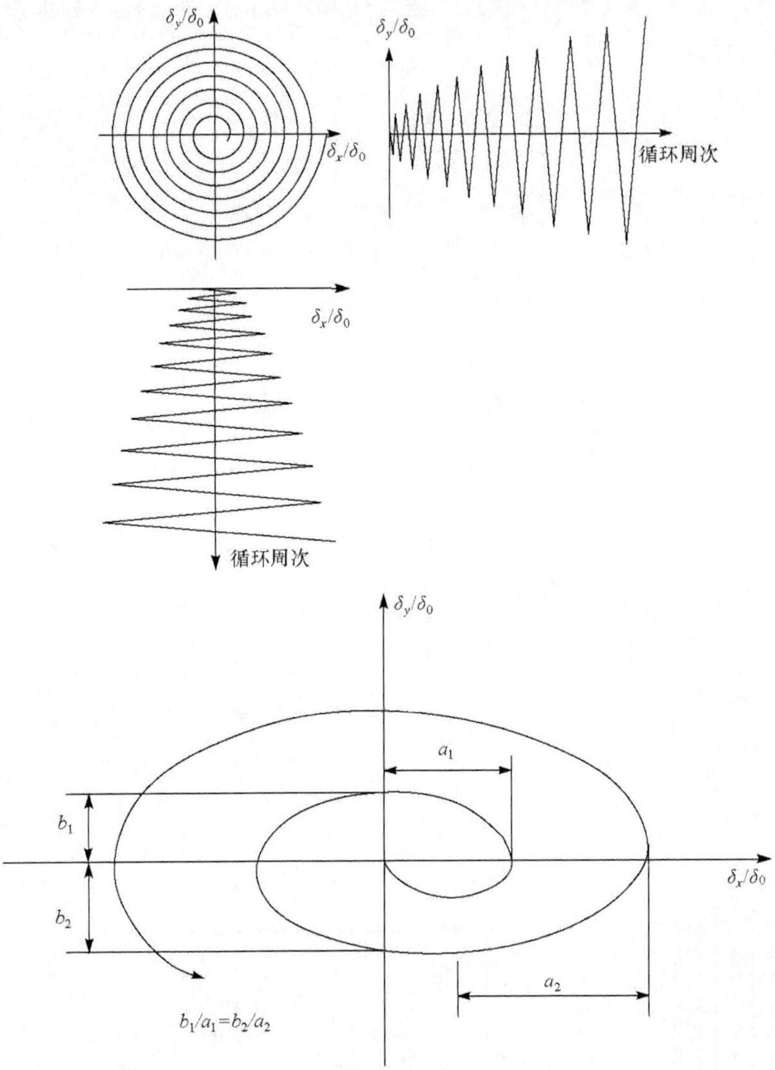

(b) 加载方式

图 4.15　Kulkarni 等采用的圆形桥墩极限承载能力计算模型及加载方式[17]

Kulkarni 等[18]根据数值分析结果得到最大水平荷载(两个方向的合力)、最大水平荷载对应的最大水平位移以及经过最大水平荷载后下降到 95%时的结构性能评价经验公式,其形式与式(4.19)相同,但是其中的参数统计结果有所差异。对比分析详细参见文献[18]。根据数值分析结果得到如下适用于纤维模型抗震性能验算的极限应变 $\bar{\varepsilon}_u$(极限状态时破坏区平均应变)经验公式:

$$\frac{\bar{\varepsilon}_u}{\varepsilon_y}=\frac{0.14\,(1.1-N/N_y)^{1.8}}{(R_t-0.03)^{1.4}}+\frac{3}{(1.1+N/N_y)^{0.7}}\leqslant 20 \tag{4.23}$$

式(4.23)适用于 $0.03\leqslant R_t\leqslant 0.12$、$0\leqslant N/N_y\leqslant 1.0$ 参数范围内的圆形截面钢桥墩。

由于水平 2 方向地震作用下的结构抗震性能与结构受到的荷载履历有关,极限变形定义比较困难,用位移响应验算结构抗震性能难以获得合理的结果。为此,後藤芳顯等[10]提出用结构恢复能力验算水平 2 方向地震作用下结构抗震性能的方法,当结构的恢复能力大于极限恢复力时,结构处于稳定、安全状态,这时的结构地震位移反应较小;反之,结构处于不稳定状态,地震位移反应大。後藤芳顯等以稳定临界点作为结构极限状态,用荷载增量在位移增量所做的功由正变负作为临界点的判断条件。即当结构恢复力增量(ΔH_x,ΔH_y)在位移增量($\Delta\delta_x$,$\Delta\delta_y$)上所做的功 ΔW^2 为零时,结构达到了临界状态

$$\Delta W^2=\Delta H_x\Delta\delta_x+\Delta H_y\Delta\delta_y=0 \tag{4.24}$$

由于极限状态与加载方式有关,在水平 z 方向地震作用下的桥墩极限根据不同加载方式计算得到的最小极限状态连线得到,即可根据不利加载形式在几个特定方向加载的计算结果插值获得。对于圆形桥墩,後藤芳顯等通过施加不同方向的地震荷载计算桥墩的抗震性能,按式(4.24)的判断准则算出用恢复力或者水平位移表示的极限状态曲线。由于圆柱形桥墩的承载能力没有方向性,得到的极限曲线为圆形。对于矩形截面的钢桥墩,可以得到类似的极限曲线[12],但极限曲线不再是圆形。这种以承载能力作为极限状态的验算方法与传统的变形作为极限状态的结构地震损伤验算方法不同,并不强调结构的延性。

4.4 水平 2 方向地震作用下桥墩结构损伤特性数值分析

由于钢桥墩在水平 2 方向地震作用下的破坏特性较为复杂,预测结构的地震破坏形式较困难。当缺乏结构抗震性能验算的经验时,用精确的有限元模型计算结构弹塑性地震反应仍不失是一种解决问题的有效方法。

板壳有限元计算模型是一种可以考虑钢板局部变形的数值方法,但由于计算量大,在工程中难以推广应用。因此,根据预测的结构地震损伤程度分别采用板壳单元和纤维单元是一种兼顾计算精度和计算量的有效方法。这种算法的前提需要根据预测的结构地震损伤程度选择合理的单元建立混合单元模型。Tang 等[19]以水平单方向地震作用下的矩形截面为对象,通过大量的参数分析建立了等效塑性应变超过 $5\varepsilon_y$ 的区域长度经验公式。本节对文献[19]的研究内容进行扩展,分析圆形和矩形钢桥墩在水平 2 方向地震作用下的破坏区域长度。

4.4.1 圆形桥墩结构的地震损伤特性及损伤域长度

以图 4.1 所示桥墩为对象进行数值分析。桥墩的高度为 h，截面半径为 R，钢板厚度为 t，横隔板间距为 a，横隔板厚度为 t_1。在墩顶受到常轴力 N 和水平 2 方向的 H_x、H_y 反复荷载作用，由于圆形截面没有方向性，坐标 x、y 仅指截面的两个水平方向。

反映圆形截面钢桥墩结构特性的参数为长细比（式(4.1)）及径厚比（式(4.3)）。这里首先选择表 4.3 所示的四组参数用不同的加载方式进行弹塑性分析，比较结构参数、加载方式对圆形截面桥墩地震损伤特性的影响。因横肋间距对圆形桥墩滞回力学特性的影响小，可不作为一个主要参数进行分析。

表 4.3 加载方式分析的结构参数

变化参数	组号	R/m	t/mm	h/m	R_t	λ	N/N_y	a/R
R_t	1	0.3	10	3.0	0.095	0.3937	0.2	2.0
	2	0.3	20	3.0	0.047	0.3936	0.2	2.0
λ	3	0.3	10	2.0	0.095	0.2625	0.2	2.0
	4	0.3	10	3.5	0.095	0.4593	0.2	2.0

计算仍采用图 4.4 所示的模型，计算时考虑材料和几何非线性效应。采用 Q345qC 钢材，材料滞回本构模型采用改进的修正双曲面模型，以提高水平 2 方向地震作用下的结构计算精度。

为了比较加载方式对结构损伤特性的影响，采用图 4.16 所示的三种加载形式。这三种方式分别为沿截面主轴 1 方向(UNI)、圆环(CIR)及螺旋形(SPI)。螺旋形加载方式参考文献[17]和[18]按式(4.21)、式(4.22)的强制位移加载。加载制度按图 4.16 所示逐渐增加强制水平位移的方式，并以 x 或 y 方向水平荷载超过最大值 H_{max} 并下降到最大值的 95%时作为桥墩结构的极限状态[20]。初始屈服荷载 H_0 和屈服位移 δ_0 按式(4.13)的杆系结构理论计算得到。

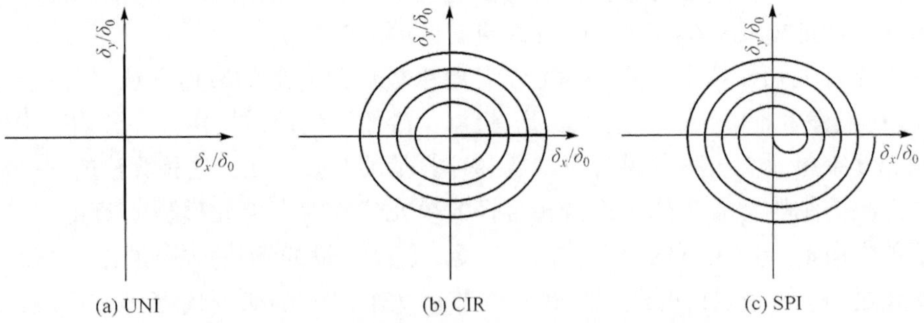

图 4.16 圆形桥墩水平 2 方向加载的三种形式

图 4.17 为表 4.3 中的第 1 组结构参数在三种不同加载方式下计算得到的荷载-位移滞回曲线及极限状态的桥墩变形结果。图中，▲、■、●表示承载能力下降至最高点的 95%时对应的点，即桥墩的极限状态；△、□、○为包络图上的离散点。其中，CIR 和 SPI 加载的水平力 H 为两个方向的合力，这两种加载方式的滞回曲线取其在 xz 平面上的投影。由计算结果可知，按 CIR 加载与 SPI 加载时结构的承载力和延性几乎相同，均小于 UNI 加载的结果。

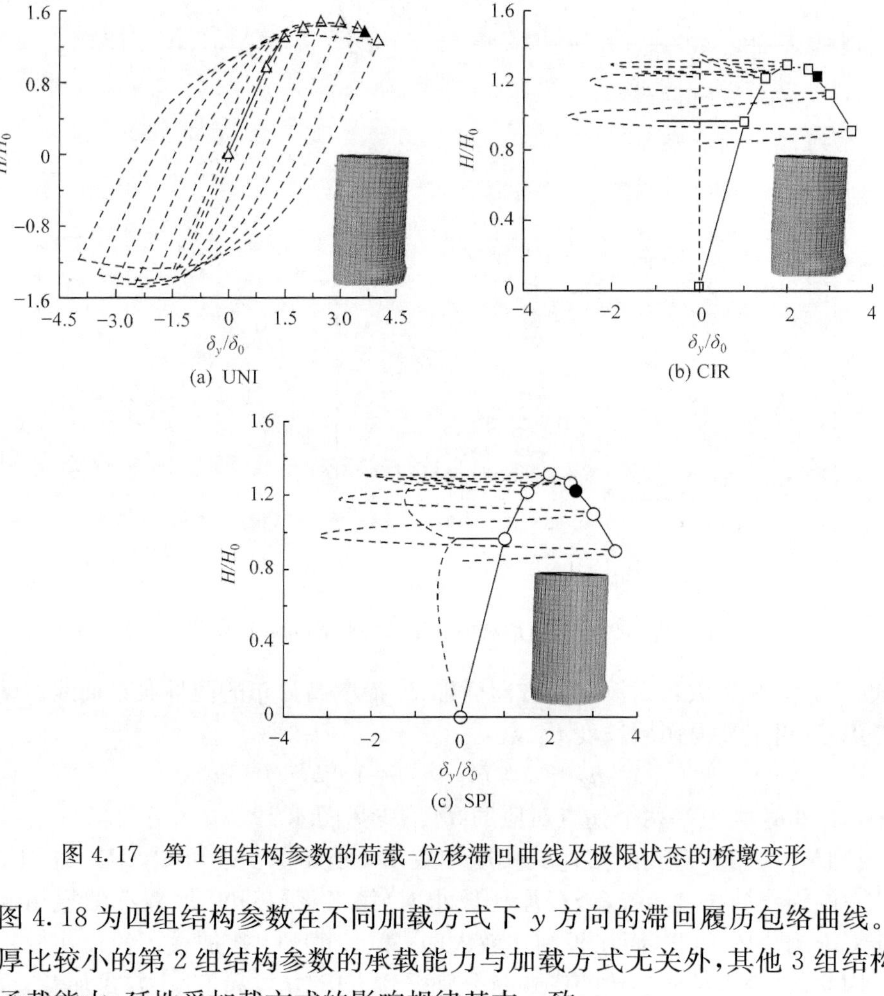

图 4.17　第 1 组结构参数的荷载-位移滞回曲线及极限状态的桥墩变形

图 4.18 为四组结构参数在不同加载方式下 y 方向的滞回履历包络曲线。除了径厚比较小的第 2 组结构参数的承载能力与加载方式无关外，其他 3 组结构参数的承载能力、延性受加载方式的影响规律基本一致。

以下根据数值分析结果讨论桥墩发生局部变形的区域长度，这里称该区域长度为损伤域长度 L_d。

数值分析结果发现，圆形截面钢桥墩的失稳形式可分为两种，当径厚比较大时钢板局部变形为有两个拐点的低阶失稳形式曲线，否则为有多个拐点的高阶失稳

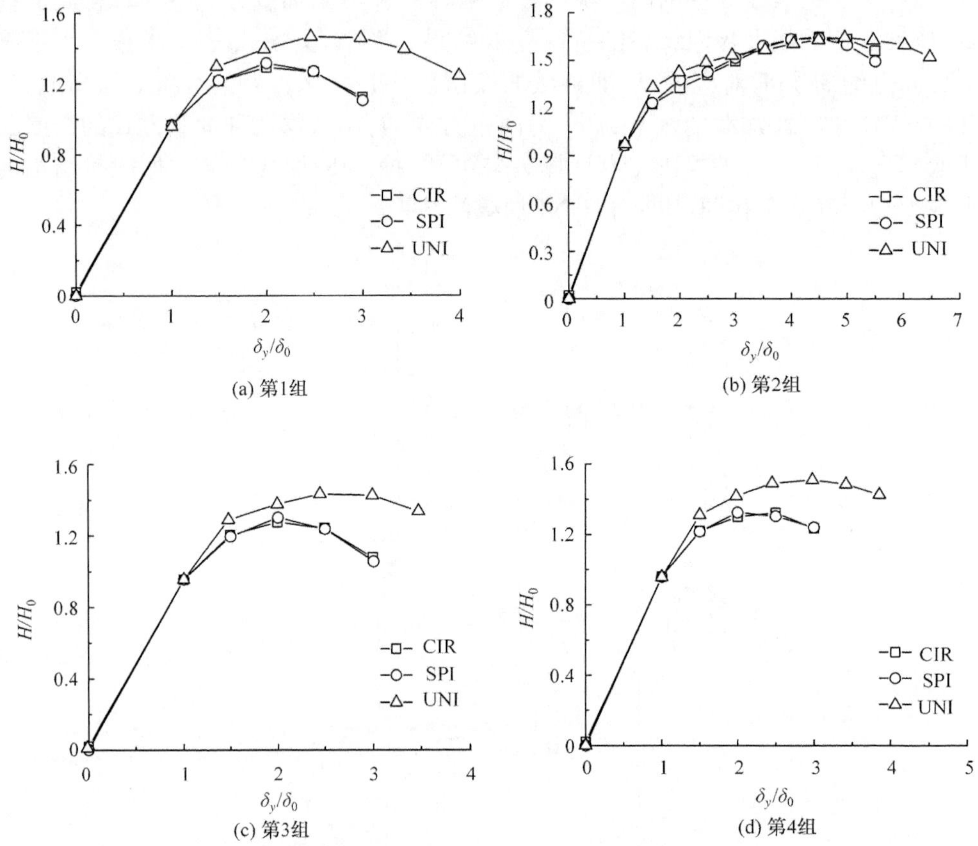

图 4.18　四组结构参数在不同加载方式下 y 方向滞回履历包络线曲线计算结果

形式。图 4.19 为墩底钢板在 y 方向变形 d_y 沿墩高分布的两种典型曲线。偏于保守考虑，这里定义损伤域长度 L_d 为

$$L_d = h_2 + 1.5(h_1 - h_2) = 1.5h_1 - 0.5h_2 \tag{4.25}$$

式中，h_1 和 h_2 为上端两个拐点对应的高度，参见图 4.19。

按照式(4.25)得到的损伤域长度如表 4.4 所示。由表可知，CIR 和 SPI 加载方式下的损伤域长度相等，当径厚比较小时(第 2 组)，UNI 加载下的损伤域长度小于 CIR 和 SPI 加载，而在长细比较大时(第 4 组)，UNI 加载下的损伤域长度最大。因此，在分析结构参数的影响时分别采用 CIR 方式和 UNI 方式加载，损伤域长度取两种加载方式得到的较大结果。

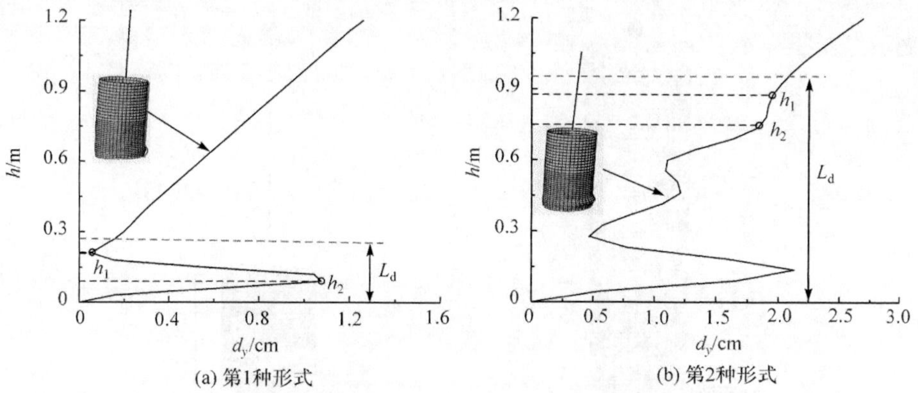

图 4.19　墩底钢板在 y 方向变形沿墩高的分布曲线

表 4.4　四组结构参数在不同加载方式下的损伤域长度

组号	不同加载方式下的损伤域长度 L_d/m		
	CIR	SPI	UNI
1	0.270	0.270	0.270
2	0.946	0.946	0.675
3	0.270	0.270	0.270
4	0.270	0.270	0.420

根据半径 R 为 0.3～0.6m、径厚比 R_t 为 0.2～0.8、长细比 λ 为 0.2～0.6、横隔板间距大于半径、轴压比 N/N_y 为 0～0.4 的一系列圆形钢桥墩参数的分析结果，可得到如下偏于保守的损伤域长度经验公式：

$$L_d/R=2.26R_t^{-0.6}\lambda-1.4 \tag{4.26}$$

为了验证式(4.26)的有效性，以表 4.3 中的第 2 组结构参数为例，对比桥墩全板壳模型和部分板壳模型的弹塑性地震计算结果。墩顶用不同的质量块 M 来改变桥墩的周期特性和轴压比，质量块产生的轴力为 $0.1N_y$ 和 $0.2N_y$ 两种。图 4.20 为圆形截面钢桥墩的地震反应计算模型。

选取 2004 年日本新潟地震小千谷记录作为地震动输入。该地震记录为典型的近场地震动，地震动时程及加速度反应谱如图 4.21 所示。图中 a 表示地震动加速度，t 表示时间。加速度峰值调整为 5.0m/s^2；反应谱计算时阻尼比取 5%，S_a 为加速度谱值。

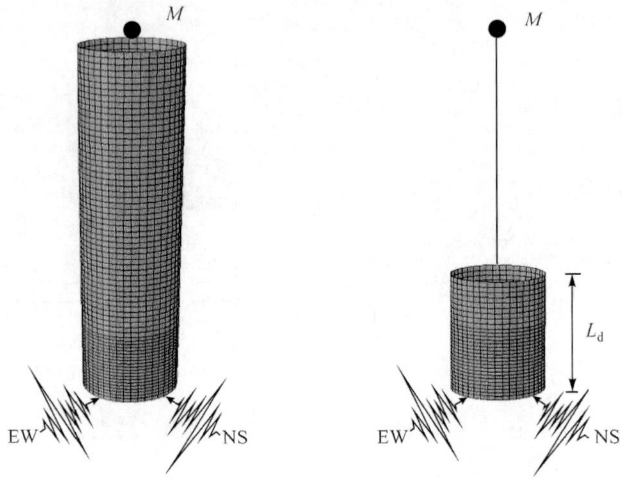

(a) 全板壳模型　(b) 部分板壳模型

图 4.20　圆形截面钢桥墩地震反应计算模型

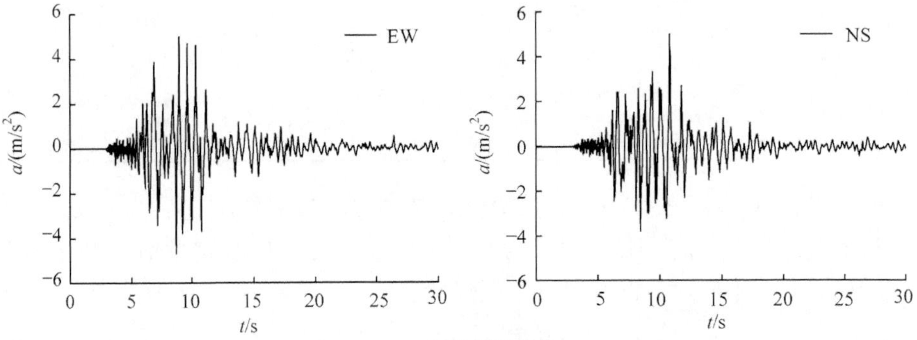

(a) 地震动时程

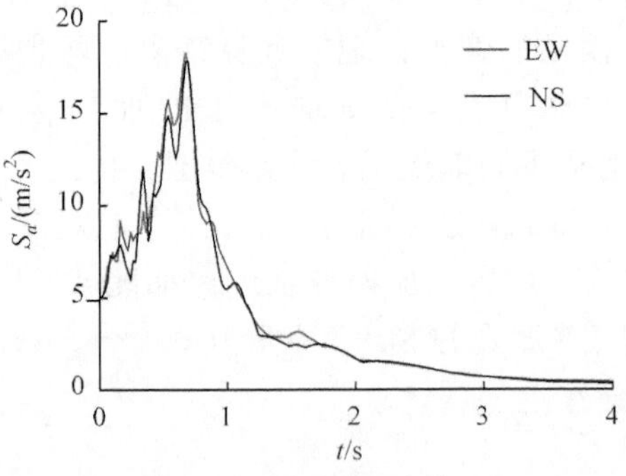

(b) 加速度反应谱

图 4.21　新潟地震小千谷记录的水平 2 方向加速度时程及其反应谱

图 4.22 为两种计算模型得到的墩顶位移履历、损伤区域单元的应力-应变履历及残余变形对比结果。图 4.22(a)中失效位移线假定为圆形，其半径为三种加载方式计算得到的极限状态最小墩顶位移。位移履历、应力-应变履历及残余变形计算结果表明两种有限元模型的计算结果基本一致，在损伤区域局部用板壳单元的混合模型能够确保结构的地震反应计算精度。

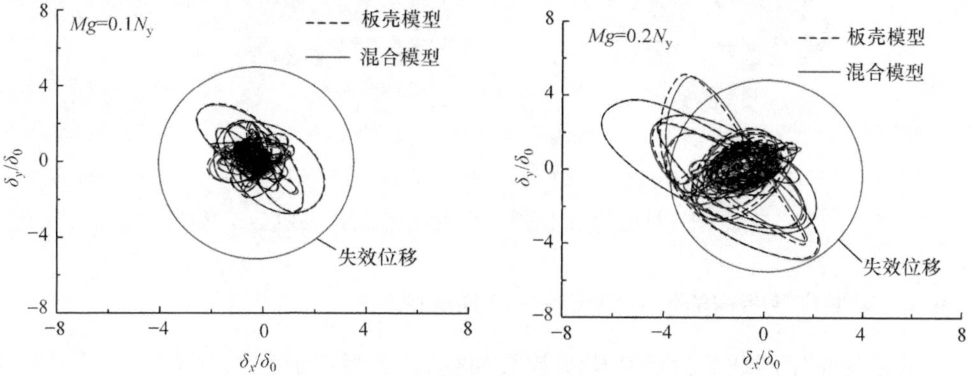

(a) 墩顶位移履历

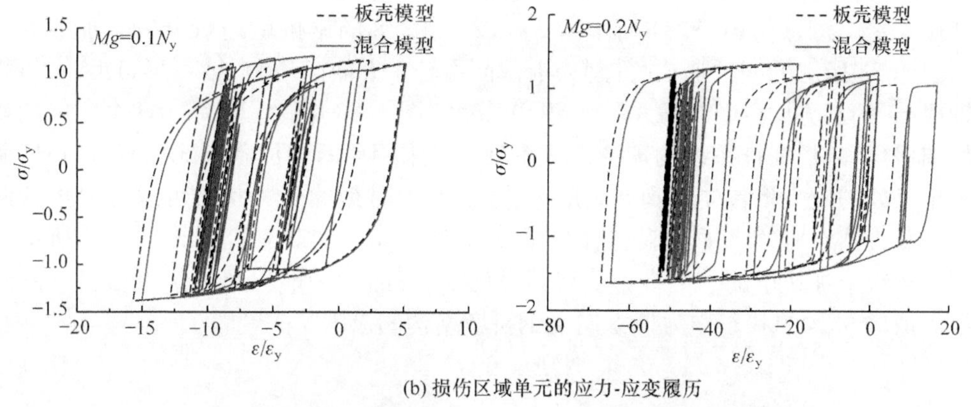

(b) 损伤区域单元的应力-应变履历

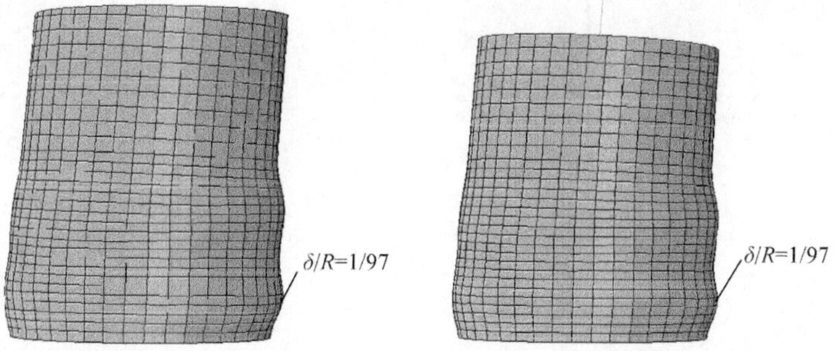

板壳模型　　混合模型

$Mg=0.1N_y$

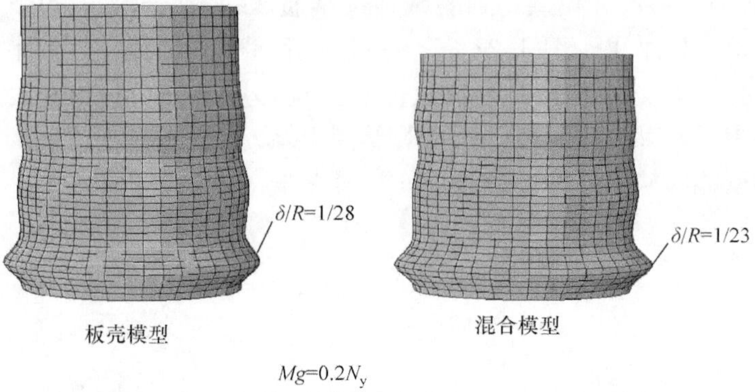

(c) 损伤区域的残余变形

图 4.22　圆形桥墩的墩顶位移、应力-应变履历及残余变形对比

4.4.2　矩形桥墩结构的地震损伤特性及损伤域长度

为了讨论矩形截面桥墩结构参数及加载方式对结构地震损伤特性的影响，选择横隔板相对间距 α 为 0.56～1.22、轴压比 N/N_y 为 0～0.4、纵向加劲肋相对刚度比 γ/γ^* 为 1.00～1.82、长细比 λ 为 0.20～0.48 的钢桥墩进行分析。加载方式为图 4.23 所示的四种形式，分别为沿截面主轴 1 方向(UNI)、钻石形(DIA)、与主轴成 45°的斜方向(BL)、正方形(SQUARE)。图 4.23 中，δ_{x0} 和 δ_{y0} 为两个方向的初始屈服位移，根据杆系结构理论计算得到。当采用后两种加载方式加载时，矩形截面角点处的应力将首先达到屈服应力，根据这一时刻的受力状态可以推算出这两种加载方式对应的水平屈服位移分量 $\delta_{x0,bi}$ 和 $\delta_{y0,bi}$。加载制度仍按图 4.4 所示的程序逐级施加递增的水平推力荷载，并以某一方向水平推力超过最大值且下降到最大值的 95%的状态作为该方向上钢桥墩结构的极限状态[20]。

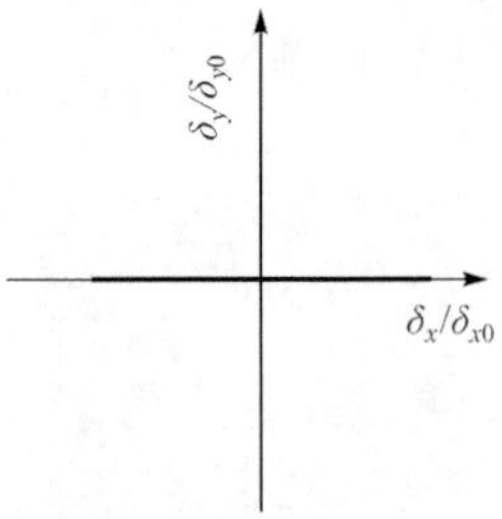

(a) UNI

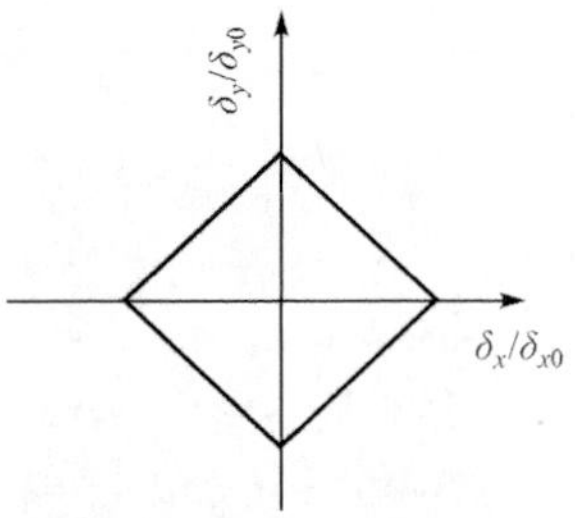

(b) DIA

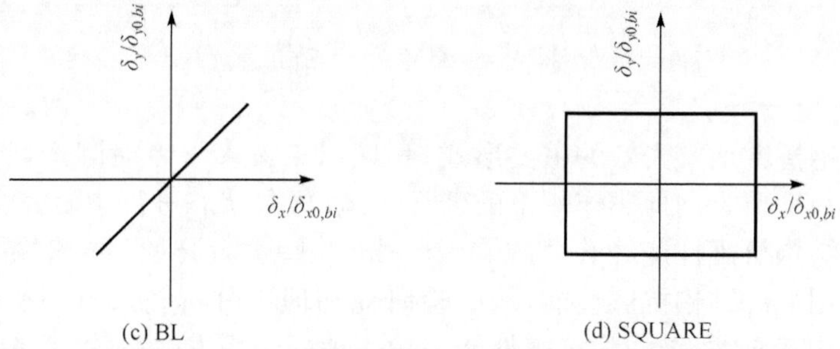

图 4.23　矩形桥墩水平 2 方向的四种加载路径

计算采用图 4.7 所示的板壳单元模型。通过双非线性计算分析得到桥墩结构的极限状态。材料为 Q345qC,材料的滞回本构模型采用改进的修正双曲面模型。

图 4.24 为结构在 x 方向的墩顶荷载-位移履历包络曲线。结果显示,加载方式对结构在某一方向上的承载力和延性影响显著,按 UNI 方式加载时结构承载力和延性均为最大;按 DIA 方式加载时,结构延性有一定程度的下降,但对承载力的影响不大;按 SQUARE 和 BL 方式加载时结构的承载能力和延性均出现了显著下降。图中,H_{x0} 为对应方向的初始屈服荷载。

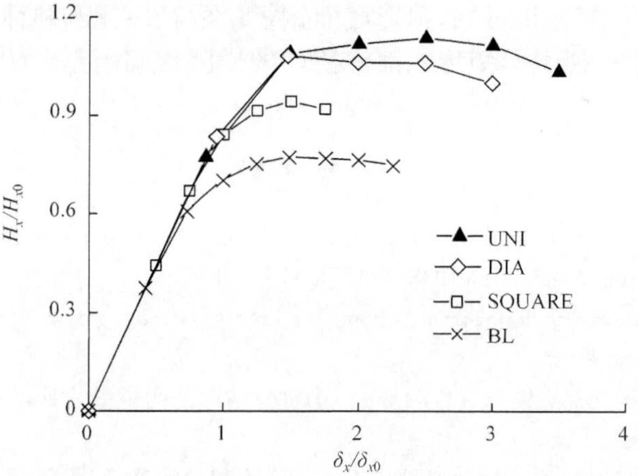

图 4.24　矩形截面桥墩在水平 2 方向荷载作用下 x 方向的履历包络曲线

用与圆形桥墩相同的方法计算矩形桥墩的损伤域长度。根据大量的参数分析结果并偏于保守取值,得到的矩形桥墩结构地震损伤域长度经验计算公式为

$$L_d/B=2.66\alpha-0.1 \tag{4.27}$$

式(4.27)适用于 $0.9\text{m}\leqslant B\leqslant 1.8\text{m}$、$0.6\leqslant D/B\leqslant 2.0$、$0.296\leqslant R_r\leqslant 0.714$、$0.20\leqslant\lambda\leqslant 0.48$、$0.67\leqslant\alpha\leqslant 1.22$、$0\leqslant N/N_y\leqslant 0.4$、$\gamma/\gamma^*\geqslant 1.0$ 的单箱单室钢桥墩结构。

4.5 小　结

失稳是钢桥墩地震失效的主要形式，长期以来许多学者对圆形截面和矩形截面钢桥墩在水平单方向地震作用下的破坏形式、极限状态进行了研究，建立了具有良好精度的结构抗震性能经验公式。近年来，一些学者开始讨论钢桥墩在水平2方向地震作用下的结构抗震性能，从试验研究和理论分析确认了钢桥墩在2方向的地震损伤相互影响，结构的抗震性能与输入地震作用方式有关，不考虑2方向输入的设计方法有可能高估了结构的抗震性能。

由于水平2方向地震作用的形式较多，钢桥墩抗震性能与荷载的作用方式及荷载履历有关。数值分析结果发现，无论是圆形截面还是矩形截面，水平2方向的拟静力加载方式对钢桥墩的承载力特性和延性有明显的影响，影响规律与结构参数关系不大，圆形截面桥墩按圆形或螺旋形的加载方式较为不利，矩形截面桥墩按斜向和正方形的加载方式较为不利。

板壳模型是一种能精确模拟整体失稳和局部失稳的计算方法，在桥梁结构地震反应分析中合理应用板壳单元可以精确地模拟结构的破坏过程。本章通过数值模拟的方法讨论了损伤区域长度的经验公式，为建立钢桥墩混合单元模型提供参考。根据计算结果可知，圆形截面钢桥墩的径厚比和整体长细比是影响地震损伤域长度的主要因素，矩形截面钢桥墩的横隔板间距是影响损伤域长度的主要因素。

参 考 文 献

[1] Gao S, Usami T, Ge H. Duclity of steel short cylinders in compression and bending[J]. Journal of Engineering Mechanics, 1998, 124(2): 176-183.

[2] Japanese Road Association. Specifications for highway bridges, Part V: Seismic design[S]. Tokyo: Maruzen , 2012.

[3] 中华人民共和国交通运输部. JTG D64—2015 公路钢结构桥梁设计规范[S]. 北京：人民交通出版社，2015.

[4] 葛漢彬，高聖彬，宇佐美勉，他. 鋼製パイプ断面橋脚の繰り返し弾塑性挙動に関する数値解析的研究[J]. 土木学会論文集，1997，577：181-190.

[5] Usami T. Interim Guidelines and New Technologies for Seismic Design of Steel Structures [M]. Tokyo: Committee on New Technology for Steel Structures, 1996.

[6] Ge H B, Gao S B, Usami T. Stiffened steel box columns. Part 1: Cyclic behaviour[J]. Earthquake Engineering and Structural Dynamics, 2000, 29(11): 1691-1706.

[7] Usami T, Gao S B, Ge H B. Stiffened steel box columns. Part 2: Ductility evaluation[J]. Earthquake Engineering and Structural Dynamics, 2000, 29(11): 1707-1722.

[8] Watanabe E, Sugiura K, Oyawa W O. Effects of multi-directional displacement paths on the

cyclic behavior of rectangular hollow steel column[J]. Structural Engineering and Earthquake Engineering,2000,17(1):69-85.

[9] 後藤芳顯,江坤生,小畑誠. 2 方向繰り返し荷重を受ける薄肉円形断面鋼製橋脚柱の履歴特性[J]. 土木学会論文集,2005,780:181-198.

[10] 後藤芳顯,村木正幸,海老澤健. 2 方向地震動を受ける円形断面鋼製橋脚の限界値と動的耐震照查法に関する考察[J]. 構造工学論文集,2009,55A:629-642.

[11] 後藤芳顯,江坤生,小畑誠. 2 方向繰り返し荷重を受ける矩形断面鋼製橋脚柱の履歴特性[J]. 土木学会論文集 A,2007,63(1):122-141.

[12] 後藤芳顯,小山亮介,藤井雄介,他. 2 方向地震動を受ける矩形断面鋼製橋脚の動特性と耐震照查法における限界値[J]. 土木学会論文集 A,2009,65(1):61-80.

[13] 青木徹彦,大西哲広,鈴木森晶. 水平 2 方向荷重を受ける正方形断面鋼製橋脚の耐震性能に関する実験的研究[J]. 土木学会論文集 A,2007,63(4):716-726.

[14] 永田和寿,渡邊英一,杉浦邦征. 水平 2 方向に地震力を受ける角形鋼製橋脚の弾塑性応答性状に関する研究[J]. 構造工学論文集,2004,50A:1427-1436.

[15] 党紀,中村太郎,青木徹彦,等. 正方形断面鋼製橋脚の水平 2 方向載荷ハイブリッド実験[J]. 構造工学論文集,2010,56A:367-380.

[16] 党紀,青木徹彦,五十嵐晃. 水平 2 方向地震動を受ける鋼製橋脚の耐震安全性に関する実験的研究[J]. 土木学会論文集 A1,2012,68(4):I-627-641.

[17] Kulkarni N G,Kasai A,Tsuboi H. Displacement based seismic verification method for thin-walled circular steel columns subjected to bi-directional cyclic loading[J]. Engineering Structures,2009,31(11):2779-2786.

[18] Kulkarni N G,Kasai A. Seismic verification method for steel bridge piers with pipe section under two directional earthquake components[J]. Structural Engineering and Earthquake Engineering,2012,29(2):56-68.

[19] Tang Z Z,Xie X,Wang T,et al. Study on FE models in elasto-plastic seismic performance evaluation of steel arch bridge[J]. Journal of Constructional Steel Research,2015,113:209-220.

[20] 宇佐美勉. 鋼橋の耐震・制震設計ガイドライン[M]. 東京:丸善,2006.

[21] Normung D D I F. DIN 4114:Stahlbau Stabilitätsfälle,Knickung,Kippung,Beulung,Berechnun Gsgrundlagen[M]. Berlin:Deutscher Normenausschuss,1952.

[22] Allen H G,Bulson P S. Background to Buckling[M]. New York:McGraw-Hill Book Company,1980.

[23] 刘鸿文. 板壳理论[M]. 杭州:浙江大学出版社,1987.

[24] 日本土木学会. 座屈設計指南[M]. 東京:丸善株式会社,1987.

[25] 李国豪. 桥梁结构稳定与振动(修订版)[M]. 北京:中国铁道出版社,2002.

[26] 関西道路研究会・道路橋調查研究委員会. 鋼橋の終局強度解析と座屈設計[M]. 東京:共立出版株式会社,1998.

[27] 童根树. 钢结构的平面外稳定(修订版)[M]. 北京:中国建筑工业出版社,2013.

附录　压缩钢板的宽厚比参数

附 4.1　考虑弯曲变形的压缩板平衡方程

进行结构稳定计算时，需要建立变形后的平衡方程。这里以压缩钢板的面外挠曲变形为例，简单介绍考虑弯曲变形的板单元平衡方程。

由 3.2 节的薄板计算理论可知，各内力和挠度之间的关系为

$$\begin{cases} M_x=-D\left(\dfrac{\partial^2 w}{\partial x^2}+\mu\dfrac{\partial^2 w}{\partial y^2}\right) \\ M_y=-D\left(\dfrac{\partial^2 w}{\partial y^2}+\mu\dfrac{\partial^2 w}{\partial x^2}\right) \\ M_{xy}=M_{yx}=-D(1-\mu)\dfrac{\partial^2 w}{\partial x\partial y} \\ Q_x=-D\dfrac{\partial}{\partial x}\nabla^2 w,\quad Q_y=-D\dfrac{\partial}{\partial y}\nabla^2 w \end{cases} \tag{附 4.1}$$

式中，各变量代表的含义同第 3 章；薄板弯曲刚度 D 定义为

$$D=\frac{Et^3}{12(1-\mu^2)} \tag{附 4.2}$$

用内力表示的板元平衡条件为

$$\begin{cases} \dfrac{\partial N_x}{\partial x}+\dfrac{\partial N_{yx}}{\partial y}+q_x=0 \\ \dfrac{\partial N_{xy}}{\partial x}+\dfrac{\partial N_y}{\partial y}+q_y=0 \\ \dfrac{\partial Q_x}{\partial x}+\dfrac{\partial Q_y}{\partial y}=q_z \end{cases} \tag{附 4.3}$$

式中，N_x 和 N_y、N_{xy} 和 N_{yx} 分别为单位宽度板两个水平方向的轴力分量和两个面内的剪力分量；q_z 表示垂直于板平面的外力分量；其余变量的含义同第 3 章。

由式(附 4.3)的第三式可以得到用位移表示的弯曲变形平衡微分方程为

$$D\left(\frac{\partial^4 w}{\partial x^4}+2\frac{\partial^4 w}{\partial x^2\partial y^2}+\frac{\partial^4 w}{\partial y^4}\right)=q_z \tag{附 4.4}$$

以面内力 N_x 为例，压板屈曲后 N_x 在变形后的中面法线方向的分力为

$$N_x\mathrm{d}y\left(\frac{1}{2}\frac{\partial^2 w}{\partial x^2}\mathrm{d}x\right)+\left(N_x+\frac{\partial N_x}{\partial x}\mathrm{d}x\right)\mathrm{d}y\left(\frac{1}{2}\frac{\partial^2 w}{\partial x^2}\mathrm{d}x\right)\approx N_x\frac{\partial^2 w}{\partial x^2}\mathrm{d}x\mathrm{d}y \tag{附 4.5}$$

同理可得到 N_y、N_{xy} 在中面法向产生的分力,形式与式(附 4.5)相同。另外,外力 q_x、q_y 在变形后的中面法线方向的分力为 $-q_x(\partial w/\partial x)\mathrm{d}x\mathrm{d}y$、$-q_y(\partial w/\partial y)\mathrm{d}x\mathrm{d}y$。

此时,考虑变形的法线方向平衡方程为

$$D\left(\frac{\partial^4 w}{\partial x^4}+2\frac{\partial^4 w}{\partial x^2\partial y^2}+\frac{\partial^4 w}{\partial y^4}\right)=\frac{\partial}{\partial x}\left(N_x\frac{\partial w}{\partial x}\right)+\frac{\partial}{\partial y}\left(N_y\frac{\partial w}{\partial y}\right)+\frac{\partial}{\partial x}\left(N_{xy}\frac{\partial w}{\partial y}\right)+\frac{\partial}{\partial y}\left(N_{xy}\frac{\partial w}{\partial x}\right) \tag{附 4.6}$$

式(附 4.6)即为平板屈曲分析的平衡微分方程,切向的平衡条件即为式(附 4.3)中的第一式和第二式。

用式(附 4.6)求解板的稳定平衡时,需要定义板的边界条件。以 $x=a$ 的边界为例,可以表示为

铰支边界:$w=0,\dfrac{\partial^2 w}{\partial x^2}=0$;

固定边界:$w=0,\dfrac{\partial w}{\partial x}=0$;

自由边界:$\dfrac{\partial^2 w}{\partial x^2}+\mu\dfrac{\partial^2 w}{\partial y^2}=0,\dfrac{\partial^3 w}{\partial x^3}+(2-\mu)\dfrac{\partial^3 w}{\partial x\partial y^2}=0$。

当边界在 $y=b$ 上时,只需将上述边界条件中对 x、y 的偏导数计算进行交换即可。

附 4.2　受压钢板宽厚比参数 R_R 的确定

附 4.2.1　四边简支板的屈曲

对于纵向加劲肋刚度很大的钢板,其屈曲变形受到限制并在加劲肋处形成波节。每个子板块可按照附图 4.1 所示的四边简支板计算相应的屈曲系数 k。

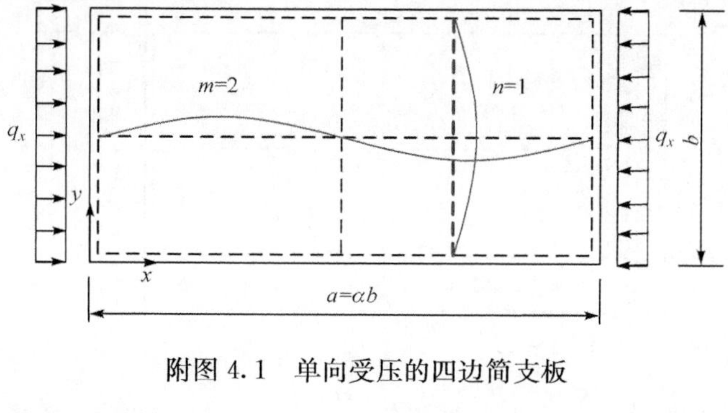

附图 4.1　单向受压的四边简支板

设矩形板的长度为 a、宽度为 b,α 表示板的纵横尺寸比。板承受纵向均匀压

力 q_x，单位宽度上的压力为 N_x，正应力以压为正。屈曲分析微分方程为

$$D\left(\frac{\partial^4 w}{\partial x^4}+2\frac{\partial^4 w}{\partial x^2\partial y^2}+\frac{\partial^4 w}{\partial y^4}\right)=-N_x\frac{\partial^2 w}{\partial x^2} \tag{附 4.7}$$

式(附 4.7)利用逆解法求解。设钢板屈曲模态为

$$w=A_{mn}\sin\frac{m\pi x}{a}\sin\frac{n\pi y}{b}\quad (m=1,2,3,\cdots;n=1,2,3,\cdots) \tag{附 4.8}$$

式中，A_{mn} 为待定常数。

将式(附 4.8)代入平衡方程，得到屈曲临界力 N_{xcr} 和弹性屈曲系数 k 之间的关系为

$$N_{xcr}=k\frac{\pi^2 D}{b^2} \tag{附 4.9}$$

若令

$$\sigma_e=\frac{\pi^2 D}{b^2 t}=\left(\frac{t}{b}\right)^2\frac{E\pi^2}{12(1-\mu^2)} \tag{附 4.10}$$

则屈曲临界压应力 σ_{cr} 为

$$\begin{cases}\sigma_{cr}=k\sigma_e\\ k=\left(\dfrac{m}{\alpha}+\dfrac{\alpha}{m}\right)^2\end{cases} \tag{附 4.11}$$

附 4.2.2　三边简支一边自由板的屈曲

加劲钢板的纵向加劲肋可类比为附图 4.2 所示的三边简支一边自由板，此时的微分方程仍然是式(附 4.7)。对于长度远大于宽度的板，两个加载边的边界条件对平板的稳定性影响不大。因为沿板长方向将出现多个半波，两侧边界条件对中间半波的影响可以忽略。

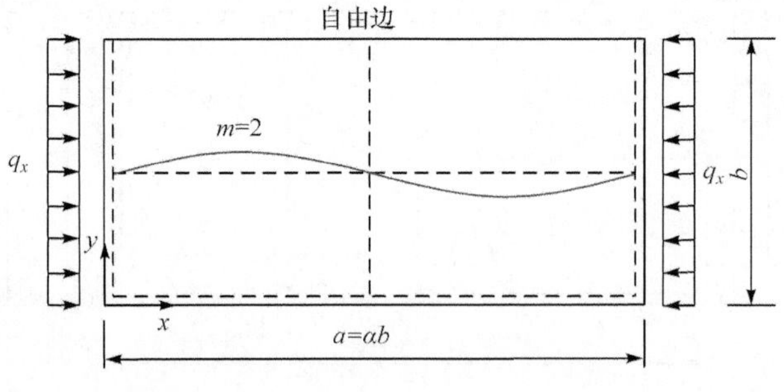

附图 4.2　三边简支一边自由板

同样利用逆解法求解。设钢板屈曲模态为

$$w=Y(y)\sin\frac{m\pi x}{a}\quad(m=1,2,3,\cdots)\tag{附 4.12}$$

式中，Y 表示与 y 相关的变形模式。

将式(附 4.12)代入平衡方程后，可得

$$\frac{\mathrm{d}^4Y}{\mathrm{d}y^4}-2\frac{m^2\pi^2}{a^2}\frac{\mathrm{d}^2Y}{\mathrm{d}y^2}+\frac{m^2\pi^2}{a^2}\left(\frac{m^2\pi^2}{a^2}-\frac{N_x}{D}\right)Y=0\tag{附 4.13}$$

由于 $y=0$ 是简支边，$y=b$ 是自由边，即

$y=0$ 时：$Y=0,\dfrac{\mathrm{d}^2Y}{\mathrm{d}y^2}=0$；

$y=b$ 时：$\dfrac{\mathrm{d}^2Y}{\mathrm{d}y^2}-\mu\dfrac{m^2\pi^2}{a^2}Y=0,\dfrac{\mathrm{d}^3Y}{\mathrm{d}y^3}+(2-\mu)\dfrac{m^2\pi^2}{a^2}\dfrac{\mathrm{d}Y}{\mathrm{d}y}=0$。

可以得到

$$\alpha'\left(\beta'^2+\mu\frac{m^2\pi^2}{a^2}\right)^2\tan(\beta'b)=\beta'\left(\alpha'^2-\mu\frac{m^2\pi^2}{a^2}\right)^2\tanh(\alpha'b)\tag{附 4.14}$$

式中，α'和β'为求解过程的待定量。针对不同的半波数 m，代入式(附 4.14)得到不同的临界内力解答，其中最小的解才是有意义的。

计算结果发现，这种情况的屈曲半波总是一个。因此，临界应力可以表达为

$$\begin{cases}\sigma_{\mathrm{cr}}=k\sigma_{\mathrm{e}}\\ k=0.4255+\dfrac{1}{\alpha^2}\end{cases}\tag{附 4.15}$$

采用相同的方法对不同边界条件的矩形薄板进行计算，可以得到相应的屈曲系数。在单向均匀压力作用下，不同边界条件的屈曲系数如附表 4.1 所示。

附表 4.1　单向均匀压力下矩形薄板的最小弹性屈曲系数

加载边的边界	非加载边的边界	最小屈曲系数 $k_{\min}$
两边简支	一边简支，一边自由	0.43
两边简支	一边固定，一边自由	1.28
两边简支	两边简支	4.00
两边简支	一边固定，一边简支	5.42
两边简支	两边固定	6.97

附 4.2.3　四边简支板在非均匀荷载以及在双向荷载作用下的屈曲

四边简支板在不均匀荷载(附图 4.3)及双向荷载(附图 4.4)作用下的屈曲系数计算与前述方法类似。在不均匀荷载作用下的弹性屈曲系数由式(附 4.16)计算得到：

$$\begin{cases} k=\dfrac{8.2}{1.05+\psi}, & 1\geqslant\psi>0 \\ k=7.81-6.29\psi+9.78\psi^2, & 0\geqslant\psi>-1 \\ k=5.98(1-\psi)^2, & -1\geqslant\psi\geqslant-2 \\ \psi=\dfrac{\sigma_2}{\sigma_1} \end{cases} \tag{附 4.16}$$

在双向荷载作用下的屈曲系数由式(附 4.17)计算得到

$$\begin{cases} k=\dfrac{1}{1+\xi\alpha^2}\left(\alpha+\dfrac{1}{\alpha}\right)^2, & 0.5\geqslant\xi\geqslant0 \text{ 且 } \alpha<\dfrac{1}{\sqrt{1-2\xi}} \text{ 或 } 1.0\geqslant\xi\geqslant0.5 \\ k=4(1-\xi), & 0.5\geqslant\xi\geqslant0 \text{ 且 } \alpha\geqslant\dfrac{1}{\sqrt{1-2\xi}} \\ \xi=\dfrac{\sigma_y}{\sigma_x} \end{cases} \tag{附 4.17}$$

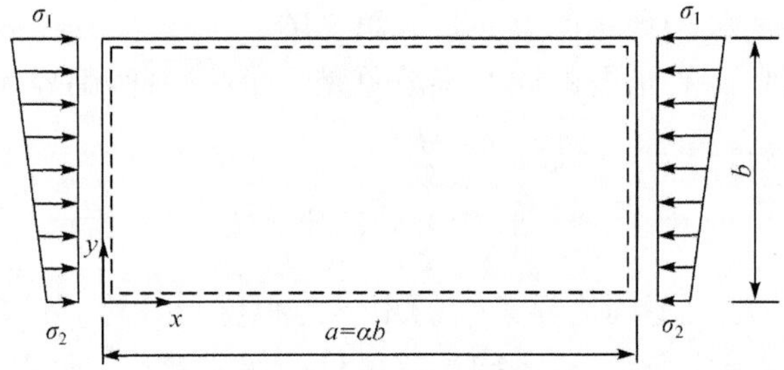

附图 4.3　不均匀受压的四边简支板

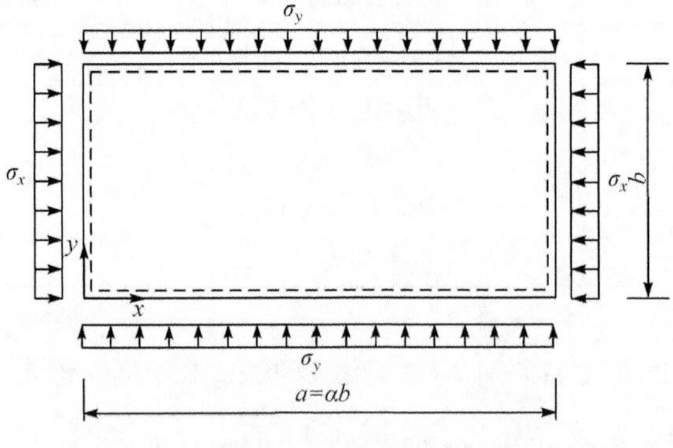

附图 4.4　双向均匀受压的四边简支板

附 4.2.4　受压钢板的宽厚比参数 R_R

根据式(附 4.11)和式(附 4.15)可以得到在单向均匀压力作用下钢板的屈曲系数 k,如附图 4.5 所示。

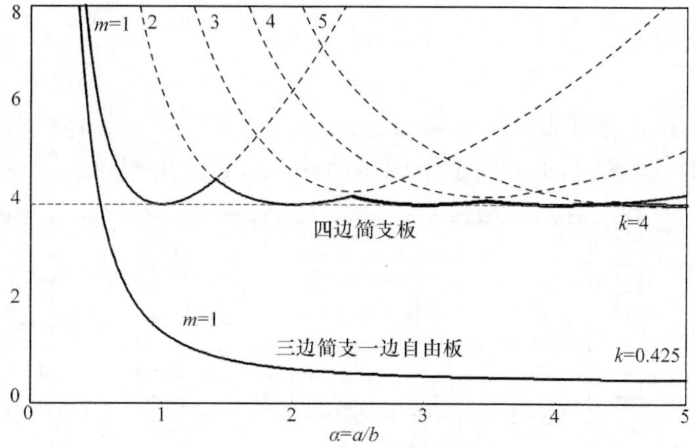

附图 4.5　不同平板的屈曲系数

从图中可以看出,随着纵横尺寸比的增加,钢板的弹性屈曲系数不断降低。由于最小屈曲系数具有实际意义,四边简支板的屈曲系数 k 可以取为 4;三边简支一边自由板的屈曲系数 k 可以取为 0.425。

将式(附 4.11)代入式(4.2),可得到受压钢板的宽厚比参数 R_R 为

$$R_R=\sqrt{\frac{\sigma_y}{\sigma_{cr}}}=\frac{B}{t}\sqrt{\frac{\sigma_y}{E}\frac{12(1-\mu^2)}{4n^2\pi^2}} \tag{附 4.18}$$

式中,受压钢板在宽度方向上被刚性加劲肋分割成 n 个子板块,即 $B=nb$。由于在推导过程中,假定加劲肋将屈曲模态分割成较高阶的变形形式,R_R 仅能用来表征具有刚性加劲肋钢板的宽厚比程度。

另外,三边简支一边自由的加劲肋宽厚比参数 R_s 为

$$R_s=\sqrt{\frac{\sigma_y}{\sigma_{cr}}}=\frac{h_s}{t_s}\sqrt{\frac{\sigma_y}{E}\frac{12(1-\mu^2)}{0.43\pi^2}} \tag{附 4.19}$$

式中,h_s、t_s 分别表示加劲肋的宽度和厚度;0.43 为三边简支一边自由的平板的屈曲系数。

附 4.3　受压钢板宽厚比参数 R_F 的确定

在受压构件中,虽然增加板厚可以提高板的稳定性,但也会显著增加钢材用

量，设计结果并不经济。此时，可以考虑借助纵向加劲肋来提高板的稳定性。如附图 4.6 所示，当四边简支的 T 形截面钢板受到纵向外力作用时，由于设置了加劲肋，钢板面外抗弯能力得到强化。基于无加劲板的平衡方程，可以在沿加劲肋与母板连接处增加两个协调条件：

$$\begin{cases} w_1 = w_2 \\ \dfrac{\partial w_1}{\partial y} = \dfrac{\partial w_2}{\partial y} \end{cases} \tag{附 4.20}$$

式中，下标 1 和 2 分别表示子板块编号。

式(附 4.20)表明，加劲肋上下两侧面外位移和转角相同。

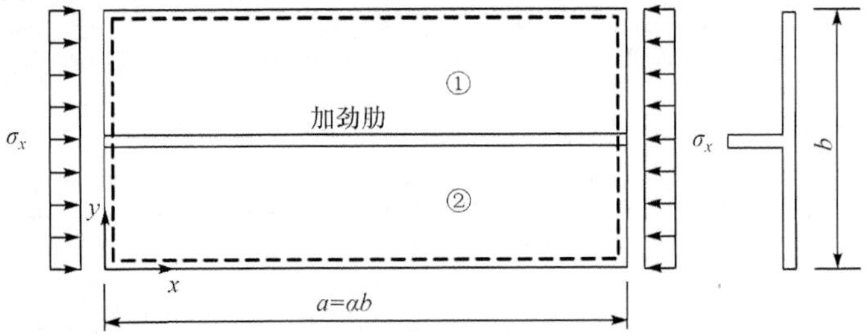

附图 4.6　四边简支的 T 形截面钢板

为了表征加劲肋对抗弯刚度的提高程度，引入了加劲肋的相对刚度参数 γ 和单根加劲肋截面积与母板的截面积之比 δ_l，详见式(4.6)。其中，γ 表示单根加劲肋与母板抗弯刚度的比值。利用逆解法，设 T 形钢板的屈曲模态为

$$w = \sum_m \sum_n A_{mn} \sin\frac{m\pi x}{a} \sin\frac{n\pi y}{b} \quad (m = 1,2,3,\cdots; n = 1,2,3,\cdots) \tag{附 4.21}$$

考虑加劲肋的增强效应后，代入平衡方程，并取 k 的最小值，可得

$$\begin{cases} \sigma_{cr} = k\sigma_e \\ k = \dfrac{(1+\alpha^2)^2 + 2\gamma}{\alpha^2(1+2\delta_l)} \end{cases} \tag{附 4.22}$$

对于弹性 T 形截面钢板，如果在级数展开运算过程中只取第一项，且假定此时发生正对称屈曲形式、板的纵横尺寸比 $\alpha > 2$，则屈曲系数 k 可写为

$$k = \frac{1}{1+2\delta_l}\left[\left(\frac{m}{\alpha} + \frac{\alpha}{m}\right)^2 + 2\left(\frac{m}{\alpha}\right)^2 \gamma\right] \tag{附 4.23}$$

附图 4.7 给出了按照式(附 4.23)计算得到的屈曲系数曲线。为简化计算，δ_l 近似取零，忽略 $1/(1+2\delta_l)$ 项的影响。

图示结果表明，加劲肋的相对刚度 γ 对加劲钢板的屈曲特性影响较大。当 $\gamma=0$ 时，加劲板相当于长为 a、宽为 b 的四边简支板，因此屈曲系数 $k=4.0$；当 $\gamma=\infty$

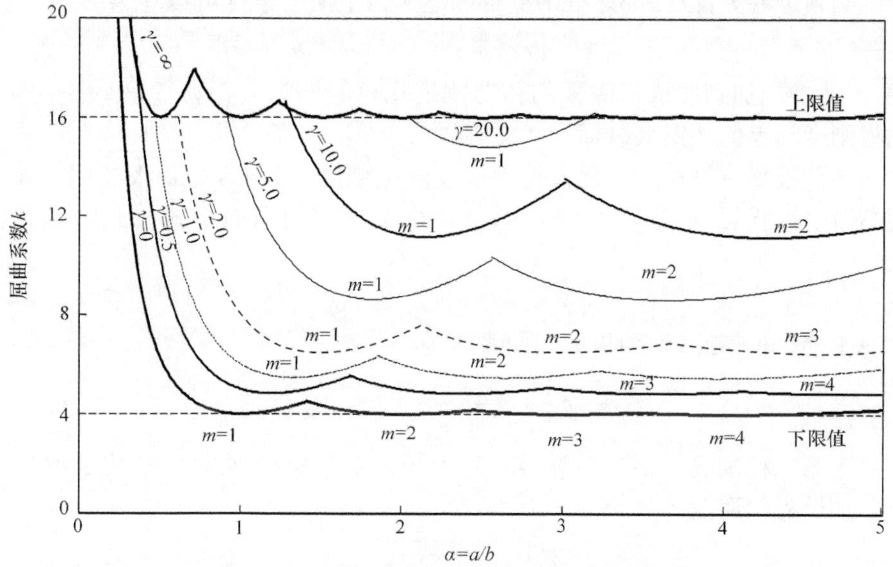

附图 4.7　带加劲肋 T 形钢板的屈曲系数曲线

时，加劲肋完全没有变形，板的屈曲变形被加劲肋完全分割，加劲板相当于长为 a、宽为 $b/2$ 的四边简支板，因此屈曲系数 $k=16.0$；当 γ 介于 $0\sim\infty$时，母板与加劲肋将同时屈曲变形。另外，屈曲半波数量 m 也受到 γ 的影响，当 γ 增大时，半波长度增加，曲线向刚性加劲肋区靠近；当 $\gamma=24.4$ 时，曲线与水平线 $k=16.0$ 相切，加劲肋完全变为刚性。

当母板同时受到 $n-1$ 条加劲肋的增强作用时(附图 4.8)，不考虑加劲肋抗扭刚度的加劲钢板临界压应力为

$$\sigma_{cr}=k_F\sigma_e \tag{附 4.24}$$

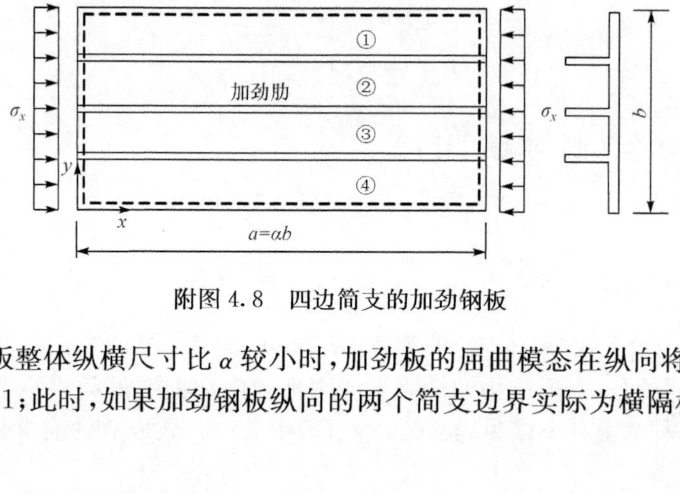

附图 4.8　四边简支的加劲钢板

当加劲板整体纵横尺寸比 α 较小时，加劲板的屈曲模态在纵向将仅出现一个半波，即 $m=1$；此时，如果加劲钢板纵向的两个简支边界实际为横隔板，则横隔板

的刚度必须足够大，以保证该处的变形为零。以上两个条件可以写为

$$\gamma_t \geqslant \gamma_{t,req} = (1+n\gamma)/(4\alpha^3) \quad 且 \quad \alpha \leqslant \alpha_0 = \sqrt[4]{1+n\gamma} \tag{附 4.25}$$

式中，γ_t 为横向加劲肋或横隔板的相对刚度比，详见式(4.7)；$\gamma_{t,req}$和 α_0 分别表示横隔板刚度临界值和钢板纵横尺寸比临界值。

当加劲板整体纵横尺寸比 α 较大或横隔板刚度不足时，加劲板的屈曲模态在纵向不再受钢板纵横尺寸比的制约，呈现多个半波的屈曲模式。此时的条件可写为

$$\gamma_t < \gamma_{t,req} \quad 或 \quad \alpha > \alpha_0 \tag{附 4.26}$$

对于第一种情况，加劲板的屈曲系数为

$$k_F = \frac{(1+\alpha^2)^2 + n\gamma}{\alpha^2(1+n\delta_l)}, \quad \alpha \leqslant \alpha_0 \tag{附 4.27}$$

对于第二种情况，可将式(附 4.25)中的加劲板整体纵横尺寸比 α 取为$(1+n\gamma)^{1/4}$，加劲板的屈曲系数为

$$k_F = \frac{2(1+\sqrt{1+n\gamma})}{1+n\delta_l}, \quad \alpha > \alpha_0 \tag{附 4.28}$$

其中，在式(附 4.27)的基础上取$\partial k_F/\partial\alpha = 0$，可以得到纵横尺寸比的临界值 $\alpha_0 = (1+n\gamma)^{1/4}$，即两种情况的分界点。此时，$k_F$ 取极小值，即式(附 4.28)。在 $\alpha > \alpha_0$ 之后，均取 $\alpha = \alpha_0$。

纵向加劲肋的最优刚度比参数 γ^* 定义为：当加劲板整体屈曲强度与被刚性加劲肋分割的每块子板屈曲强度之和相等时($k_F = k_R$)，加劲肋的强度刚好达到最优值 γ^*。当加劲肋刚度大于 γ^* 时，母板的屈曲变形将被分解成独立的局部变形，而最优值 γ^* 表示能使母板沿加劲肋形成反对称屈曲所需要的最小刚度。根据 $k_F = k_R$，可得

$$k_F = \begin{cases} \dfrac{(1+\alpha^2)^2 + n\gamma}{\alpha^2(1+n\delta_l)} = 4n^2 = k_R, & \alpha > \alpha_0 \\ \dfrac{2(1+\sqrt{1+n\gamma})}{1+n\delta_l} = 4n^2 = k_R, & \alpha \leqslant \alpha_0 \end{cases} \tag{附 4.29}$$

对式(附 4.29)进行求解，得到

$$\gamma^* = \begin{cases} \dfrac{1}{n}[4n^2(1+n\delta_l)\alpha^2 - (\alpha^2+1)^2], & \alpha \leqslant \alpha_0 \\ \dfrac{1}{n}\{[2n^2(1+n\delta_l)-1]^2 - 1\}, & \alpha > \alpha_0 \end{cases} \tag{附 4.30}$$

式(附 4.27)和式(附 4.28)即为式(4.5)，式(附 4.30)即为式(4.8)。

需要说明的是，一般结构的横隔板或刚性横向加劲肋的间距不会小于截面宽度，因此第二种情况并不多见；整个推导过程中所有公式成立的前提是纵向加劲肋

截面积满足 $\delta_l \geqslant 1/(10n)$，以防止加劲肋截面积过小。

加劲钢板整体的宽厚比参数 R_F 为

$$R_F=\sqrt{\frac{\sigma_y}{\sigma_{cr}}}=\frac{B}{t}\sqrt{\frac{\sigma_y}{E}\frac{12(1-\mu^2)}{\pi^2 k_F}} \tag{附 4.31}$$

式中，k_F 按照式(附 4.27)和式(附 4.28)取值。由于在推导过程中纵向加劲肋的刚度可以取任意值，R_F 能够同时用来表征具有刚性或柔性加劲肋的钢板宽厚比程度。

本附录仅简单介绍了钢板的弹性屈曲特性，推导过程请参考文献[21]～[27]。

第 5 章 钢拱桥弹塑性地震反应分析算例

5.1 概 述

钢拱桥地震损伤主要是连接部位的拉伸断裂、横向支撑失稳和落梁等几种形式[1]，在 2016 年日本熊本地震中有一座通往灾区的上承式钢拱桥由于拱脚移位发生坍塌破坏[2]。与独柱式钢桥墩相比，钢拱桥地震损伤实例少，且损伤形式多种多样，目前人们对这类桥型的结构地震损伤特征还缺乏统一的认识，尚未形成具有针对性的抗震设计方法。

拱桥是结构振动形式较复杂的一类桥型，其弹塑性地震反应特性与桥墩有较大的差别，根据桥墩结构确立的结构抗震性能评价方法不能直接用于拱桥结构的抗震设计。

拱桥与独柱式桥墩的抗震性能差异主要反映在以下几个方面：

(1) 拱桥结构的水平振型与竖向振型相互耦合，地震中拱肋的轴力变化大。在常轴力条件下确立的桥墩极限状态经验公式能否直接用于拱肋的结构抗震性能验算还缺乏足够的依据。

(2) 拱桥结构形式多样且传力途径复杂，结构地震损伤模式分散，拱脚、梁拱结合部、拱与立柱结合部等节点和其他受力复杂的构件在地震中都有可能进入塑性，桥梁的地震破坏模式不是由几个典型截面所控制的。

(3) 目前关于拱桥的地震灾害及相关试验研究资料相对较少，合理的耗能机制尚不十分明确。拱肋作为结构的主要承重体系，能否作为抗震耗能构件仍需要慎重分析。

近 20 年来，国内外报道了不少关于钢拱桥弹塑性地震反应计算分析的研究成果。在既有的文献中，早期主要采用弯矩-曲率模型考虑材料非线性的影响，随着纤维模型在结构地震反应分析中的普及，可考虑双轴弯曲及动轴力对截面塑性发展影响的纤维模型成为钢拱桥弹塑性地震反应分析的主要方法。例如，Nonaka 等[3,4]研究了上承式钢拱桥在强地震作用下弹塑性地震反应特性及合理的结构抗震体系，并讨论了混凝土桥面结构的弹塑性行为对拱桥结构整体地震反应的影响；梁正裕和陈艾荣[5]分析了上承式钢拱桥的弹塑性地震反应特性和结构抗震性能；Usami 等[6-8]、Cetinkaya 等[9]探讨了 Pushover 法在钢拱桥地震反应中的适用性；Wang 等[10]对滞回本构模型的影响进行了对比分析。

如第3章所述，纤维梁单元不能考虑钢板面外局部变形的影响，用纤维模型计算得到的结构地震反应不能很好地反映钢桥的地震损伤特征。谢旭等[11]和Tang等[12]分别根据纤维模型与板壳模型、纤维模型与混合单元模型的对比分析，认为纤维模型虽然能大致模拟结构整体的刚度特性，但不能精确反映结构的局部损伤特性。

地震动轴力是拱肋与独柱式钢桥墩受力不同的重要特性。为了在结构抗震性能验算中考虑动轴力对结构抗震性能的影响，Usami等[13]根据不同轴压比的平均极限应变提出用实时轴力验算结构抗震性能的近似方法，把动轴力的影响反映在结构极限应变取值中，忽略动轴力履历对结构抗震性能的影响(详见本章附录)。

目前钢拱桥的地震损伤机理、抗震性能验算方法尚未建立，采用精细的计算模型进行结构弹塑性地震反应分析是认识结构地震荷载传递路径和地震损伤形式的重要手段之一。本章以两座结构形式不同的大跨度钢拱桥为例，根据较精细的计算模型分析结构弹塑性地震反应，讨论拱桥结构在顺桥向地震作用下的损伤特征，并比较滞回本构模型对结构地震损伤及应力-应变履历结果的影响。

5.2 上承式钢拱桥结构地震反应分析

5.2.1 计算模型

本节仍以第3章介绍的上承式钢拱桥(图3.8)为对象计算结构在顺桥向的弹塑性地震反应，桥梁结构的基本情况和自振特性参见第3章，计算采用多种单元类型的混合模型。由于顺桥向地震作用下的结构地震损伤集中在拱脚、立柱与拱肋结合部位，这些部位均采用板壳单元考虑钢板面外局部变形对结构地震损伤的影响，板壳单元的范围参考第4章的结构损伤域长度经验公式确定；地震中塑性程度轻微的拱肋、立柱其他部位采用纤维梁单元；不承受地震作用的横撑等采用弹性梁单元。

图5.1为P3～P14之间拱桥结构的混合单元计算模型。纤维单元的纤维划分情况与图3.10相同。结构弹塑性地震反应计算采用ABAQUS 6.10，计算时考虑几何和材料非线性的影响。钢材采用Q345qC，滞回本构模型分别采用双直线随动强化模型(BKHM)、Chaboche提出的混合强化模型(CCHM)及改进的修正双曲面模型(I2SM)三种。双直线随动强化模型的屈服强度为345MPa，弹性模量为2.06×10^5MPa，屈服后弹性模量取初始弹性模量的1%，以考虑屈服后材料强化的影响。混合强化模型及改进的修正双曲面模型的相关参数参见第3章。为了使桥梁在地震作用下能够进入弹塑性状态，选择2004年日本新潟地震川口町记录及我国台湾集集地震日月潭记录作为地震动输入。地震动的水平和竖向时程及其

反应谱参见第 3 章。

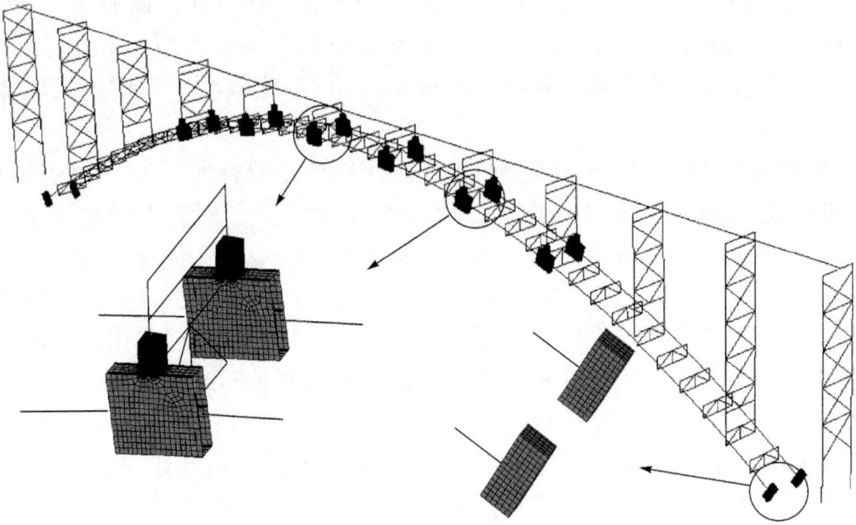

图 5.1　上承式钢拱桥计算模型

5.2.2　结构地震损伤特性

1. 动轴力及其对极限应变的影响

图 5.2 为输入集集地震动时部分立柱的轴力时程，拱肋的地震动轴力时程参见后面图 5.10。由于竖向地震作用及振型水平振动与竖向振动相互耦合，在集集地震作用下拱肋轴力的变化范围为 $0.36N_y$，立柱轴力的变化范围为 $0.18N_y$；新潟地震动输入时拱肋及立柱轴力的变化范围分别为 $0.32N_y$ 和 $0.16N_y$。虽然这里输入的地震动大于桥梁的设计地震作用，但输入地震为实际发生的历史地震记录。这表明上承式拱桥在强地震作用下拱肋的轴力变化范围较大，在结构抗震设计时需要留意轴力变化的影响。

由于构件极限状态的变形和应变一般是常轴力条件下的结果，不考虑地震过程中轴力改变的影响。为了评价动轴力对结构极限应变的影响，借鉴 Usami 等[13] 提出的破坏区域平均极限应变 $\bar{\varepsilon}_u$ 作为指标进行比较分析。破坏区域平均极限应变 $\bar{\varepsilon}_u$ 按式(5.1)计算得到：

$$\bar{\varepsilon}_u = \sum_{i=1}^{m} \varepsilon_i / m \tag{5.1}$$

式中，ε_i 为极限状态时破坏区域各单元的应变值，如图 5.3 所示；m 为破坏区域的板壳单元总数。有效破坏区长度 L_e 由式(5.2)计算得到[1]：

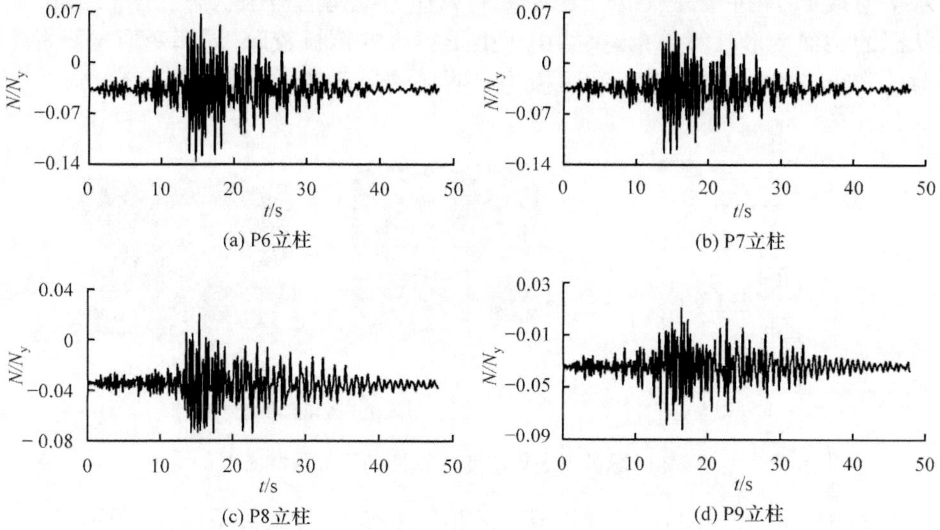

图 5.2　集集地震作用下立柱的轴力时程

$$L_e = \min(0.7B, a) \tag{5.2}$$

式中，B 为受压钢板的宽度；a 为横隔板的间距。

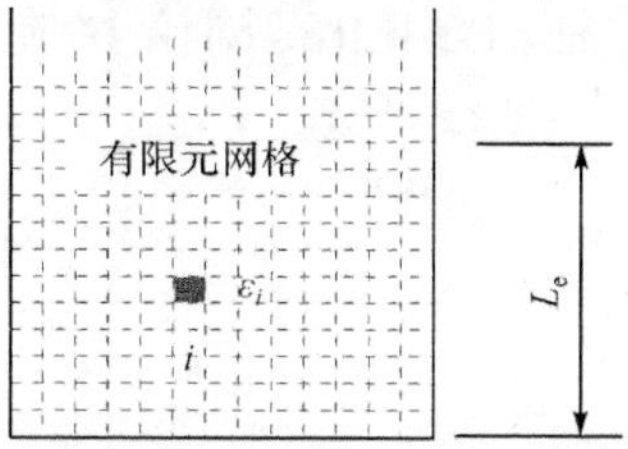

图 5.3　受压侧翼缘的破坏区平均应变计算方法

对于接近于正方形截面的带加劲肋薄壁箱形截面，Usami 等[13]通过数值分析得到承载能力极限状态时（即荷载 H 超过峰值后降低到 95%的点）有效破坏区极限应变经验公式：

$$\frac{\bar{\varepsilon}_u}{\varepsilon_y} = \frac{0.7}{(R_R\lambda_s^{0.18}-0.18)^{1.3}(1+N/N_y)^{2.2}} + \frac{3.2}{(1+N/N_y)} \leqslant 20 \tag{5.3}$$

式中，符号含义同第 4 章。

式(5.3)适用于轴压比 $0 \leqslant N/N_y \leqslant 1.0$ 的情况。

轴力对拱肋及立柱破坏区域的平均极限应变的影响通过对图 5.4(a)所示的构件节段模型进行 Pushover 分析得到。在轴力 N 条件下逐渐增加水平推力 H，按式(5.1)计算极限状态时的破坏区域的平均应变 $\bar{\varepsilon}_u$，建立 N 与 $\bar{\varepsilon}_u$ 的关系。这里

以水平荷载 H 经过最高点以后下降到 95%作为结构的极限状态。图 5.4(b)为极限状态的截面变形计算结果，拱肋由于上下翼缘的钢板较厚，局部变形主要发生在较薄的腹板，立柱在受压翼缘和腹板均有明显的局部变形。

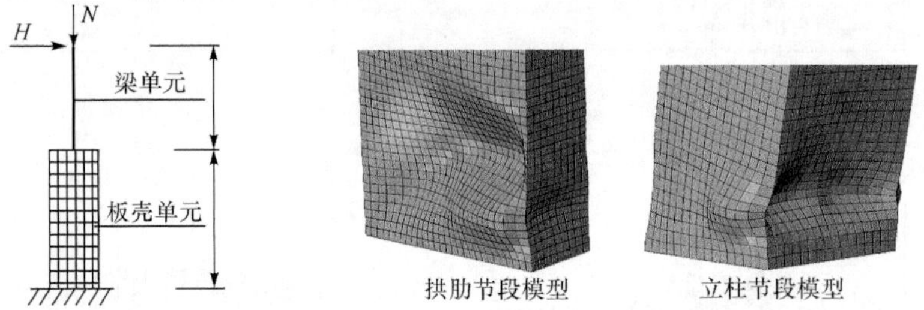

(a) 破坏区域极限应变计算模型　　(b) 极限状态破坏区域的局部变形

图 5.4　破坏区域极限平均应变计算模型及极限状态时的变形

图 5.5 为根据 Pushover 分析得到的拱肋和立柱截面极限状态平均应变与轴力之间的关系，动轴力变化范围参考结构地震反应计算结果取值。从计算结果可以看到，两个状态的平均压应变与轴压比近似于线性关系，Usami 等的经验公式计算值低于 $0.95H_{max}$的结果，这与加载方式或者损伤区域取值不同等因素有关，但变化的趋势一致。拱肋由于轴力变化范围较大，在拱肋轴力变化范围内极限状态平均应变也有较大的改变；立柱轴力变化范围较小，在对应轴力变化范围内极限状态平均应变的改变也相对较小，曲线平缓。

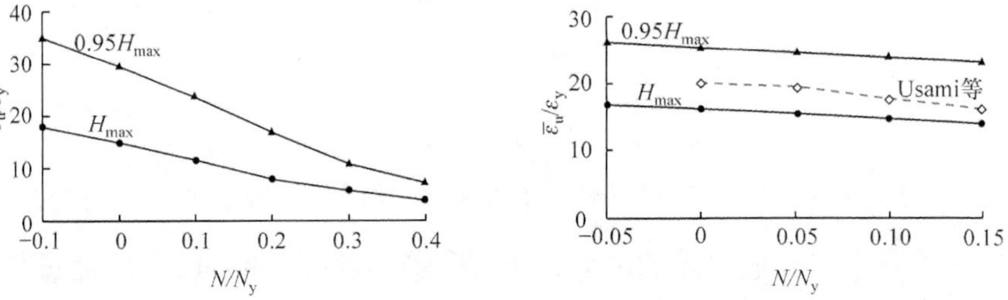

(a) 拱肋　　(b) 立柱

图 5.5　拱肋及立柱破坏区域平均应变与轴力的关系

2. 结构弹塑性地震反应

为了减小计算量，取图 3.13 中集集地震前 40s、新潟地震前 30s 对结构进行计算分析，并选取修正双曲面滞回本构模型的计算结果进行讨论。图 5.6 为 1/4 跨径处拱肋顺桥向和竖向的位移时程曲线，d 表示位移，下标 EW、UD 分别表示顺桥向和竖向。从图中可知，拱桥结构在两种地震作用下均没有出现残余变形，新潟地震作用下的结构位移反应略大于集集地震作用下的结果，相对而言更为不利。

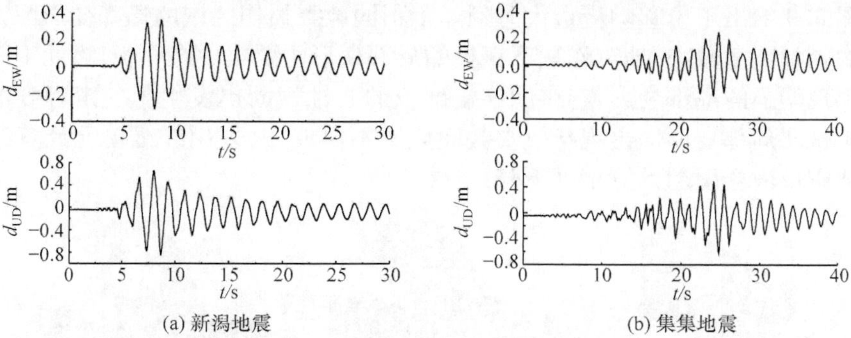

图 5.6　两条地震动作用下 1/4 跨径处拱肋位移时程曲线

输入两条不同地震动时计算得到的塑性区域相似。图 5.7 给出了新潟地震作用下全桥损伤域分布情况。从图示结果可以看出，结构地震塑性损伤集中在短立柱与拱肋的交界处及两拱脚位置，计算模型在这些部位均采用了板壳单元模拟，故计算结果能反映结构的损伤特性。

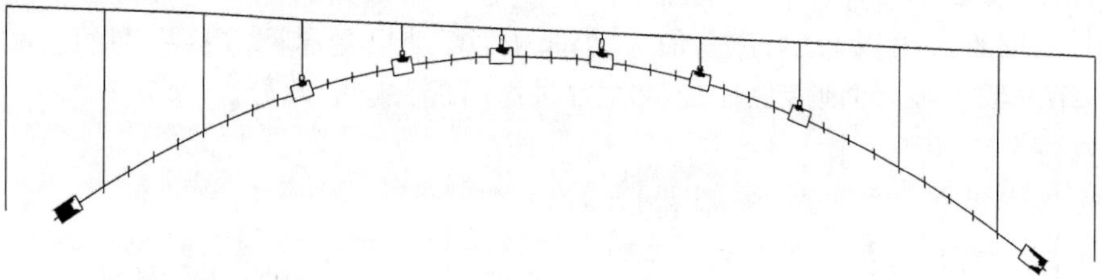

图 5.7　新潟地震作用下全桥损伤域分布

图 5.8 为输入新潟地震时地震损伤较严重的拱脚及立柱 P8、P9 的地震损伤区域分布情况。在强地震作用下，该桥的拱脚及立柱 P8 和 P9 均有较大区域进入了塑性状态，且塑性区域均贯穿了全截面，其形状与第 3 章全桥板壳模型的计算结果是基本一致的。

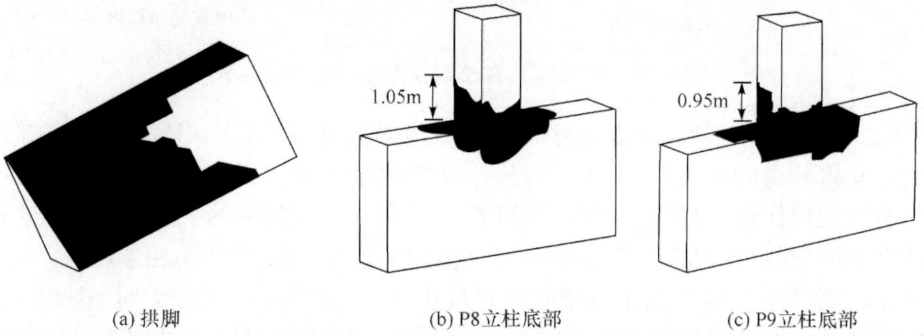

图 5.8　新潟地震作用下局部地震损伤域

图 5.9 给出了位移响应最大时刻 3 个不同地震损伤区域的局部变形图。由于拱肋的腹板刚度较小,地震作用下钢板的局部变形主要集中在腹板,拱肋上下翼缘没有出现明显的局部变形,与拱肋连接部位的立柱截面也发生了一定程度的局部变形。这些局部变形的出现导致平截面假定不再成立,采用纤维单元计算结构弹塑性地震反应会引起计算精度下降。

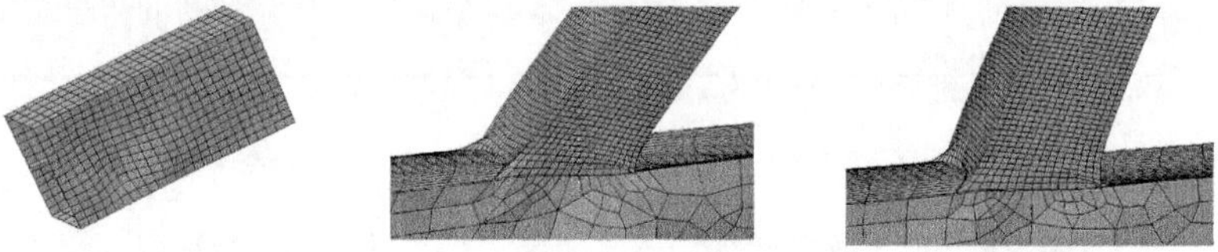

(a) 拱脚　(b) P8立柱底部　(c) P9立柱底部

图 5.9　新潟地震作用下损伤域的局部变形

5.2.3　滞回本构模型对结构地震反应计算结果的影响

图 5.10 表示采用三种不同滞回本构模型计算得到的 1/4 跨径位置拱肋截面的动轴力时程。可以看出,拱肋最大动轴力计算结果受滞回本构模型的影响可以忽略,结果较一致,但地震后段的动轴力时程出现一定的差异。

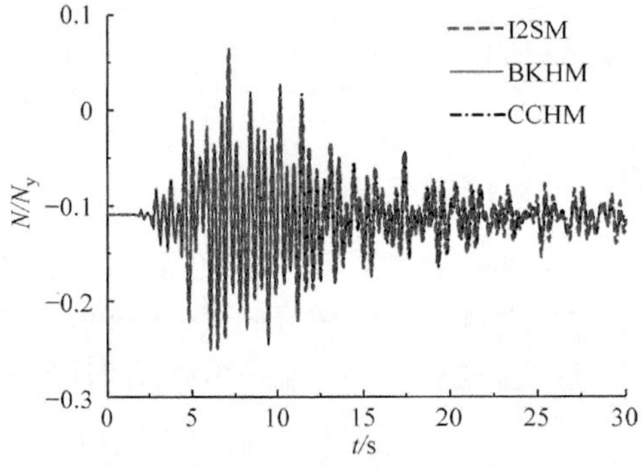

(a) 新潟地震作用

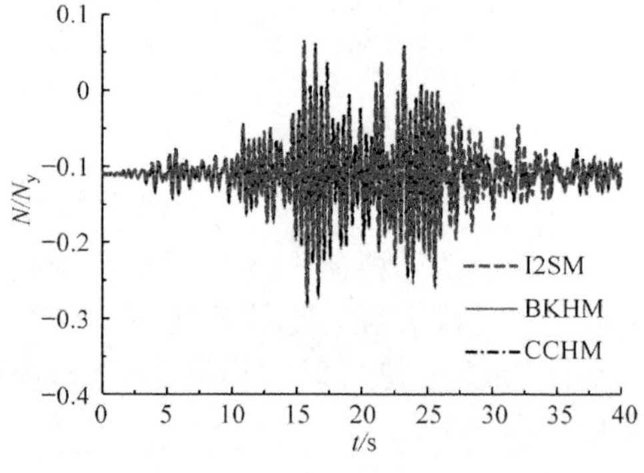

(b) 集集地震作用

图 5.10　滞回本构模型对拱肋轴力时程的影响

图 5.11 为输入新潟地震时塑性发展较显著的立柱 P6、P7、P8 及 P9 底部最大塑性应变积分点的应力-应变履历对比。从图示结果可以看出,不同滞回本构模型得到的最大损伤部位应力-应变履历计算结果存在一定的差异。相对而言,双直线随动强化模型得到的应力-应变履历与其他两种模型的计算结果相差较大,改进的修正双曲面模型和混合强化模型的差异较小,但当塑性应变比较大时,这两种滞回本构模型的应变计算结果也会有一定差异。这一结论与材料反复加载时的试验结果相似。另外,改进的修正双曲面模型的应力计算结果明显高于双直线随动强化

模型，这是由于改进的修正双曲面模型考虑了边界面随等效塑性应变增加而扩大的影响，而随动强化模型不考虑应力边界的扩大效应，导致两者的结果有所不同。

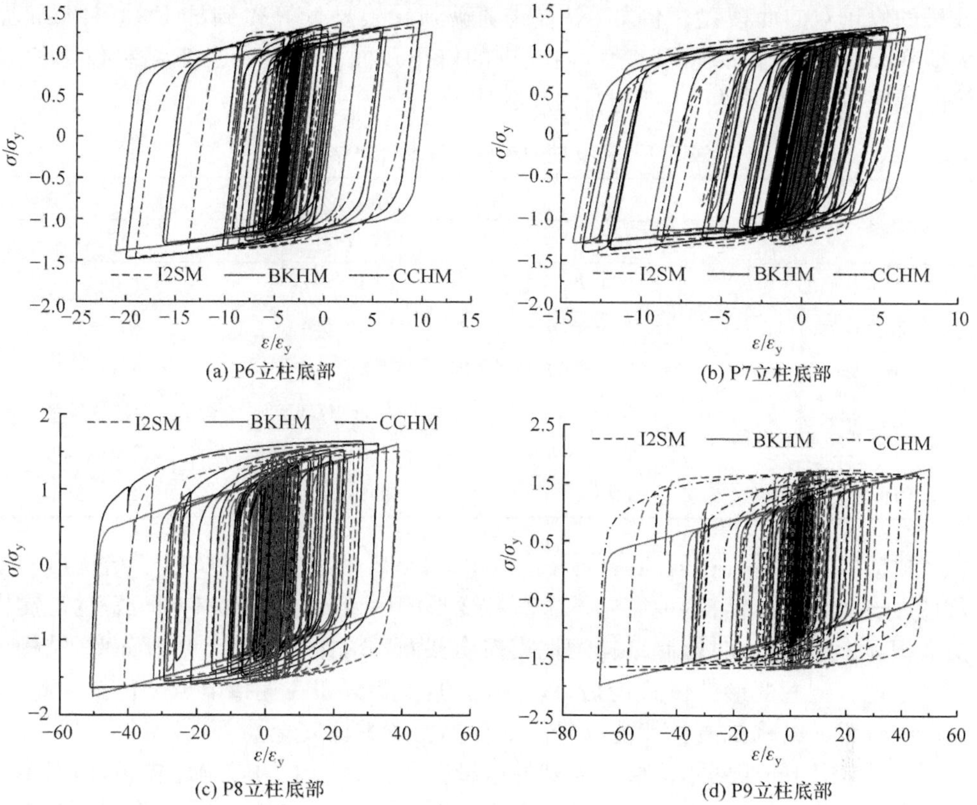

图 5.11　不同滞回本构模型的应力-应变履历对比

图 5.12 为采用不同滞回本构模型计算得到的 P8 立柱底部塑性分布。从图中可以看出，三种本构模型得到的塑性区域位置和形状大致相同，而改进的修正双曲面模型计算得到的塑性损伤区域稍大于双直线随动强化模型，但略小于混合强化模型。

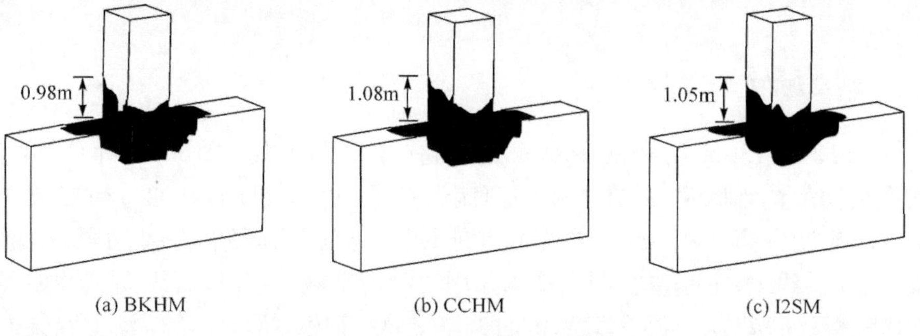

图 5.12　P8 立柱底部塑性区域

表 5.1 为各立柱的应变塑性率计算结果对比。三种本构模型计算得到的最大应变响应差距较大，在损伤比较显著的位置，双直线随动强化模型的应变明显大于改进的修正双曲面模型。例如，双直线随动强化模型计算得到的 P9 立柱底部最大应变高达约 67 倍的屈服应变，而改进的修正双曲面模型的计算结果仅为约 57 倍的屈服应变，差异达 10 倍左右的屈服应变。

表 5.1　各立柱的应变塑性率计算结果对比

截面	$\varepsilon_{max}/\varepsilon_y$		
	I2SM	CCHM	BKHM
P6 立柱底部	−19.0～9.0	−20.0～9.7	−21.0～10.9
P7 立柱底部	−13.8～6.6	−13.7～6.4	−14.3～7.8
P8 立柱底部	−41.2～38.9	−51.2～32.9	−50.4～38.7
P9 立柱底部	−57.3～49.7	−67.8～47.6	−67.0～49.8
P10 立柱底部	−10.2～8.6	−11.0～10.5	−12.0～10.8
P11 立柱底部	−15.1～11.1	−13.7～12.1	−14.7～13.9

根据以上钢拱桥在强地震作用下的计算结果，可以发现拱桥由于结构形式复杂且为多次超静定结构，地震中发生塑性变形的区域比较分散，不同位置的地震损伤又相互影响，设计时控制结构的地震损伤截面相对比较困难。尽管如此，结构可能发生地震塑性变形的位置仍是可以预测的，主要分布在连接节点部位。因此，加强这些位置的结构抗震性能能够较大地提高桥梁整体安全性。

另外，不同的滞回本构模型对塑性区域分布计算结果的影响比较小，但对单元的应力-应变履历有一定影响。混合强化模型得到的计算结果与改进的修正双曲面模型的差异较小，而双直线随动强化模型得到的计算结果与改进的修正双曲面模型的差异较明显。

5.3　中承式钢拱桥结构地震反应分析

5.3.1　桥梁概况

图 5.13 为 130m 跨径的中承式钢拱桥，主拱肋矢高 32.5m，桥面宽度 50m。为增强结构的整体稳定性，在主拱肋两侧设置了一对副拱肋，并通过横撑与主拱肋连接。副拱肋矢高 34.08m。主拱肋和副拱肋的拱脚为固结，主拱肋竖直，副拱肋内倾 17.5°。纵梁、主副拱肋和立柱均采用薄壁钢箱截面，并设置纵向刚性加劲肋和刚性横隔板。横梁为工字形截面，桥面为正交异性钢板，桥面上设置沥青混凝土铺装层。吊杆采用高强平行钢丝索，弹性模量为 2.0×10^5 MPa，拉伸强度为 1670MPa。

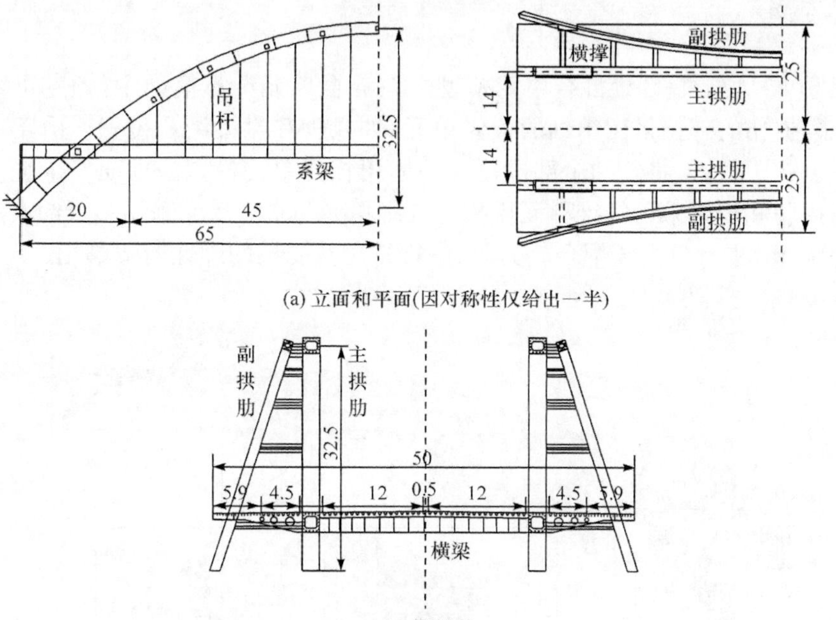

(a) 立面和平面(因对称性仅给出一半)

(b) 横断面

图 5.13　中承式钢拱桥概况(单位:m)

图 5.14 为钢拱桥主要构件的截面尺寸。主拱肋沿顺桥向为变高变厚截面，截面高度从拱脚到拱顶由 3.5m 变为 2.0m，拱肋的钢板厚度为 10～15mm。副拱肋为变高度截面，截面高度由 2.0m 变为 1.2m，翼缘与腹板厚均为 8mm。系梁沿顺桥向为等截面，翼缘与腹板厚均为 8mm。主拱肋和系梁宽度均为 2.2m，副拱肋宽度为 1.2m。

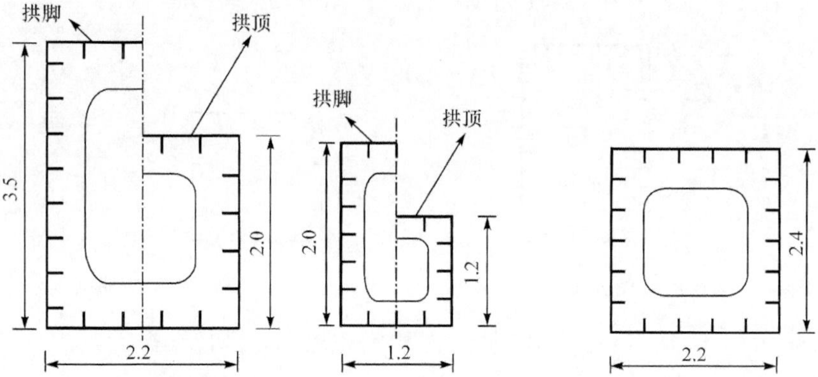

(a) 主拱肋和副拱肋截面　　(b) 系梁截面

图 5.14　中承式钢拱桥主要截面的形式(单位:m)

5.3.2　计算模型

图 5.15 为板壳-纤维混合单元模型。在混合单元计算模型中，预期可能发生严重地震损伤的部位采用精细的板壳单元，如拱脚和拱梁结合位置。由于拱脚与拱梁节点相距较近，将这两个部位连为一体用板壳单元模拟。预期发生轻微地震损伤的拱肋和横梁采用纤维单元模拟。纤维单元与板壳单元采用多点约束的方式(MPC-beam)进行自由度耦合。另外，吊杆采用只受拉的弹性桁架单元。

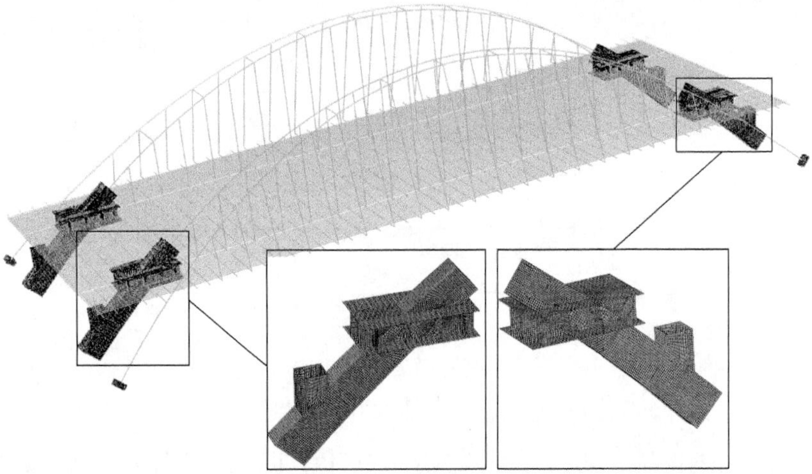

图 5.15　中承式钢拱桥计算模型

计算模型共划分为 76988 个单元，其中杆系单元总数为 8816，板壳单元总数为 68172。图 5.16 为主拱肋、立柱和系梁的截面纤维划分情况，主拱肋和副拱肋截面共划分为 208 条纤维，立柱和系梁截面共划分为 145 条纤维。

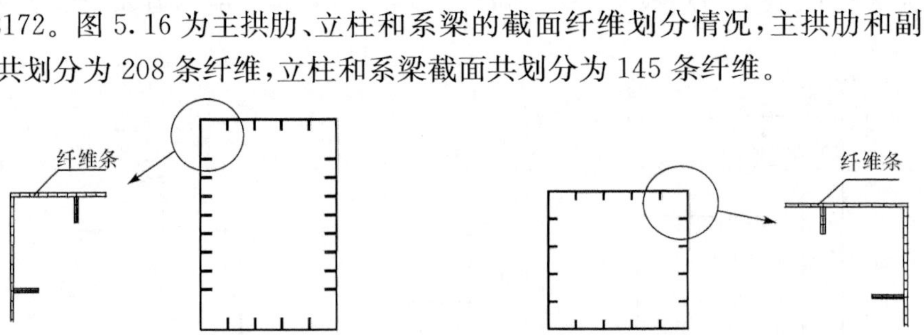

(a) 主拱肋截面划分　　(b) 立柱、系梁截面划分

图 5.16　中承式拱桥主要构件截面的纤维划分情况

5.3.3　结构成桥状态下的自振特性

表 5.2 列出了该拱桥前 6 阶面内自振周期及结构在顺桥向和竖向的有效质量

率，图 5.17 为前 6 阶的面内振型。结果显示，钢拱桥的面内第 1 阶振型并不是结构的最卓越振型，顺桥向和竖向的卓越振型分别是结构的第 3 阶和第 4 阶面内振型；顺桥向和竖向的卓越振型有效质量率小于 50%，前 15 阶振型的累积有效质量率仅达到 80%左右；单以振动特性来看，该结构超过了 Pushover 的适用范围[14]。

表 5.2　中承式钢拱桥自振特性

面内振型	自振频率/Hz（混合模型）	顺桥向		竖向	
		有效质量率/%	累积有效质量率/%	有效质量率/%	累积有效质量率/%
第 1 阶反对称	0.625	12	12	0	0
第 2 阶正对称	1.222	0	12	23	23
第 3 阶反对称	1.525	44	56	0	23
第 4 阶正对称	1.685	0	56	49	72
第 5 阶反对称	2.658	25	81	0	72
第 6 阶正对称	3.077	0	81	6	78

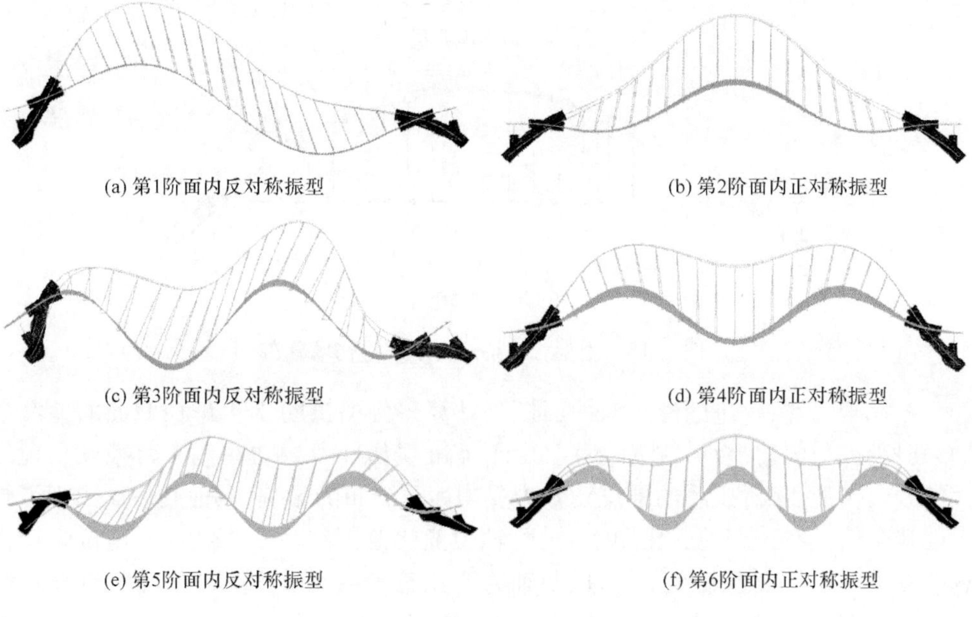

(a) 第1阶面内反对称振型　(b) 第2阶面内正对称振型

(c) 第3阶面内反对称振型　(d) 第4阶面内正对称振型

(e) 第5阶面内反对称振型　(f) 第6阶面内正对称振型

图 5.17　中承式拱桥的前 6 阶面内振型

5.3.4　结构弹塑性地震反应计算结果对比

计算软件及计算方法与前述上承式拱桥相同。钢材仍然采用 Q345qC，滞回本构模型分别采用双直线随动强化模型（BKHM）、Chaboche 提出的混合强化模型(CCHM)及改进的修正双曲面模型(I2SM)三种。所用的材料参数同前述上承式拱桥。地震输入仍选用2004年日本新潟地震川口町记录及我国台湾集集地震日月潭记录,以使桥梁在地震作用下能够进入弹塑性状态。

桥梁结构地震损伤域分布如图5.18所示。地震损伤分布位置主要取决于结构的振动特性和输入的地震动,与采用的滞回本构模型基本无关。该桥无论是采用集集地震还是新潟地震输入,主拱肋在拱脚和拱梁节点位置的最大塑性应变均超过了30倍材料屈服应变,而其他出现塑性区域的塑性应变小于2倍屈服应变。这表明对于梁拱固结的中承式拱桥,在顺桥向地震作用下拱脚和梁拱结合部是传递地震荷载的重要节点,是结构的地震易损位置。由于卓越振型在1/4跨截面附近的变形较大,拱和梁出现了一定程度的地震损伤。

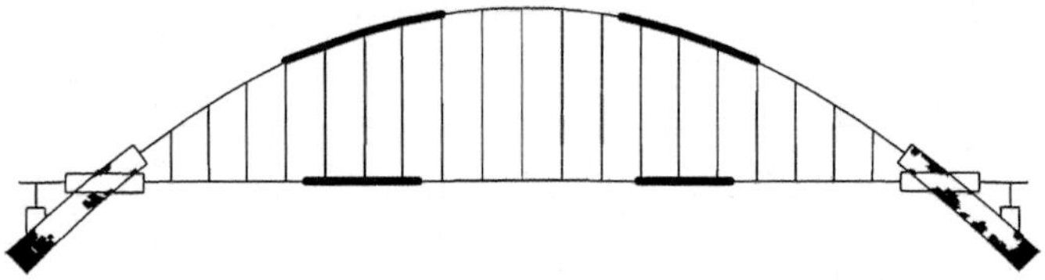

(a) 新潟地震作用

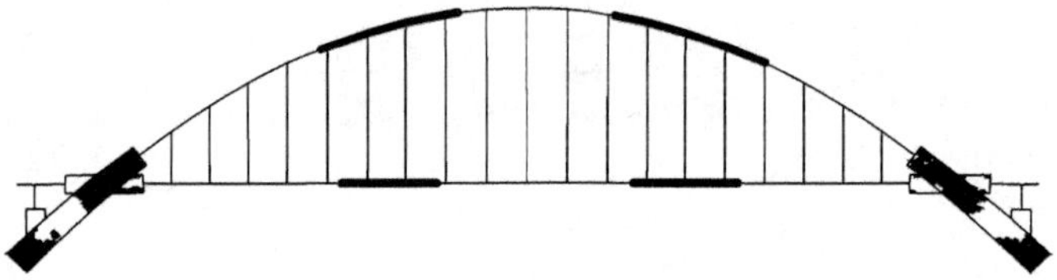

(b) 集集地震作用

图5.18　中承式拱桥全桥地震损伤域分布

图5.19为按改进的修正双曲面模型计算得到的拱肋1/4跨径截面的地震动轴力时程。与前述上承式拱桥不同,由于地震损伤导致拱肋在1/4跨径处出现较大的残余变形,该桥拱肋的地震动轴力受内力重分布的影响,在地震后期出现了较大的残余值。在新潟地震作用下,拱肋轴力变化范围约为$0.42N_y$,平衡位置变化约$0.05N_y$;在集集地震作用下,拱肋轴力变化范围约为$0.35N_y$,平衡位置变化约$0.12N_y$。地震损伤给拱肋承载力带来不可忽视的影响。

图5.20为拱脚和拱梁节点地震损伤域的形状及大小。从拱脚地震损伤域可以看出,两种地震作用下塑性域均贯穿拱脚整个截面,但桥梁结构仍处于稳定状态,体现了无铰拱桥结构良好的抗震性能。在新潟地震作用下,地震损伤域相对较小,地震损伤集中于拱脚部位;在集集地震作用下,地震损伤域较广,分布在拱脚和拱梁结合部位。

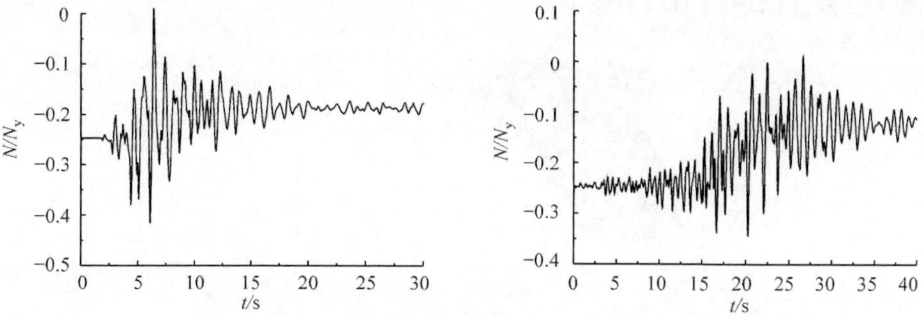

(a) 新潟地震作用　　(b) 集集地震作用

图 5.19　中承式拱桥拱肋地震动轴力

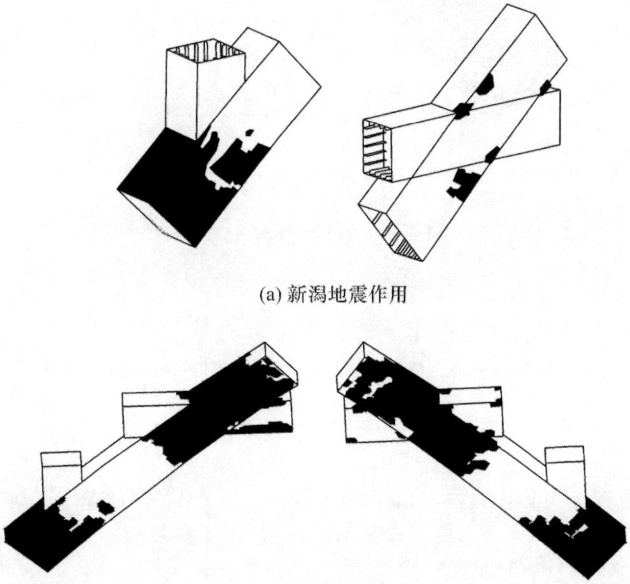

(a) 新潟地震作用

(b) 集集地震作用

图 5.20　拱脚和拱梁节点的地震损伤域形状及大小

全桥地震损伤最显著的位置在拱脚位置。图 5.21 给出了拱脚位置在结构整体变形最大时刻的局部变形情况。可以看出，在两条强地震作用下拱脚发生了不同程度的局部变形，采用杆系单元不能精确模拟结构的地震损伤。

图 5.22 为主拱肋截面 1/4 跨位置的位移时程曲线。结果表明，在新潟地震作用下，由于桥梁发生局部变形和残余变形程度较小，材料本构模型对结构位移时程反应计算结果没有明显影响；在集集地震作用下，22s 以后由于拱脚处发生了严重的钢板局部失稳，材料本构模型会影响位移时程反应的计算结果，采用双折线随动

强化模型会低估结构的残余变形。

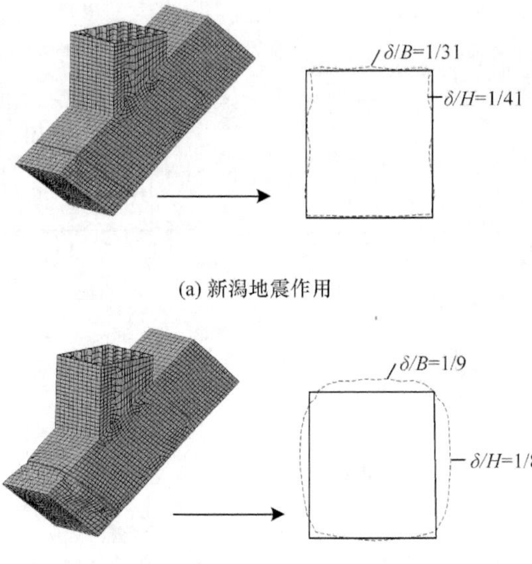

(a) 新潟地震作用

(b) 集集地震作用

图 5.21　拱脚的局部变形

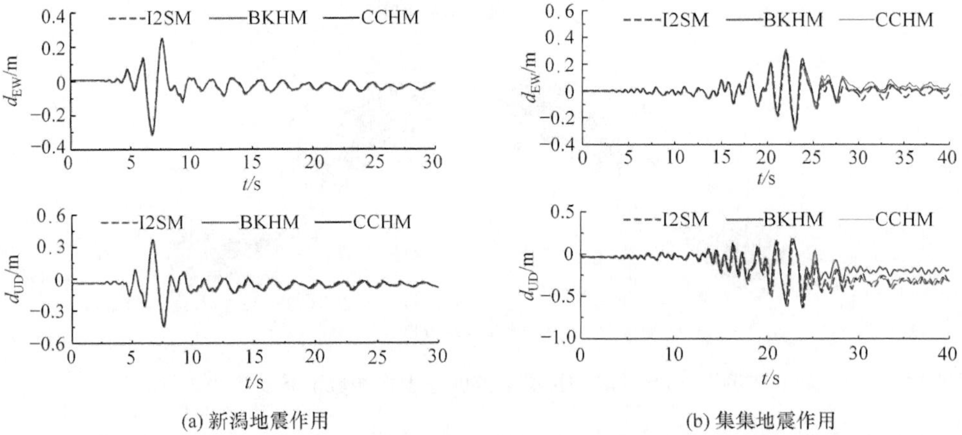

(a) 新潟地震作用　　(b) 集集地震作用

图 5.22　主拱肋截面 1/4 跨位置的顺桥向位移时程曲线

图 5.23 为主拱肋截面 1/4 跨位置的地震动轴力时程。与位移结果相似，在新潟地震作用下，拱肋动轴力基本不受滞回本构模型的影响，在集集地震作用下，残余变形出现以后，不同本构模型得到的拱肋轴力时程开始出现较大差别，结构变形及刚度变化导致内力重分布。双直线随动强化模型和混合强化模型计算得到的残余轴力明显小于双曲面本构模型的计算结果。这些结果与前述的上承式拱桥结论

不同，说明薄壁截面钢拱桥发生地震损伤时，局部变形对结构整体力学性能的影响显著。

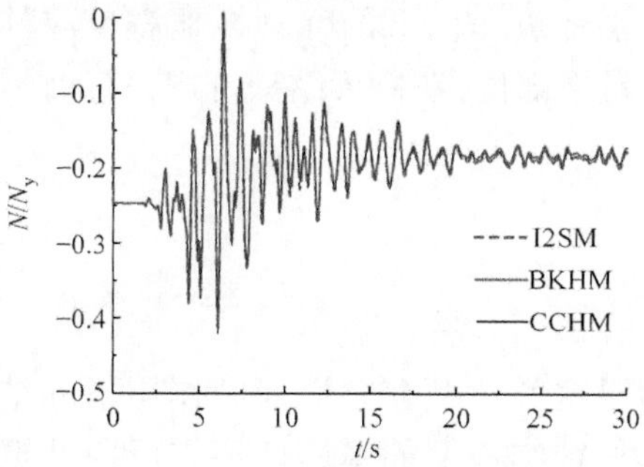

(a) 新潟地震作用

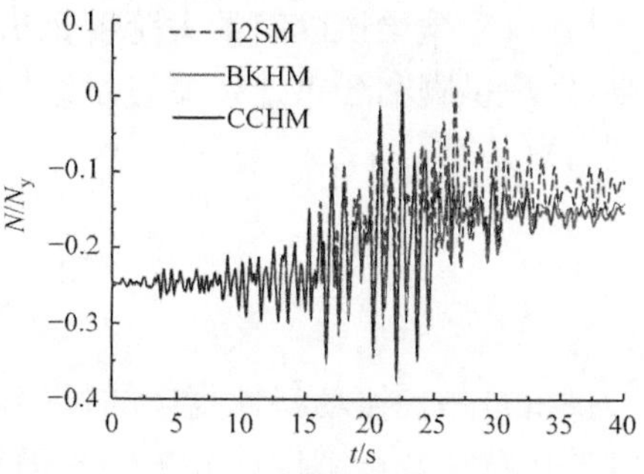

(b) 集集地震作用

图 5.23　主拱肋截面 1/4 跨位置的地震动轴力时程

图 5.24 给出了拱脚损伤单元的应力-应变履历，表 5.3 为该单元塑性率对比。结果表明，在新潟地震作用下，该单元应力-应变履历差别不大；在集集地震作用下，由于受到钢板局部屈曲以及多向受力的影响，本构模型的选取对损伤单元应力-应变履历和塑性率的影响非常明显。

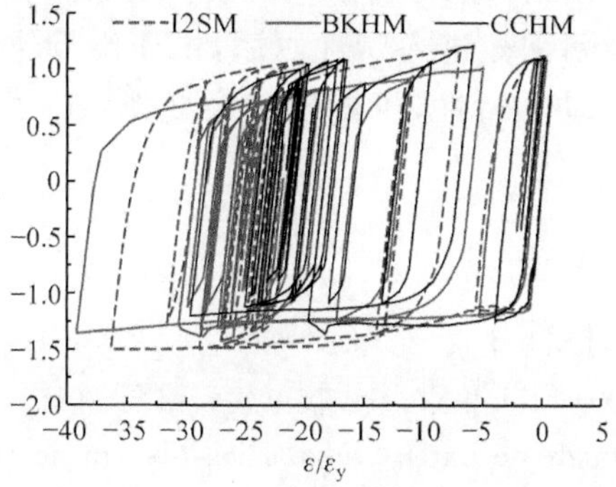

(a) 新潟地震作用

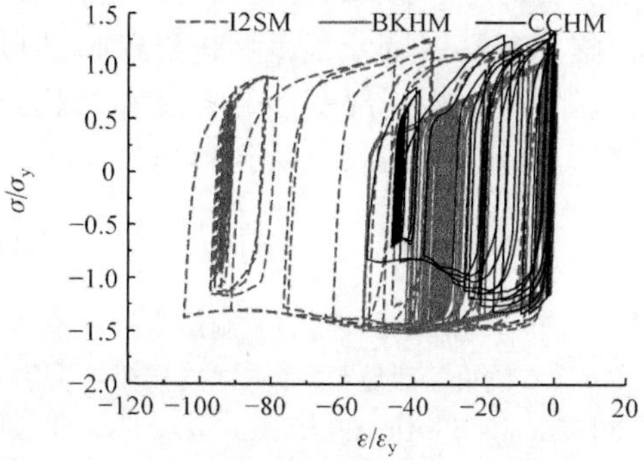

(b) 集集地震作用

图 5.24　拱脚损伤单元的应力-应变履历

表 5.3　不同滞回本构模型的最大应变塑性率对比

地震动	$\varepsilon_{max}/\varepsilon_y$		
	I2SM	CCHM	BKHM
新潟地震	−36.3～0.7	−29.6～0.7	−39.2～0.7
集集地震	−104.5～0.7	−53.4～0.5	−54.5～0.5

与前述的上承式拱桥相比，该桥拱肋采用了薄壁加劲截面，局部变形对结构的弹塑性力学行为有比较大的影响，采用不同有限元模型及材料滞回本构模型得到

的计算结果差异大。因此,对于地震中结构受力复杂、截面变形大的桥梁,宜采用高精度的计算模型进行分析,以确保结构地震损伤计算结果的精度。

另外,根据梁拱固结的大跨度钢拱桥在强地震作用下的弹塑性地震反应计算结果,发现拱脚和梁拱连接位置是结构地震易损部位,在桥梁结构抗震设计时需要特别留意。

5.4 小　　结

拱桥是一种振动特性复杂的桥梁,目前对这类桥型在罕遇地震作用下的结构地震破坏特征及抗震设计方法研究仍较缺乏,精细模型的弹塑性地震反应计算结果是结构抗震性能验算的主要依据。本章以两座结构形式和拱肋截面形式不同的钢拱桥为例,用超过桥梁设计强度的地震作为顺桥向输入条件,通过精细的结构模型进行弹塑性地震反应分析,讨论了拱桥结构地震损伤特征及滞回本构模型的影响。

算例结果表明,钢拱桥结构在顺桥向地震作用下拱脚及拱梁、拱柱节点部位是地震易损位置;拱肋动轴力有可能影响结构的抗震性能,采用杆系结构进行抗震性能验算时,应考虑轴力变化对结构极限状态的影响;钢材滞回本构模型对桥梁整体位移和塑性区域分布影响相对较小,但是,当薄钢板进入塑性以后,由于滞回本构模型影响钢板局部变形的程度和结构整体的动力特性,可能使残余变形、应力-应变履历等计算结果也受到影响。

参 考 文 献

[1] 宇佐美勉. 鋼橋の耐震・制震設計ガイドライン[M]. 東京:丸善,2006.

[2] 日本橋梁建設協会. 熊本地震橋梁被害調査報告書[R]. 東京:日本橋梁建設協会,2016.

[3] Nonaka T, Ali A. Dynamic response of half-through steel arch bridge using fiber model[J]. Journal of Bridge Engineering, 2001, 6(6): 482-488.

[4] 野中哲也,宇佐美勉,吉野広一,他. 上路式鋼アーチ橋の大地震時弾塑性挙動および耐震性向上に関する研究[J]. 土木学会論文集,2003,(731):31-49.

[5] 梁正裕,陈艾荣. 考虑双非线性影响的大跨度上承式钢拱桥地震反应研究[J]. 振动与冲击,2009,28(11):139-145.

[6] Usami T, Lu Z H, Ge H B, et al. Seismic performance evaluation of steel arch bridges against major earthquakes. Part 1: Dynamic analysis approach[J]. Earthquake Engineering and Structural Dynamics, 2004, 33(14): 1337-1354.

[7] Lu Z H, Usami T, Ge H B. Seismic performance evaluation of steel arch bridges against major earthquakes. Part 2: Simplified verification procedure[J]. Earthquake Engineering and Structural Dynamics, 2004, 33(14): 1355-1372.

[8] Lu Z H, Ge H B, Usami T. Applicability of pushover analysis-based seismic performance evaluation procedure for steel arch bridges [J]. Engineering Structures, 2004, 26 (13): 1957-1977.

[9] Cetinkaya O T, Nakamura S, Takahashi K. A static analysis-based method for estimating the maximum out-of-plane inelastic seismic response of steel arch bridges[J]. Engineering Structures, 2006, 28(5): 635-647.

[10] Wang T, Xie X, Shen C, et al. Effect of hysteretic constitutive models on elasto-plastic seismic performance evaluation of steel arch bridges[J]. Earthquakes and Structures, 2016, 10(5): 1089-1109.

[11] 谢旭,唐站站,胡欣科,等. 纤维模型在钢拱桥抗震设计中的适用性研究[J]. 中国公路学报, 2015, 28(2): 33-42.

[12] Tang Z Z, Xie X, Wang T, et al. Study on FE models in elasto-plastic seismic performance evaluation of steel arch bridge[J]. Journal of Constructional Steel Research, 2015, 113: 209-220.

[13] Usami T, Lu Z, Ge H B. A seismic upgrading method for steel arch bridges using buckling-restrained braces[J]. Earthquake Engineering and Structural Dynamics, 2005, 34 (4-5): 471-496.

[14] Japanese Road Association. Specifications for highway bridges, Part V: Seismic design[S]. Tokyo: Maruzen, 2012

[15] Zheng Y, Usami T, Ge H B. Ductility of thin-walled steel box stub-columns[J]. Journal of Structural Engineering, 2000, 126(11): 1304-1311.

[16] Kono T, Ge H B, Usami T. Re-examination of the ultimate strain formula for steel box stub-columns and its application in steel arch bridges[C]//Proceedings of the 6th Symposium on Ductility Design Method for Bridges, Ductility Design Subcommittee, Tokyo, 2003: 323-328.

[17] Usami T, Ge H B. A performance-based seismic design methodology for steel bridge systems[J]. Journal of Earthquake and Tsunami, 2009, 3(3): 175-193.

[18] 森下邦宏,宇佐美勉,阪野崇,他. 鋼製橋脚の動的耐震照査法に関する検討[J]. 土木学会論文集, 2002, 710: 181-190.

附录　考虑动轴力影响的杆系结构抗震性能验算方法

拱肋轴力在地震过程中是不断变化的，用结构应变反应进行抗震性能验算的设计方法需要考虑轴力变化的影响。日本名古屋大学 Usami 课题组根据不同轴力条件下的极限应变计算经验公式提出用实时轴力计算极限应变的验算方法。本附录中简单介绍该算法的基本思想，详细内容请参考相关文献[13,15-18]。

附 5.1　薄壁矩形截面柱的极限压应变

Zheng 等[15]采用板壳有限元计算模型对附图 5.1 所示的无加劲肋和有加劲肋两种截面形式的钢桥墩进行了反复荷载作用下的承载能力分析，以水平荷载超过最高点并下降至 95%时的破坏区平均应变作为纤维模型计算结果的极限应变，用来判断结构的抗震性能。计算时考虑矩形截面的焊接残余应力、制造误差引起的钢板初始变形、材料及几何非线性的影响。

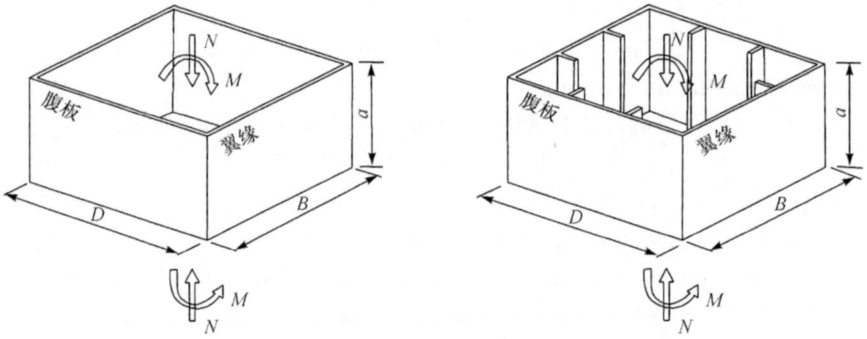

(a) 不含加劲肋的矩形截面墩　　(b) 含加劲肋的矩形截面墩

附图 5.1　薄壁矩形截面柱的计算

通过参数分析结果的回归，得到无加劲肋矩形截面破坏区极限状态的平均应变为

$$\frac{\bar{\varepsilon}_u}{\varepsilon_y}=\frac{0.108\,(1-N/N_y)^{1.09}}{(R_R-0.2)^{3.26}}+3.58\,(1-N/N_y)^{0.839}\leqslant 20 \tag{附 5.1}$$

式(附 5.1)适用于设计参数在 $0.2\leqslant R_R\leqslant 0.8$、$0.5\leqslant \alpha\leqslant 1.5$、$0.75\leqslant D/B\leqslant 1.33$、$0\leqslant N/N_y\leqslant 0.5$ 的矩形截面钢构件。

有加劲肋矩形截面破坏区极限状态的平均应变为

$$\frac{\bar{\varepsilon}_u}{\varepsilon_y}=\frac{0.8\,(1-N/N_y)^{0.94}}{(R_R\lambda_s^{0.18}-0.168)^{1.25}}+2.78\,(1-N/N_y)^{0.68}\leqslant 20 \tag{附 5.2}$$

式(附 5.2)适用于设计参数在 $0.3 \leqslant R_R \leqslant 0.7$、$0.5 \leqslant \alpha \leqslant 1.5$、$0.18 \leqslant \lambda_s \leqslant 0.75$、$0.67 \leqslant D/B \leqslant 1.33$、$0 \leqslant N/N_y \leqslant 0.5$、$\gamma/\gamma^* \geqslant 1.0$ 的矩形截面钢构件。

附图 5.2 为 Zheng 等[15]计算得到的矩形截面钢桥墩极限应变值与拟合公式结果的对比。结果表明,计算值与公式预测结果吻合较好。

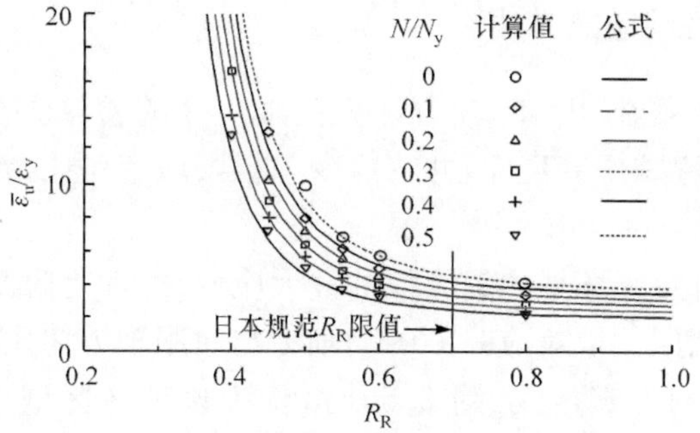

(a) 不含加劲肋的矩形截面桥墩

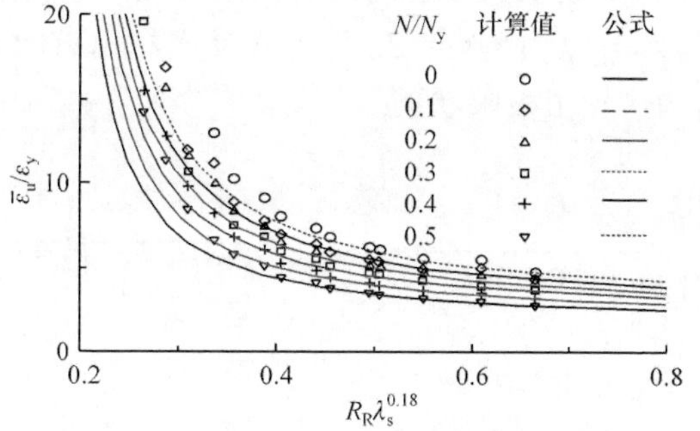

(b) 含加劲肋的矩形截面桥墩

附图 5.2　薄壁矩形截面桥墩的极限应变[15]

Zheng 等[15]提出的极限应变公式适用于轴压比不大于 0.5 的情况。Usami 等[6]通过一座上承式钢拱桥横桥向地震反应分析后发现,拱肋和立柱动轴压比 N/N_y 的上限大于 0.8,超出了式(附 5.1)和式(附 5.2)的适用范围。

为扩大公式的适用范围,Kono 等[16]对上述公式进行了修改和推广,得到无加劲肋截面破坏区极限状态的平均应变为

$$\frac{\bar{\varepsilon}_u}{\varepsilon_y}=\frac{0.24}{(R_R-0.2)^{2.8}(1+N/N_y)^{2.4}}+\frac{2.8}{(1+N/N_y)^{0.6}}\leqslant 20 \qquad (附\ 5.3)$$

式(附 5.3)的适用范围可推广至 $0.2 \leqslant R_R \leqslant 0.7$、$0 \leqslant N/N_y \leqslant 1.0$ 的矩形截面钢构件。

有加劲肋矩形截面破坏区极限状态的平均应变为

$$\frac{\bar{\varepsilon}_u}{\varepsilon_y}=\frac{0.7}{(R_R\lambda_s^{0.18}-0.18)^{1.3}(1+N/N_y)^{2.2}}+\frac{3.2}{(1+N/N_y)}\leqslant 20 \qquad (附 5.4)$$

式(附 5.4)的适用范围为 $0.3\leqslant R_R\leqslant 0.5$、$0\leqslant N/N_y\leqslant 1.0$、$\gamma/\gamma^*\geqslant 1.0$ 的矩形截面钢构件。

附 5.2　结构抗震性能验算方法

Usami 和 Ge[17] 提出用实时轴力计算极限应变的验算方法，即对需要地震损伤验算的部位实时跟踪应变反应，并将应变与极限应变对比，判定结构状态，即

$$\varepsilon_{a,max}\leqslant\bar{\varepsilon}_u \qquad (附 5.5)$$

式中，$\varepsilon_{a,max}$表示在有效破坏域内翼缘板的最大应变；$\bar{\varepsilon}_u$ 即为附 5.1 节中介绍的矩形截面极限压应变，轴压比取对应时刻的动轴力与屈服轴力之比。

当结构某一时刻不满足式(附 5.5)时，认为该破坏区域已经达到极限状态。附图 5.3 为考虑地震动轴力影响的抗震性能验算示意图。如图所示，当地震过程中应变反应总是小于考虑动轴力影响的瞬时极限应变时(附图 5.3(a))，认为该区段处于安全状态；相反，当某时刻($t=T$)的应变反应超出该时刻的极限应变时(附图 5.3(b))，认为结构达到了极限状态。

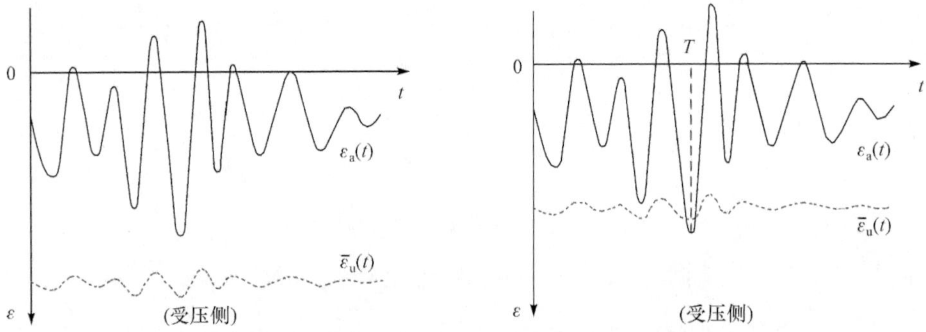

(a) 安全　　(b) 在T时刻达到极限状态

附图 5.3　考虑动轴力影响的抗震性能验算示意图

附 5.3　钢拱桥抗震性能验算方法

一些文献采用上述方法验算钢拱桥的结构抗震性能[3,13]。例如，Nonaka 和 Ali[3] 以一座中承式钢拱桥为例，计算了结构在地震作用下的平均应变时程(即纤维模型的应变反应)，并与对应时刻的极限应变进行对比验算结构抗震性能，结果如附图 5.4 所示。根据验算结果，认为桥梁在整个地震历程中结构抗震性能满足要求。

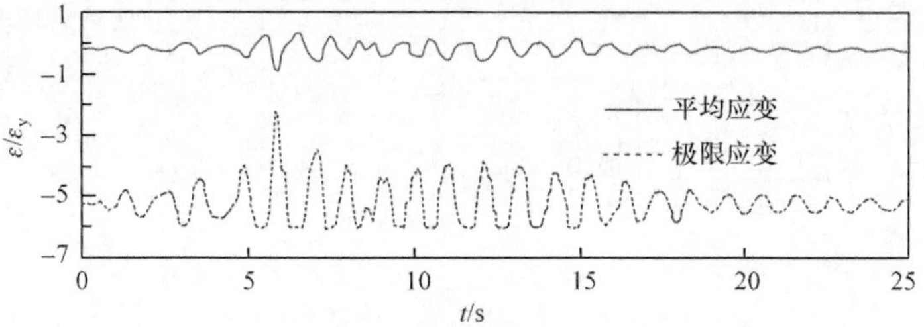

(a) 拱脚部位

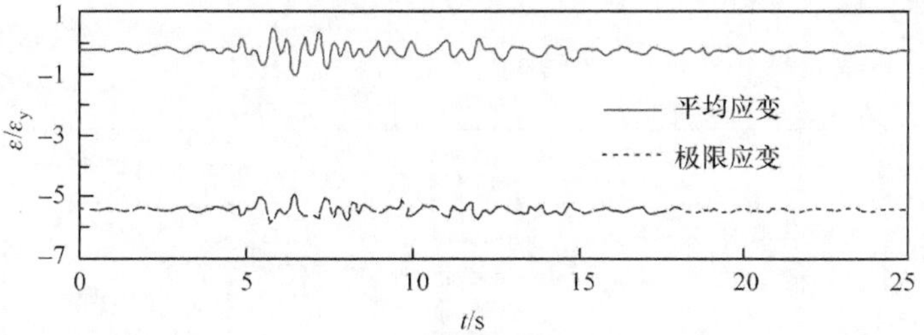

(b) 拱梁节点

附图 5.4　中承式钢拱桥抗震性能验算

这里以第 3 章介绍的上承式钢拱桥为例，根据输入集集地震和新潟地震的地震反应计算结果按上述方式进行结构抗震性能验算。计算采用纤维模型，首先提取关键位置的地震动轴力和应变反应，并计算对应的极限应变时程。附图 5.5 给出了立柱在集集地震和新潟地震作用下前 30s 的应变以及极限应变时程对比。图中 I2SM、M2SM 和 BKHM 的意义参见第 3 章。结果表明在集集地震作用下，P8 立柱在 9s 附近达到了应变的极限状态；在新潟地震作用下，采用双曲面本构模型计算时，P7 立柱未达到极限状态，P8 立柱在 23s 附近达到了应变的极限状态。

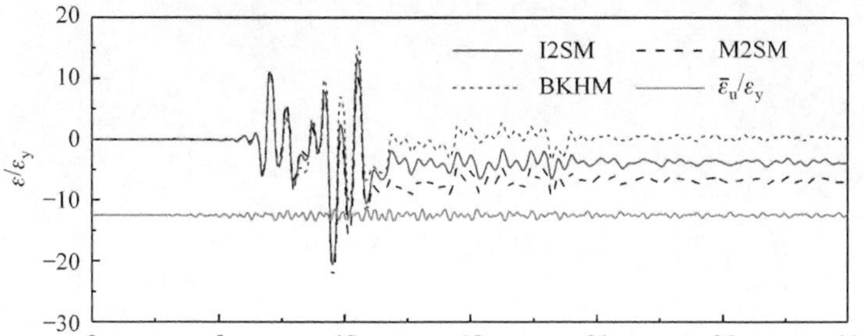

(a) 集集地震作用下P8立柱底部

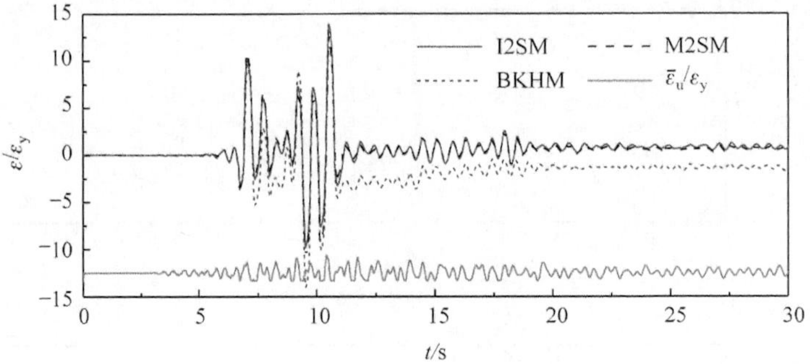

(b) 新潟地震作用下P7立柱底部

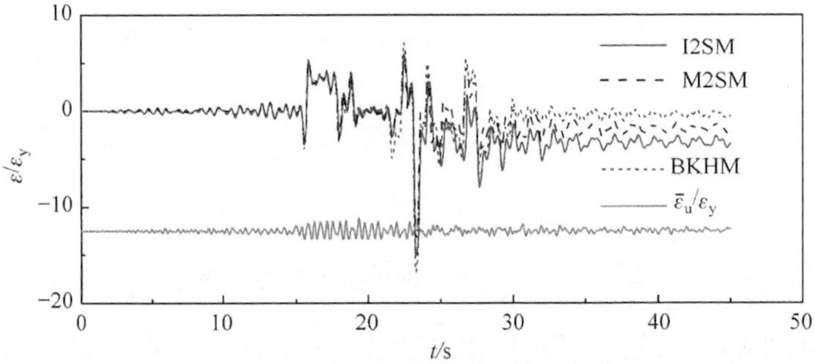

(c) 新潟地震作用下P8立柱底部

附图 5.5　钢拱桥立柱抗震性能验算

目前这种用实时轴力计算极限应变方法的合理性尚未得到验证，用常轴力条件下的弯曲变形得到的极限应变能否准确反映复杂应力条件下的结构抗震性能，还有待进一步研究。

第 6 章　钢桥超低周疲劳破坏寿命预测

6.1　概　　述

在 1994 年美国北桥地震和 1995 年日本阪神大地震中，钢结构梁柱节点及桥墩发生了超低周疲劳破坏，其破坏特点是在应变集中的焊接部位首先萌生裂纹，裂纹在地震反复荷载作用下逐渐扩展，然后发生类似脆性的疲劳破坏，材料的塑性变形能力在结构失效前未得到充分发挥。此后，国内外许多学者对钢结构在地震作用下的超低周疲劳破坏机理及其验算方法进行了研究，通过试验和理论分析，基本认识了钢结构在地震中的超低周疲劳损伤机理[1-4]，取得了一定的共识。目前，既有的研究工作为建立钢桥抗震设计理论体系提供了基础资料。

反复荷载作用下钢材破坏分为韧性破坏及疲劳破坏两种形式。在高应变循环荷载下发生的超低周疲劳破坏总体上属于韧性破坏，而低应变反复荷载下发生的破坏为疲劳破坏。超低周疲劳破坏是由于高应变循环荷载引起的材料韧性开裂，即材料经过几十次甚至十次以内塑性变形循环后形成局部延性开裂，循环荷载进一步引起裂纹迅速扩展，最终发生类似于脆性的结构破坏。超低周疲劳破坏始于韧性开裂，与脆性疲劳开裂为主的疲劳破坏有所区别。

为了研究钢结构在地震中发生超低周疲劳破坏的机理，三木千壽等[5]根据材料裂纹尖端张开位移(CTOD)的试验结果认为塑性应变降低了钢材的断裂韧性，钢材经过数周高应变循环后变成脆性，最终发生脆性破坏；佐々木栄一等[6]根据试验结果进一步提出桥梁钢材应具备的断裂韧性性能要求；大倉一郎等[7]提出了钢材在反复荷载作用下断裂韧性下降的计算模型。

由于钢材的断裂韧性随着高应变循环次数的增加而减小，因此仅满足单调荷载下性能要求的结构不能充分保证结构抗震安全，钢结构抗震设计除了验算拉伸强度、稳定强度外，同时还需要评估在地震反复荷载作用下的超低周疲劳性能，尤其是按履历耗能设计的构件以及应变集中的特殊部位，特别需要关注超低周疲劳强度。

钢结构在地震中发生超低周疲劳破坏的形式主要有如下几类[6,8,9]：

(1) 地震作用下塑性高应变循环引起的钢材韧性开裂和裂纹扩展、超低周疲劳破坏。

(2) 地震前高周疲劳损伤或者焊接缺陷在地震作用下萌生韧性开裂，并进一步不断扩展产生超低周疲劳破坏。

(3) 地震时较大的塑性拉应变萌生初裂纹,导致结构在地震中发生超低周疲劳破坏。

另外,从震害调查和试验研究发现,钢桥仅在墩底、梁柱节点等应变集中的几个特定位置可能发生超低周疲劳破坏,焊缝处是萌生裂纹的易损位置[8]。

本章根据国内外关于焊接钢结构低周、超低周疲劳性能的研究资料,介绍钢材、焊接接头低周疲劳强度的试验及低周疲劳试验结果的评价方法;以国内钢桥中比较常用的 Q345qC 钢材为例,介绍这种材料的低周疲劳破坏试验结果;最后讨论钢桥超低周疲劳破坏验算方法。关于钢材超低周疲劳破坏的机理、基于微观损伤机制的力学分析方法将在第 7 章做进一步介绍。

6.2 钢材低周疲劳性能试验方法及性能评价

6.2.1 试验方法

钢材的疲劳破坏根据循环荷载的应变幅大小分为低应变幅的高周疲劳破坏和高应变幅的低周、超低周疲劳破坏两类,其中高周疲劳破坏的应变在弹性范围内,而低周和超低周疲劳破坏的应变在弹塑性范围内,且超低周疲劳破坏的应变大于低周疲劳破坏。低周和超低周疲劳破坏的机理不同,应变幅较低的低周疲劳为脆性破坏,应变幅较高的超低周疲劳为延性破坏,当应变幅在两者之间时,为延性-脆性混合破坏模式。

钢材低周和超低周疲劳性能一般通过材料试样的等幅循环荷载试验获得。我国已颁布了相关的试验标准,即《金属材料轴向等幅低循环疲劳试验方法》(GB/T 15248—2008)[10],一般可参照该标准进行低周和超低周疲劳试验及试验数据的分析。

根据《金属材料轴向等幅低循环疲劳试验方法》,材料疲劳试验的试样可选用狗骨形、矩形或圆形截面,或漏斗形变截面等几种形式(图 6.1)。除了需要测定特定表面条件对材料低周和超低周疲劳性能影响的情况外,试样在试验前需要通过磨削、抛光加工成光洁表面的形式,最大容许粗糙度为 0.2μm,避免因表面粗糙引起应变集中影响材料的低周疲劳性能测试结果。试验在能控制荷载和变形的低循环疲劳试验机上实施,通过对试样轴向施加反复拉压变形直至断裂的方法获得材料的疲劳性能。试验机的加载过程由预先设定的荷载波形及试样的应变测量数据控制。

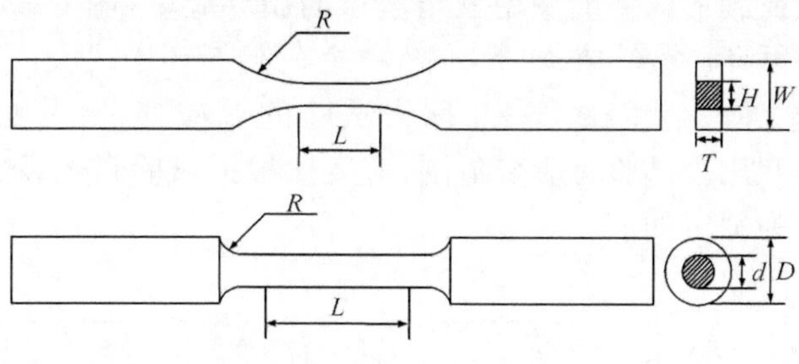

(a) 矩形或圆形等截面试样

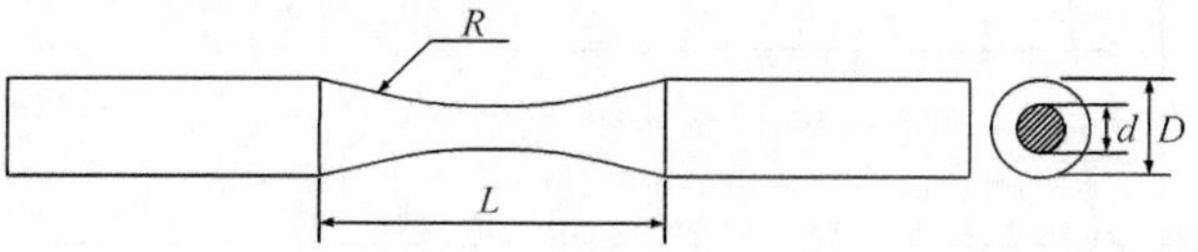

(b) 漏斗形变截面试样

图 6.1　低周和超低周疲劳试验的材料试样

等截面试样受到压缩应变作用时容易发生屈曲变形，导致试验失败。改用漏斗形变截面试样可以改善高压应变下的试样受力条件，避免试样屈曲。但是，采用变截面试样的低周疲劳试验，试验截面为试样的最小截面处，只有当断口发生在截面最小部位时结果是有效的，同时试验还存在内部应变分布和表面应变分布不一致的问题，即断口截面上应变分布不均匀。

试验加载过程由布置在试样轴向或径向的引伸计测量到的应变值控制，如图 6.2 所示。由于径向引伸计安装在试样的一个横截面上，对试样的长度没有特别要求，试验可采用较短的等截面试样或者漏斗形变截面试样，防止高压应变试验条件下试样发生侧向屈曲破坏，改善加载条件。但是，径向应变仪需要通过换算得到轴向应变，且仅根据试样一个截面的应变结果控制试验的加载过程，并不能反映区段的应变情况。

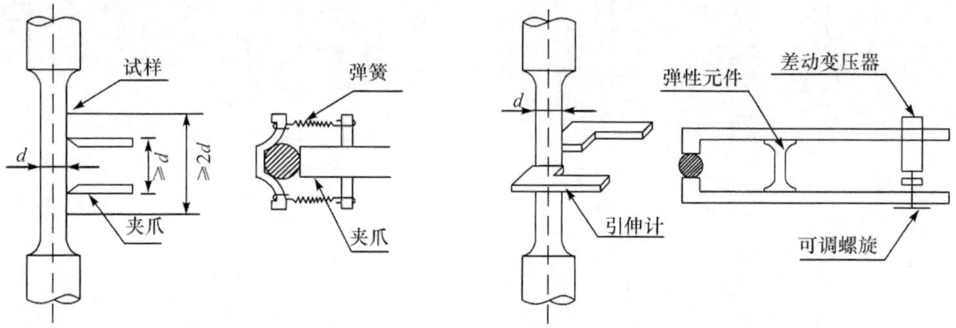

(a) 轴向引伸计　　　　(b) 径向引伸计

图 6.2　试样的应变测量方法

疲劳试验的荷载形式一般采用三角波形的循环应变(图 6.3),也有一些试验采用正弦波形的循环应变。在图 6.3 中,一个荷载循环中最大应变 ε_{max} 和最小应变 ε_{min} 的代数差,即 $\Delta\varepsilon_t=\varepsilon_{max}-\varepsilon_{min}$ 称为试验的总应变范围,$\Delta\varepsilon_t/2$ 为应变幅,$R=\varepsilon_{min}/\varepsilon_{max}$ 为应变比。试验总应变范围、应变比根据试验目的设定。试验过程的加载频率一般设为恒定的值。

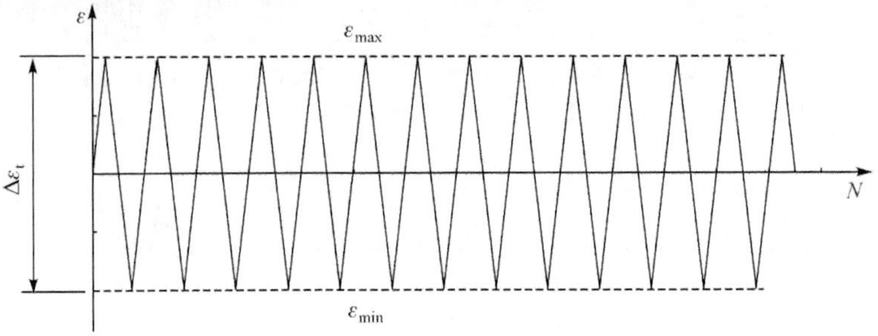

图 6.3　三角波形的荷载形式

为了解决试验中高压缩应变引起试样屈曲问题,日本学者 Tateishi 等[11,12]开发了两种基于弯曲应变的超低周疲劳性能的试验装置(图 6.4),其中装置 B 是装置 A 的改进形式,以适应更大应变幅的低周和超低周疲劳试验。试验系统由数码相机、图像处理软件和疲劳试验机组成。试验前,在试样表面预先设置反映间距变化的标点,用 311 万像素的数码相机拍摄试验过程中试样表面各标点位置的图像,并输入计算机,通过计算软件识别标点之间位置的变化量并计算试件表面的应变大小,控制试验机加载系统的加载过程。由于试样弯曲时材料的应变在厚度方向分布不均匀,这种试验方法与轴向拉压试验有所不同,目前对这种试验方法的精度还缺乏比较和分析。

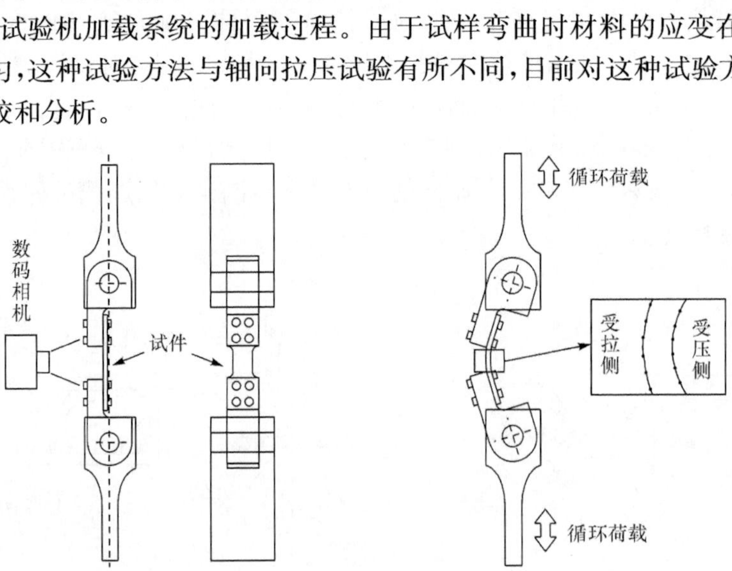

(a) 装置A

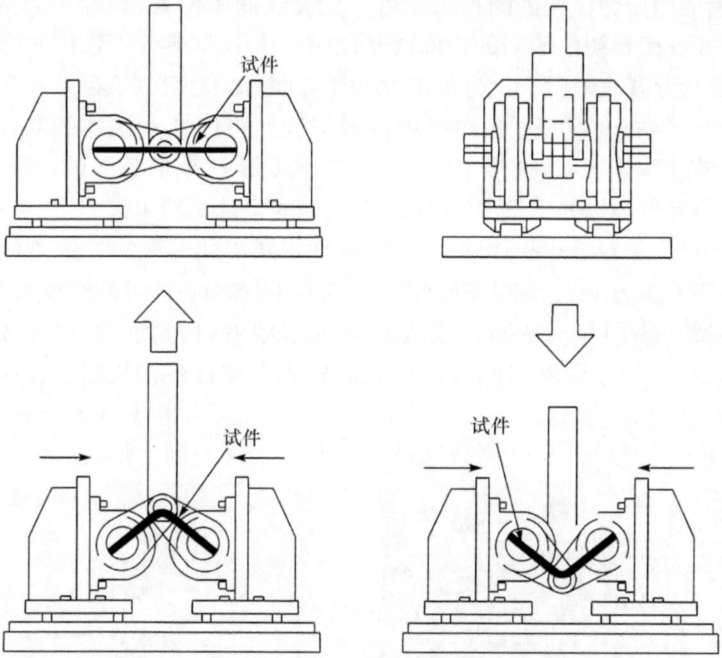

(b) 装置B

图 6.4　Tateishi 等用弯曲变形进行超低周疲劳试验的装置[11,12]

此外，Nip 等[13]同样为了进行高应变下的材料超低周疲劳试验，也采用施加弯曲变形的方法测试材料的疲劳性能，试验装置如图 6.5 所示。

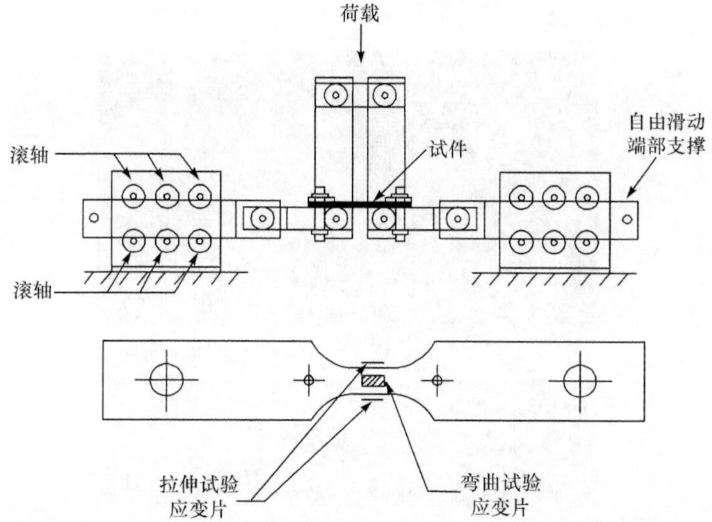

图 6.5　Nip 等用弯曲变形进行超低周疲劳试验的装置[13]

低周、超低周疲劳试验的断口形貌可分为裂纹萌生位置、裂纹扩展区和瞬断区。微裂缝萌生一般在有初始缺陷的表面或其他应变集中区域。对于表面光洁的圆形截面试样，低周疲劳裂纹常常在试样的表面萌生，而超低周疲劳的裂纹一般始于截面的中心位置[14]。裂纹萌生位置、裂纹扩展区及瞬断区可以通过试样的断口观测、高倍放大电镜扫描进行分析和判断。图 6.6 为 Q345qC 钢材矩形截面试样断口的宏观形状和微观形貌进行扫描的一例[15]。从图 6.6(a)的宏观形貌可以发现，疲劳微裂纹萌生于截面的角部，随着循环荷载增加，裂纹深度不断扩展形成宏观的裂纹扩展区，最后因有效截面积减小而发生瞬间断裂。图 6.6(b)和(c)分别为裂纹扩展区和瞬断区的断口电镜扫描照片。从断口宏观和微观形貌可以看到，Q345qC 钢材试样在角部萌生裂纹，低周疲劳断口的裂纹扩展区较为平整且存在较多二次裂纹，而在瞬断区呈现明显的韧窝形貌。一般情况下，材料发生脆性的低周疲劳破坏时有疲劳辉纹出现，而发生延性的超低周疲劳破坏时断口表现为韧窝形貌。

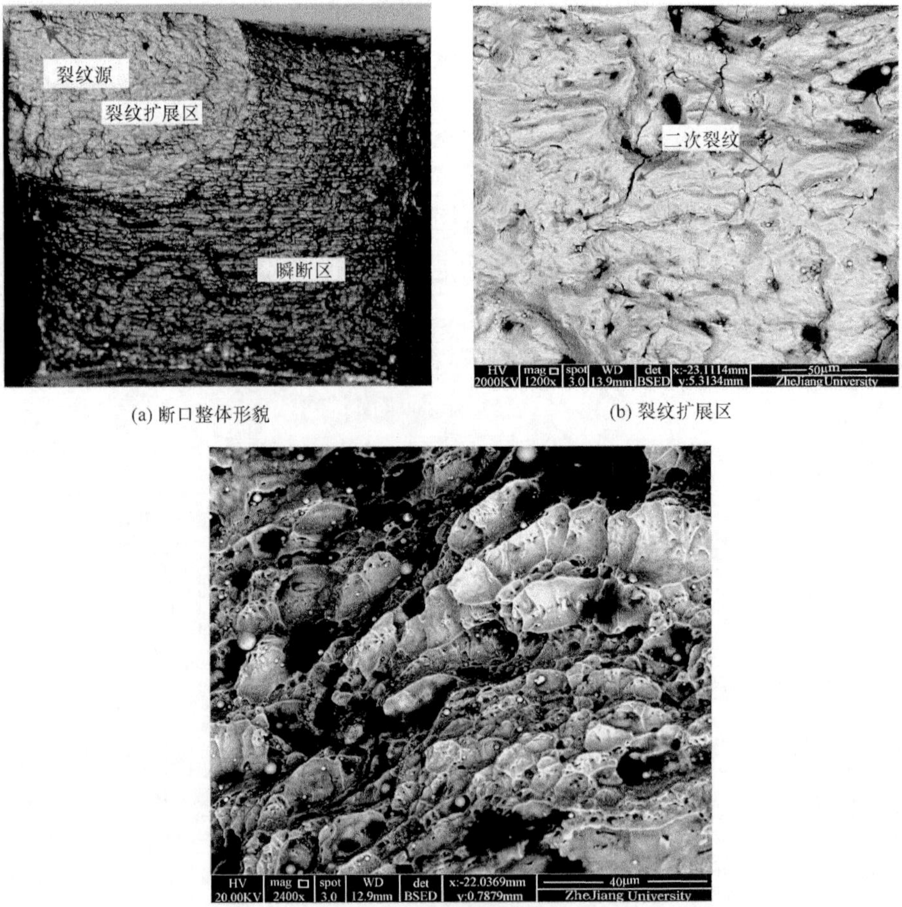

(a) 断口整体形貌　　(b) 裂纹扩展区

(c) 瞬断区

图 6.6　试样断口形貌示例

6.2.2　疲劳寿命预测模型

低周和超低周疲劳寿命与应变幅有关。疲劳试验的总应变包括弹性应变和塑性应变两部分，弹性应变幅和塑性应变幅与疲劳寿命的关系可分别由 Basquin 和 Coffin-Manson 公式来表示：

$$\begin{cases} \dfrac{\Delta\varepsilon_{\mathrm{e}}}{2}=\dfrac{\sigma_{\mathrm{f}}'}{E}(2N_{\mathrm{f}})^{b} \\ \dfrac{\Delta\varepsilon_{\mathrm{p}}}{2}=\varepsilon_{\mathrm{f}}'(2N_{\mathrm{f}})^{c} \end{cases} \tag{6.1}$$

式中，$\Delta\varepsilon_{\mathrm{e}}/2$、$\Delta\varepsilon_{\mathrm{p}}/2$ 分别为弹性应变幅和塑性应变幅；N_{f} 为疲劳寿命（失效时的应变循环次数）；$2N_{\mathrm{f}}$ 为失效反向数；E 为弹性模量；σ_{f}'为疲劳强度系数；b 为疲劳强度指数；$\varepsilon_{\mathrm{f}}'$为疲劳延性系数；$c$ 为疲劳延性指数。

Morrow[16] 把弹性应变疲劳寿命和塑性应变疲劳寿命结合起来，给出了应变幅 $\Delta\varepsilon_{\mathrm{t}}/2$ 下的低周疲劳寿命计算公式，即[17]

$$\frac{\Delta\varepsilon_{\mathrm{t}}}{2}=\frac{\Delta\varepsilon_{\mathrm{e}}}{2}+\frac{\Delta\varepsilon_{\mathrm{p}}}{2}=\frac{\sigma_{\mathrm{f}}'}{E}(2N_{\mathrm{f}})^{b}+\varepsilon_{\mathrm{f}}'(2N_{\mathrm{f}})^{c} \tag{6.2}$$

上述关系如图 6.7 所示。

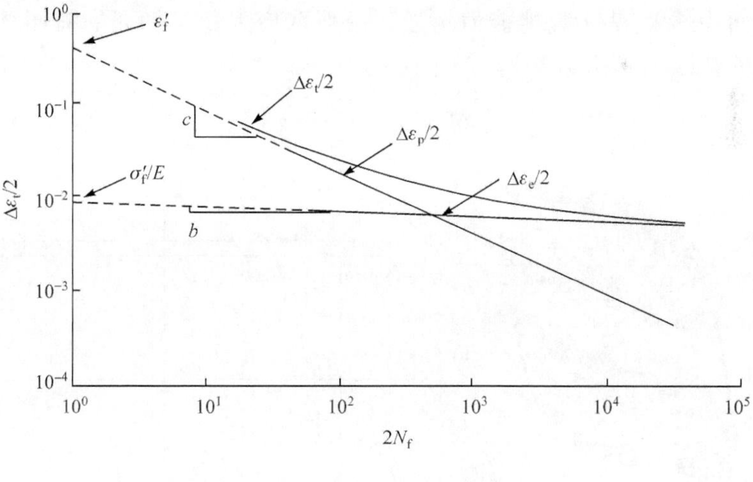

图 6.7　$\Delta\varepsilon_{\mathrm{t}}/2$-$2N_{\mathrm{f}}$ 曲线

式(6.1)中塑性应变幅表示的低周疲劳预测寿命 Coffin-Manson 公式常常表示为

$$\Delta\varepsilon_{\mathrm{p}}N_{\mathrm{f}}^{k}=C \tag{6.3}$$

式中，k、C 为材料常数，通过对试验结果的拟合确定。

另外，疲劳寿命曲线有时也用应力幅的形式表示，即图 6.8 所示的应力幅与材料失效反向数 $2N_{\mathrm{f}}$ 的关系。图中，$\Delta\sigma=\sigma_{\max}-\sigma_{\min}$ 为应力范围，$\sigma_{\max}$、$\sigma_{\min}$ 分别为最大

和最小应力，$\Delta\sigma/2$ 为应力幅。

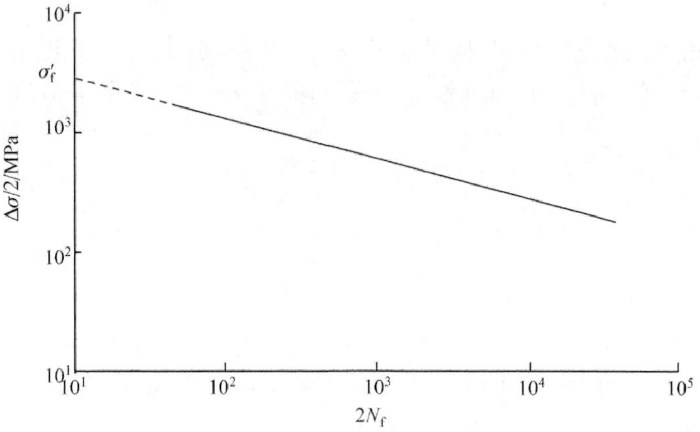

图 6.8　$\Delta\sigma/2$-$2N_f$ 曲线

在反复加载过程中，试样的应力-应变滞回曲线形式如图 6.9(a)所示，其中每个循环的应力-应变曲线称为应力-应变迟滞回线，形式如图 6.9(b)所示。在一个荷载循环中，从迟滞回线可以获得荷载循环的弹性应变范围 $\Delta\varepsilon_e$ 和塑性应变范围 $\Delta\varepsilon_p$ 等参数。另外，迟滞回线也是衡量在一个荷载循环中材料耗能能力的标志，曲线围成的面积越大，表示耗能能力越强。一般取应力稳定循环的滞回环计算材料迟滞回线的塑性应变耗能 ΔW_p，即

$$\Delta W_p = 2\int_{\varepsilon_{min}}^{\varepsilon_{max}} \sigma \mathrm{d}\varepsilon \tag{6.4}$$

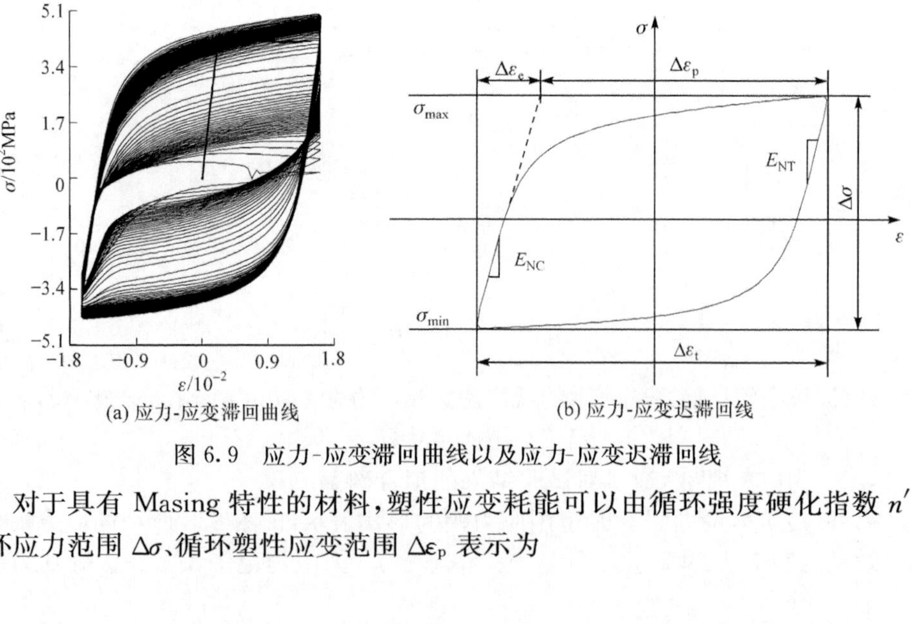

(a) 应力-应变滞回曲线　　(b) 应力-应变迟滞回线

图 6.9　应力-应变滞回曲线以及应力-应变迟滞回线

对于具有 Masing 特性的材料，塑性应变耗能可以由循环强度硬化指数 n' 和循环应力范围 $\Delta\sigma$、循环塑性应变范围 $\Delta\varepsilon_p$ 表示为

$$\Delta W_p = \frac{1-n'}{1+n'} \Delta\sigma \Delta\varepsilon_p \tag{6.5}$$

式中，循环强度硬化指数 n' 通过试验结果的拟合确定。

将式(6.1)和弹性应变与应力之间的关系代入式(6.5)，可以得到[3]

$$\Delta W_p = 4\sigma_f' \varepsilon_f' \frac{1-n'}{1+n'} (2N_f)^{b+c} \tag{6.6}$$

因此，低周和超低周疲劳寿命除了用上述应变幅来表示外，还可以用循环塑性应变耗能来表示。但是，用塑性应变耗能表示疲劳寿命的精度并不比应变幅高，如 Kim 等[18]根据合金材料的低周疲劳试验结果对比分析可知，按能量-寿命模型预测的材料低周疲劳寿命精度低于 Coffin-Manson 公式。

另外，应力-应变迟滞回线可采用钢材单轴滞回本构模型来进行模拟，如 Weigand 和 Berman[19]用钢筋混凝土结构抗震设计时常用的钢筋滞回本构 Menegotto-Pinto 模型表示钢材的应力-应变迟滞回线。

各循环的迟滞回线最大应力值与循环周次的关系曲线称为循环应力响应特征曲线。当试验采用多组总应变范围时，可以得到各组循环应力响应特征曲线(图 6.10)。从循环应力响应特征曲线中可以看出，完好钢材发生低周疲劳破坏一般经历三个阶段，初始阶段的应力随着循环数增加而增大或者减小，中段趋于稳定的应力值，后段随着裂纹产生以及扩展，最大应力迅速下降，直至断裂破坏。初始阶段应力随着循环数增加而增大的现象称为循环硬化，反之称为循环软化。对于三个阶段的划分方法并没有明确的规定，崔仕明等[20]将循环应力响应特征曲线应力下降 5%的点假定为疲劳裂纹萌生和裂纹发展的分界点，以此近似推算 Q345 钢材的裂纹萌生寿命。

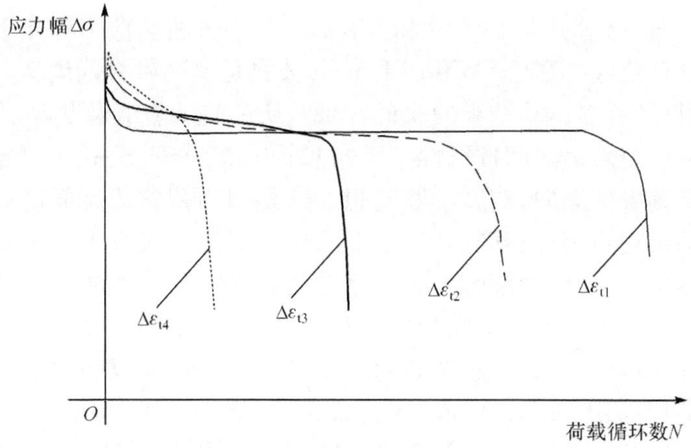

图 6.10　循环应力响应特征曲线

不同总应变范围下稳定迟滞回线顶点连接起来的曲线，称为循环应力-应变曲线(图 6.11)。循环应力-应变曲线常用 Ramberg-Osgood 曲线和 Hollomon 公式表示，即

$$\begin{cases}\dfrac{\Delta\varepsilon}{2}=\dfrac{\Delta\varepsilon_e}{2}+\dfrac{\Delta\varepsilon_p}{2}=\dfrac{\Delta\sigma}{2E}+\left(\dfrac{\Delta\sigma}{2K'}\right)^{\frac{1}{n'}}\\ \dfrac{\Delta\sigma}{2}=K'\left(\dfrac{\Delta\varepsilon_p}{2}\right)^{n'}\end{cases} \tag{6.7}$$

式中，K'为循环强度系数，也通过试验结果的拟合确定。

将循环应力-应变曲线与单调荷载下的应力-应变曲线进行比较，可以判断金属材料是循环硬化还是循环软化。

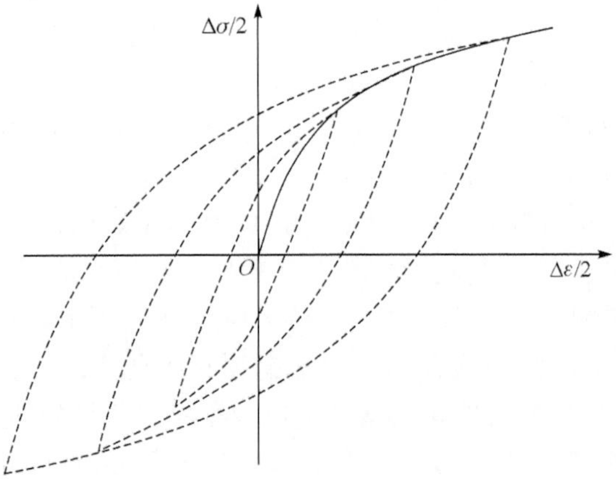

图 6.11　循环应力-应变曲线

Coffin-Manson 公式是 Coffin 和 Manson 为了分析热应力作用下钢材疲劳寿命提出来的计算公式。尽管 Coffin-Manson 公式是预测材料低周疲劳性能的主要方法，精度也得到许多试验结果的验证，但是，从一些试验结果发现，在对数坐标下塑性应变幅与疲劳寿命之间按线性关系的 Coffin-Manson 公式预测超低周疲劳寿命时存在结果偏大的倾向，精度不够理想。这是因为钢材的超低周疲劳破坏和低周疲劳破坏的机理不完全相同，高应变下的超低周疲劳失效主要是塑性应变导致材料韧性耗尽所致，而低周疲劳破坏寿命受到裂纹扩展速度的影响，当裂纹扩展到一定程度以后将发生脆性的瞬间断裂。对此也有不同的结论，如 Nip 等[13]根据两种碳钢和一种不锈钢的低周、超低周疲劳性能试验结果，认为三种材料的低周和超低周疲劳寿命均可用 Coffin-Manson 公式预测；Weigand 和 Berman[19]以 A36 低碳钢母材及焊接接头的低周、超低周疲劳性能试验结果，验证了 Coffin-Manson 公式在低周和超低周疲劳寿命预测中的适用性。

为了提高超低周疲劳寿命的预测精度，一些学者提出了改进的预测模型。以下简单介绍具有代表性的超低周疲劳寿命预测模型。

1. Kuroda 模型[14]

Kuroda 在研究一种退火低碳钢 S20C 的超低周疲劳寿命时，基于延性耗尽原理提出了一种新的疲劳寿命预测模型。Kuroda 在 Du 的研究基础上，把材料的损伤过程分三部分进行计算：单调应变损伤、韧性消耗损伤及裂纹扩展损伤。

图 6.12 用于检验残余韧性的应变加载过程。以单调加载后的应变 ε_m 作为平均应变，然后进行 n 次反复循环加载，循环加载的总应变范围为 $\Delta\varepsilon_t$，最后再进行单调拉伸应变至 ε_{fr} 时发生断裂破坏。材料从无应力状态至破坏共经历了初始应变、循环应变以及残余的单调拉伸应变三个阶段。材料失效时的拉伸应变 ε_{pmax} 为初始平均应变与材料残余应变之和，即

$$\varepsilon_{pmax}=\varepsilon_m+\varepsilon_{fr} \tag{6.8}$$

对应的拉伸损伤为

$$D_{tensile}=\frac{\varepsilon_{pmax}}{\varepsilon_f} \tag{6.9}$$

式中，ε_f 为单调拉伸受力时的断裂应变。

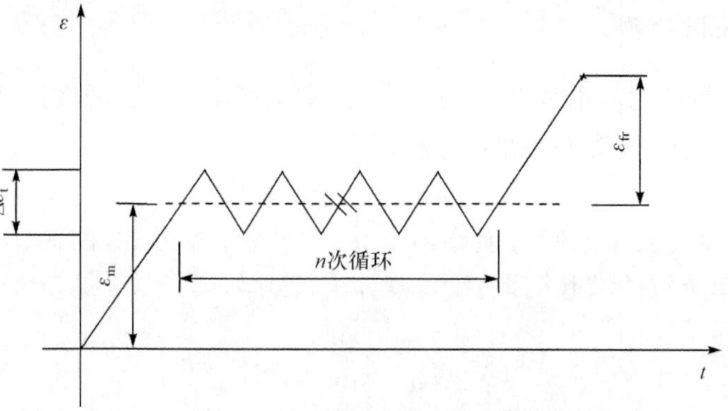

图 6.12　检验材料残余韧性的应变加载过程

单调拉伸失效可理解为是一种极端情况下的超低周疲劳破坏，即材料经过 1/4 周循环后发生断裂。这时，塑性应变及失效周次分别为

$$\begin{cases}\Delta\varepsilon_p=2\varepsilon_f\\ N_f=1/4\end{cases} \tag{6.10}$$

将式(6.10)代入式(6.3)，可得到材料常数 C，即

$$C=2\varepsilon_f/4^k \tag{6.11}$$

因此，式(6.3)可以改写为

$$N_f=\frac{1}{4}\left(\frac{\Delta\varepsilon_p}{2\varepsilon_f}\right)^{-1/k} \tag{6.12}$$

根据 Miner 损伤累积准则，经 n 次循环的疲劳损伤 $D_{fatigue}$ 为

$$D_{fatigue}=\frac{n}{N_f}=4n\left(\frac{\Delta\varepsilon_p}{2\varepsilon_f}\right)^{1/k} \tag{6.13}$$

因此，由拉伸和循环荷载累加的韧性损伤 $D_{ductility}$ 为

$$D_{ductility}=\frac{\varepsilon_{pmax}}{\varepsilon_f}+4n\left(\frac{\Delta\varepsilon_p}{2\varepsilon_f}\right)^{1/k} \tag{6.14}$$

对于裂纹扩展损伤 D_{crack}，Kuroda 根据 Murakami 等提出的微裂纹扩展规律表示成如下的形式：

$$D_{crack}=\frac{\Delta\varepsilon_p n^{\alpha'}}{C'} \tag{6.15}$$

式中，α'、C' 为材料常数，均通过裂纹扩展试验确定。

最后，Kuroda 根据上述三种损伤形式叠加得到如下超低周疲劳损伤寿命预测公式：

$$\frac{\varepsilon_{pmax}}{\varepsilon_f}+4n\left(\frac{\Delta\varepsilon_p}{2\varepsilon_f}\right)^{1/k}+\frac{\Delta\varepsilon_p n^{\alpha'}}{C'}=1 \tag{6.16}$$

2. Tateishi 模型[12]

Tateishi 等认为超低周疲劳损伤 D 包括单调荷载下的韧性损伤 $D_{ductile}$ 和反复荷载下的低周疲劳损伤 D_{cyclic} 两部分，即

$$D=D_{ductile}+D_{cyclic} \tag{6.17}$$

其中，反复荷载下的疲劳损伤由 Miner 公式计算得到，而韧性损伤根据损伤力学的单轴单调拉伸试验结果表示，其计算公式为

$$D_{ductile}=\frac{\varepsilon_{max}-\varepsilon_{pD}}{\varepsilon_{pR}-\varepsilon_{pD}}\quad(\varepsilon_{max}>\varepsilon_{pD}) \tag{6.18}$$

式中，ε_{max} 为材料在荷载作用下的最大应变值（绝对值）；ε_{pR} 为材料拉伸试验的断裂应变（即破断应变 ε_f）；ε_{pD} 为拉伸试验过程中出现裂纹时的损伤应变。

Tateishi 等认为，只有当应变非常大时才需要考虑韧性损伤对低周疲劳寿命的影响，否则韧性损伤的影响可以忽略，仅用 Miner 损伤累积公式计算。因此，钢材的低周和超低周疲劳损伤表示为

$$D=\begin{cases}\dfrac{n}{N_f}+\dfrac{\varepsilon_{max}-\varepsilon_{pD}}{\varepsilon_f-\varepsilon_{pD}}, & \varepsilon_{max}>\varepsilon_{pD}\\[2ex] \dfrac{n}{N_f}, & \varepsilon_{max}\leqslant\varepsilon_{pD}\end{cases} \tag{6.19}$$

与式(6.19)对应的 Coffin-Manson 疲劳寿命预测公式为

$$\Delta\varepsilon_{eq} N_f^k = CC_m \tag{6.20}$$

式中，$\Delta\varepsilon_{eq}$为等效塑性应变范围；C_m 为考虑韧性损伤影响的修正系数：

$$C_m = \begin{cases} \left(\dfrac{\varepsilon_{max} - \varepsilon_{pD}}{\varepsilon_f - \varepsilon_{pD}}\right)^k, & \varepsilon_{max} > \varepsilon_{pD} \\ 1.0, & \varepsilon_{max} \leqslant \varepsilon_{pD} \end{cases} \tag{6.21}$$

Tateishi 等以日本钢桥常用的 SM490A 钢材为对象，根据原材料、焊接接头的超低周疲劳试验结果，得到如表 6.1 所示的材料常数及断裂应变和损伤应变。而等效塑性应变 ε_{eq}根据 Miner 损伤累积相等的条件得到，表示为如下形式：

$$\begin{cases} \varepsilon_{eq} = \left[\dfrac{\sum_i (\varepsilon_i^{1/k} n_i)}{n}\right]^k \\ n = \sum_i n_i \end{cases} \tag{6.22}$$

式中，i 为应变幅等级。

表 6.1　SM490A 材料参数

材料类型	k	C	ε_f	ε_{pD}
钢材母材	0.587	0.392	1.13	0.127
焊接部	0.587	0.261	1.14	0.129
热影响部	0.587	0.203	1.14	0.121

3. Xue 模型[21]

Xue 通过引入指数函数及附加的材料参数提出了兼顾低周、超低周疲劳寿命预测的统一表达式。Xue 模型的表达式为

$$2N_f \frac{e^{\lambda\left(\frac{\Delta\varepsilon_p}{\varepsilon_0}\right)^{1/k}} - 1}{e^{\lambda} - 1} = 1 \tag{6.23}$$

式中，λ 为材料的损伤参数，通过 $\Delta\varepsilon_p$-N_f 曲线的数据拟合确定，若 $\lambda=0$ 则为线性损伤。

4. 不同模型的寿命预测结果对比

Kang 和 Ge[22]对上述三种模型的疲劳寿命预测结果与 Coffin-Manson 公式的计算结果进行了对比。计算时 Xue 模型的相关参数根据 Tateishi 等的试验结果取值，Xue 模型中的 SM490A 材料参数如表 6.2 所示。

表 6.2 Xue 模型中的 SM490A 材料参数

材料类型	λ	$1/k$	ε_0
钢材母材	0.587	0.392	0.491
焊接部	0.587	0.261	0.327
热影响部	0.587	0.203	0.255

图 6.13 为三种模型的低周疲劳寿命预测结果对比。从图中可以看到，除了在应变幅较大的超低周疲劳寿命外，三种模型的预测结果差异比较小。

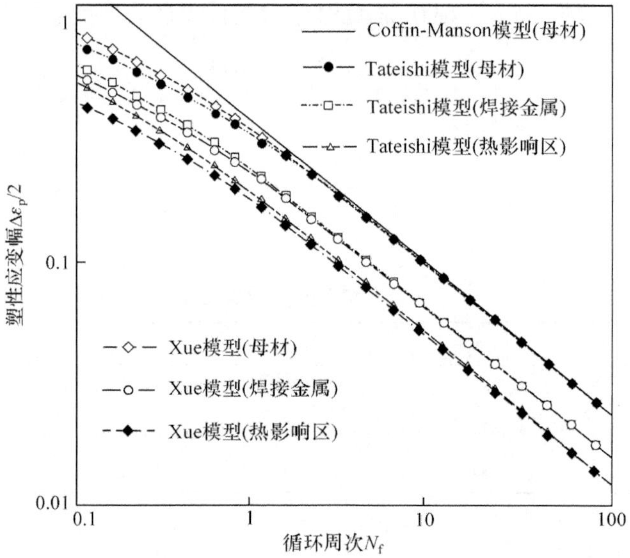

图 6.13 三种低周疲劳寿命预测结果对比(SM490A 材料)[22]

6.2.3 疲劳损伤累积计算

在反复荷载下的低周疲劳损伤一般采用 Miner 损伤累积理论计算，其表达形式为

$$D = \sum_{i=1}^{N} \frac{n_i}{N_{fi}} \tag{6.24}$$

式中，D 为疲劳损伤指标，$D=1.0$ 表示材料达到极限；i 表示疲劳荷载的等级；n_i 表示第 i 等级疲劳荷载的循环次数；N_{fi}表示第 i 等级疲劳荷载的循环寿命。

假定应变履历由 n 个半周期循环(反向荷载次数)组成，各对应半周期的塑性应变范围 $\Delta\varepsilon_{pi}$，根据 Miner 损伤累积准则，低周疲劳损伤可以表示为

$$D = \sum_{i=1}^{n} \frac{1}{2N_{fi}} \tag{6.25}$$

式中，N_{fi}表示与塑性应变范围 $\Delta\varepsilon_{pi}$对应的疲劳寿命。

根据式(6.3)的 Manson-Coffin 公式，N_{fi}可表示为

$$N_{fi}=\left(\frac{C}{\Delta\varepsilon_{pi}}\right)^{1/k} \tag{6.26}$$

因此，式(6.25)的损伤指标可以表示成如下形式：

$$D=\frac{1}{2C^{1/k}}\sum_{i=1}^{n}(\Delta\varepsilon_{pi})^{1/k} \tag{6.27}$$

式中，履历响应中第 i 个半循环荷载的塑性应变范围 $\Delta\varepsilon_{pi}$ 按图 6.14 所示方法取值。

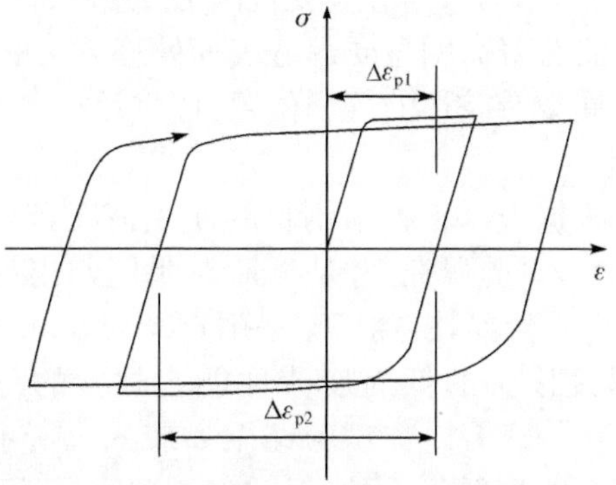

图 6.14　变幅反复荷载下的半循环塑性应变幅

Ge 和 Kang[23]将式(6.27)写成如下形式：

$$D=C'\sum_{i=1}^{n}(\Delta\varepsilon_{pi})^{m} \tag{6.28}$$

式中，材料参数 C'和 m 通过对比式(6.27)和式(6.28)得到。

表 6.3 为 Ge 和 Kang 给出日本钢桥中两种常用钢材的材料参数[23]。

表 6.3　两种常用钢材的材料参数[23]

材料类型	m	C'
SS400	1.82	8.23
SM490A	1.86	9.69

6.3　Q345 钢材及焊接接头的低周疲劳性能

由于钢材的低周和超低周疲劳性能与钢材种类及连接方式有关，为了建立钢结构的抗低周和超低周疲劳性能评估方法，需要对各种母材及其焊接接头进行试

验研究,以获得相对应的疲劳寿命性能。相对于母材而言,焊接接头的低周和超低周疲劳强度较低,是地震中结构的易损位置。因此,研究焊接接头(包括焊接熔接区以及焊接热影响区两个方面)的低周和超低周疲劳寿命性能更为重要。

Weigand 和 Berman[19]以用于耗能结构的 A36 低碳钢(A36LC)为对象,比较了表面处理方法对焊接接头低周和超低周疲劳寿命的影响。焊接接头四种表面处理方法分别为:表面不做任何处理;仅平整焊接余高;研磨焊趾处不平顺的表面并形成圆形凹槽;用 TIG 电极在焊趾处熔化不平顺的表面。试验的总应变范围为 4%～16%。试验结果显示,焊接部位的表面处理方式对低周疲劳寿命的影响程度与试验应变幅有关,当总应变范围达到 16%时,焊接接头的疲劳寿命与母材基本相同,与焊缝表面处理方式无关;当总应变范围为 4%～8%时,焊接接头的疲劳寿命约为母材的一半,且疲劳寿命明显受焊缝表面处理方法的影响。因此,除了高应变幅外,焊接接头是低周疲劳破坏的薄弱位置,依靠焊接接头的表面处理不能大幅提高其超低周疲劳寿命。

近年来,我国学者根据土木工程中钢材的使用情况,对 Q235、Q345 等钢材的低周疲劳性能进行了一些试验研究,并从试验结果回归出母材及焊接接头的低周疲劳寿命预测曲线[1-4,24]。例如,游翔等[3]采用直径为 8mm 的光滑圆截面试样,研究了 Q345B 母材及焊接接头的低周疲劳性能。试验的总应变范围为 0.3%～0.7%,每级差异为 0.1%,疲劳寿命试验结果如表 6.4 所示。从表中数据可以看到,焊接接头的疲劳寿命明显低于母材,但随着试验总应变范围的增加,两者的差异缩小,总应变范围为 0.3%时焊接接头的疲劳寿命约为母材的一半,当总应变范围达到 0.7%时焊接接头的疲劳寿命约为母材的 85%。另外,试验结果拟合得到总应变范围在 0.7%以下的 Coffin-Manson 公式相关参数如表 6.5 所示。

表 6.4　Q345B 钢材母材及接头的疲劳寿命(N_f)[3]

材料	$\Delta\varepsilon_t$/%				
	0.3	0.4	0.5	0.6	0.7
母材	6200	4105	2360	1228	678
接头	3227	2221	1338	834	575

表 6.5　Q345B 钢材母材及接头的应变寿命疲劳参数[3]

材料	σ_f'	b	ε_f'	c
母材	441	−0.094	0.1537	−0.559
接头	588	−0.128	0.5445	−0.762

为了获得适用于钢桥的钢材超低周疲劳寿命预测公式,课题组以 Q345qC 低碳钢为对象,采用型号 ATLANTIC CHW-50C6 的焊丝(直径为 1.2mm)对母材及焊接接头进行低周疲劳试验研究[15]。焊接采用 CO_2 气体保护电弧焊,三层施焊,

电弧电压为 32V，电流为 45A，焊接速度为 13.75cm/min，CO_2 流量为 6.5L/min。钢板焊接前沿垂直于轧制方向开 V 形坡口，焊接后除去焊缝余高，使焊缝上下表面平整且与钢板厚度一致。焊接试样垂直于焊缝方向截取，并使焊缝部分位于试样中心，母材试样采用同批次生产的钢板。加工后的母材和焊接试样如图 6.15 和图 6.16 所示。

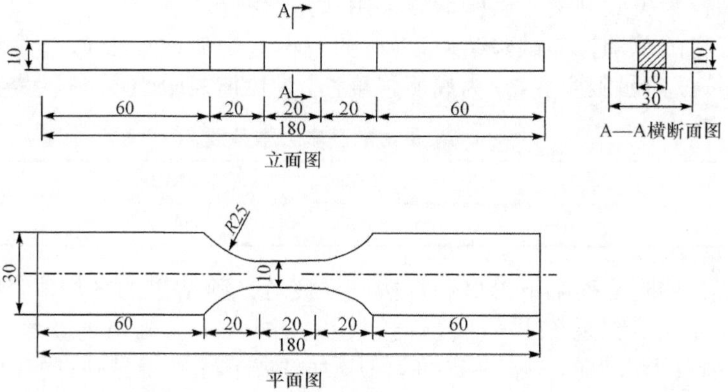

图 6.15　母材试样尺寸(单位:mm)

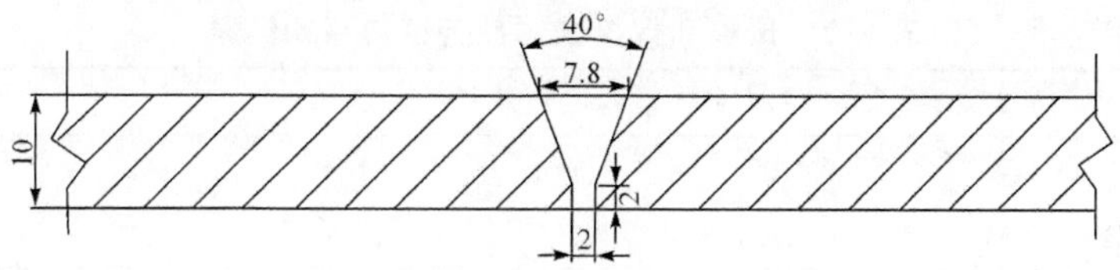

(a) 坡口形状

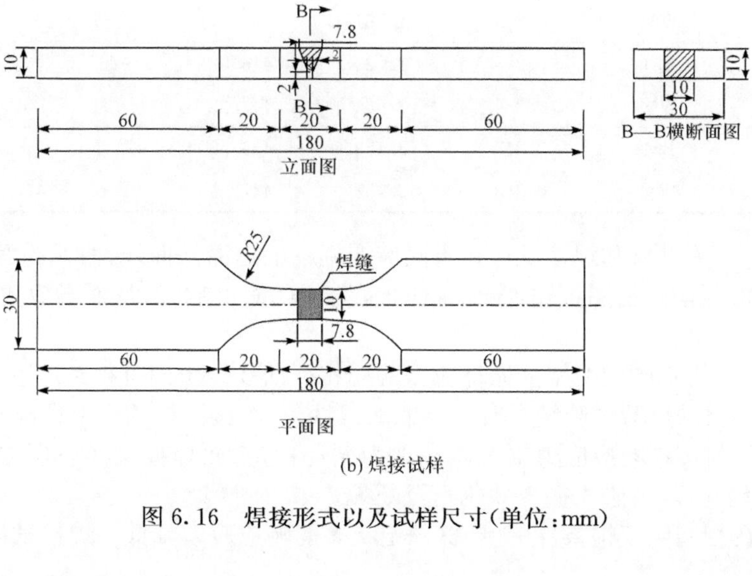

(b) 焊接试样

图 6.16　焊接形式以及试样尺寸(单位:mm)

试验装置采用 INSTRON8802-100kN 电液伺服疲劳试验机，母材及焊接试样的单调拉伸和疲劳试验均在常温、大气环境下进行，对称拉压，即应变比 $R=-1$。加载频率为 0.05～0.1Hz，轴向引伸计标距为 12.5mm，设定总应变范围 $\Delta\varepsilon_t$ 为 2%、3%、4%、5%，对应的应变幅为 1%、1.5%、2%、2.5%，低周疲劳试验按照《金属材料轴向等幅低循环疲劳试验方法》(GB/T 15248—2008)进行，以试样在标距范围内断裂作为失效判据。试验荷载采用三角形波形。

根据母材的单调拉伸试验结果，母材的基本力学参数如表 6.6 所示。表中，E 为弹性模量，ε_y 为屈服应变，σ_y 为屈服强度，σ_u 为拉伸极限强度，A 为断后伸长率。

表 6.6　母材的基本力学参数

E/GPa	ε_y/%	σ_y/MPa	σ_u/MPa	A/%
204.2	0.189	385.5	529.0	40.0

表 6.7 为不同应变幅下母材和焊接试样疲劳试验结果的平均值，BM 为母材，WM 为焊接接头。试验结果表明，焊接接头在同一应变幅下的塑性应变低于母材，疲劳寿命仅为母材的 31%～50%，但应力幅高于母材。另外，同一应变幅下不同焊接接头疲劳寿命的离散性相对母材而言明显增大，表明焊接质量对焊接接头疲劳寿命有显著的影响。

表 6.7　母材和焊接试样疲劳试验平均结果

$\Delta\varepsilon_t/2$/%	类型	$(\Delta\varepsilon_e/2)$/%	$(\Delta\varepsilon_p/2)$/%	$(\Delta\sigma/2)$/MPa	N_f	$N_{f,min}/N_{f,max}$
1.0	BM	0.226	0.774	381.49	410	0.72
	WM	0.273	0.727	417.28	149	0.27
1.5	BM	0.245	1.255	404.63	198	0.72
	WM	0.319	1.181	423.64	61	0.46
2.0	BM	0.275	1.725	416.52	117	0.84
	WM	0.336	1.664	447.09	51	0.67
2.5	BM	0.318	2.182	429.52	72	0.95
	WM	0.343	2.157	447.69	36	0.53

图 6.17 为母材和焊接试样在不同应变幅下的迟滞回曲线，曲线的面积反映了每一循环的耗能。由图可知，应变幅越大，循环耗能也越大，从而导致更大的材料损伤。

图 6.18 为不同应变幅的循环应力响应特征曲线。由图可得到以下结论：

(1) 钢材的疲劳试验结果有一定的离散性，且焊接试样的离散性高于母材。

(2) 母材试样响应应力幅总体表现为循环稳定，而焊接试样表现为初始阶段短暂循环硬化，之后进入循环软化直至断裂。

(3) 在相同应变幅条件下，母材稳定状态的响应应力幅低于焊接试样。

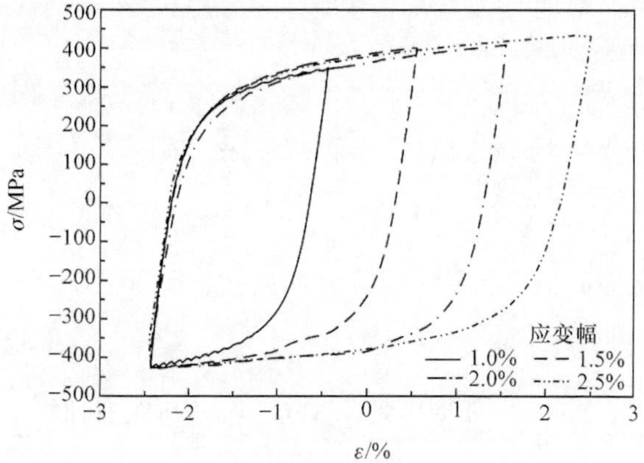

(a) 母材

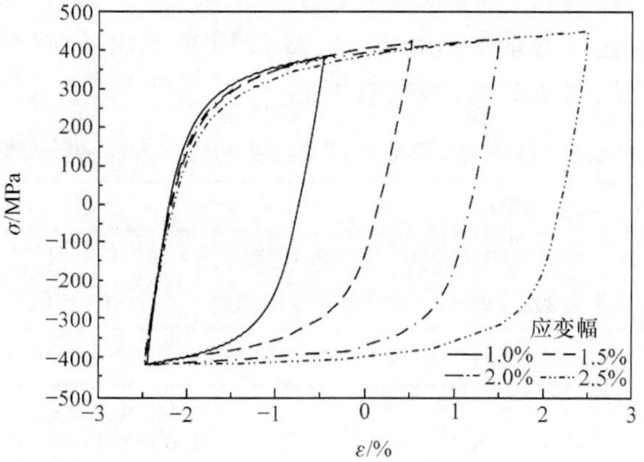

(b) 焊接接头

图 6.17　试样的迟滞回曲线

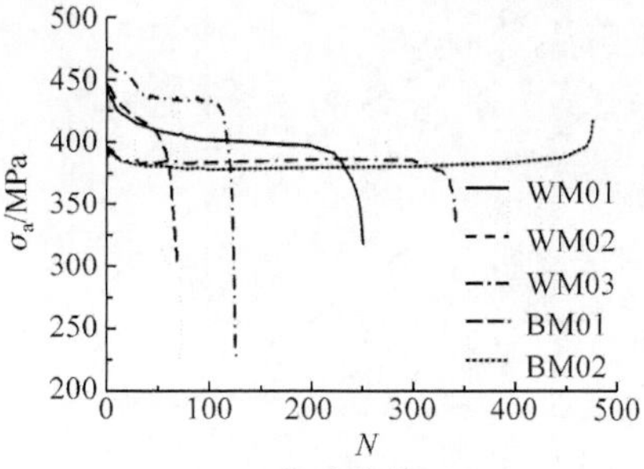

(a) 应变幅1.0%

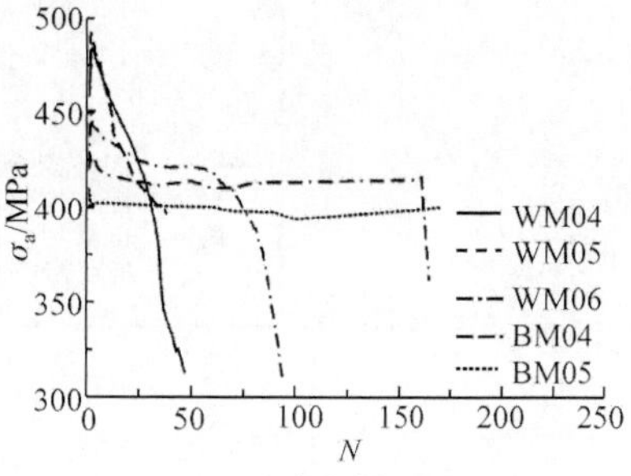

(b) 应变幅1.5%

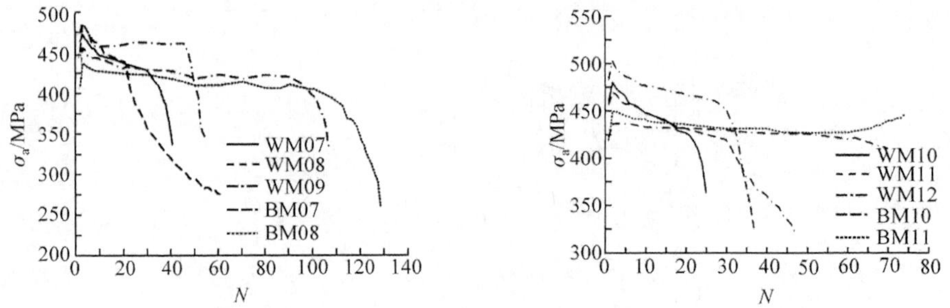

(c) 应变幅2.0%　　　　　　(d) 应变幅2.5%

图 6.18　不同应变幅的循环应力响应特征曲线

用 Coffin-Manson 公式拟合母材和焊接试样的应变-寿命曲线，并得到计算疲劳寿命的各参数，结果如表 6.8 所示，塑性应变幅与疲劳寿命关系曲线如图 6.19 所示。为了与类似材料的结果进行对比，图 6.19 中给出了游翔等[3]得到的 Q345B 母材和焊接接头的低周疲劳寿命预测曲线。

表 6.8　Q345qC 母材及焊接接头的应变寿命疲劳参数

试样	σ_f'/MPa	b	ε_f'	c
母材	1654.50	−0.1942	0.4441	−0.6003
焊接	1295.71	−0.1685	0.5254	−0.7587

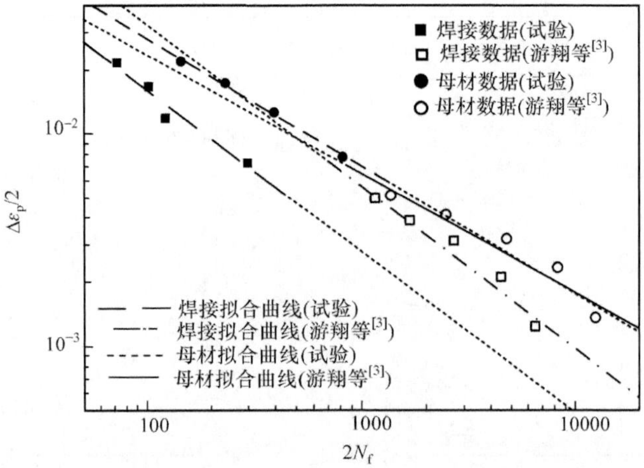

图 6.19　Q345qC 母材及焊接接头的塑性应变-寿命曲线

由图 6.19 可以发现，Coffin-Manson 公式能较精确地预测 Q345qC 钢材及其焊接接头的低周和超低周疲劳寿命；文献[3]给出的 Q345B 母材应变-寿命曲线与试验得到的 Q345qC 母材的应变-寿命曲线较为接近，但焊接接头的应变-寿命曲线相差较大。这表明，两种钢材的低周疲劳性能相近，焊接接头由于受焊接工艺、焊接质量等影响，疲劳性能差异明显。

另外，从图 6.19 中还可以发现，同等应变水平下焊接接头的疲劳寿命明显低于母材，且焊接接头的塑性应变-寿命曲线也低于母材，这说明焊接接头的塑性变形能力相对于母材有所下降。

6.4　结构低周疲劳损伤评估方法

6.4.1　结构低周疲劳破坏的基本特征

Usami 等[25]根据金属阻尼器的超低周疲劳试验研究结果，确认了结构的抗超低周疲劳性能低于材料本身，连接方式及构造细节的差异会对结构低周疲劳性能产生比较大的影响。因此，在进行结构的超低周疲劳性能评估时，精确反映结构焊接接头的超低周疲劳性能及地震作用下的局部应变十分重要。

自 1995 年日本阪神大地震以后，国内外学者对房屋结构的框架梁柱节点及桥墩的墩底、墩梁节点的抗低周疲劳性能进行了一系列试验研究，基本确认了这些位置是钢结构在地震中发生超低周疲劳破坏的易损部位[26-39]。

陵城成樹等[26]以正方形截面的钢桥墩为对象，在常轴力条件下进行水平荷载反复加载试验，试验试件如图 6.20(a)所示。试验结果表明，当水平位移 δ 达到屈服位移 δ_y 的 3.53 倍时，墩底角部由于应变集中、塑性应变累积发生了脆性的低周疲劳破坏。试验的裂纹分布如图 6.20(b)所示。

葛漢彬等[27,28]以无加劲肋的厚钢板桥墩试件为对象，对墩底焊接部位的低周疲劳性能进行了试验研究。桥墩试件为采用 SM400、SM490YA 两种钢材和翼缘外伸、不外伸两种截面形式。钢材的力学参数如表 6.9 所示，表中 ε_{st}、E_{st}分别为开始强化时的应变和强化系数。翼缘外伸截面的桥墩试件如图 6.21 所示，试件尺寸以及试件发生韧性开裂、脆性破坏的水平位移试验结果如表 6.10 所示；翼缘不外伸截面的桥墩试件如图 6.22 所示，试件尺寸及发生韧性开裂时的强制水平位移如表 6.11 所示。

表 6.9　SM400 和 SM490YA 材料力学参数

材料	E/GPa	μ	E_{st}/GPa	σ_y/MPa	ε_y/%	ε_{st}/%	σ_u/MPa	ε_u/%
SM400	202	0.29	3.66	241	0.12	1.3	387	33
SM490YA	199	0.29	4.20	380	0.19	2.0	528	25

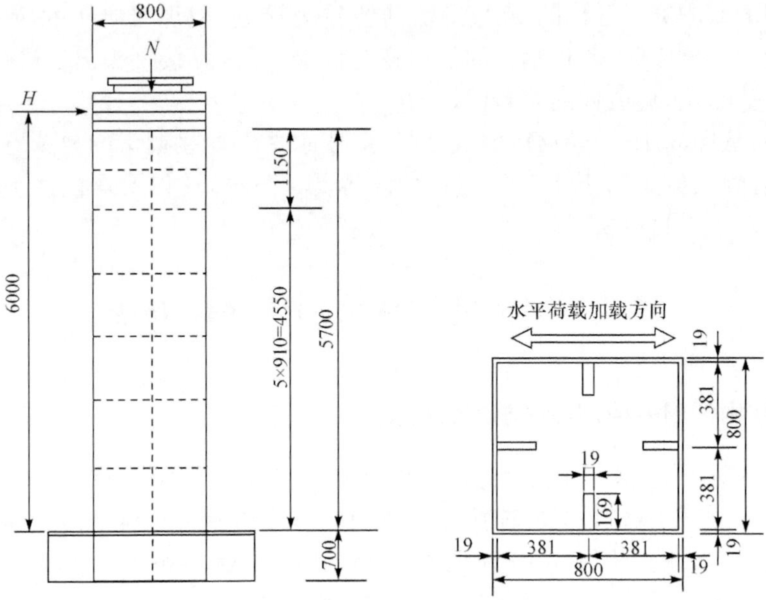

(a) 试验试件（单位：mm）

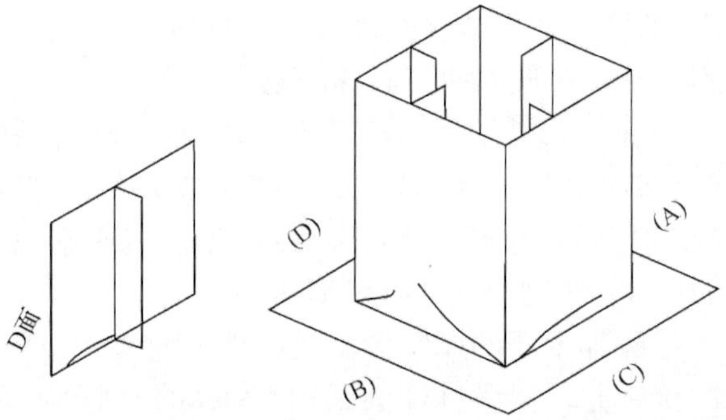

(b) 裂纹形式

图 6.20　钢桥墩超低周疲劳破坏试验及疲劳裂纹形式[26]

表 6.10　部分试件的尺寸及发生韧性开裂、脆性破坏时的水平位移

试件	B/mm	D/mm	b/mm	d/mm	t/mm	L/mm	h/mm	δ_y/mm	$\delta_{u,c}/\delta_y$	$\delta_{u,c}/\delta_{max}$
UB25-25C1P1	152.4	114.9	124.9	124.7	9.17	756	552	2.02	9	0.64
UB25-25C3P1	152.4	114.9	125.1	124.0	9.11	755	551	2.01	9	0.60
UB25-25C1	152.6	114.8	125.0	123.2	9.19	955	771	4.08	7	0.58
UB25-25C3	152.2	114.6	124.6	123.8	9.20	955	771	4.09	6	0.50

注：$\delta_{u,c}$、δ_{max}为开裂和破坏时的墩顶水平位移；C1、C3 表示相同墩顶水平位移循环加载 1 次和 3 次；P1 表示轴压比为 0.1。

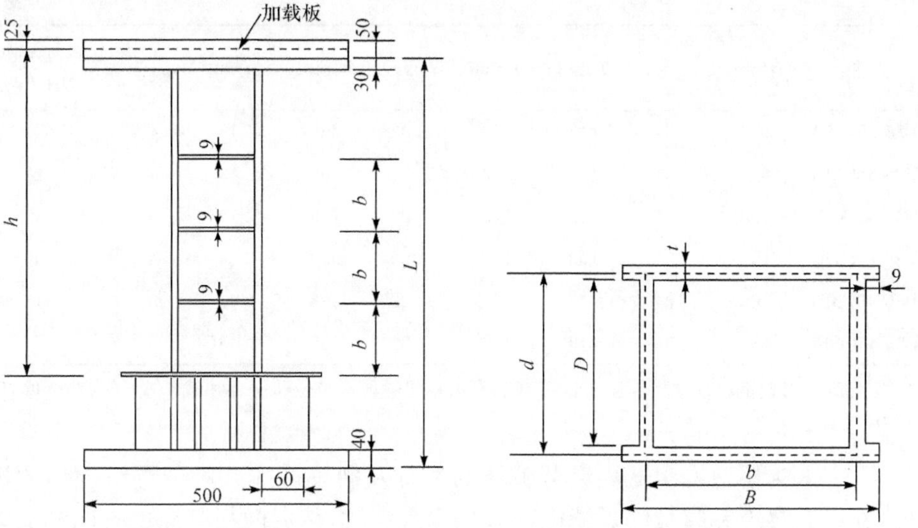

(a) 立面图　　(b) 平面图

图 6.21　翼缘外伸截面桥墩试件(SM400 钢材)(单位:mm)[27]

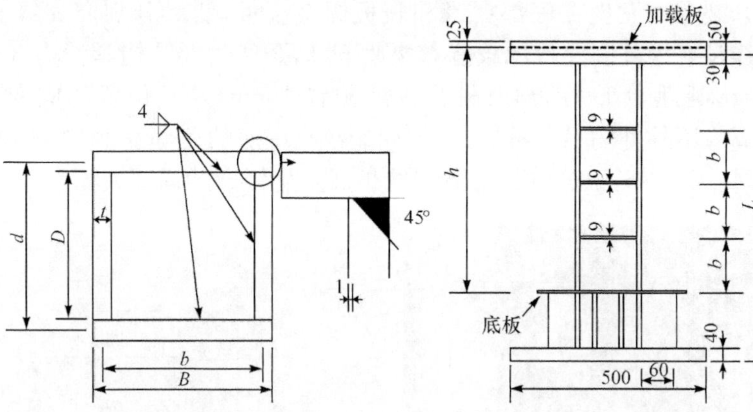

图 6.22　翼缘不外伸截面桥墩试件(SM490YA 钢材)(单位:mm)[27]

表 6.11　部分试件尺寸及发生韧性开裂时的强制水平位移

试件	B/mm	D/mm	b/mm	d/mm	t/mm	h/mm	δ_y/mm	$\delta_{u,c}/\delta_y$	开裂时循环次数/半周次
UB25-35C1P1	112	94	103	103	9.02	570	3.94	6	12
UB25-35C3P1	112	94	103	103	9.02	568	3.92	5	26
UB25-35CCP1	112	94	103	103	9.02	569	3.93	5	6

续表

试件	B/mm	D/mm	b/mm	d/mm	t/mm	h/mm	δ_y/mm	$\delta_{u,c}/\delta_y$	开裂时循环次数/半周次
UB35-35C1P1	152	134	143	143	9.02	769	5.18	4	8
UB35-35C3P1	152	134	143	143	9.02	769	5.19	4	22
UB35-35CCP1	152	134	143	143	9.02	769	5.19	5	4
UB35-45C1P1	152	134	143	143	9.02	999	8.44	4	8
UB35-45C3P1	52	134	143	143	9.02	998	8.43	3	18
UB35-45CCP1	152	134	143	143	9.02	998	8.43	5	4

注：$\delta_{u,c}$为开裂时的墩顶水平位移；C1、C3、CC表示相同墩顶水平位移循环加载1次、3次和等幅；P1表示轴压比为0.1。

图6.23为桥墩发生低周疲劳破坏的位置及裂纹形式。对于翼缘外伸的桥墩试件，在墩底翼缘和腹板的焊缝端部开始出现裂纹，然后向板厚深度方向和沿焊缝纵向发展，裂纹长度超过20mm后开始向母材扩展；开裂时的结构延性（δ/δ_y）为6～10，结构承载能力没有因开裂而快速下降，从开裂到极限的残余结构延性为3～6；在离开开裂点10mm左右位置的应变为1.1%～3.5%。对于翼缘不外伸的桥墩试件，开裂点也发生在底部翼缘和腹板焊接位置，然后分别向翼缘和腹板发展，结构同样没有因开裂导致承载能力快速下降，开裂时的结构延性为3～6，开裂后的残余结构延性为1～2；离开开裂焊缝位置10mm左右位置的应变为1%～3%。对于翼缘不外伸的另一批试件，初始裂纹在墩底的角部发生、扩展，初始开裂时的结构延性为4～5，部分试件随着裂纹扩展发生轻微的局部失稳。

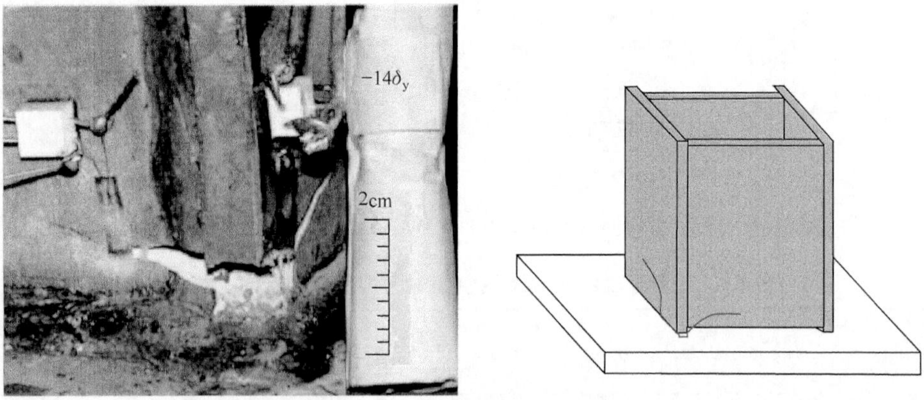

(a) 外伸翼缘截面在墩底焊缝端部出现韧性开裂、裂纹扩展[28]

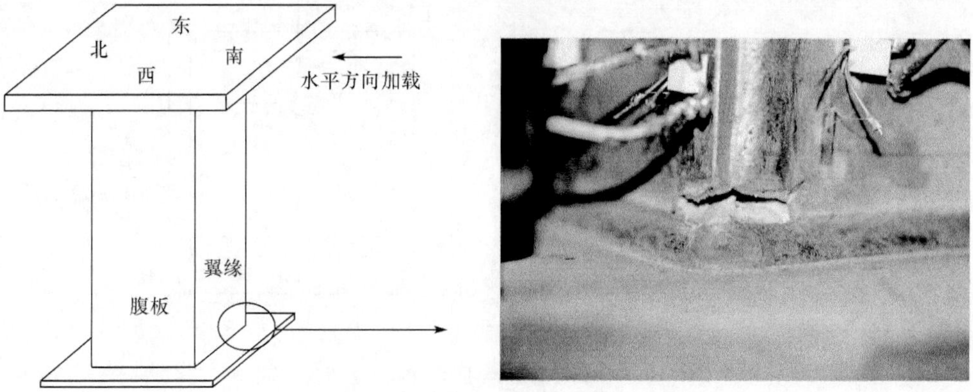

(b) 不外伸翼缘截面在墩底角部焊缝部位出现韧性开裂、裂纹扩展[27]

图 6.23　厚钢板桥墩的低周疲劳破坏形式

Tateishi 等[29]同样以无加劲肋板的厚钢板桥墩为对象，开展了超低周疲劳试验研究。截面的钢板宽厚比 R_F 为 0.2389，桥墩的长细比 λ 为 0.2979（试件 U1）和 0.4197（试件 U2）两种，试件的高度分别为 550mm 和 775mm，钢材采用 SM490YA，试验方式及桥墩截面、焊缝形式如图 6.24(a)所示。在墩底离开焊缝 5mm 位置翼缘布置应变测点。图 6.24(b)为 $6\delta_y$ 强制水平位移下的翼缘应变分布，虽然测点不在初始裂纹位置，但焊缝附近的应变集中从实测数据中得到了反映，转角处的应变集中尤为显著。所有试件均在角位置首先开裂，然后沿焊缝端部裂纹扩展，最后发生断裂。

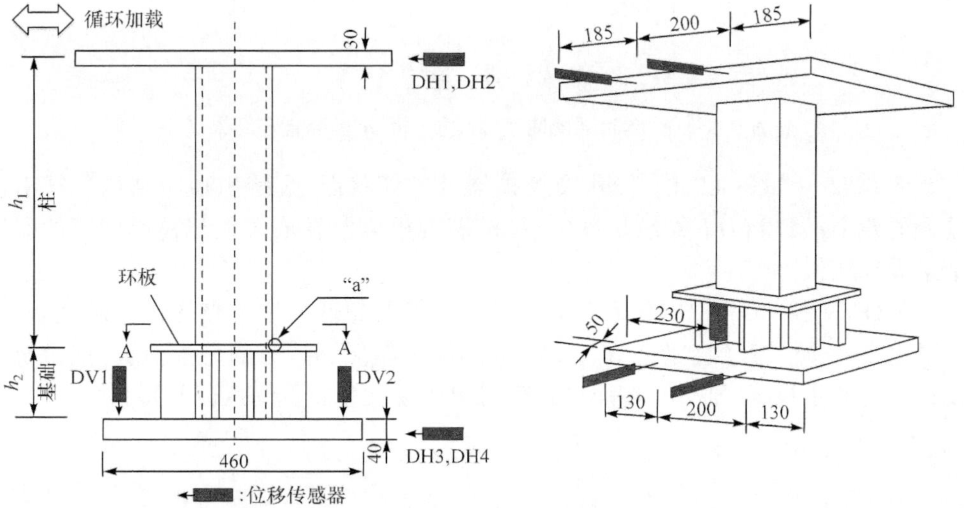

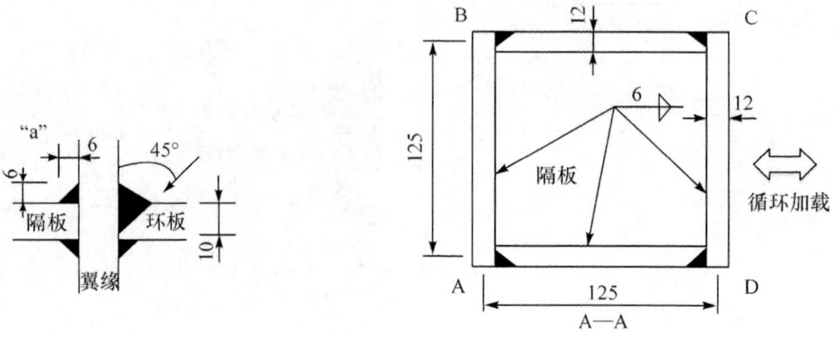

(a) 试验装置(单位:mm)

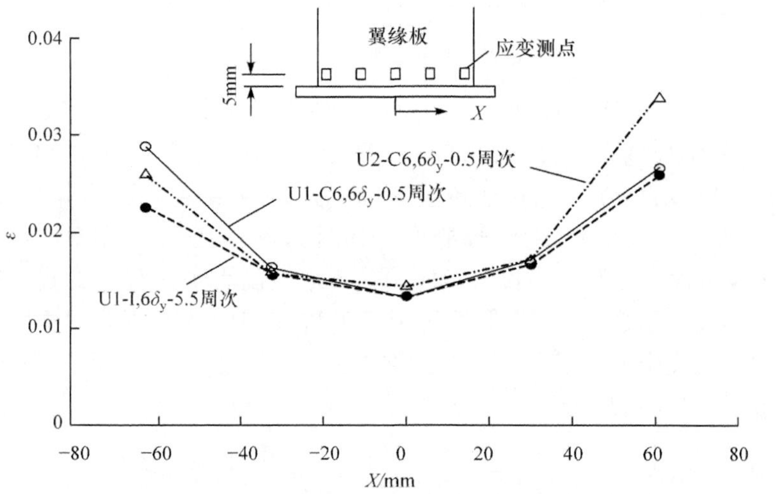

(b) 翼缘板的应变分布

图 6.24　桥墩底部低周疲劳性能研究试验装置和结果[29]

图 6.25 为试件 U1 的开裂、裂纹扩展及破坏状况,裂缝出现至结构破坏有比较大的残余承载能力。裂纹出现位置、扩展现象以及发展过程与葛漢彬等的研究结果大致相似。

另外,文献[30]、[31]介绍了桥墩梁柱节点的超低周疲劳破坏试验研究,试验结果也进一步验证了在梁柱节点的焊接部位是超低周疲劳的易损位置,钢桥抗震设计时需要重视,特别是存在焊接缺陷时更容易发生超低周疲劳开裂。

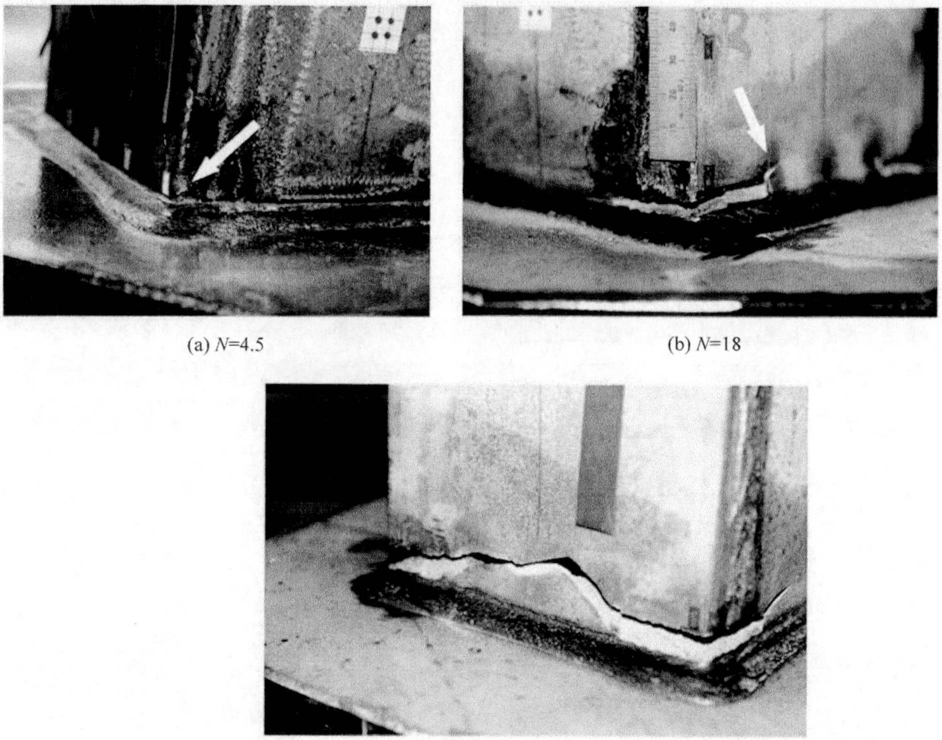

(a) N=4.5　(b) N=18

(c) N=18.5

图 6.25　试件 U1 在 $6\delta_y$ 水平强制反复位移下底部开裂、裂纹扩展及破坏状况[29]

葛漢彬课题组[32-34]以图 6.26 所示的桥墩及 T 形或十字形焊接接头为对象，研究了焊接方式对节点超低周疲劳性能的影响。试验结果发现，在$(2\sim3)\delta_y$的强制水平位移下焊接部位经过数周循环荷载后发生开裂，验证了钢桥墩特定位置容易发生超低周疲劳破坏的事实；在发生超低周疲劳破坏的焊接接头附近，最大应变范围可达到 5%(约 $25\varepsilon_y$)甚至更大；当焊接接头的未焊接长度低于板厚的 15%时，未熔透长度的大小对焊接部位的抗超低周疲劳性能影响较小，否则对焊接接头疲劳开裂、裂纹发展有比较大的影响，但是初始开裂位置与焊缝高度、未熔透区长度之间未必存在明确的相关性；焊缝高度对接头的超低周疲劳裂纹扩展速度有比较大的影响，焊缝高度小的焊接接头裂纹发展速度快，相反可以抑制裂纹的扩展；虽然焊趾半径、未焊透长度对焊接接头的超低周疲劳强度有显著的影响，但当焊缝高度较高时，这些参数的影响趋于不敏感。

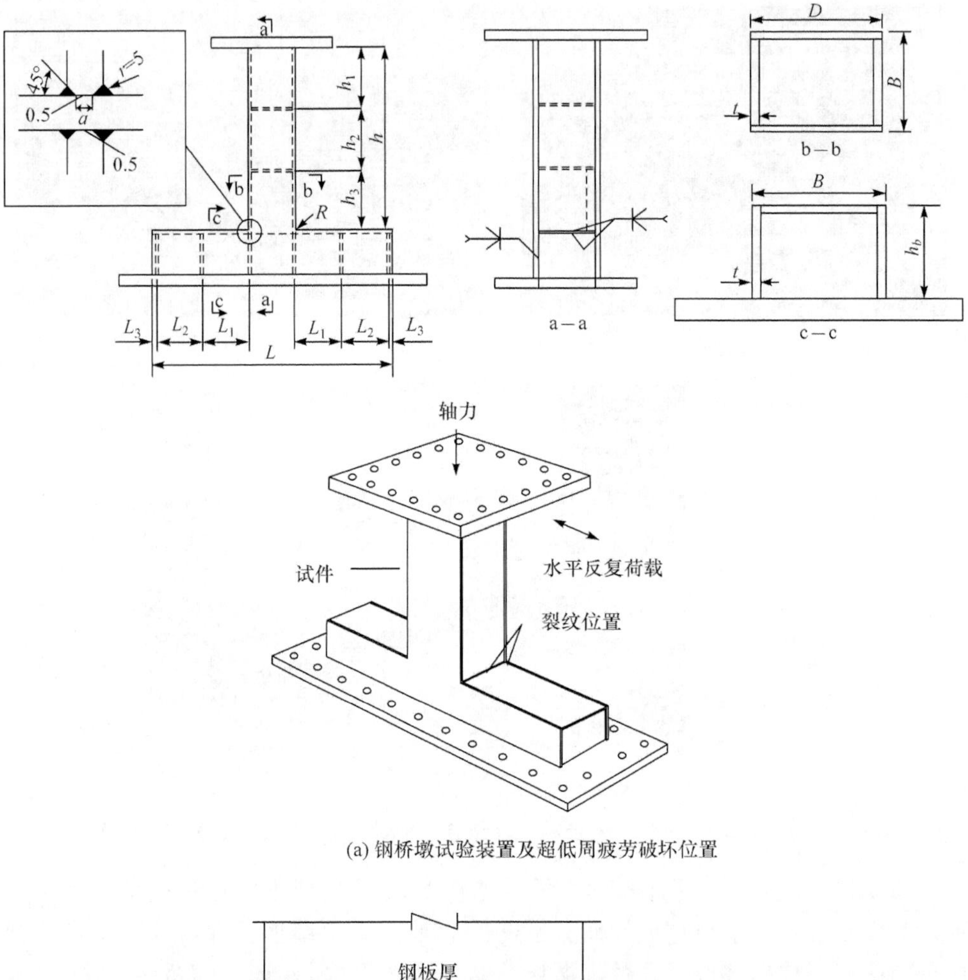

(a) 钢桥墩试验装置及超低周疲劳破坏位置

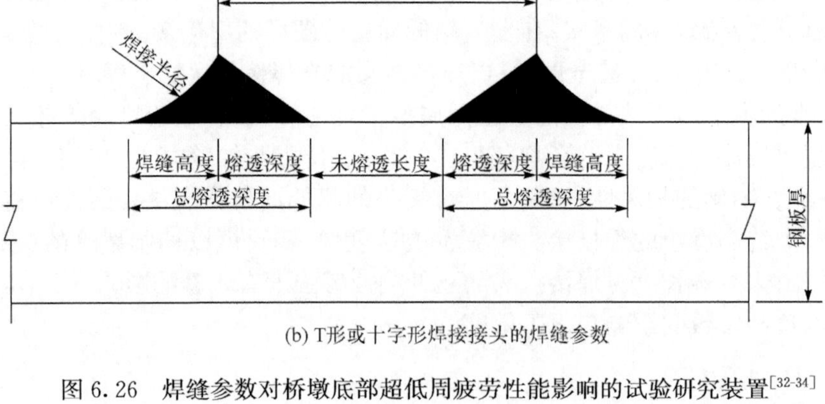

(b) T形或十字形焊接接头的焊缝参数

图 6.26　焊缝参数对桥墩底部超低周疲劳性能影响的试验研究装置[32-34]

6.4.2　桥墩超低周疲劳破坏验算方法

根据地震时钢桥的超低周疲劳破坏特征及相关的试验结果，钢桥墩发生低周疲劳破坏的位置主要有以下三种情况[8,9]：

(1) 存在焊接缺陷的部位。

(2) 焊接部位应变集中的部位。

(3) 地震前由于交通荷载等作用下焊接接头已出现高周疲劳损伤的部位。

在地震作用下，这些部位受到循环塑性应变作用发生韧性开裂、裂纹扩展和结构脆性破坏。对于钢桥在地震作用下的超低周疲劳破坏问题，目前尚未建立有效的验算方法。除了将在第 7 章介绍的微观损伤力学方法外，一些学者提出以下两种验算方法。

一种方法是不详细模拟焊缝的几何形状，通过焊接接头的超低周疲劳寿命预测曲线及地震时应变幅计算结果来评价结构抗低周疲劳性能。例如，Sakano 和 Wahab[35]从梁柱节点的超低周疲劳试验结果得到结构的疲劳强度曲线；葛漢彬等[36]用材料的超低周疲劳性能按式(6.28)验算墩底的疲劳强度，墩底的局部应变根据 2mm×2mm 尺度的板壳单元计算(图 6.27)，不考虑焊缝几何形状的影响。

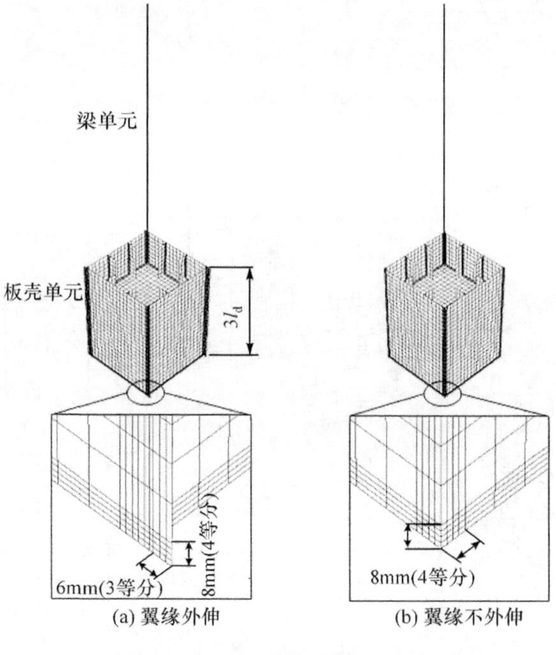

图 6.27　葛漢彬等采用的应变集中计算模型[36]

由于按图 6.27 所示的计算模型计算桥墩裂纹萌生位置的局部应变需要非常

大的计算工作量，为了简化计算，文献[37]以图 6.28 所示的无加劲肋单箱单室悬臂桥墩结构为对象，根据不同长细比和宽厚比的桥墩参数分析结果，通过比较并回归分析建立纤维模型计算得到的墩底四角应变 $\varepsilon_{\mathrm{fiber}}$ 与精细板壳模型计算得到的墩底四角应变 $\varepsilon_{\mathrm{shell}}$ 的经验关系式，用简单的纤维模型来验算桥墩的疲劳强度。文献[37]提出墩底角点位置板壳精细模型的应变与纤维模型的应变比值 $\beta(\varepsilon_{\mathrm{shell}}/\varepsilon_{\mathrm{fiber}})$ 经验公式为

$$\beta = 11.1R_{\mathrm{F}} + 1.18\frac{t}{t_0} - 1.34\lambda - 0.0751 \tag{6.29}$$

式中，t 为钢板厚度，$t_0=9\mathrm{mm}$；R_{F} 为宽厚比；λ 为长细比。

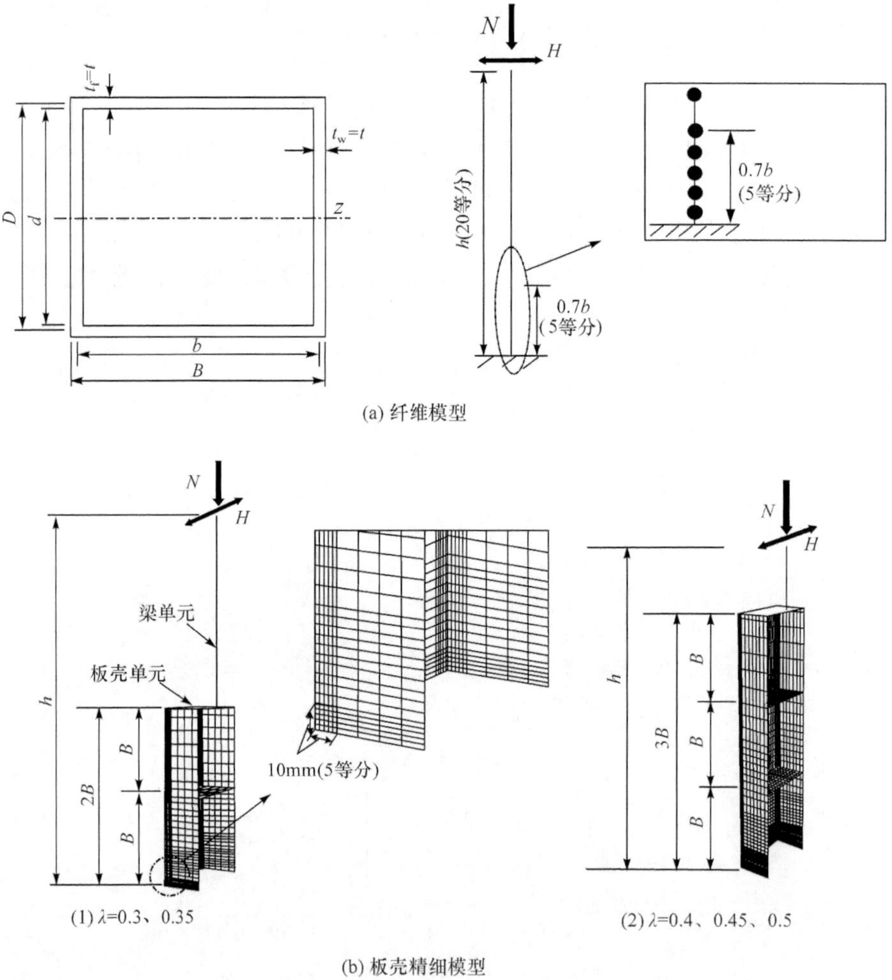

(a) 纤维模型

(1) λ=0.3、0.35

(2) λ=0.4、0.45、0.5

(b) 板壳精细模型

图 6.28 应变修正系数计算的两种模型[37]

通过引入应变修正系数 β 后，式(6.28)的低周疲劳损伤验算公式可写成如下形式：

$$D_c = C' \sum_{i=1}^{n} (\beta \Delta \varepsilon_{pi})^m \tag{6.30}$$

另一种方法是模拟焊接几何参数计算局部应力的方法。这种验算方法采用的超低周疲劳强度同样取自对应的材料试样试验结果，即根据裂纹萌生位置的母材、热影响区及熔接区超低周疲劳强度曲线进行验算，而局部应变采用非常精细的有限元分析得到。由于悬臂式钢桥墩在地震作用下超低周疲劳首先在墩底焊缝位置萌生裂缝，Tateishi 等[38]提出了用焊趾位置的应变幅验算超低周疲劳强度的方法，用 0.1mm 尺度(约为焊趾尺寸的 1/10)的单元计算 T 形焊接接头焊趾位置的局部应变，考虑焊接接头的几何形状、焊趾半径的影响。为了降低计算成本，判治刚和舘石和雄[8]、Chen 和 Tateishi[39] 研究了焊趾位置应变计算的经验方法，用图 6.29 所示的计算流程计算桥墩底部四角位置的局部应变。该计算流程共包含四个弹塑性分析模型：桥墩整体板壳-实体模型、桥墩整体纤维模型、T 形焊接接头精细模型和 T 形焊接接头粗略模型。桥墩整体板壳-实体模型在焊缝位置用 1mm 尺度(与焊趾尺寸相当)的实体单元，与 T 形焊接接头粗略模型基本一致。而 T 形焊接接头精细模型的单元尺度为 0.1mm，可以模拟焊趾半径等焊接部位的几何参数，计算结果可以反映焊趾位置的局部应力状态。T 形焊接接头粗略模型和精细模型均为平面应变有限元分析模型，并受到竖向的反复荷载作用，底板处于受弯变形状态。另外，纤维模型为塑性区单元适当加密的杆系结构计算模型。

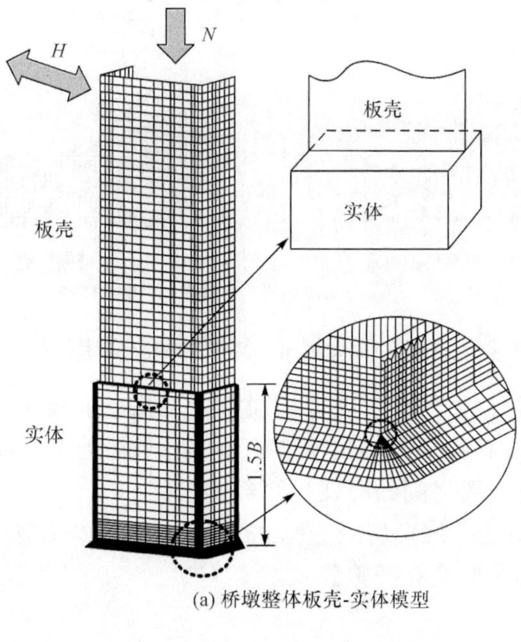

(a) 桥墩整体板壳-实体模型

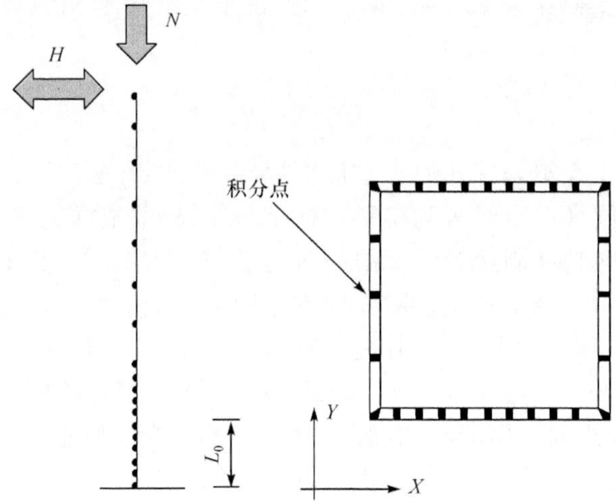

(b) 桥墩整体纤维模型

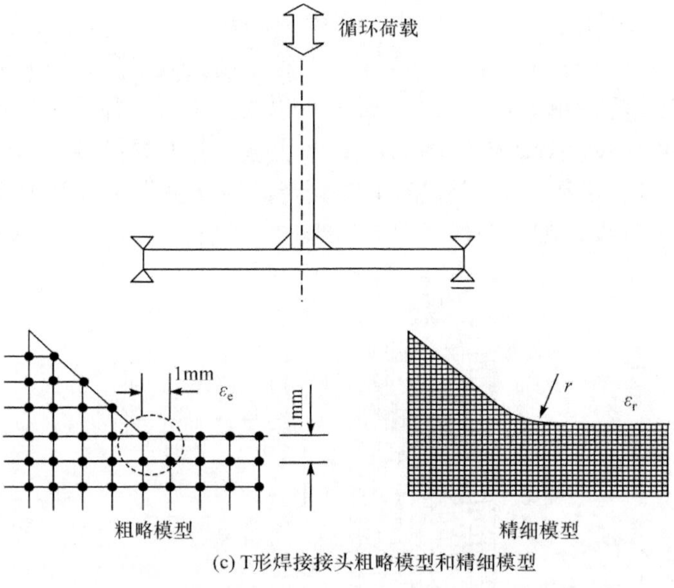

(c) T形焊接接头粗略模型和精细模型

图 6.29　墩底 T 形焊接接头焊趾局部应变计算方法[8,39]

桥墩在墩底焊接位置的局部应变幅通过以下几个步骤计算得到：

(1) 根据 T 形焊接接头粗略模型应变幅 $\Delta\varepsilon_c$ 与精细模型应变幅 $\Delta\varepsilon_l$ 的比例关系，建立两模型焊趾位置之间的应变换算经验公式。

(2) 根据杆系结构纤维模型应变幅 $\Delta\varepsilon_f$ 与板壳-实体模型应变幅 $\Delta\varepsilon_b$ 的比例关系，建立两者之间的应变换算经验公式。

通过上述两次转换以后，可用纤维模型的应变幅 $\Delta\varepsilon_f$ 替换局部应变幅 $\Delta\varepsilon_l$ 进行结构超低周疲劳验算。假设将上述转换关系表示成如下形式：

$$\begin{cases}\alpha_1=\Delta\varepsilon_l/\Delta\varepsilon_c\\ \alpha_2=\Delta\varepsilon_f/\Delta\varepsilon_b\end{cases} \tag{6.31}$$

由于T形焊接接头粗略模型与桥墩整体板壳-实体模型相同，可以认为应变集中的计算精度一致。因此，焊趾位置的局部应变幅由式(6.32)得到：

$$\Delta\varepsilon_l=\frac{\alpha_1}{\alpha_2}\Delta\varepsilon_f \tag{6.32}$$

根据式(6.25)的Coffin-Manson公式，对应的疲劳寿命验算公式为

$$\frac{\alpha_1}{\alpha_2}\Delta\varepsilon_{f,eq}N_f^k=CC_m \tag{6.33}$$

式中，$\Delta\varepsilon_{f,eq}$为桥墩纤维模型的等效应变范围。

Tateishi等以无加劲肋厚钢板单箱单室截面的桥墩为对象，对图6.30所示墩底三角形加劲肋板端部及端部焊接接头的局部应变进行了大量的计算分析，提出易发生超低周疲劳损伤的两个位置的局部应变计算经验公式，进而提出用纤维模型近似验算墩底超低周疲劳强度的方法[8,39]。

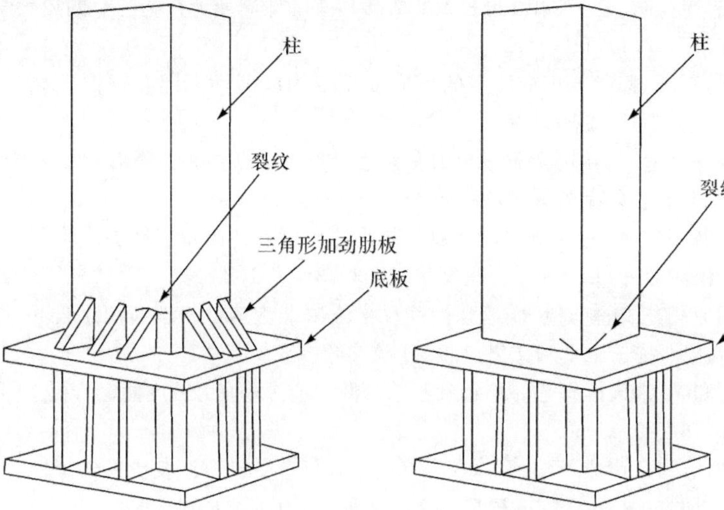

图6.30 墩底焊接部位容易发生超低周疲劳破坏的位置[8]

6.5 小 结

本章简要阐述了钢桥在地震中发生超低周疲劳的机理及金属材料低周疲劳性能的试验方法、数据处理方法，并介绍了Coffin-Manson公式、Kuroda模型、

Tateishi模型及Xue模型预测超低周疲劳寿命的方法。以我国钢桥中比较常用的钢材为对象，对Q345qC母材和焊接接头的低周疲劳性能进行了试验研究。最后以钢桥墩为对象，介绍了低周疲劳破坏位置及经验验算方法。

超低周疲劳试验的应变幅大，试样在试验过程中容易发生屈曲变形，导致试验失败。因此，目前关于钢材及其焊接接头的超低周疲劳试验数据还非常少，有待于今后进一步积累。另外，超低周疲劳破坏经过裂缝萌生、裂缝扩展及断裂破坏几个过程，偏于保守考虑把裂缝萌生状态作为疲劳寿命计算的依据，但是裂缝萌生于非常微观的局部位置，计算钢桥超低周疲劳位置的局部应变在技术上也有很大的难度。因此，可以认为钢桥的超低周疲劳强度验算方法尚未建立，可行的验算方法还有待研究。

参考文献

[1] 黄丽珍，瞿伟廉. 焊接节点构造细节的低周疲劳试验研究[J]. 华中科技大学学报(自然科学版)，2016，44(10)：36-40.

[2] 盛光敏，林振邺，樊良中，等. 焊接对热轧H型钢高应变低周疲劳行为的影响[J]. 重庆大学学报，2012，35(1)：70-75.

[3] 游翔，刘永杰，崔仕明，等. Q345B母材及其焊接接头的低周疲劳行为[J]. 四川大学学报(工程科学版)，2015，47(1)：112-117.

[4] 曾涛，陈延强，罗云蓉，等. 16MnR钢的高应变超低周疲劳性能[J]. 钢铁研究学报，2016，28(4)：53-57.

[5] 三木千壽，佐々木栄一，休場裕子，他. 引張および圧縮の塑性歪み履歴による鋼材の破壊靱性劣化[J]. 土木学会論文集，2000，640(I-50)：165-175.

[6] 佐々木栄一，荒川泰二，三木千壽，他. 鋼製橋脚における地震時脆性破壊防止に必要な鋼材の破壊靭性レベル[J]. 土木学会論文集，2003，731：93-102.

[7] 大倉一郎，田原潤，安田修，他. 繰返し塑性ひずみによる鋼材の破壊靭性低下を評価するためのモデル[J]. 構造工学論文集，1999，45A：347-356.

[8] 判治剛，舘石和雄. 鋼製橋脚基部を対象とした低サイクル疲労強度曲線の提案[J]. 鋼構造論文集，2009，16(64)：21-30.

[9] 葛漢彬，藤江涉，岩田勝成. ランダムな繰り返し載荷を受ける鋼製橋脚の延性き裂発生・進展挙動及び照査法の検証[J]. 構造工学論文集，2010，56A：342-355.

[10] 国家质量监督检验检疫总局. GB/T 15248—2008 金属材料轴向等幅低循环疲劳试验方法[S]. 北京：中国标准出版社，2008.

[11] Tateishi K，Hanji T. Low cycle fatigue strength of butt-welded steel joint by means of new testing system with image technique[J]. International Journal of Fatigue，2004，26(12)：1349-1356.

[12] Tateishi K，Hanji T，Minami K. A prediction model for extremely low cycle fatigue strength of structural steel[J]. International Journal of Fatigue，2007，29(5)：887-896.

[13] Nip K H, Gardner L, Davies C M, et al. Extremely low cycle fatigue test on structural carbon steel and stainless steel[J]. Journal of Constructional Steel Research, 2010, 66(1): 96-110.

[14] Kuroda M. Extremely low cycle fatigue life prediction based on a new cumulative fatigue damage model[J]. International Journal of Fatigue, 2002, 24 (6): 699-703.

[15] 廖燕华,谢旭,唐站站. Q345qC 钢及焊接接头低周疲劳性能与断裂机理[J]. 浙江大学学报(工学版), 2018, 52(1): 73-81.

[16] Morrow J. Cyclic plastic strain energy and fatigue of metals[J]. ASTM STP, 1965, 378: 45-87.

[17] Pereira J C R, Jesus A M P, Xavier J, et al. Ultra low-cycle fatigue behaviour of a structural steel[J]. Engineering Structures, 2014, 60(2): 214-222.

[18] Kim S J, Choi P H, Dewa R T, et al. Low cycle fatigue properties of Alloy 617 base metal and weld joint at room temperature[J]. Procedia Materials Science, 2014, 3: 2201-2206.

[19] Weigand J M, Berman J W. Behavior of butt-welds and treatments using low-carbon steel under cyclic inelastic strains[J]. Journal of Constructional Steel Research, 2012, 75: 45-54.

[20] 崔仕明,王睿东,游翔,等. Q345 低周疲劳性能与疲劳寿命预测分析[J]. 实验力学, 2014, 29(5): 537-542.

[21] Xue L. A unified expression for low cycle fatigue and extremely low cycle fatigue and its implication for monotonic loading[J]. International Journal of Fatigue, 2008, 30(10-11): 1691-1698.

[22] Kang L, Ge H B. Predicting ductile crack initiation of steel bridge structures due to extremely low-cycle fatigue using local and non-local models[J]. Journal of Earthquake and Tsunami, 2013, 17(3): 323-349.

[23] Ge H B, Kang L. A damage index-based evaluation method for predicting the ductile crack initiation in steel structures[J]. Journal of Earthquake Engineering, 2012, 16(5): 623-643.

[24] 罗云蓉,王清远,刘永杰,等. Q235、Q345 钢结构材料的低周疲劳性能[J]. 四川大学学报(工程科学版), 2012, 44(2): 169-175.

[25] Usami T, Wang C L, Funayama J. Low-cycle fatigue tests of a type of buckling restrained braces[J]. Procedia Engineering, 2011, 14(14): 956-964.

[26] 陵城成樹,足立幸郎,猪瀬幸太郎,他. 鋼製橋脚基部の地震時低サイクル疲労挙動に関する実験的研究[J]. 構造工学論文集, 2002, 48A: 649-655.

[27] Ge H B, Kang L, Tsumura Y. Extremely low-cycle fatigue tests of thick-walled steel bridge piers[J]. Journal of Bridge Engineering, 2013, 18(9): 858-870.

[28] 葛漢彬,大橋正稔,田島僚. 鋼製厚肉断面橋脚における延性き裂の発生とその進展に関する実験的研究[J]. 構造工学論文集, 2007, 53A: 493-502.

[29] Tateishi K, Chen T, Hanji T. Extremely low cycle fatigue assessment method for un-stiffened cantilever steel columns[J]. Journal of Japan of Civil Engineers Ser A1, 2008, 64(2): 288-296.

[30] Jia L J, Ge H B, Suzuki T, et al. Experimental study on cracking of thick-walled welded beam-column connections with incomplete penetration in steel bridge piers[J]. Journal of Bridge Engineering, 2015, 20(4): 1-13.

[31] Hanji T, Saiprasertkit K, Miki C. Low-and high-cycle fatigue behavior of load-carrying cruciform joints with incomplete penetration and strength under-match[J]. International Journal of Steel Structures, 2011, 11(4): 409-425.

[32] 羽田新輝，葛漢彬，速水景，他. 溶接脚長および溶け込み深さが鋼製橋脚隅角部の延性き裂発生進展に及ぼす影響[J]. 土木学会論文集 A1(構造・地震工学), 2013, 69(4): I_989-I_1001.

[33] 羽田新輝，葛漢彬. 異なる未溶着高さを有する鋼製橋脚隅角部の耐震性能に及ぼす十字継手部の溶接ビード脚長とフィレット半径の影響に関する研究[J]. 土木学会論文集 A1(構造・地震工学), 2014, 70(4): I_140-I_149.

[34] 加藤弘務，葛漢彬，羽田新輝. ルートギャップを有さない溶接継手部の未溶着比率が鋼製橋脚隅角部の延性き裂発生・進展に及ぼす影響[J]. 土木学会論文集 A1(構造・地震工学), 2015, 71(4): I_349-I_362.

[35] Sakano M, Wahab M A. Extremely low cycle (ELC) fatigue cracking behaviour in steel bridge rigid frame piers[J]. Journal of Materials Processing Technology, 2001, 118(1-3): 36-39.

[36] 葛漢彬，藤江渉，田島僚. 鋼構造物の延性き裂発生の評価法の実験データによる検証[J]. 構造工学論文集 A, 2009, 55A: 617-628.

[37] 森翔吾，葛漢彬，萩野勝哉，他. 無補剛断面鋼製橋脚の延性き裂に対する簡易照査法の再検討-構造パラメータがひずみ集中補正係数に及ぼす影響[J]. 土木学会論文集 A1(構造・地震工学), 2013, 69(4): I_517-I_527.

[38] Tateishi K, Chen T, Hanji T. A new local strain based approach to low cycle fatigue assessment of welded joint[J]. Japanese Society of Steel Construction, 2006, 13(52): 73-81.

[39] Chen T, Tateishi K. Extremely low cycle fatigue assessment of thick walled steel pier using local strain approach[J]. Journal of Structural Engineering, 2007, 53A: 485-492.

第 7 章　超低周疲劳的损伤力学计算方法基础

7.1　概　述

反复荷载下钢结构的超低周疲劳寿命除了基于疲劳寿命曲线及损伤累积准则的经验方法预测外,最近一些学者尝试用微空穴成长理论和连续损伤力学理论对结构超低周疲劳寿命进行预测。这些方法尽管还不完善,但为分析结构损伤演化过程和优化构造设计提供了理论手段。

损伤力学和断裂力学分别是研究材料损伤和失效过程的力学体系。损伤力学是根据材料中的微缺陷发展对结构力学特性的影响来研究结构损伤的形成和演化规律;而断裂力学则是着眼于分析带裂纹的结构在内外因素作用下的裂纹再萌生、扩展直至断裂的过程。目前,断裂力学在分析结构疲劳失效问题中已取得了不少研究进展,形成了线弹性断裂力学和弹塑性断裂力学两个体系。但由于断裂力学侧重于对裂纹扩展过程的分析,适用于存在裂纹的结构在外力作用下的破坏过程分析,这种方法对于初始缺陷不明显的钢结构超低周疲劳韧性开裂计算并不适用[1,2]。为此,基于材料塑性损伤机制的力学模型在结构超低周疲劳失效分析中受到广泛关注,其中基于三轴应力度和塑性应变的金属材料空穴聚合型断裂机理计算模型、考虑空穴率的 GTN 模型及连续损伤力学模型是三种具有代表性的计算方法,经过一些学者的改进已初步具有预测钢材在反复荷载下的延性开裂或者失效过程的能力。

本章首先阐述钢材韧性损伤破坏的微观塑性损伤机制力学模型的相关理论,介绍相关材料参数的标定方法;然后以梁柱节点、钢桥墩为例介绍微观塑性损伤机制在预测结构超低周疲劳寿命中的应用。由于研究历史较短,基于材料塑性损伤机制的计算理论方法、材料的特征参数取值及定量评价等尚处于研究阶段,还有待进一步完善。

7.2　超低周疲劳破坏的特征及材料微空穴扩张理论

7.2.1　低周和超低周疲劳破坏的特征

钢材在反复荷载下的宏观失效形式有延性破坏和脆性破坏两种。高周疲劳破坏表现为脆性破坏,低周疲劳破坏也以脆性破坏为主,而荷载循环次数低于 20 次的超低周疲劳则首先表现为延性开裂,经过裂纹扩展过程后结构发生脆性破坏。

Kuwamura[3]根据材料试样的低周和超低周疲劳裂纹形貌对比,发现脆性的低周疲劳破坏和延性的超低周疲劳破坏的断口形貌有比较大的差异。如图 7.1 所示,延性破坏的裂纹具有钝、宽、开口大的特征,圆棒试样的断口呈现杯口状,断口有明显韧窝;而脆性破坏的裂纹具有尖、窄、深的特征,在断口周围没有形成微空穴,断裂通常以沿晶或穿晶解理断裂为特征。近年来,随着低周、超低周疲劳试验研究的积累,人们已经认识到地震中钢桥墩的开裂破坏属于超低周疲劳破坏范畴,其破坏机理为延性开裂。

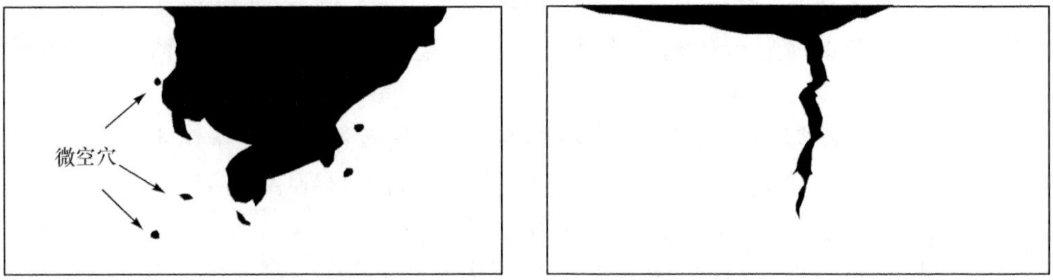

(a) 延性开裂　　(b) 脆性开裂

图 7.1　钢材延性和脆性疲劳破坏的裂纹形貌[3]

另外,Kuwamura[3]根据带缺口圆棒试样的疲劳试验结果,认为超低周疲劳寿命并不是低周疲劳寿命预测曲线的延伸,两者有不一致的发展趋势。如图 7.2 所示,钢材延性的超低周疲劳破坏寿命在 20 周以内,脆性的低周疲劳破坏寿命大于 30 周,在这两者之间为过渡区,对数预测曲线的发展趋势不同。因此,传统的 Coffin-Mason 公式不能兼顾低周和超低周疲劳寿命的预测。

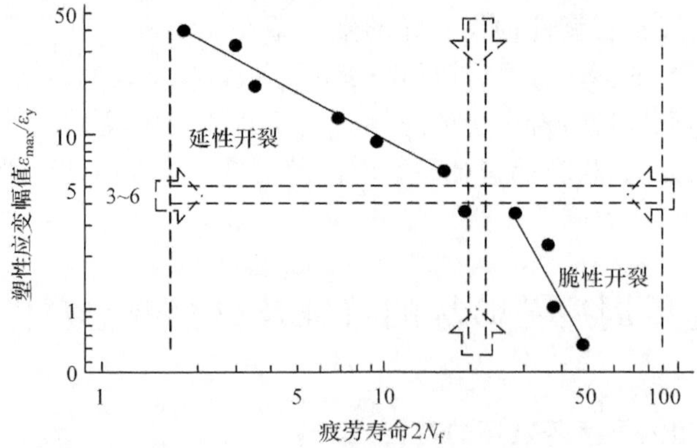

图 7.2　钢材低周及超低周疲劳寿命预测曲线[3]

如上所述，钢材的超低周疲劳破坏是以延性开裂为特征。因此，基于延性破坏机理的超低周疲劳寿命预测方法受到广泛关注。Anderson[4] 根据钢材的延性断裂通常伴随较大的塑性变形和微空穴扩张而发展的特征，用如图 7.3 所示的微空穴聚合型断裂机理来解释材料的延性破坏过程。该机理认为钢材基体中的二相粒子或非金属夹杂质点在充分大的局部应力作用下与基体粘结界面发生脱离，并在夹杂质点处形核（图 7.3(a)和(b)）；微空穴形核后，不断增强的三轴拉应力场使空穴体积不断扩大，塑性应变在微空穴间韧带区域累积（图 7.3(c)和(d)）；当应力继续增大时，相邻微空穴间韧带发生“颈缩”并失稳扩展，最终形成宏观裂纹（图 7.3(e)和(f)）。上述过程大致可分为空穴形核、扩张和聚合三个阶段。

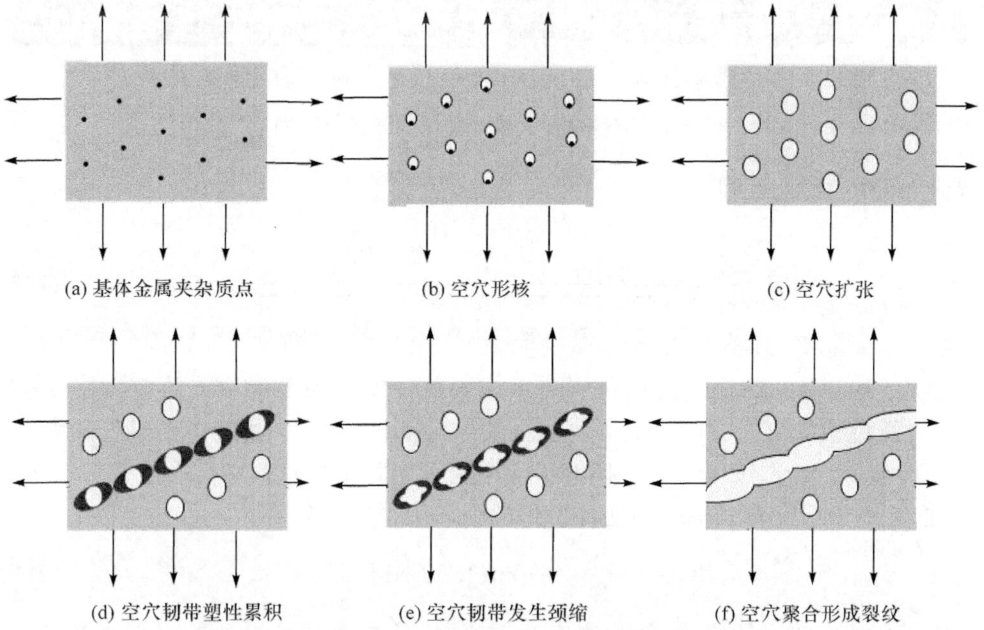

图 7.3　空穴形核、扩张和聚合引起材料韧性断裂机理[4]

上述破坏机理在试样拉伸断裂的断口形貌中也得到了验证。试验结果表明，延性断裂伴随着材料内部微空穴的形核与聚合过程，断裂前有较大的塑性变形和微空穴扩张，断口有明显的韧窝，而脆性断裂则不然。图 7.4 为延性断裂和脆性断裂的断口对比，从断口形貌能反映出两种破坏形式的机理差异。

7.2.2　材料微空穴扩张模型

根据钢材拉剪破坏试验结果，发现断裂区的应力三轴度对材料的断裂性能有显著的影响[5,6]，应力三轴度越大，断裂时的塑性应变越小。应力三轴度表示该区域受周围多轴应力场的约束程度，用三轴平均应力（即静水应力）与 von Mises 等

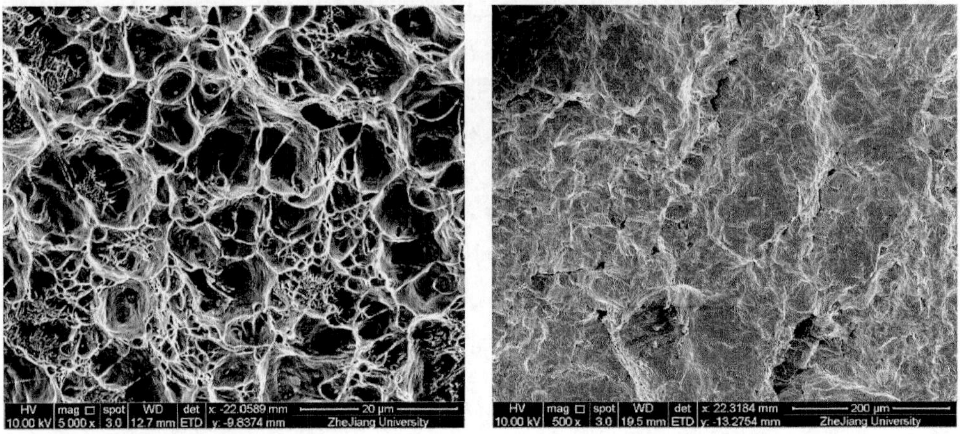

(a) 延性断裂的断口扫描　　(b) 脆性断裂的断口扫描

图 7.4　钢材延性及脆性破坏的断口电镜扫描

效应力的比值表示，即

$$T=\frac{\sigma_{\mathrm{m}}}{\sigma_{\mathrm{eq}}}=\frac{\frac{1}{3}(\sigma_1+\sigma_2+\sigma_3)}{\sqrt{\frac{1}{2}\left[(\sigma_1-\sigma_2)^2+(\sigma_2-\sigma_3)^2+(\sigma_3-\sigma_1)^2\right]}} \tag{7.1}$$

式中，T 为应力三轴度；σ_{m}、σ_{eq}分别表示三轴平均应力和 Mises 等效应力；σ_1、σ_2 和 σ_3 为计算位置的三个方向主应力。当三个方向都是拉应力时，应力三轴度较大。

1969 年，Rice 和 Tracey[7]研究了无限大理想弹塑性材料中球形空穴的扩张规律，推导出基于应力三轴度和塑性变形的空穴半径增长公式：

$$\frac{\mathrm{d}R}{R}=C\exp(1.5T)\,\mathrm{d}\varepsilon_{\mathrm{eq}}^{\mathrm{p}} \tag{7.2}$$

式中，$\mathrm{d}R$ 为空穴半径增量；R 为空穴当前半径；C 为由试验得到的材料常数，表示空穴扩张速率；$\mathrm{d}\varepsilon_{\mathrm{eq}}^{\mathrm{p}}$为等效塑性应变增量，表示为

$$\mathrm{d}\varepsilon_{\mathrm{eq}}^{\mathrm{p}}=\sqrt{\frac{2}{3}\mathrm{d}\varepsilon_{ij}^{\mathrm{p}}\,\mathrm{d}\varepsilon_{ij}^{\mathrm{p}}} \tag{7.3}$$

Rice-Tracey 认为，当应力-应变历史使空穴半径超过某个临界值时，材料在该点发生断裂。通过对式(7.2)两边积分可以得到材料发生断裂破坏的临界条件，即

$$\int_0^{\varepsilon_{\mathrm{eq,cr}}^{\mathrm{p}}}\exp(1.5T)\,\mathrm{d}\varepsilon_{\mathrm{eq}}^{\mathrm{p}}-\eta=0 \tag{7.4}$$

式中，$\varepsilon_{\mathrm{eq,cr}}^{\mathrm{p}}$为临界累积等效塑性应变；$\eta$ 表示单调拉伸时的材料韧性参数。这两个参数均需要通过材料试样的拉伸试验和有限元数值分析得到，详见 7.5 节。

式(7.4)表示当拉伸累积等效塑性应变超过临界累积等效塑性应变时，材料将发生延性启裂，上述计算理论称为空穴扩张模型(VGM)的断裂判据。

虽然许多材料在单调拉伸过程中累积等效塑性应变不断增大，但应力三轴度 T 几乎不变。Hancock 和 Mackenzie[8] 假定空穴扩张时应力三轴度保持不变，提出了应力修正临界应变模型(SMCS)的断裂判据。SMCS 模型的断裂判据为式(7.4)的简化形式，即

$$\varepsilon_{\mathrm{eq,cr}}^{\mathrm{p}}-\alpha\exp(-1.5T)=0 \tag{7.5}$$

式中，α 为 SMCS 模型的材料韧性参数，同样需要通过材料试样的拉伸试验和有限元数值计算得到，详见 7.5 节。

SMCS 模型的断裂判据与 VGM 模型的断裂判据的区别在于是否考虑应力三轴度随加载历史的变化。Chi 等[9]通过带缺口的钢材圆棒试样拉伸试验和精细有限元分析，校正了美国 A572 Grade 50 钢材的 SMCS 模型参数，并通过梁柱节点试验验证了 SMCS 模型对大尺度节点延性破坏的预测精度，认为 SMCS 模型能够预测没有初始裂纹的金属材料的延性破坏。另外，Kanvinde 和 Deierlein[10,11]通过 12 个试样的拉伸试验，也验证了 VGM 模型和 SMCS 模型预测钢材延性开裂的有效性。

7.3　超低周疲劳破坏评价的 CVGM 模型和 DSPS 模型

超低周疲劳破坏属于材料在反复荷载下的延性破坏。Kanvinde 等[12-16]在上述空穴扩张模型的基础上，进一步提出了循环空穴扩张模型(CVGM)和退化有效塑性应变模型(DSPS)，用于分析钢材在反复荷载下的超低周疲劳开裂寿命。

根据式(7.2)，定义在一个应变历史阶段的空穴增长指标(VGI)为

$$\mathrm{VGI}=\frac{\ln(R/R_0)}{C}=\int_{\varepsilon_1}^{\varepsilon_2}\exp(1.5T)\,\mathrm{d}\varepsilon_{\mathrm{eq}}^{\mathrm{p}} \tag{7.6}$$

式中，R_0 为空穴初始半径；ε_1、ε_2 为积分上、下限。

空穴扩张模型认为当应力三轴度为正时空穴扩张，否则空穴收缩。Kanvinde 等根据这种拉伸和压缩应变对空穴扩张不同影响的特点，在循环应变条件下将 VGM 模型中的拉伸和压缩应变分开来表示，提出如下循环荷载下的空穴增长指标($\mathrm{VGI_{cyclic}}$)：

$$\mathrm{VGI_{cyclic}}=\sum_{\text{tensile-cycles}}\int_{\varepsilon_1}^{\varepsilon_2}\exp(|1.5T|)\,\mathrm{d}\varepsilon_{\mathrm{eq}}^{\mathrm{p}}-\sum_{\text{compressive-cycles}}\int_{\varepsilon_1}^{\varepsilon_2}\exp(|1.5T|)\,\mathrm{d}\varepsilon_{\mathrm{eq}}^{\mathrm{p}} \tag{7.7}$$

式中，等号右侧第一项的积分上、下限分别为每一受拉循环开始和结束时的等效塑性应变；第二项的积分上、下限分别为每一受压循环开始和结束时的等效塑性应

变。由于缺乏试验数据,式(7.7)假定空穴受拉状态下的扩张速率与受压状态下的收缩速率相同。

由于循环荷载作用下的损伤累积机理与单调荷载有所不同,两者发生开裂的临界空穴尺寸也不相同,循环荷载作用下的临界空穴尺寸小于单调荷载下的临界值。Myers 等[17,18]选取累积等效塑性应变 ε_{eq}^{p} 作为损伤变量 D,给出了循环荷载下的临界空穴尺寸与单调荷载下的临界空穴尺寸的关系:

$$\ln\left(\frac{R}{R_0}\right)_{\text{cyclic}}^{\text{critical}}=f(D)\ln\left(\frac{R}{R_0}\right)_{\text{monotonic}}^{\text{critical}} \tag{7.8}$$

式中,$D(=\varepsilon_{eq}^{p})$为损伤变量;$f(D)$为循环加载过程中表征损伤程度的函数。

对于一个给定的材料点,在每个受拉循环开始时计算此刻之前所有加载历史造成的等效塑性应变,作为累积等效塑性应变,即损伤变量 D。根据试验和有限元分析结果,损伤函数可用如下指数函数来表示[17,18]:

$$f(D)=\exp(-\lambda_{\text{CVGM}}\varepsilon_{eq}^{p})=\exp(-\lambda_{\text{CVGM}}D) \tag{7.9}$$

式中,λ_{CVGM}为材料损伤退化参数,可由圆周平滑槽口试样的循环加载试验和有限元分析结果的拟合得到;ε_{eq}^{p}为每个受拉循环开始时的累积等效塑性应变。因此,在循环荷载下的临界空穴增长指标($\text{VGI}_{\text{cyclic}}^{\text{critical}}$)可表示为

$$\text{VGI}_{\text{cyclic}}^{\text{critical}}=\eta\exp(-\lambda_{\text{CVGM}}\varepsilon_{eq}^{p}) \tag{7.10}$$

综上所述,可得到循环荷载下材料开裂临界状态的表达式为

$$\sum_{\text{tensile-cycles}}\int_{\varepsilon_1}^{\varepsilon_2}\exp(|1.5T|)\,\mathrm{d}\varepsilon_{eq}^{p}-\sum_{\text{compressive-cycles}}\int_{\varepsilon_1}^{\varepsilon_2}\exp(|1.5T|)\,\mathrm{d}\varepsilon_{eq}^{p}=\text{VGI}_{\text{cyclic}}^{\text{critical}} \tag{7.11}$$

式(7.11)的临界开裂条件也可以简单地表示为

$$\text{VGI}_{\text{cyclic}}=\text{VGI}_{\text{cyclic}}^{\text{critical}} \tag{7.12}$$

图 7.5 表示材料在循环加载过程中按式(7.7)和式(7.10)计算得到的空穴增长指标 $\text{VGI}_{\text{cyclic}}$和临界空穴增长指标 $\text{VGI}_{\text{cyclic}}^{\text{critical}}$的变化规律。可以看出,随着循环次数的增加,材料的 $\text{VGI}_{\text{cyclic}}$增加而 $\text{VGI}_{\text{cyclic}}^{\text{critical}}$减小,特别是当 $\text{VGI}_{\text{cyclic}}>\text{VGI}_{\text{cyclic}}^{\text{critical}}$时,表示材料达到了发生超低周疲劳开裂的临界条件。

类似于单调拉伸的 SMCS 模型,如假定循环加载过程中材料的应力三轴度绝对值保持不变,则式(7.7)和式(7.10)可改写为如下形式[19]:

$$\begin{cases}\bar{\varepsilon}_{eq,\text{cyclic}}^{p}=\varepsilon_{eq,t}^{p}-\varepsilon_{eq,c}^{p}\\ \bar{\varepsilon}_{eq,cr}^{p}=\varepsilon_{eq,cr}^{p}\exp(-\lambda_{\text{DSPS}}\varepsilon_{eq}^{p})\end{cases} \tag{7.13}$$

式中,$\bar{\varepsilon}_{eq,\text{cyclic}}^{p}$表示受拉循环和受压循环的累积等效塑性应变之差;$\varepsilon_{eq,t}^{p}$、$\varepsilon_{eq,c}^{p}$分别为受拉循环和受压循环的累积等效塑性应变;$\bar{\varepsilon}_{eq,cr}^{p}$为受拉循环和受压循环的累积等效塑性应变之差的临界值;$\varepsilon_{eq,cr}^{p}$为单调加载情况下的临界累积等效塑性应变;λ_{DSPS}

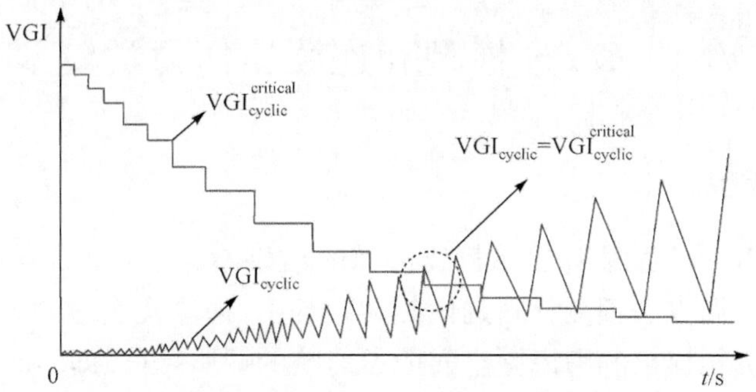

图 7.5　循环荷载下 VGI_{cyclic} 和 $VGI_{cyclic}^{critical}$ 的发展规律

为材料损伤退化参数，可由开圆周平滑槽口试样的循环加载试验和有限元分析结果的拟合得到。

当 $\bar{\varepsilon}_{eq,cyclic}^{p}>\varepsilon_{eq,cr}^{p}$ 时，表示材料达到发生超低周疲劳破坏的条件，即开裂临界条件为

$$\bar{\varepsilon}_{eq,cyclic}^{p}-\varepsilon_{eq,cr}^{p}\exp(-\lambda_{DSPS}\varepsilon_{eq}^{p})=0 \tag{7.14}$$

式(7.13)和式(7.14)所表示的循环荷载下材料超低周疲劳的判断条件称为 DSPS 模型。DSPS 模型是 CVGM 模型的一种退化形式，DSPS 模型不考虑循环加载过程中的应力三轴度变化，因此计算过程简便，但计算精度不如 CVGM 模型[14]。DSPS 模型是 SMCS 模型在循环荷载作用下的延伸，在计算时需要获得单调加载下的材料韧性参数 α。

延性开裂是材料的整体行为，而不是单个材料点的行为，因此应用上述 VGM、SMCS、CVGM、DSPS 微观机制模型判断材料开裂时，还需要定义一个包含若干材料点的特征长度参数 l^*，微观机制模型必须在特征长度 l^* 上得到满足才能引起开裂。l^* 的大小取决于材料的微观结构，可由材料断裂试样的断口电镜扫描试验得到。一些学者建议使用的 l^* 取两个界限值和一个平均值，下限值取材料平均波纹直径的两倍，上限值取观察电子照片得到的最大凸起或凹陷部分的长度，平均值取大概 10 个凸起或凹陷部分的长度平均值，这是 l^* 最可能的值[8]。

需要指出的是，VGM、SMCS、CVGM 和 DSPS 模型是基于材料平均应力较大的前提下推导得到的开裂判断条件，因此这些模型只适用于高应力三轴度的情况。同时，SMCS、DSPS 模型忽略了应力三轴度在加载过程中的变化，不适用于应力三轴度变化较为剧烈的情况。由于 SMCS、DSPS 模型不需要积分计算，计算过程简便，而需要应力-应变积分的 VGM、CVGM 模型计算较为复杂，预测精度高。

此外，Kanvinde 和 Deierlein[12,16] 在推导 CVGM 模型时，假定了微空穴受拉状态下的扩张速率与受压状态下的收缩速率相同，其合理性还有待验证。

7.4 GTN 模型和连续损伤力学模型

7.4.1 GTN 模型

由于断裂力学计算材料延性断裂得到的结果不合理，1968 年以来，许多学者尝试用其他的计算方法预测材料延性破坏。其中，最具代表性的方法之一是 Gurson[20-22]在 1977 年提出的考虑微空穴成长影响的屈服条件，即 Gurson 模型。

Gurson 模型考虑了静水应力和空穴体积分数对材料屈服的影响，认为塑性变形导致空穴体积分数不断增加，最终因空穴相互连接形成宏观断裂。Tvergaard 等[23-25]进一步考虑空穴周围的非均匀应力场、相邻空穴之间的相互作用和材料屈服后的强化以及特殊情况下生成剪切带等因素，对 Gurson 模型进行了修正，形成了目前广泛应用的 GTN 模型(Gurson-Tvergaard-Needleman 模型)，其屈服函数 Φ 表示为

$$\Phi=\left(\frac{\sigma_{\mathrm{eq}}}{\sigma_{\mathrm{s}}}\right)^2+2q_1 f^* \cosh\frac{3q_2\sigma_{\mathrm{m}}}{2\sigma_{\mathrm{s}}}-1-q_3 f^{*2}=0 \tag{7.15}$$

式中，σ_{eq}为 von Mises 等效应力；σ_{s}为基体材料当前的等效屈服应力；σ_{m} 为静水应力；f^* 为损伤变量；q_1、q_2和 q_3是 Tvergaard、Needleman 为了使得理论计算结果与试验结果一致而引入的模型修正系数，当三个参数均为 1.0 时，GTN 模型退化为原始的 Gurson 模型。当 $f^*=0$ 时，上述屈服函数等价于 von Mises 屈服条件；当 $f^*=1$ 时，屈服函数在应力空间中变成一个点。

损伤变量 f^* 是微空穴体积分数 f 的函数，Tvergaard 和 Needleman[23]提出由式(7.16)计算得到：

$$f^*=\begin{cases} f, & f\leqslant f_{\mathrm{c}} \\ f_{\mathrm{c}}+\dfrac{f_{\mathrm{u}}^*-f_{\mathrm{c}}}{f_{\mathrm{f}}-f_{\mathrm{c}}}(f-f_{\mathrm{c}}), & f>f_{\mathrm{c}} \end{cases} \tag{7.16}$$

式中，f_{c} 为空穴开始发生聚合时的临界空穴体积分数；f_{f} 为材料发生断裂时的临界空穴体积分数；f_{u}^* 并没有什么物理意义，令 $f_{\mathrm{u}}^*=1/q_1$来模拟承载力的消失。

Tvergaard 和 Needleman[23]认为，空穴的演变过程可以分成两部分，一部分是初始空穴的扩张过程，另一部分是空穴的形核过程，其表达式为

$$\mathrm{d}f=\mathrm{d}f_{\mathrm{growth}}+\mathrm{d}f_{\mathrm{nucleation}} \tag{7.17}$$

式中，$\mathrm{d}f_{\mathrm{growth}}$为原有空穴扩张引起的空穴体积分数增量；$\mathrm{d}f_{\mathrm{nucleation}}$为空穴形核引起的空穴体积分数增量。

假设基体材料是不可压缩的，则空穴扩张由宏观的塑性变形决定：

$$\mathrm{d}f_{\mathrm{growth}}=(1-f)\mathrm{d}\varepsilon_{kk}^{\mathrm{p}} \tag{7.18}$$

式中，$\mathrm{d}\varepsilon_{kk}^{\mathrm{p}}$ 为宏观塑性应变分量增量，$\mathrm{d}\varepsilon_{kk}^{\mathrm{p}}=\mathrm{d}\varepsilon_{11}^{\mathrm{p}}+\mathrm{d}\varepsilon_{22}^{\mathrm{p}}+\mathrm{d}\varepsilon_{33}^{\mathrm{p}}$。

假设空穴形核是由塑性应变控制，则空穴形核引起的空穴体积分数增量为

$$\mathrm{d}f_{\mathrm{nucleation}}=B\mathrm{d}\varepsilon_{\mathrm{eq}}^{\mathrm{p}} \tag{7.19}$$

假设空穴形核的过程服从正太分布，Chu 和 Needleman[26] 给出系数 B 为

$$B=\frac{f_{\mathrm{N}}}{S_{\mathrm{N}}\sqrt{2\pi}}\exp\left(-\frac{1}{2}\frac{\varepsilon_{\mathrm{eq}}^{\mathrm{p}}-\varepsilon_{\mathrm{N}}}{S_{\mathrm{N}}}\right) \tag{7.20}$$

式中，f_{N}是空穴形核粒子的临界体积分数；ε_{N}是空穴形核的平均等效塑性应变；S_{N}是空穴形核等效塑性应变的标准方差。

GTN 模型实质是在屈服函数中考虑了由空穴扩张引起的应力软化效应，拓展了传统的塑性理论。传统的塑性理论假设塑性体积不可压缩，材料的屈服与静水应力无关，而 GTN 模型考虑了静水应力对材料屈服的影响，并将材料的屈服与损伤联系起来，其屈服面随着空穴体积分数的增大而逐渐缩小，从而可以反映材料在变形过程中随着损伤的发展而不断劣化的特性。

由于该模型在有限元分析中容易实现，GTN 模型是国内外应用最广泛的金属损伤本构模型之一，通用有限元程序(如 ABAQUS)装配了 GTN 模型，进一步推动了 GTN 模型在延性破坏分析中的应用。有很多学者应用 GTN 模型研究了材料的破坏行为，如 Chen[27] 采用 GTN 模型编制了 ABAQUS 中的用户子程序，对 API-X70 和 API-X100 两种高强度钢材进行了单向拉伸材性试验，获取所需的 GTN 参数，对钢管道结构的损伤和裂缝的产生进行了模拟，证明了 GTN 模型能够很好地预测高强钢管道裂缝的产生；王国珍等[28] 采用 ABAQUS 自带的 GTN 模型对不同缺口半径的 C_2Mn 钢圆棒拉伸试样的延性断裂进行有限元模拟；邢佶慧等[29] 对 Q345B 低合金钢和 A304 奥氏体不锈钢进行了单向拉伸和滞回试验，并调试了包含 GTN 模型的子程序，对缺口圆棒的荷载位移曲线进行有限元模拟并获取了 Q345B 钢的 GTN 损伤参数；刘文涛[30] 应用编制的 GTN 子程序对多种钢材的滞回性能进行了研究。

但是，GTN 模型也存在一些问题：

(1) 模型中 9 个损伤参数直接测量比较困难，且参数间的相互影响关系不明确。

(2) 用有限元分析和试验结果标定的参数移植性较差，并受网格尺寸的影响，不能实现稳定的预测结果。

(3) GTN 模型基于等向强化材料假设，不能考虑往复荷载下的包辛格效应。

由于 GTN 模型存在一些缺点，很少有人将其应用于钢材的超低周疲劳断裂

预测。

7.4.2 连续损伤力学模型

连续介质损伤力学是通过引入表征损伤的内部状态变量，研究微观缺陷对材料宏观整体平均力学特性的方法。这种模型既能反映材料微观结构的变化，又能说明材料宏观力学性能的行为[31-33]。在连续损伤力学中，所有离散的微缺陷被连续化，它们对材料的影响用一个或几个连续的内部场变量来表示，这种变量称为损伤变量。

Kachanov[34]在研究蠕变脆性断裂时提出了连续度的概念。连续度 $\psi=A/A_0$ 的物理意义为材料实际承载面积 A（扣除了由于微缺陷而不能承载的面积）与无损状态下的承载面积 A_0 之比，用它来描述材料受损过程的性能退化（图 7.6）。Rabotnov[35]在研究金属的蠕变本构方程问题时提出损伤因子 ω 和有效应力 $\tilde{\sigma}$ 的概念，即

$$\begin{cases}\omega=1-\psi \\ \tilde{\sigma}=\dfrac{\sigma}{1-\omega}\end{cases} \tag{7.21}$$

当 $\omega=0$ 时，表示没有材料发生损伤；当 $\omega=1$ 时，表示材料发生断裂。其中 σ 为 Cauchy 应力。

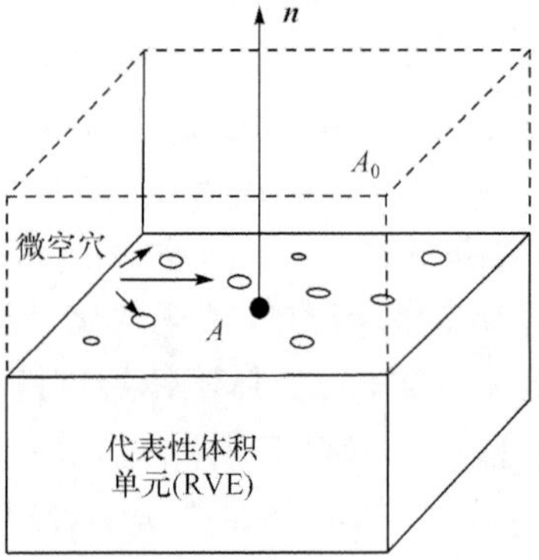

图 7.6 连续度定义

Lemaitre[36]在有效应力概念的基础上，提出有重要意义的应变等效原理，即损伤材料在有效应力作用下的应变与无损材料在 Cauchy 应力作用下的应变等效。应变等效原理可表示为

$$\varepsilon=\frac{\tilde{\sigma}}{E}=\frac{\sigma}{E(1-\omega)} \quad (\omega\neq 1) \tag{7.22}$$

Bonora[37]基于 Lemaitre 的研究工作，提出一种非线性连续损伤力学模型。

该模型把微空穴成长过程中的损伤发展反映到材料本构关系的变化中，通过改变材料的力学特性来考虑损伤对结构宏观力学性能的影响。

在单调拉伸荷载作用下，材料的损伤增量可表示为[37]

$$\begin{cases} dD = c\dfrac{(D_{cr}-D_0)^{1/c}}{\ln(\varepsilon_f/\varepsilon_{th})}f(T)(D_{cr}-D)^{1-1/c}\dfrac{d\varepsilon_{eq}^p}{\varepsilon_{eq}^p} \\ f(T) = \dfrac{2(1+\mu)}{3}+3(1-2\mu)T^2 \end{cases} \tag{7.23}$$

式中，c 为材料参数；D_0、D_{cr}分别为材料初始损伤值和材料断裂时的临界损伤值；ε_{th}为单轴损伤应变阈值（开始发生塑性损伤时的应变）；ε_f 为单轴断裂应变；μ 为泊松比；$f(T)$表征应力三轴度 T 对损伤发展影响的函数。

假定单调比例加载时的应力三轴度 T 在加载过程中保持不变，对式(7.23)进行积分后可得损伤 D 为

$$D = D_0+(D_{cr}-D_0)\left\{1-\left[1-\frac{\ln(\varepsilon_{eq}^p/\varepsilon_{eq,th}^p)}{\ln(\varepsilon_f/\varepsilon_{th})}f(T)\right]^c\right\} \tag{7.24}$$

式中，$\varepsilon_{eq,th}^p$为材料在多轴受力状态下的损伤塑性应变阈值。

当损伤 D 达到临界损伤值 D_{cr}时，

$$\varepsilon_{eq}^p = \varepsilon_{eq,f}^p \tag{7.25}$$

式中，$\varepsilon_{eq,f}^p$为累积等效塑性断裂应变。

此时，式(7.24)可简化为如下形式：

$$\frac{\ln(\varepsilon_{eq,f}^p/\varepsilon_{eq,th}^p)}{\ln(\varepsilon_f/\varepsilon_{th})}f(T) = 1 \tag{7.26}$$

Bonora[38]假定应力三轴度对损伤塑性应变阈值的影响很小，即 $\varepsilon_{eq,th}^p \approx \varepsilon_{th}$，则$\varepsilon_{eq,f}^p$由式(7.27)计算得到：

$$\varepsilon_{eq,f}^p = \varepsilon_{th}\left(\frac{\varepsilon_f}{\varepsilon_{th}}\right)^{1/f(T)} \tag{7.27}$$

式(7.27)表征了单调比例加载情况下应力三轴度 T 与累积等效塑性断裂应变 $\varepsilon_{eq,f}^p$之间的关系，结果如图 7.7 所示。可以看出，累积等效塑性断裂应变 $\varepsilon_{eq,f}^p$随应力三轴度 T 的增大而减小，这一结论在文献[38]中得到了验证。

为使连续损伤力学模型可以应用于超低周疲劳断裂预测，Tong 等[39]提出以下假定：

(1) 只有当应力三轴度 T 为正且有效累积等效塑性应变 ε_{eq}^{p+} 大于损伤塑性应变阈值时，材料才会发生损伤累积，即

$$d\varepsilon_{eq}^{p+} = d\varepsilon_{eq}^p H(T) \tag{7.28}$$

式中，

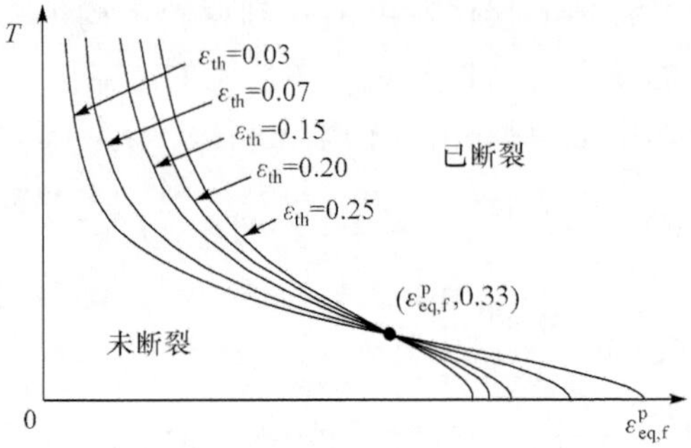

图 7.7　应力三轴度与累积等效塑性断裂应变的关系

$$H(T)=\begin{cases}0, & T<0\\ 1, & T\geqslant 0\end{cases} \tag{7.29}$$

式(7.28)和式(7.29)表示只有当 $T\geqslant 0$ 时，$d\varepsilon_{eq}^{p+}=d\varepsilon_{eq}^{p}$，否则 $d\varepsilon_{eq}^{p+}=0$。

D 和 ε_{eq}^{p+} 只有在受拉时累积，因此在循环荷载下的损伤演化过程如式(7.30)所示：

$$dD=c\frac{(D_{cr}-D_0)^{1/c}}{\ln(\varepsilon_f/\varepsilon_{th})}f(T)(D_{cr}-D)^{1-\frac{1}{c}}\frac{d\varepsilon_{eq}^{p+}}{\varepsilon_{eq}^{p}} \tag{7.30}$$

(2) 损伤对材料刚度的影响通过有效弹性模量的定义来表示，即

$$E=E_0[1-D\cdot H(T)] \tag{7.31}$$

式中，E_0 为材料初始弹性模量；E 为材料有效弹性模量，即当前弹性模量。

尽管连续损伤力学模型假定只在受拉部分损伤累积，但它也能间接反映压应力对损伤演化的影响。图 7.8 为材料分别在两种循环荷载作用下的损伤演化规律，L 和 S 具有相同的拉应变循环，但 L 的压应变大于 S 的压应变。如图所示，较大的压应变会导致以后的拉伸循环产生更大的有效累积等效塑性应变，扩大了损伤程度。

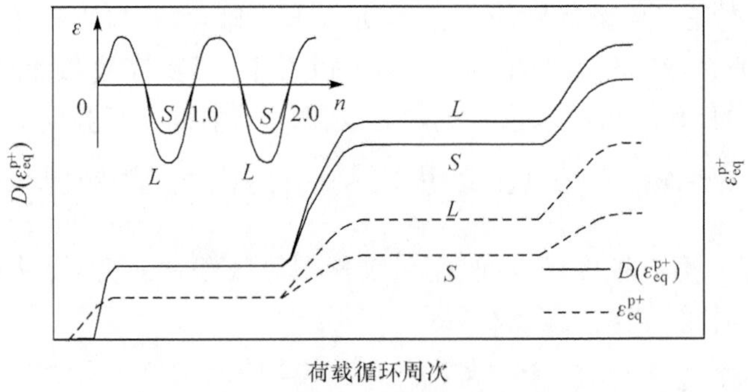

图 7.8　在两种不同循环荷载下连续损伤的发展过程

连续损伤力学理论体系严密，在工程上应用广泛，根据试验得到的应力-应变曲线可以对结构进行损伤分析。但采用连续损伤力学模型进行分析时，有限元的网格尺寸对计算结果的影响较大，文献[39]网格尺寸选取 0.5mm，也有一些研究学者建议选取 0.2mm[40]。

7.5　微观损伤机制计算模型的材料参数标定

材料参数标定的基本方法是通过材料试验结果与理论分析结果的对比，反算出两者接近甚至完全一致时的材料参数。材料试验一般采用如图 7.9 所示的平滑缺口圆棒试样的拉伸或反复荷载试验。之所以选用平滑缺口圆棒试样作为材料参数标定，是因为通过改变平滑圆周缺口半径可以形成不同的三轴应力状态，即选取不同的缺口半径 R 可以改变试样的应力三轴度 T；另外，缺口截面的断裂损伤指标分布平缓，试样中心区域同时发生延性启裂，可消除尺寸的影响[10-14,19]。

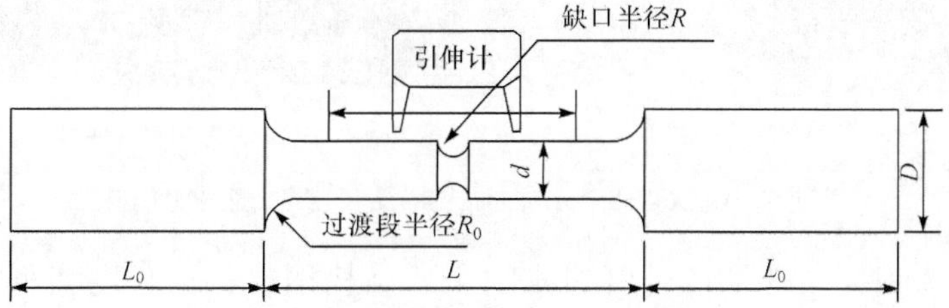

图 7.9　平滑缺口圆棒试样示意图

除特征长度外，损伤模型的材料参数按以下三个步骤进行标定：

(1) 通过试样的单调拉伸或者反复荷载试验，得到不同应力三轴度的延性损伤特性。

(2) 建立试样有限元计算模型，利用实测的材料应力-应变关系分析试样在拉伸或者反复加载过程的力学特性。

(3) 根据试验结果与有限元计算结果一致的原则反算材料的参数。

本节根据上述圆棒试样单调拉伸或反复荷载试验结果阐述微观损伤机制模型的材料参数标定方法，并介绍几种材料的标定结果。

7.5.1　特征值长度标定

用 7.3 节介绍的微观机制计算材料断裂时，断裂判断是以反映材料体积特征的区域内的力学反应为依据。当该特征体积内的材料应力、应变满足断裂判据条件时才会形成宏观裂纹。而特征长度 l^* 是反映体积特征的参数。

材料的特征长度 l^* 由试样断口微观形貌的测量确定。根据 Hancock 和

Mackenzie[8]的建议，l^* 的下限值取断口主要韧窝直径的 2 倍，平均值取 10 个左右凸起平台或凹陷低谷长度的平均，上限值取最大凸起或凹陷部分的长度。虽然用这一方法确定特征长度具有一定的主观性和随意性[10]，测量结果受到观测者个人的影响，但目前缺乏其他更可靠的特征长度测量方法。图 7.10 为对 Q345 母材缺口圆棒拉伸试样的断口整体和局部电镜扫描实例，从断口局部电镜扫描测量特征长度的下限值、平均值和上限值。

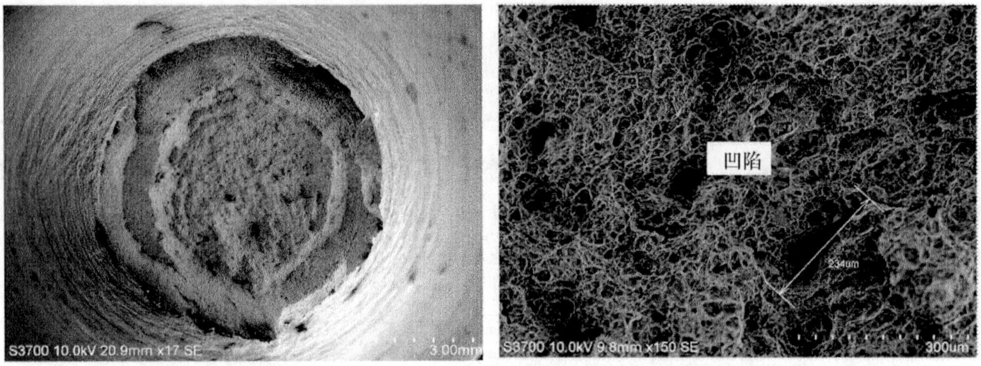

(a) 断口整体图　　(b) 断口微观图

图 7.10　Q345 断口扫描及特征长度 l^* 测量实例

表 7.1 为相关文献资料给出的我国主要结构钢材特征长度实测值。结果显示，平均特征长度的数量级为 0.1mm，平均特征长度基本在 0.3mm 以下。

表 7.1　我国主要结构钢材微观断裂机理的特征长度实测值

钢材	断裂特征长度 l^*			参考文献
	下限值	平均值	上限值	
Q345 母材	0.087	0.201	0.473	Liao 等[19]
Q345 焊缝	0.062	0.202	0.311	
Q345 热影响区	0.072	0.329	0.671	
Q345qC 母材	0.028	0.215	0.451	廖燕华[41]
Q345qC 焊缝	0.016	0.295	0.670	
Q345qC 热影响区	0.052	0.296	0.582	
Q460 母材	0.047	0.085	0.147	廖芳芳等[42]
Q460 焊缝	0.072	0.143	0.270	

续表

钢材	断裂特征长度 l^*			参考文献
	下限值	平均值	上限值	
Q235 无缝管材	0.030	0.274	0.370	邢佶慧等[43]
Q235 焊管母材	0.033	0.401	0.703	
Q235 热影响区	0.028	0.255	0.494	
Q235 焊缝	0.025	0.261	0.400	

7.5.2　VGM 模型及 SMCS 模型的材料参数标定

VGM 模型及 SMCS 模型中的韧性参数 η 和 α 按以下步骤得到。

1. 材料单调拉伸试验

材料单调拉伸试验一般在电子万能试验机上进行，通过安装在试验段的引伸计测量采集在张拉过程的材料应变变化数据，获得形式如图 7.11 所示的平滑槽口圆棒试样的荷载-位移曲线及不带槽口圆棒试样的真实应力-塑性应变曲线。其中，荷载-位移曲线上斜率突变时刻认为是材料延性启裂点。

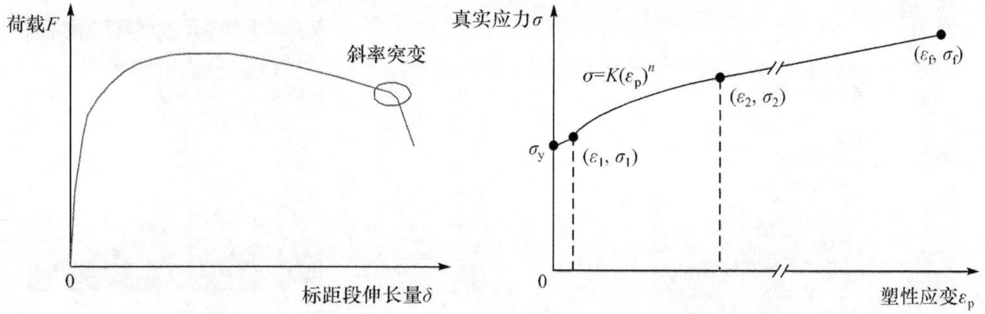

(a) 荷载-位移曲线　　(b) 真实应力-塑性应变曲线

图 7.11　试件的单调拉伸试验结果

在试样颈缩前和屈服平台结束后，应力-应变曲线由引伸计测量，数据可根据 Hollomon 关系式拟合得到

$$\sigma=K(\varepsilon_p)^n \tag{7.32}$$

式中，K 为强度系数；n 为应变硬化指数。

由于试验只能采集到拆除引伸计之前的应力-应变数据，而钢材在拆除引伸计到完全断裂还能发生很大的变形。为了得到全过程的真实应力-应变本构关系，以满足有限元计算分析的需要，一般假定引伸计拆除后至断裂的材料真实应力-塑性应变呈线性关系，通过直线连接引伸计拆除时刻的应力-应变数据点与断裂时刻的数据点获得完整的应力-应变曲线。

假定材料的体积保持不变，断裂时刻的真实应力与真实应变由式(7.33)得到[3,19,42]：

$$\begin{cases}\sigma_f = 4F_f/(\pi d_f^2) \\ \varepsilon_f = \ln\,(d_0/d_f)^2\end{cases} \tag{7.33}$$

式中，σ_f、ε_f 分别表示断裂时刻的真实应力和应变；d_0、d_f 分别表示试验标距段初始直径和断裂时刻的直径；F_f 表示断裂时刻的荷载值。

2. 有限元模型及拉伸计算分析

建立精细的圆棒试样有限元模型，利用拉伸试验得到的材料真实应力-应变曲线作为有限元模型的材料本构关系，采用考虑材料和几何非线性影响的方法，计算拉伸过程中缺口的应力三轴度、等效塑性应变等量，模拟试件拉伸破坏过程。图 7.12 为有限元计算模型及缺口附近采用与特征长度相匹配的网格划分、等效塑性应变计算结果。

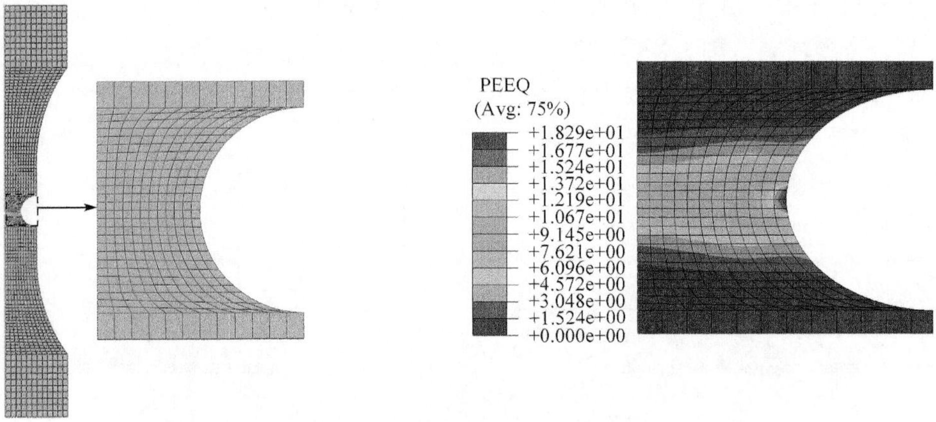

图 7.12 缺口试样的拉伸过程有限元分析

3. 有限元计算与试验结果的对比

取试样拉伸试验的荷载-位移曲线下降段斜率突变点为延性裂纹开始时刻，它所对应的断裂伸长量 δ_f 作为有限元分析中的控制变形，以此反算材料的断裂参数。

延性破坏的断口宏观形貌为杯锥状，延性启裂从试样中心开始并向外扩展，最后发生剪切断裂[19]。由于延性启裂点位于缺口圆棒的中心，提取中心点的数据作为有限元模型加载至断裂时刻的应力-应变历史，代入式(7.4)确定 VGM 模型的

材料韧性参数 η:

$$\eta = \int_0^{\varepsilon_{eq,cr}^p} \exp(1.5T)\, d\varepsilon_{eq}^p \tag{7.34}$$

SMCS 模型的材料韧性参数 α 标定过程与 VGM 模型大致类似。根据缺口圆棒试样的有限元分析结果,提取加载至断裂时的圆棒中心点应力-应变数据,代入式(7.5)得到韧性参数 α 为

$$\alpha = \varepsilon_{eq,cr}^p \exp(1.5T) \tag{7.35}$$

为了测定 Q345 钢材及其焊缝的 VGM 模型及 SMCS 模型参数,Liao 等[19]从 T 形焊接件中截取母材、焊缝和热影响区的试样进行单调拉伸试验。每种材料制作三种缺口半径(R=1.50mm、3.125mm、6.25mm)的试样,每个半径的试样制备 2 个。试验采用引伸计测量标距段 50mm 的伸长量,通过静力单轴拉伸试验获得每个试样的荷载-位移曲线。在进行有限元计算时,为了保证断裂区的计算精度要求,参考材料的特征长度 l^*,按 0.25mm 的单元尺寸划分网格。图 7.13 为计算结果与试验结果实例。

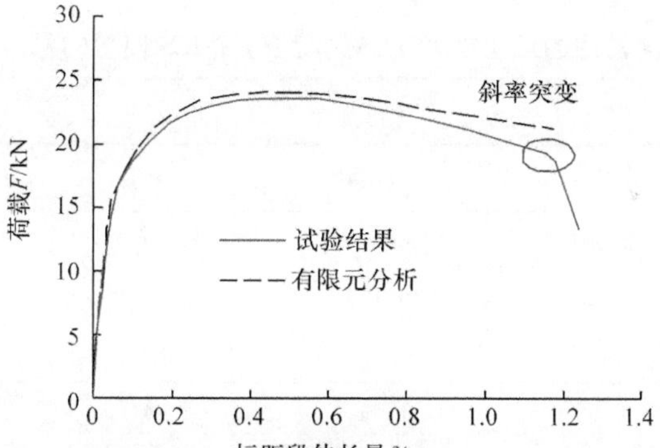

(a) R=1.50mm

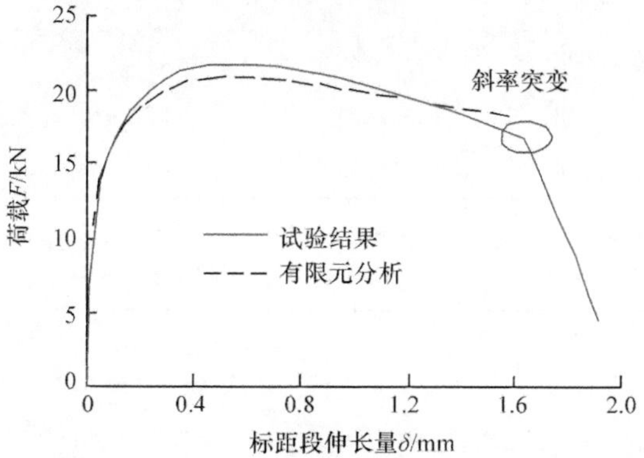

(b) R=3.125mm

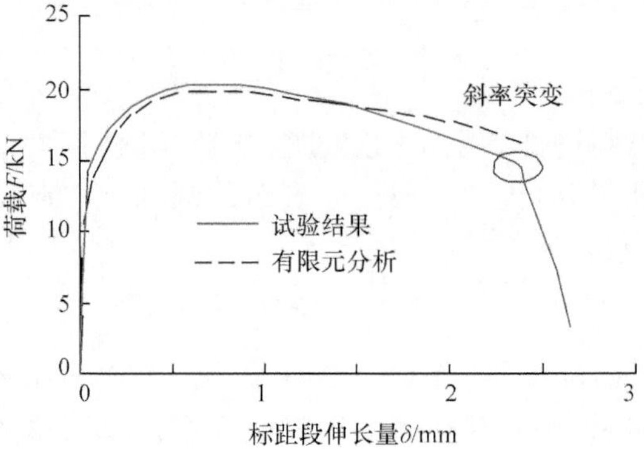

(c) R=6.25mm

图 7.13　Q345 钢 VGM 模型和 SMCS 模型的试验结果与计算结果[19]

除此之外，如周晖等[2]、邢信慧等[43]采用上述类似方法分别对 Q345 和 Q235 钢材进行了材料韧性参数标定，表 7.2 列出了国内部分钢材的参数标定结果。结果显示，我国常用结构钢 Q235、Q345 和 Q460 的材料参数较为接近。

表 7.2　我国常用的结构钢材 VGM 模型与 SMCS 模型的材料参数 η 和 α

钢材	η		α		参考文献
	平均值	离散系数	平均值	离散系数	
Q345 母材	2.501	9.9%	2.360	5.2%	周晖等[2]
Q345 焊缝	2.626	15.1%	2.422	11.0%	
Q345 热影响区	2.531	10.8%	2.370	7.3%	
Q345 母材	2.55	16%	2.44	7%	Liao 等[19]
Q345 焊缝	2.63	23%	2.49	19%	
Q345 热影响区	2.53	15%	2.43	11%	
Q345qC 母材	3.048	4.7%	3.112	8.5%	廖燕华[41]
Q345qC 焊缝	2.148	31.2%	2.227	17.9%	
Q345qC 热影响区	2.976	11.9%	3.046	17.0%	
Q460 母材	2.39	21%*	2.20	13%	廖芳芳等[42]
Q460 焊缝	2.45	20%*	2.24	19%*	

续表

钢材	η		α		参考文献
	平均值	离散系数	平均值	离散系数	
Q235 无缝管材	2.77	6%	2.56	4%	邢佶慧等[43]
Q235 焊管母材	2.00	11%	2.01	10%	
Q235 热影响区	1.85	18%	1.92	27%	
Q235 焊缝	1.86	13%	1.80	8%	
Q235 母材	2.436	—	2.413	—	卢璐[44]

注：* 表示在所有试件结果中与平均值相差最大的百分数。

7.5.3　CVGM 模型及 DSPS 模型的材料参数标定

CVGM 模型及 DSPS 模型采用相同的缺口圆棒试样标定参数，将 7.5.2 节中介绍的单调拉伸试验和有限元计算分别改为反复荷载作用下的试验及有限元分析，记录并追踪加载至断裂过程的试样中心点的应力-应变历史，根据理论和试验结果一致的原则确定参数。

CVGM 模型的材料参数 λ_{CVGM} 由式(7.10)和式(7.11)反推得到，即

$$\lambda_{\mathrm{CVGM}}=\frac{1}{\varepsilon_{\mathrm{eq}}^{\mathrm{p}}}\ln\frac{\eta}{\sum\limits_{\text{tensile-cycles}}\int_{\varepsilon_1}^{\varepsilon_2}\exp(|1.5T|)\mathrm{d}\varepsilon_{\mathrm{eq}}^{\mathrm{p}}-\sum\limits_{\text{compressive-cycles}}\int_{\varepsilon_1}^{\varepsilon_2}\exp(|1.5T|)\mathrm{d}\varepsilon_{\mathrm{eq}}^{\mathrm{p}}}$$
$$=\frac{1}{\varepsilon_{\mathrm{eq}}^{\mathrm{p}}}\ln\frac{\eta}{\mathrm{VGI}_{\mathrm{cyclic}}}\tag{7.36}$$

式中，η 取 7.5.2 节所标定的韧性参数平均值；$\varepsilon_{\mathrm{eq}}^{\mathrm{p}}$ 为每个受拉循环开始时的累积等效塑性应变。

为方便数据拟合，将式(7.36)改写为如下形式：

$$\exp(-\lambda_{\mathrm{CVGM}}\varepsilon_{\mathrm{eq}}^{\mathrm{p}})=\mathrm{VGI}_{\mathrm{cyclic}}/\eta\tag{7.37}$$

式中，等号右边表示损伤比。将损伤比与损伤变量画在一个坐标系中，根据多个试验结果的散点，拟合出材料的 λ_{CVGM} 值，如图 7.14 所示。

与 CVGM 模型的参数标定方式相似，不考虑圆棒试验段中心点应力三轴度绝对值的变化，可以确定 DSPS 模型的材料参数 λ_{DSPS}。

根据式(7.14)，λ_{DSPS} 可以写为

$$\lambda_{\mathrm{DSPS}}=\frac{1}{\varepsilon_{\mathrm{eq}}^{\mathrm{p}}}\ln\frac{\varepsilon_{\mathrm{eq,cr}}^{\mathrm{p}}}{\bar{\varepsilon}_{\mathrm{eq,cyclic}}^{\mathrm{p}}}\tag{7.38}$$

式中，$\bar{\varepsilon}_{\mathrm{eq,critical}}^{\mathrm{p}}$ 取单调拉断情况下的塑性累积应变的平均值。

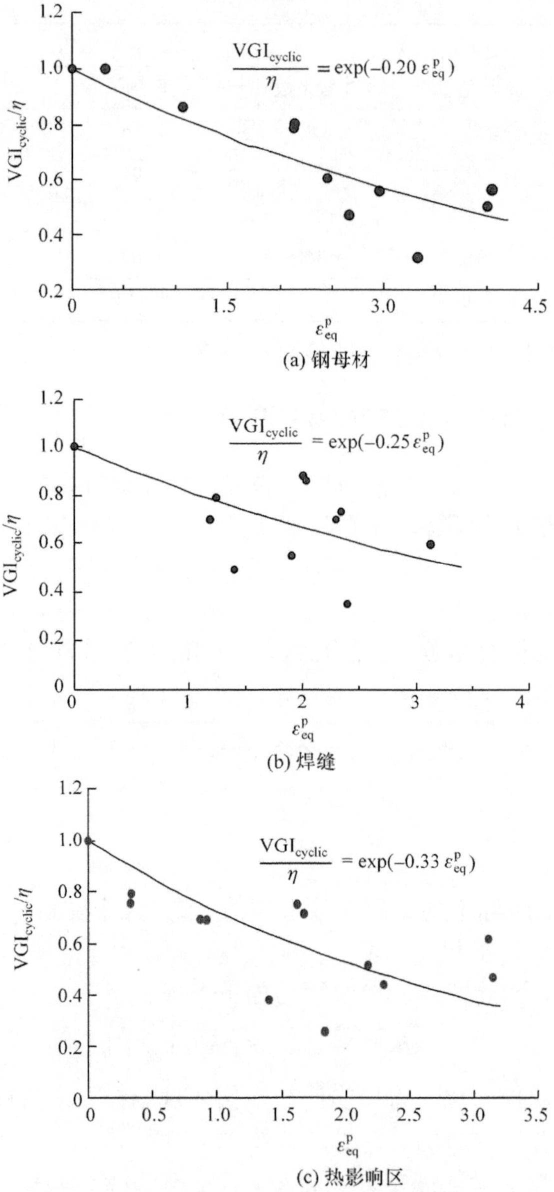

(a) 钢母材

(b) 焊缝

(c) 热影响区

图 7.14　λ_{CVGM}试验散点及其拟合曲线[19]

同λ_{CVGM}拟合一样，为方便数据拟合，将式(7.38)写成如下形式：

$$\exp(-\lambda_{DSPS}\varepsilon_{eq}^{p})=\bar{\varepsilon}_{eq,cyclic}^{p}/\varepsilon_{eq,cr}^{p} \tag{7.39}$$

根据试验和有限元计算结果的拟合，Liao 等[19]得到如图 7.15 所示的λ_{DSPS}试验散点及其拟合结果。

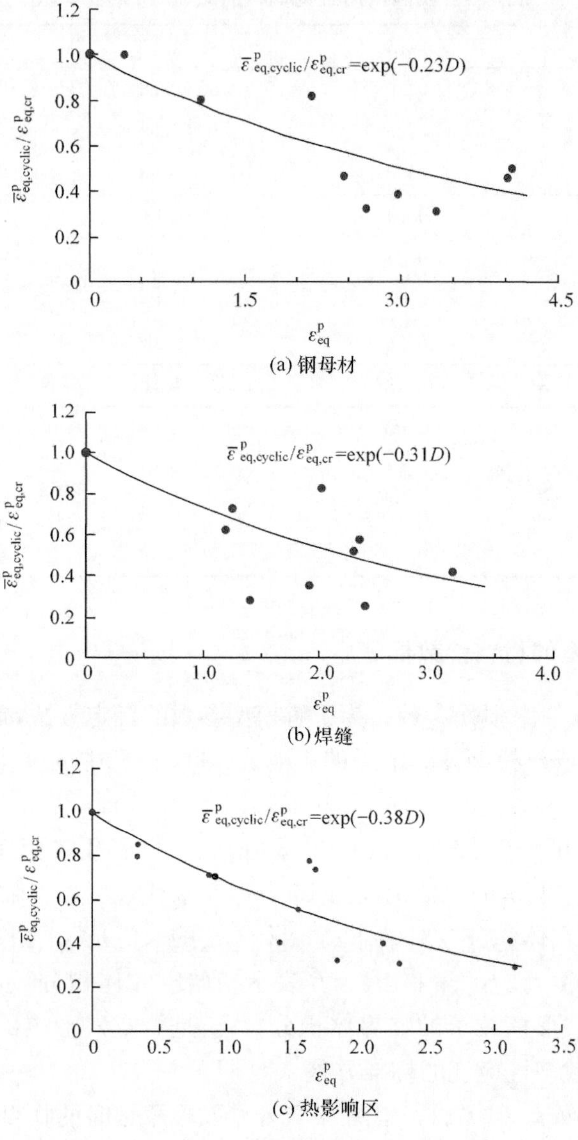

图 7.15　λ_{DSPS}试验散点及其拟合曲线[19]

表 7.3 为文献资料给出的我国常用结构钢材 λ_{CVGM} 和 λ_{DSPS} 参数标定结果。结果表明，不同结构钢的参数之间有一定差距，且不同学者标定出的同一材料相关参数也不相同。另外，从图 7.14 和图 7.15 可以看出，两种模型的材料参数离散性均很大。

表 7.3 我国常用结构钢材的 λ_{CVGM} 和 λ_{DSPS} 参数

钢材	λ_{CVGM}	λ_{DSPS}	参考文献
Q345 母材	0.20	0.23	Liao 等[19]
Q345 焊缝	0.25	0.31	
Q345 热影响区	0.33	0.38	
Q235 无缝管材	0.04	0.184	邢佶慧等[45]
Q235 焊管母材	0.31	0.330	
Q235 热影响区	0.14	0.120	
Q235 焊缝	0.36	0.320	
Q235 母材	0.207	0.213	卢璐[44]
Q235 无缝管材	0.08	0.08	于珊珊[46]
Q235 焊管母材	0.23	0.22	
Q235 热影响区	0.07	0.06	
Q235 焊缝	0.17	0.16	

7.5.4 GTN 模型的材料参数标定

GTN 模型含 9 个损伤参数。为了解模型参数的标定方法，首先介绍这些参数代表的物理含义或对模型计算结果的影响。GTN 模型中的 9 个参数大致可以分为三类：

(1) 空穴间相互作用参数 q_1、q_2 和 q_3。q_1 代表由于孔穴相互作用引起的应力损失，对于典型金属，q_1 的取值范围为 1.0～1.5；q_2 代表应力三轴度相关参数，一般取 1.0；q_3 代表孔穴体积分数对微孔穴的影响，q_3 的取值是 q_1 的平方，即1.0～2.25。

(2) 材料参数 f_0、f_N、ε_N 和 S_N。f_0 表示初始空穴体积分数，由材料的材质决定；f_N 表示微空穴形核粒子的临界体积分数；ε_N 是微空穴形核的平均等效塑性应变；S_N 是形核等效塑性应变的标准方差。

(3) 韧性参数 f_c 和 f_f。f_c 代表空穴开始发生聚合时的临界空穴体积分数，即当 $f=f_c$ 时，空穴发生聚合，材料承载能力开始下降；f_f 是材料断裂时的临界空穴体积分数。

虽然这 9 个参数无法通过试验方法全部直接标定，但是如果其中一部分参数取定值，其余参数就可以通过平滑缺口圆棒试验和有限元计算结果的对比得到。将这些参数视为可调参数，如果一组参数得到的有限元结果与试验结果相符，就认为该组参数的取值反映了实际材料的损伤演化规律，即为所求的参数组合。因此，参数的组合并不唯一，而是在一定范围内波动变化，往往每一种材料都有多组与试验相符合的参数组合[47-50]。

对于 GTN 模型，Tvergaard[24]通过平面应变拉伸的数值分析得到了 $q_i(i=1,2,3)$的取值。假设均匀的多孔介质服从 Gurson 屈服方程，然后计算材料中含有周期分布的空穴情况，将两种情况的结果进行对比，得到 $q_1=1.5$，$q_2=1.0$，$q_3=2.25$。这组参数在很大程度上提高了 GTN 模型的预测精度，成为许多学者优先考虑的数值[51]。另外，Tvergaard 和 Needleman 根据试验和数值分析，认为 $f_c=0.15$，$f_f=0.25$。

国内学者对我国常用结构钢材的 GTN 模型参数进行了校核，结果如表 7.4 所示。由于标定结果不具有唯一性，只要采用的材料参数能使有限元结果与试验结果吻合，就认为是可行的参数组合。因此，不同学者得到的模型参数组之间不具可比性。

表 7.4　我国常用结构钢材的 GTN 模型参数

材料	模型参数									参考文献
	q_1	q_2	q_3	f_0	S_N	f_N	ε_N	f_c	f_f	
Q345 焊管母材	1.5	1.0	2.25	0.005	0.1	0.002	0.3	0.08	0.23	孙慧敏等[52]
Q345 热影响区	1.5	1.0	2.25	0.005	0.1	0.002	0.3	0.08	0.27	
Q345 焊缝	1.5	1.0	2.25	0.005	0.1	0.003	0.3	0.06	0.22	
Q345B 母材	1.68	0.856	2.82	0.0025	0.1	0.04	0.3	—	0.25	邢佶慧等[29]
Q235B 无缝钢管	1.91	0.79	3.65	0.0001	0.1	0.01	0.3	—	0.35	张沛[53]
Q235B 钢管母材	1.71	0.85	2.92	0.0006	0.1	0.016	0.3	—	0.45	
Q235B 钢管热影响区	1.42	0.94	2.02	0.0008	0.1	0.018	0.3	—	0.5	
Q235B 钢管焊缝	1.42	0.94	2.02	0.0012	0.1	0.02	0.3	—	0.4	

7.5.5　CDM 模型的材料参数标定

CDM 模型的材料参数也可以采用平滑缺口圆棒拉伸试验和有限元模拟结果对比反推得到[37,39]。CDM 模型中各参数的含义及获得方法如下：

(1) D_0表示材料由于过去的经历所形成的初始损伤值，如钢材种类、锻造方法和受力历史等因素均对其有影响。对于完好钢材，通常可以认为没有初始损伤，即$D_0=0$；对于已损材料，通过电镜扫描分析其初始损伤值。

(2) D_{cr}、ε_f 分别表示断裂临界状态损伤值和断裂应变。在断裂发生时刻，D_{cr}理论上为 1.0，但试验结果表明，许多情况下 D 接近 1.0 时材料就已经发生断裂[54-56]。单调荷载作用下的断裂应变 ε_f 按照式(7.33)计算，通过试验结果结合有限元试算对比可以获得材料的 ε_f-T 曲线，如图 7.7 所示。

(3) ε_{th}表示材料只有在达到一定的应变水平后塑性损伤才会发展并累积，即微空穴的成核需要材料应变达到一定的程度。若小于该应变值，则材料的微观结构仍是连续体。

(4) c 表示损伤指数，该参数表征损伤发展的进程，即损伤值 D 与等效累积断裂应变 $\varepsilon_{eq,f}^{p}$ 之间的关系。c 值可由损伤值的发展曲线拟合得到。一旦 D_0、D_{cr}、ε_f 和 ε_{th} 确定后，参数 c 的选择仅影响损伤值 D 的发展进程，并不会影响等效累积断裂应变 $\varepsilon_{eq,f}^{p}$ 的大小，如图 7.16 所示。

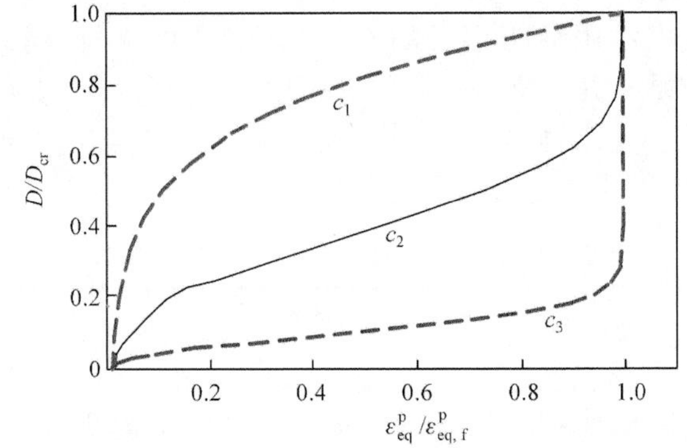

图 7.16　参数 c 对损伤值发展过程的影响

在圆棒的单调拉伸试验中，$f(T)=1.0$。在 D_0 与 D_{cr} 已知的前提下，根据式(7.23)可以获得损伤值 D 与塑性应变 ε_{eq}^{p} 之间的拟合关系式(7.40)，进而可以得到材料的 CDM 的损伤指数 c[37]。图 7.17 给出了 Steel 1045 钢材在单调拉伸试验中损伤值与塑性应变之间的关系。

$$\ln\frac{D_{cr}-D}{D_{cr}-D_0}=c\ln\left(\ln\frac{\varepsilon_f/\varepsilon_{eq}^{p}}{\varepsilon_f/\varepsilon_{th}}\right) \tag{7.40}$$

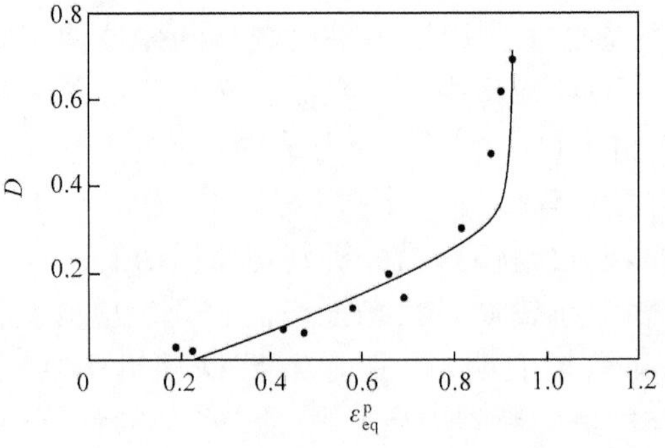

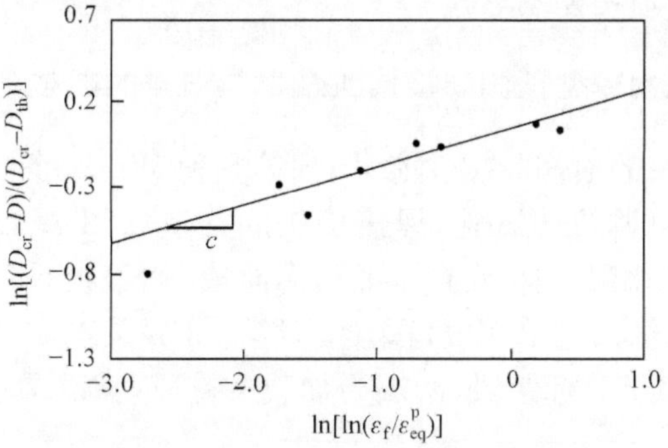

图 7.17　单调拉伸试验中损伤值与塑性应变之间的关系

Tong 等[39]直接采用文献[37]中的参数 c 值进行了试验和有限元计算对比分析，得到了 Q345 钢母材和焊接金属的断裂应变随应力三轴度的变化规律(图 7.18)，进一步通过式(7.27)确定了钢材的界限应变 ε_{th}。表 7.5 列出了我国常用钢材 Q345 的连续损伤力学模型相关参数[39]。

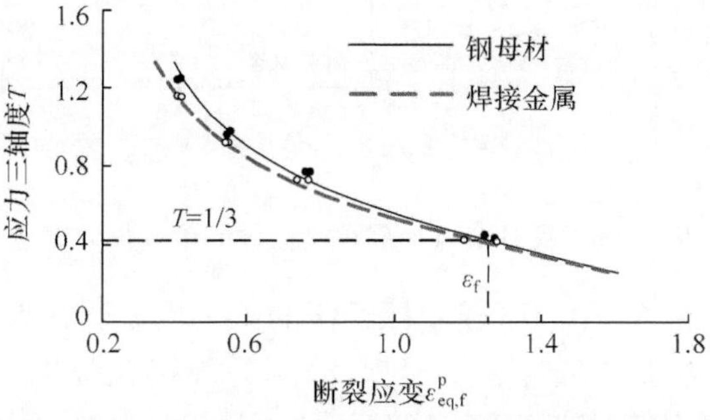

图 7.18　Q345 钢材断裂应变随应力三轴度的变化规律[39]

表 7.5　Q345 钢材的 CDM 模型参数

材料	ε_{th}	ε_f	D_0	D_{cr}	c	参考文献
Q345 母材	0.22	1.30	0	1.0	0.198	Tong 等[39]
Q345 焊接材料	0.19	1.29	0	1.0	0.198	

7.6　微观损伤机制在结构延性断裂评估中的应用

本节介绍在建筑结构领域用微观损伤机制评估焊接接头及钢结构节点断裂性能的研究实例，并以两组具有不同设计参数的钢桥墩为例，用循环空穴成长模型预测结构的超低周疲劳性能，比较钢桥墩在循环荷载作用下变形极限与疲劳极限发生的先后顺序,分析损伤控制形式。

7.6.1　微观损伤机制模型预测焊接接头及框架节点的断裂

为研究焊接接头的损伤断裂性能,周晖等[2]和 Wang 等[57]对梁柱节点中的局部焊接接头进行了单调拉伸试验,焊接接头的构造如图 7.19 所示。焊接试件由 Q345 钢板通过二氧化碳气体保护焊接制作而成,梁腹板采用双面坡口熔透焊缝与柱翼缘连接;梁翼缘采用单面坡口熔透焊缝与柱翼缘连接,且保留焊接垫板。试件中间段 180mm 为试验标距段,两端为加载夹持段,预留螺栓孔。

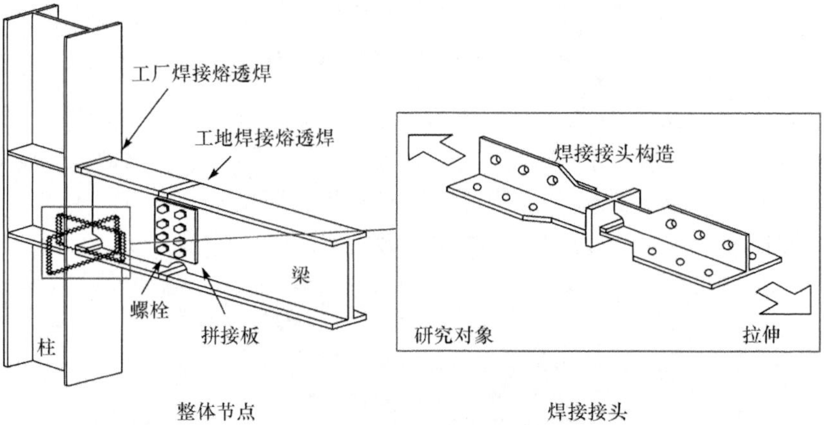

图 7.19　梁柱节点局部焊接试件的单调拉伸试验

采用有限元软件 ABAQUS 建立标距段的 1/2 模型。在焊接试件中可能发生断裂破坏的 4 个位置引入理想裂纹模型,分别为焊接孔趾裂纹、腹板焊缝焊趾裂纹、翼缘焊缝焊趾裂纹和腹板焊缝熔合面裂纹,并用尺寸约 0.3mm 的单元网格离散。表 7.6 列出了焊接试件的断裂预测与试验结果对比,启裂点均出现在焊接孔趾处梁翼缘中心。其中,P_f^{FEA}、P_f^{Test}和 δ_f^{FEA}、δ_f^{Test}分别表示试件延性启裂时刻受到的荷载与变形的有限元计算值和试验值。表中同时给出了 VGM 模型和 SMCS 模型以及传统的 J 积分方法的预测结果。研究结果表明,J 积分方法预测的断裂伸长量与试验结果不一致;VGM 模型和 SMCS 模型预测的断裂伸长量及断裂荷载与试验结果吻合较好。

表 7.6　VGM 模型和 SMCS 模型对焊接试件单调拉断的预测

试件编号	断裂荷载 P_f^{FEA}/P_f^{Test}			断裂变形 $\delta_f^{FEA}/\delta_f^{Test}$		
	J 积分	VGM	SMCS	J 积分	VGM	SMCS
SP-4A	0.99	0.98	1.00	0.75	0.90	1.03
SP-5A	0.96	0.99	1.00	0.48	0.79	0.87

续表

试件编号	断裂荷载 P_f^{FEA}/P_f^{Test}			断裂变形 $\delta_f^{FEA}/\delta_f^{Test}$		
	J 积分	VGM	SMCS	J 积分	VGM	SMCS
SP-6A	1.00	0.98	0.99	0.55	0.61	0.69
SP-7A	0.94	0.95	0.96	0.60	0.89	1.01
SP-8A	1.12	1.09	1.09	1.39	1.32	1.52
SP-9A	1.02	0.99	0.99	1.39	1.27	1.45

此外,王伟等[1]和 Liao 等[58]对比分析了单调荷载作用下 T 形钢节点的试验结果和有限元计算结果,验证了 VGM 模型和 SMCS 模型的精度。通过用户子程序 VUMAT 将损伤模型导入 ABAQUS/Explicit 模块中,通过删除损伤单元的方法实现了节点的断裂破坏全过程分析。Chi 等[9]通过试验与有限元相结合的方法验证了 SMCS 模型对 A572-Grade50 梁柱焊接节点的单调拉断预测的适用性。

为研究钢框架结构的断裂破坏行为,Zhou 等[59]和 Wang 等[60]对钢框架焊接节点进行了反复荷载下的超低周疲劳破坏试验,如图 7.20 所示。采用有限元模型并结合 CVGM 判据对结构的超低周疲劳破坏进行预测,在有限元计算模型中,过焊孔和焊趾等可能发生断裂的区域进行单元网格细化,单元尺寸为 1.5mm,本构关系采用混合强化模型。为方便描述低周疲劳损伤过程,将损伤指标定义为式(7.41)的形式:

$$FI_{cyclic} = VGI_{cyclic}/VGI_{crictical} \tag{7.41}$$

当 $FI_{cyclic} \geq 1.0$ 时,认为断裂已经发生。

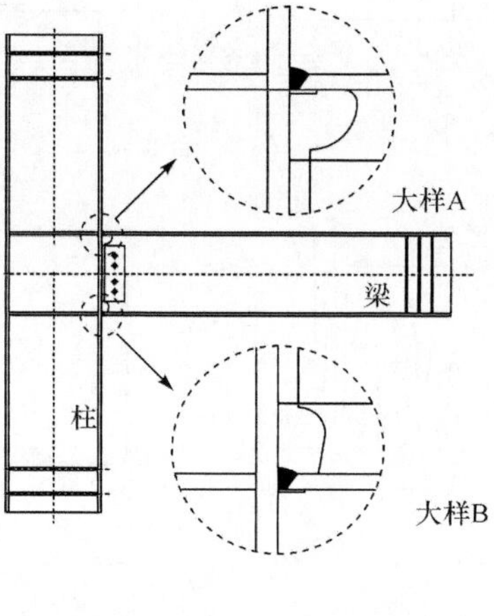

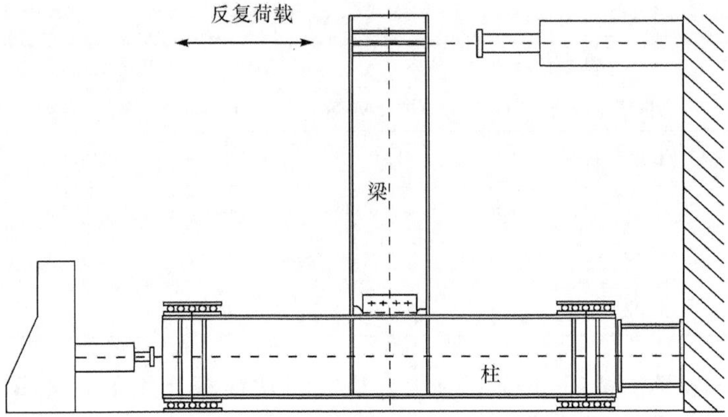

图 7.20 钢框架焊接节点的超低周疲劳破坏试验

图 7.21 为 CVGM 模型得到的框架焊接位置超低周疲劳指标发展过程，计算结果和试验结果的对比如表 7.7 所示。表中，$\Sigma\delta_{FEA}$和 $\Sigma\delta_t$分别为 CVGM 模型和试验获得的加载位移总和，$N_{f,FEA}$和 $N_{f,t}$分别为 CVGM 模型和试验获得的结构超低周疲劳寿命。结果表明，在大幅度的循环荷载作用下，框架节点经过几十周甚至几周循环后就出现断裂破坏；VGM 模型能预测结构超低周疲劳寿命。

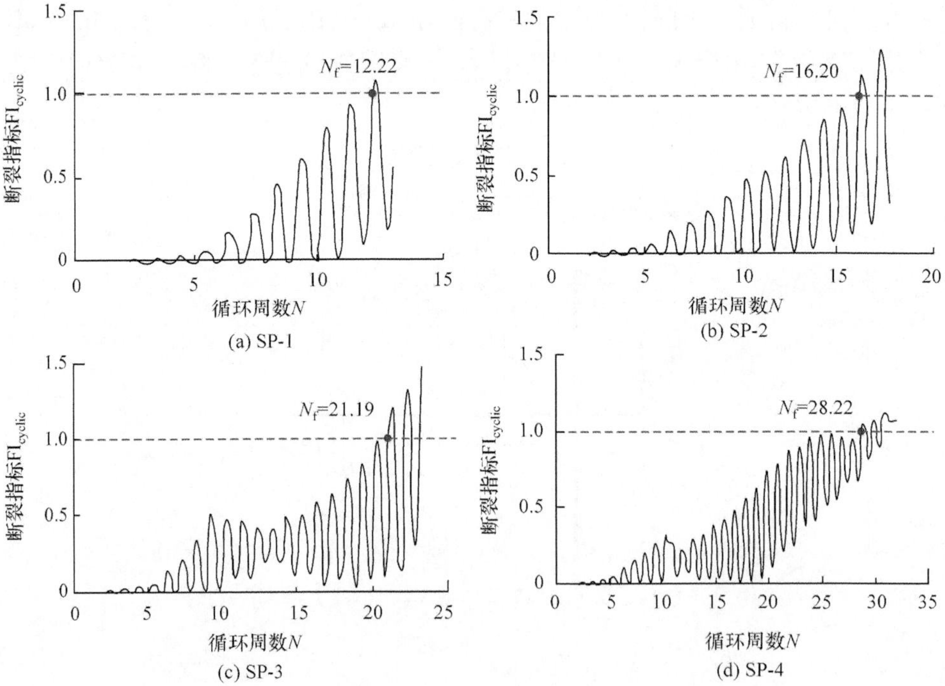

图 7.21 框架结构焊接位置的 CVGM 模型损伤指标发展过程[59]

表 7.7　CVGM 模型对框架焊接节点的超低周疲劳预测精度比较

试件编号	梁底翼缘				梁顶翼缘			
	$\Sigma\delta_{FEA}$/mm	$\Sigma\delta_t$/mm	$N_{f,FEA}$	$N_{f,t}$	$\Sigma\delta_{FEA}$/mm	$\Sigma\delta_t$/mm	$N_{f,FEA}$	$N_{f,t}$
SP-1	814.8	543.2	12.2	10.3	610.6	604.0	10.8	10.8
SP-2	1106.7	1113.2	16.2	16.3	1177.1	1173.3	16.7	16.8
SP-3	1360.1	1368.3	21.2	21.3	1416.5	1420.8	21.7	21.8
SP-4	2086.8	2430.1	28.2	31.3	2361.6	2370.0	30.8	30.8
SP-5	1390.0	1481.2	21.3	22.3	1434.7	1533.8	21.8	22.8
SP-6	1109.7	870.0	9.3	7.3	929.2	689.9	7.8	5.8
SP-7	1073.7	971.3	10.2	9.3	1231.3	1233.7	11.8	11.8
SP-8	1012.2	1012.5	11.3	11.3	876.9	877.5	9.8	9.8
SP-9	2866.8	2943.7	39.3	39.3	2904.4	2981.2	38.8	39.8

为了减少 CVGM 模型的计算成本，Zhou 等[61]采用整体-局部有限元计算模型模拟复杂钢结构在强震作用下的超低周疲劳断裂过程。首先，建立结构的整体杆系模型，并对其进行非线性地震反应分析，提取最危险的层间转角时程；其次，采用雨流计数法将原本随机的层间转角幅值转化为等效转角幅值谱，根据试验得到的转角-寿命曲线并结合 Miner 损伤累积准则确定结构最危险的节点位置；最后，建立结构的整体-局部有限元模型并结合 CVGM 模型，理论预测结构在强震作用下的低周疲劳损伤发展过程。采用用户子程序 UVARM 将 CVGM 模型导入 ABAQUS 计算软件中，实现对损伤位置超低周疲劳指标的实时跟踪。整个分析流程如图 7.22 所示。

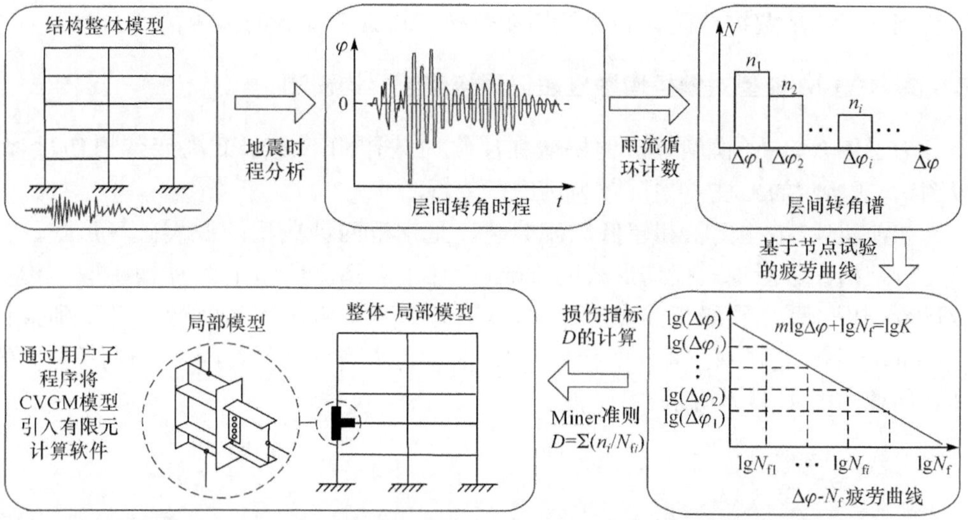

图 7.22　地震作用下钢框架焊接节点的低周疲劳损伤预测方法

此外,Fell 等[62]采用 CVGM 模型对钢横撑构件在反复荷载下的低周疲劳破坏进行了验算,通过试验与理论分析对比验证了 CVGM 模型的计算精度。研究结果表明,如果考虑初始缺陷,构件的低周疲劳破坏将发生在局部屈曲的位置。

Tong 等[39]对 T 形梁柱节点进行了单调加载和循环荷载作用下的破坏试验。采用 CDM 模型并结合 ABAQUS/Expilcit 软件对焊接钢节点进行断裂模拟,在结构断裂危险位置细化有限元网格,单元尺寸约为 0.5mm。表 7.8 给出了 CDM 预测结果和试验结果的对比。结果表明,随着荷载的增加,受力钢板开始发生局部屈曲,接着在柱和梁的翼缘焊趾位置先后出现延性裂纹,最终形成宏观裂缝;CDM 模型既可以精确预测单调荷载作用下的断裂破坏现象,又可以精确预测结构的超低周疲劳破坏过程。

表 7.8　CDM 模型对焊接节点延性断裂的预测及试验结果对比

节点编号	加载方式	δ_f^{FEA}/mm	N_f^{FEA}	$\delta_f^{FEA}/\delta_f^{Test}$	N_f^{FEA}/N_f^{Test}
GJ-M	单调加载	75.9	—	0.92	—
LJ-M	单调加载	172.3	—	0.94	—
GJ-H	反复渐增荷载	—	10	—	0.91
LJ-H	反复渐增荷载	—	13	—	1.08
GJ-C	常幅反复荷载	—	7	—	0.78
LJ-R	随机反复荷载	—	14	—	1.08

以上研究结果表明,微观机制模型为解释材料的延性断裂提供了理论手段,对焊接钢节点的单调拉伸破坏和超低周疲劳破坏均具有良好的预测精度。

7.6.2　CVGM 模型对钢桥墩墩底超低周疲劳断裂的预测

为了用 CVGM 模型分析钢桥墩在反复荷载作用下的超低周疲劳损伤过程,以图 7.23 所示的独柱式钢桥墩为例进行分析。

如前所述,结构失稳和超低周疲劳破坏是钢桥两种典型的地震破坏形式。为了比较结构参数对地震损伤形式的影响,设计了表 7.9 所示的两种钢桥墩结构参数进行分析。受压翼缘板的宽厚比 R_R 分别为 0.207 和 0.493,桥墩顶部受到常轴力 N 和水平反复强制位移 δ 的作用。其中,轴力 N 为 $0.15N_y$,水平强制位移 δ 的加载制度如图 4.4(a)所示。

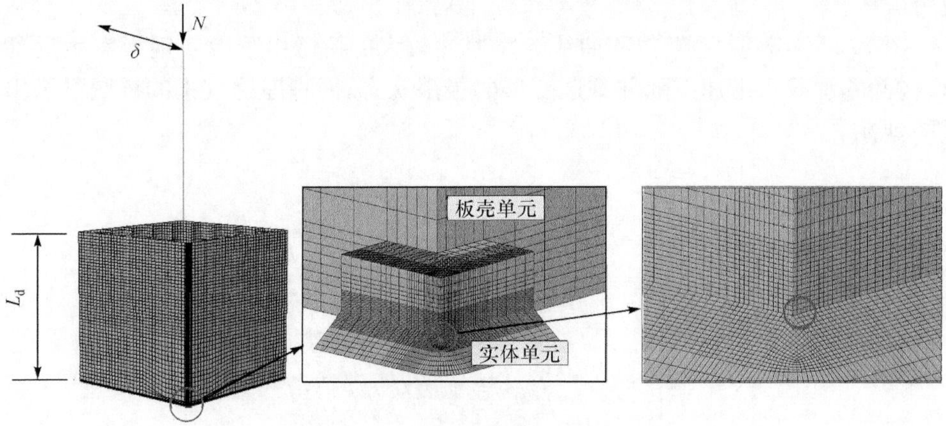

图 7.23　钢桥墩有限元计算模型及单元局部网格划分

表 7.9　桥墩结构参数

桥墩编号	B/m	D/B	R_R	λ	N/N_y	α	γ/γ^*
1	0.9	1.0	0.207	0.360	0.15	0.556	1.06
2	0.9	1.0	0.493	0.360	0.15	0.556	5.27

为了模拟钢板的局部变形和超低周疲劳损伤的局部应变，计算分析采用了包含三种单元类型的混合模型。桥墩上部弹性变形或塑性程度比较小的区域采用杆系单元模拟；在墩底损伤域长度 L_d 范围内采用板壳单元以模拟钢板局部变形行为，其中 L_d 按式(4.27)取值；在最容易发生超低周疲劳破坏的墩底角端用非常精细的实体单元进行离散，以模拟超低周疲劳损伤的局部应变。实体单元的尺寸为 0.3mm，满足材料特征长度 l^* 的要求。板壳单元与实体单元的连接采用软件 ABAQUS 中的 Shell-Solid 耦合，板壳与杆系单元之间采用 MPC-beam 连接。焊缝为高度 6mm × 6mm 的三角焊。为了提高计算效率，滞回本构关系采用 ABAQUS 软件自带的混合强化模型(Chaboche 本构模型)，本构模型参数见第 3 章。

为了衡量超低周疲劳损伤程度，这里引入如下损伤指标：

$$\begin{cases} D_c = \max\{D_c|_{n-1}, D_c|_n\} \\ D_c|_n = 1 - \dfrac{(\mathrm{VGI}_{\mathrm{cyclic}}^{\mathrm{critical}} - \mathrm{VGI}_{\mathrm{cyclic}})}{\mathrm{VGI}_{\mathrm{monotonic}}} \end{cases} \tag{7.42}$$

式中，n 为增量步数；$D_c|_n$ 为当前增量步通过 CVGM 模型计算得到的损伤指标，若大于前一步的损伤指标 $D_c|_{n-1}$，则损伤指标 D_c 更新为 $D_c|_n$，否则不变；$\mathrm{VGI}_{\mathrm{cyclic}}$、$\mathrm{VGI}_{\mathrm{cyclic}}^{\mathrm{critical}}$ 以及 $\mathrm{VGI}_{\mathrm{monotonic}}$ 的含义见 7.3 节。当 $D_c=1.0$ 时，认为结构已发生超低周

疲劳破坏。

图 7.24 为墩顶荷载-位移曲线。宽厚比较大的桥墩由于墩底钢板发生局部变形，构件的承载力迅速下降并到达变形的极限状态；而宽厚比较小的桥墩显示出良好的延性。

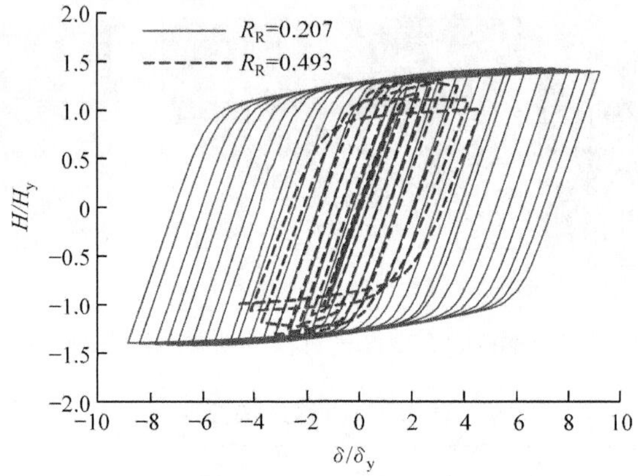

图 7.24 钢桥墩墩顶荷载-位移曲线

图 7.25 和图 7.26 为两种不同宽厚比钢桥墩的超低周疲劳损伤发展过程。这里把墩底角端分为热影响区、焊缝和母材三个区域，并认为距离焊缝 2mm 范围的区域为热影响区，分别取其中最不利的单元计算超低周疲劳损伤。结果显示，采用厚钢板的钢桥墩经过数个荷载循环以后达到超低周疲劳破坏的临界状态，特别是热影响区的疲劳寿命仅为 7 周左右；如果采用薄板的钢桥墩的结构极限状态由钢板的局部失稳控制，则先发生超低周疲劳损伤的可能性非常小。

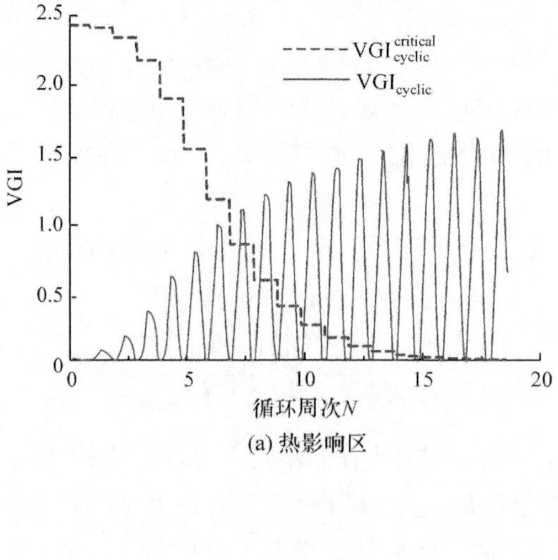

(a) 热影响区

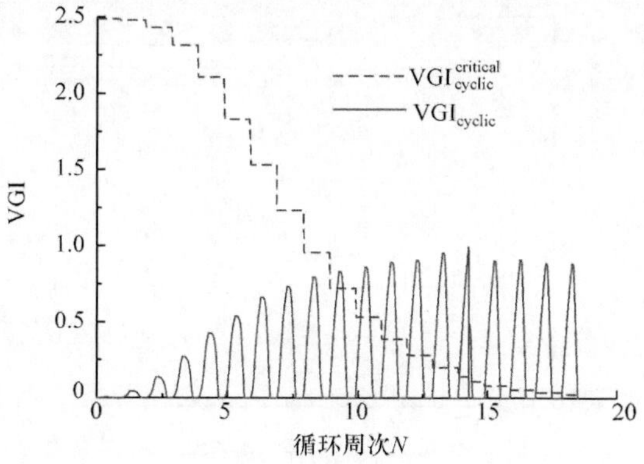

(b) 焊缝

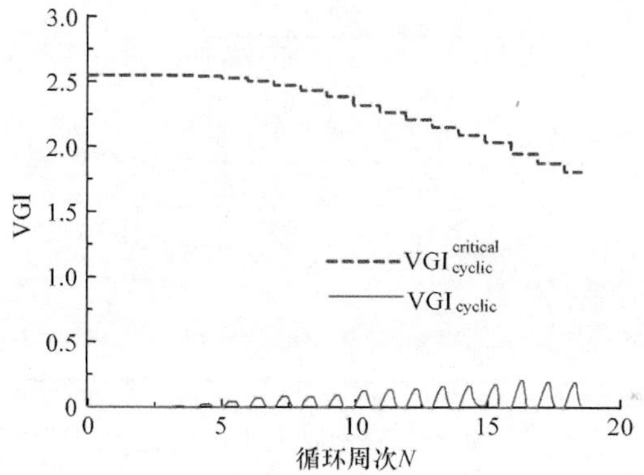

(c) 母材

图 7.25　钢桥墩墩底超低周疲劳损伤发展过程($R_R=0.207$)

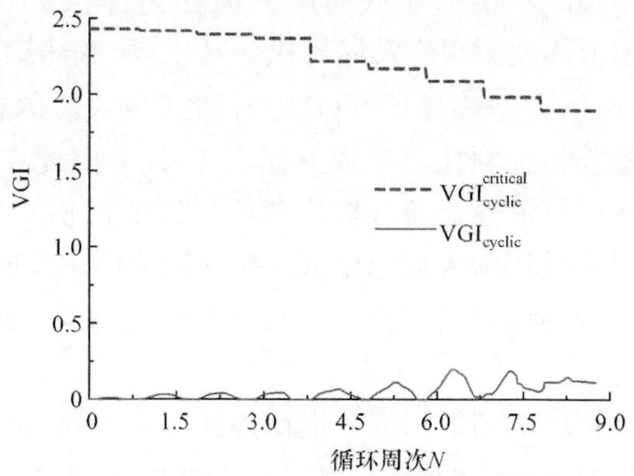

(a) 热影响区

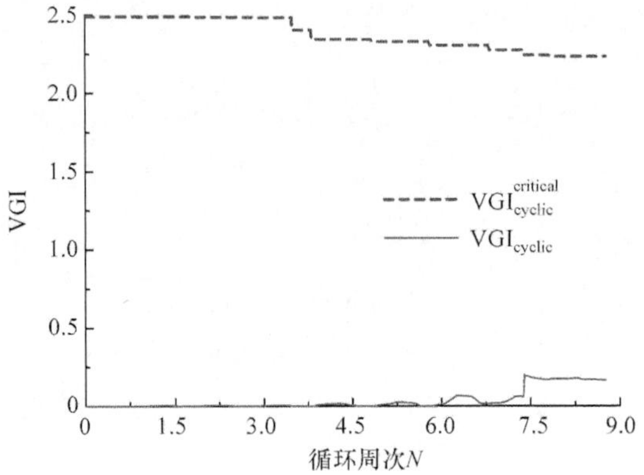

(b) 焊缝

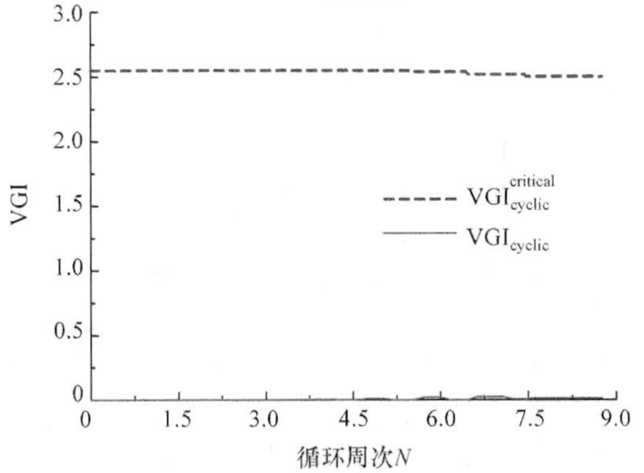

(c) 母材

图 7.26　钢桥墩墩底超低周疲劳损伤发展过程(R_R=0.493)

图 7.27 为两个构件对应的超低周疲劳损伤指标发展过程。由结果可知，R_R=0.207 的构件超低周疲劳损伤发展较快。其中，墩底热影响区最危险，在第 8 周循环时就出现 VGI_{cyclic}大于临界值 $VGI_{cyclic}^{critical}$，即式(7.42)的损伤指标 D_c达到了 1.0，而焊缝单元的损伤指标则在第 9 周开始大于 1.0，因此在这两个区域均存在发生超低周疲劳破坏的可能性。而母材的超低周疲劳损伤发展较慢，不会出现延性开裂的危险性。对于受压钢板宽厚比 R_R=0.493 的构件，超低周疲劳损伤指标始终处于较低的水平，在桥墩承载力和变形达到极限前不存在发生超低周疲劳破坏的可能性。

通过上述两个钢桥墩的超低周疲劳损伤指标计算可知，受压翼缘板宽厚比 R_R 对超低周疲劳损伤发展有较大的影响，宽厚比大的构件因局部变形导致承载力下降至极限状态，超低周疲劳损伤不会起到控制作用。宽厚比小的构件塑性应变累积和应力三轴度发展较快，在承载力达到极限状态前可能发生超低周疲劳破坏，在

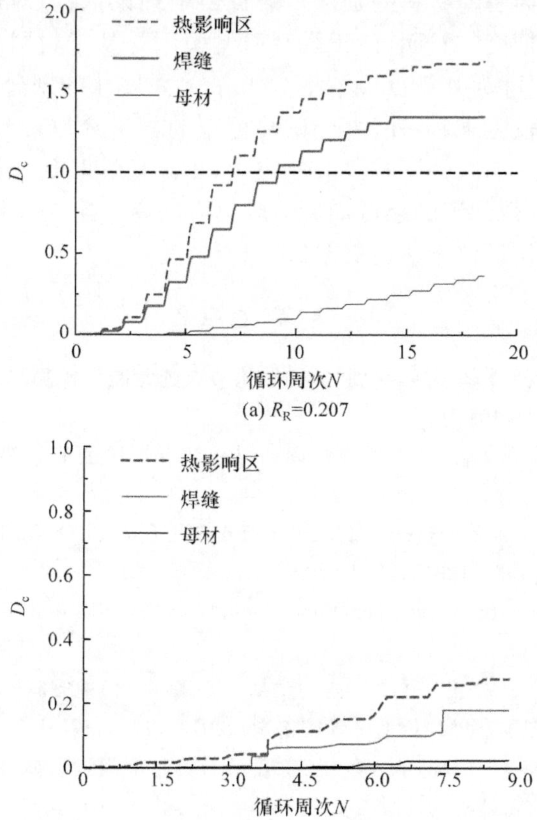

(a) R_R=0.207

(b) R_R=0.493

图 7.27　钢桥墩墩底超低周疲劳损伤指标发展过程

结构抗震设计时需要对超低周疲劳损伤进行验算。

7.7 小　结

本章针对基于微观损伤机制的超低周疲劳损伤评估方法，介绍了几种常用的超低周疲劳寿命评估方法；根据相关文献资料整理了既有研究对微观机制模型的材料参数标定结果；最后介绍了 CVGM 模型在钢结构节点以及钢桥墩超低周疲劳损伤验算中的应用实例。

根据两个不同宽厚比的钢桥墩在水平反复荷载作用下的超低周疲劳损伤分析结果，讨论了控制钢桥墩地震损伤的形式。宽厚比较小的厚钢板桥墩，超低周疲劳破坏是桥墩的地震损伤控制形式；而宽厚比较大的薄钢板桥墩，钢板的局部失稳先于超低周疲劳损伤，极限状态由结构局部失稳控制。

微观机制模型为解释材料的延性断裂提供了理论依据，对焊接钢节点断裂破坏具有良好的预测精度。然而，由于微观机制模型是基于材料缺陷及发展过程的理论，研究对象的尺寸为 0.1mm 级别，这要求单元尺寸的划分不能超过 0.5mm，结构有限元分析比较困难；另外，由于试验标定的材料参数具有一定的离散性，尤其是焊接材料及热影响区的参数离散性更大，也给韧性断裂预测结果带来不可忽视的影响。目前，取得共识的超低周疲劳验算方法尚未建立，钢桥结构在地震作用下的超低周疲劳损伤评估方法还需要进一步研究。

参考文献

[1] 王伟，廖芳芳，陈以一. 基于微观机制的钢结构节点延性断裂预测与裂后路径分析[J]. 工程力学，2014，31(3)：101-108.

[2] 周晖，王元清，石永久，等. 基于微观机理的梁柱节点焊接细节断裂分析[J]. 工程力学，2015，32(5)：37-50.

[3] Kuwamura H. Transition between fatigue and ductile fracture in steel[J]. Journal of Structural Engineering，1997，123(7)：864-870.

[4] Anderson T L. Fracture Mechanics：Fundamentals and Applications[M]. 3rd ed. Boca Raton：CRC Press，2005.

[5] 田村洋，佐々木栄一. 修正ワイブル応力に基づく鋼部材の地震時脆性破壊発生限界の評価[J]. 土木学会論文集 A1(構造・地震工学)，2015，71(2)：173-185.

[6] 田村洋，佐々木栄一，山田均，他. 応力三軸度に着目した鋼製橋脚における地震時脆性破壊発生要因に関する解析的検討[J]. 土木学会論文集 A，2010，66(3)：420-434.

[7] Rice J R，Tracey D M. On the ductile enlargement of voids in triaxial stress fields[J]. Journal of the Mechanics and Physics of Solids，1969，17(3)：201-217.

[8] Hancock J W，Mackenzie A C. On the mechanics of ductile failure in high-strength steel subjected to multi-axial stress-states[J]. Journal of the Mechanics and Physics of Solids，1976，24(3)：147-169.

[9] Chi W M，Kanvinde A M，Deierlein G G. Prediction of ductile fracture in steel connections using SMCS criterion[J]. Journal of Structural Engineering，2006，132(2)：171-181.

[10] Kanvinde A M，Deierlein G G. Void growth model and stress modified critical strain model to predict ductile fracture in structural steels[J]. Journal of Structural Engineering，2006，132(12)：1907-1918.

[11] Kanvinde A M，Deierlein G G. Finite-element simulation of ductile fracture in reduced section pull-plates using micromechanics-based fracture models[J]. Journal of Structural Engineering，2007，133(5)：656-664.

[12] Kanvinde A M，Deierlein G G. Cyclic void growth model to assess ductile fracture initiation in structural steels due to ultra-low cycle fatigue[J]. Journal of Engineering Mechanics，2007，133(6)：701-712.

[13] Kanvinde A M, Gomez I R, Roberts M, et al. Strength and ductility of fillet welds with transverse root notch[J]. Journal of Constructional Steel Research, 2009, 65(4): 948-958.

[14] Kanvinde A M, Deierlein G G. Micromechanical simulation of earthquake-induced fracture in steel structures[R]. Stanford: Stanford University, 2004.

[15] Kanvinde A M, Fell B V, Gomez I R, et al. Predicting fracture in structural fillet welds using traditional and micromechanical fracture models[J]. Engineering Structures, 2008, 30(11): 3325-3335.

[16] Kanvinde A M, Deierlein G G. Validation of cyclic void growth model for fracture initiation in blunt notch and dogbone steel specimens[J]. Journal of Structural Engineering, 2008, 134(9): 1528-1537.

[17] Myers A T, Deierlein G G, Kanvinde A. Testing and probabilistic simulation of ductile fracture initiation in structural steel components and weldments[R]. Stanford: Stanford University, 2009.

[18] Myers A T, Kanvinde A M, Deierlein G G, et al. Probabilistic formulation of the cyclic void growth model to predict ultralow cycle fatigue in structural steel[J]. Journal of Engineering Mechanics, 2014, 140(6): 75-100.

[19] Liao F F, Wang W, Chen Y Y. Parameter calibrations and application of micromechanical fracture models of structural steels[J]. Structural Engineering and Mechanics, 2012, 42(2): 153-174.

[20] Gurson A L. Plastic flow and fracture behavior of ductile materials incorporating void nucleation growth and interaction[D]. Providence: Brown University, 1975.

[21] Gurson A L. Continuum theory of ductile rupture by void nucleation and growth: Part I—yield criteria and flow rules for porous ductile media[J]. Journal of Engineering Materials and Technology, 1975, 99(1): 297-300.

[22] Gurson A L. Porous rigid-plastic materials containing rigid inclusions-yield function, plastic potential, and void nucleation[C]//Proceedings of the 4th International Conference on Fracture, Waterloo, 1977: 357-364.

[23] Tvergaard V, Needleman A. Analysis of the cup-cone fracture in a round tensile bar[J]. Acta Metallurgica, 1984, 32(1): 157-169.

[24] Tvergaard V. On localization in ductile materials containing spherical voids[J]. International Journal of Fracture, 1982, 18(4): 237-252.

[25] Needleman A, Tvergaard V. An analysis of ductile rupture in notched bars[J]. Journal of the Mechanics and Physics of Solids, 1984, 32(6): 461-490.

[26] Chu C C, Needleman A. Void nucleation effects in biaxially stretched sheets[J]. Journal of Engineering Materials and Technology, 1980, 102(3): 249-256.

[27] Chen Y. Finite element modeling of ductile tearing in pipeline steels using a micromechanical damage mode[D]. Waterloo: University of Waterloo, 2004.

[28] 王国珍, 张贺全, 蒲吉斌, 等. GTN 损伤模型对 C-Mn 钢缺口拉伸试样延性断裂的预测[J].

机械强度,2008,30(4):647-652.

[29] 邢佶慧,史一剑,刘文涛,等. 建筑钢材 GTN 损伤模型参数识别[J]. 建筑结构学报,2014,35(4):149-154.

[30] 刘文涛. 考虑混合强化准则的 GTN 损伤模型[D]. 北京:北京交通大学,2014.

[31] 余天庆,钱济成. 损伤理论及其应用[M]. 北京:国防工业出版社,1993.

[32] 楼志文. 损伤力学基础[M]. 西安:西安交通大学出版社,1991.

[33] Lemaitre J. 损伤力学教程[M]. 倪金刚,陶春虎译. 北京:科学出版社,1996.

[34] Kachanov L M. On the time to failure under creep conditions[J]. Izv Akad Nauk USSR Otd Tekhn Nauk,1958,8:26-31.

[35] Rabotnov Y N. On the equations of state for creep[C]//Progress in Applied Mechanics, the Prager Anniversary 8, Amsterdam,1963:307-315.

[36] Lemaitre J. Evaluation of dissipation and damage in metals submitted to dynamic loading [C]//Proceedings of ICM1, Kyoto,1971:540-549.

[37] Bonora N. A nonlinear CDM model for ductile failure[J]. Engineering Fracture Mechanics, 1997,58(1):11-28.

[38] Bonora N. On the effect of triaxial state of stress on ductility using nonlinear CDM model[J]. International Journal of Fracture,1997,88(4):359-371.

[39] Tong L W, Huang X W, Zhou F, et al. Experimental and numerical investigations on extremely-low-cycle fatigue fracture behavior of steel welded joints[J]. Journal of Constructional Steel Research,2016,119(1):98-112.

[40] Lemaitre J, Desmorat R. Engineering Damage Mechanics[M]. Berlin:Springer-Verlag,2005.

[41] 廖燕华. 钢桥焊接节点超低周疲劳性能与断裂机理研究[D]. 杭州:浙江大学,2018.

[42] 廖芳芳,王睿智,李文超. Q460 钢基于微观机制的延性断裂判据研究[J]. 西安建筑科技大学学报(自然科学版),2016,48(4):535-543.

[43] 邢佶慧,郭长岚,张沛,等. Q235B 钢材的微观损伤模型韧性参数校正[J]. 建筑材料学报,2015,18(2):228-236.

[44] 卢璐. 基于微观机制的钢材韧性断裂试验与分析[D]. 南京:东南大学,2015.

[45] 邢佶慧,郭长岚,李彦宇,等. Q235B 钢材的微观断裂模型损伤系数识别[J]. 哈尔滨工业大学学报,2017,49(5):184-188.

[46] 于姗姗. Q235B 钢基于细微观断裂模型的参数校定与节点应用[D]. 兰州:兰州理工大学,2016.

[47] 黄西成. Gurson 损伤模型的参数确定方法[C]//2005 年度结构强度与环境工程专委会与航天空间环境工程信息网学术讨论会,北京,2005:13-16.

[48] 陈志英,董湘怀. GTN 细观损伤模型参数对板料损伤行为的影响[J]. 锻压技术,2012,37(3):23-27.

[49] 周储伟,杨卫,方岱宁. 金属基复合材料的强度与损伤分析[J]. 固体力学学报,2000,21(2):161-165.

[50] 张颖,刘爱玲,李彬,等. 基于 GTN 模型的 20 钢孔洞扩张比数值模拟[J]. 机械强度,

2015,37 (2):343-347.

[51] 张凯,荆洪阳. Gurson-Tvergaard模型的发展及在韧性断裂分析中的应用[J]. 压力容器,2004,21(9):37-43.

[52] 孙慧敏,王国珍,轩福贞,等. 焊接接头延性裂纹扩展的数值模拟[J]. 焊接学报,2010,31(8):105-108.

[53] 张沛. 基于GTN损伤模型的钢节点断裂预测研究[D]. 北京:北京交通大学,2014.

[54] Iacoviello F, Bonora N, Cavallini M, et al. Crack initiation in Al-Li alloy using continuum damage mechanics//Aliabadi M H, Carpinteri A, Kalisky S, et al. Localized Damage Ⅲ Computer-Aided Assessment and Control[M]. Southampton Boston: Computational Mechanics Publication, 1994:657-665.

[55] Lemaitre J, Chaboche J L. Mechanics of Solids Materials[M]. Revised ed. London: Cambridge University Press, 1994.

[56] Wang T J. Unified CDM model and local criterion for ductile fracture-Ⅰ. Unified CDM model for ductile fracture[J]. Engineering Fracture Mechanics, 1992, 42(1):177-183.

[57] Wang Y Q, Zhou H, Shi Y J, et al. Fracture prediction of welded steel connections using traditional fracture mechanics and calibrated micromechanics based models[J]. International Journal of Steel Structures, 2011, 11(3):351-366.

[58] Liao F F, Wang W, Chen Y Y. Ductile fracture prediction for welded steel connections under monotonic loading based on micromechanical fracture criteria[J]. Engineering Structures, 2015, 94:16-28.

[59] Zhou H, Wang Y Q, Shi Y J, et al. Extremely low cycle fatigue prediction of steel beam-to-column connection by using a micro-mechanics based fracture model[J]. International Journal of Fatigue, 2013, 48(2):90-100.

[60] Wang Y Q, Zhou H, Shi Y J, et al. Fracture behavior analyses of welded beam-to-column connections based on elastic and inelastic fracture mechanics[J]. International Journal of Steel Structures, 2010, 10(3):253-265.

[61] Zhou H, Wang Y Q, Yang L, et al. Seismic low-cycle fatigue evaluation of welded beam-to-column connections in steel moment frames through global-local analysis[J]. International Journal of Fatigue, 2014, 64(7):97-113.

[62] Fell B V, Myers A T, Deierlein G G, et al. Testing and simulation of ultra-low cycle fatigue and fracture in steel braces[C]//Proceedings of the 8th US National Conference on Earthquake Engineering, California, 2006.

第 8 章　钢桥结构抗震性能验算

8.1　概　　述

桥梁结构抗震设计主要包括设计方法、设防目标、概念设计、地震作用及其组合效应、结构抗震性能验算和构造措施等几方面内容。本章结合钢桥地震破坏特征和我国桥梁抗震设计规范的基本要求，阐述钢桥结构抗震性能验算方法。

罕遇地震作用下复杂钢桥的地震损伤控制模式有待于今后进一步研究和总结，但目前对独柱式钢桥墩在水平单方向地震作用下的抗震性能已积累了丰富的研究资料，建立了结构极限变形、承载能力等经验计算公式。图 8.1 为日本学者整理的钢桥墩在水平单方向地震作用下的结构承载能力性能曲线[1]，曲线包含了结构损伤程度、残余变形、承载能力及变形之间的大致对应关系。图中 H 为桥墩受到的水平推力，横坐标分别为墩顶位移 δ、墩底最大平均应变 ε_a 和墩顶残余变形 δ_r，下标 y 和 u 代表屈服点和极限点，N 为轴力。桥墩进入塑性阶段后，随着钢板局部变形和塑性应变的发展，结构刚度逐渐下降，桥墩承载能力也发生下降，并在卸载后产生残余变形。特别是薄板截面的桥墩，承载能力下降明显，材料延性难以发挥。

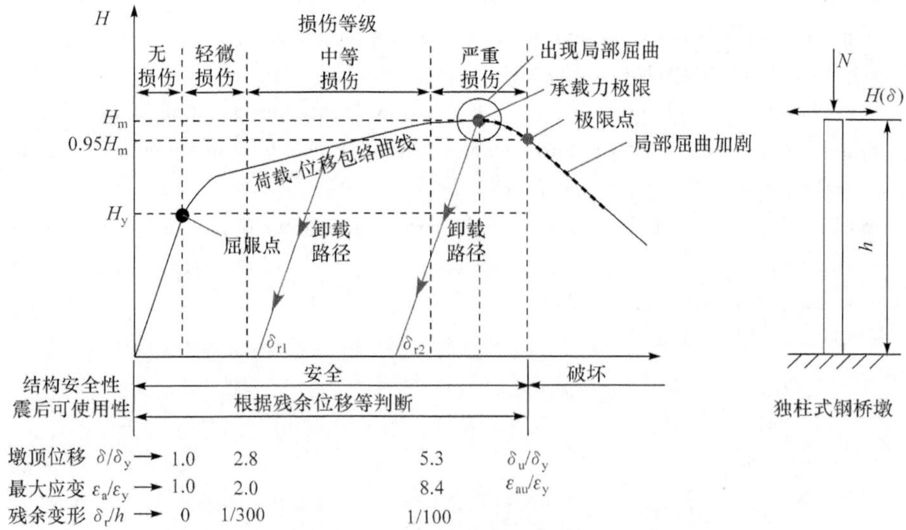

图 8.1　钢桥墩承载能力特性

另外，Usami 等根据损伤程度、残余承载能力、结构刚度等指标建议用承载能力下降到最大值的 95%作为极限状态，以此判断结构的抗震安全性。

与独柱式钢桥墩单向水平荷载作用下的结构抗震性能评价方法相比，目前对于受力复杂或承受多向地震荷载作用的结构抗震性能评价方法仍未形成统一的观点。本章从钢桥结构地震破坏特点阐述对应的设计方法和性能要求。

8.2　性能设计及钢桥的抗震性能目标

8.2.1　性能设计

随着人们对性能设计理论体系研究的深入，这种设计方法的基本框架已趋于成熟，并逐渐成为许多国家桥梁结构抗震设计规范的主流方法。我国桥梁抗震设计规范总体上也采纳了性能设计的基本思路，采用两阶段设计、多水准设防的设计过程确保桥梁的安全性、震后使用性和可修复性[2]。现行的设计规范要求桥梁在重现期较短的 E1 地震作用下不发生地震损伤，结构处于弹性状态；在重现期较长的 E2 地震作用下可发生有限的地震损伤，根据结构的重要性规定震后桥梁应具有的可使用性能、可修复性等级。

关于性能设计方法的基本内容在第 1 章已进行了一些介绍。这种设计方法的主要特征是明确结构物在建成以后应具备的性能目标，包括安全性、使用性、耐久性、可维护性等要求，根据桥梁的重要性和修复难度将上述各种性能要求划分成多个等级，并确定与此对应的结构极限状态(称为能力)。当结构在设计所考虑的外力作用下产生的最大效应(称为需求)小于能力时，认为结构满足设计的性能目标，否则不满足性能目标。

基于性能设计的抗震性能验算基本形式为

$$\gamma_i \frac{S_d}{R_d} \leqslant 1.0 \tag{8.1}$$

式中，γ_i为结构物的重要性系数；S_d为考虑地震荷载以及其他需考虑的各种荷载的组合效应；R_d为与性能等级对应的结构能力，是根据材料参数、结构条件以及设定的性能目标确定的结构极限状态。

《建筑工程抗震设防分类标准》(GB 50223—2008)[3]将建筑工程设施的重要性分为甲、乙、丙、丁四类。为了在抗震设计中反映结构物的重要性，设计规范对不同类别的桥梁设防目标进行适当提高或减小，同时采用不同设防目标的方法反映了结构物的重要性。因此，在现行的桥梁抗震设计规范中已经反映了重要性，式(8.1)的重要性系数 γ_i取 1.0。

8.2.2 性能目标

桥梁抗震设计的性能目标包含安全性及震后使用性、可修复性两个方面，每一个方面又根据地震作用大小和结构重要性分为不同的等级。结构安全性是指结构不发生倒塌等致命的破坏；而震后使用性、可修复性一般分为震后不需要修复可以直接使用，不经修复具有应急通行能力，经过临时加固具有应急通行能力且简单修复后可恢复到原水平的服役性能，经过适当加固具有应急通行能力且修复后可恢复到原水平的服役性能，不期待使用性和可修复性等几个等级。这些等级通过损伤程度来反映，如不损伤、轻度损伤、中等损伤、严重损伤等。式(8.1)中的能力 R_d 是根据上述性能目标等级结合结构参数确定的力学指标。

目前，我国钢桥多用于相对较重要的桥梁。按照我国现行规范的相关规定，钢桥结构的抗震性能要求一般可用表 8.1 的形式表示。表中结构性能细分为安全性和损伤度两个方面。其中，安全性是要求桥梁结构不但在设计地震作用下不发生致命破坏，而且在超过设计地震作用下仍有较强的抗倒塌能力，即从构造措施上设置防倒塌能力；损伤度反映了震后的使用性和修复性要求。

表 8.1 钢桥的抗震性能要求

性能要求	设计地震动 E1	设计地震动 E2		
	全部桥梁	重要桥梁	较重要桥梁	一般桥梁
安全性	结构安全	结构安全	结构安全	结构安全
损伤度	弹性	弹性	轻度损伤	中等损伤
使用性	维持震前的使用功能	维持震前的使用功能	震后仍具有应急通行的能力	临时加固后可恢复通行的能力
修复性	不需要修复	不需要修复	通过简单修复可恢复至震前的使用性能	通过一定规模的修复可恢复至震前的使用性能

8.2.3 地震作用

我国桥梁抗震设计规范在《建筑抗震设计规范》(GB 50011—2010)[4]的基础上采用了 E1 地震和 E2 地震两个水准的地震作用，并根据桥梁的重要性对地震作用大小进行调整。结构抗震设计应采用规定的地震动输入来计算结构的需求。

如第 2 章所述，设计地震动参数应按照场地地震危险性评价结果确定。一般情况下地震作用根据《中国地震烈度区划图》[5]、工程场地条件(场地类别和场地的特征周期)确定；对于特别重要的桥梁，根据场地地震风险评估结果取值。

地震动参数评价有经验方法以及考虑震源地震能量辐射、传播路径的数值模型方法两种。所谓经验方法，是指根据历史地震资料、场地条件预测不同重现期地震强度的方法。不同国家根据经济条件及地震风险采用不同重现期的地震作为设计地震动参数。表 8.2 为美国、日本相关规范在确定设计地震动所考虑的主要因素，这些因素部分与我国结构抗震设计规范相似。

表 8.2　美国、日本桥梁设计规范采用的地震动设定方法

标准	设计地震动	内容
日本土木学会	使用性验算地震	地震风险评估结果
	安全性验算地震	建设场地可能遇到的最大地震
日本桥梁设计规范	水准 1 地震	使用年限内发生概率较大的中等程度地震
	水准 2 地震	使用年限内发生概率较小的地震，包括板块边界和近断层地震两类
日本铁路桥梁	水准 1 地震	使用年限内可能发生几次的地震
	水准 2 地震	建设地点可能发生的最大地震，根据震源特性、传播路径、场地条件计算得到
美国 AASHTO，2014	设计地震动	根据地震风险评估得到，75 年超越概率为 7%的地震
	场地地震动	根据模拟地震确定，桥梁周围 6 英里范围内最大断层引起的地震动所计算得到的反应谱
美国 CALTRANS，2016	设计地震动	根据地震风险评估得到，50 年超越概率为 5%的地震
	场地地震动	下限为桥梁周围 12km 范围内，由 M6.5 横向错动地震引起的地震动

地震作用一般以加速度设计反应谱的形式给出。由于加速度反应谱是不同周期的单自由度结构弹性地震加速度反应最大值，不能直接用于结构弹塑性地震反应计算。因此，在进行钢桥弹塑性地震反应计算时，一般采用与设计反应谱一致的地震动时程作为输入条件，即采用与设计反应谱基本一致的人工地震模拟波或者历史地震记录的调整波作为地震作用，根据结构弹塑性地震反应计算结果对桥梁的抗震安全性及损伤程度进行评价。为了考虑地震动的随机性及弹性反应谱与结构弹塑性动力特性的差异，用多组地震动时程进行计算，并尽量包含与考虑的地震震级、震中距离、记录位置的场地特性及工程场地相似的历史记录波的调整波作为输入条件，以反映地震动的基本特征。《城市桥梁抗震设计规范》(CJJ 166—2011)[6]规定，采用不少于 3 条相关性低的地震动时程作为结构抗震设计的输入地震动时程。

桥梁抗震设计除了地震作用外，同时还应根据结构物实际情况考虑场地的相对变形、动水压力、动土压力、液化等形式的地震作用产生的效应，并根据相关要求组合恒载以及其他荷载的作用效应。

以下简要介绍国外抗震设计规范采用的水平方向设计反应谱曲线。

1. 美国 AASHTO 规范

美国 AASHTO 规范[7]规定的设计方向设计加速度反应谱曲线如图 8.2 所示。其中，A 为在 B 类场地条件下的水平地震峰值加速度，根据美国地震烈度区划图取值；F_{pga}、F_a和 F_v分别表示周期 $T=0$、0.2s、1.0s 时反应谱值的场地系数；A_s、S_{DS}和 S_{D1}表示不同周期对应的加速度系数，S_1和 S_s分别表示周期 $T=0.2$s、1.0s 时 B 类场地条件下的谱加速度系数，也根据美国地震烈度区划图取值。AASHTO 规范规定的设计反应谱由两直线段和一曲线段组成。加速度反应谱函数表示为

$$S_a=\begin{cases}(S_{DS}-A_s)\dfrac{T}{0.2T_s}+A_s, & T<0.2T_s\\ S_{DS}, & 0.2T_s\leqslant T\leqslant T_s\\ \dfrac{S_{D1}}{T}, & T>T_s\end{cases} \tag{8.2}$$

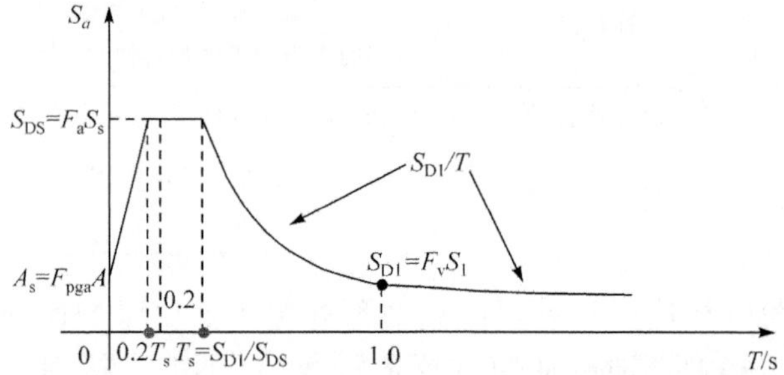

图 8.2　美国 AASHTO 规范采用的加速度反应谱曲线

2. 欧洲 BS EN 1998-1-2004 规范

欧洲 BS EN 1998-1-2004 规范[8]规定的设计水平加速度反应谱曲线如图 8.3 所示。其中，a_g为 A 类场地的加速度峰值，T_B和 T_C分别为加速度反应谱水平段的下限和上限周期，T_D为位移反应谱值开始保持为常数时的周期，S 为地基系数，η 为结构的阻尼调整系数。加速度反应谱函数表示为

$$S_a=\begin{cases} a_g S\left[1+\dfrac{T}{T_B}(2.5\eta-1)\right], & 0\leqslant T<T_B \\ 2.5a_g S\eta, & T_B\leqslant T<T_C \\ 2.5a_g S\eta\dfrac{T_C}{T}, & T_C\leqslant T<T_D \\ 2.5a_g S\eta\dfrac{T_C T_D}{T^2}, & T_D\leqslant T\leqslant 4\mathrm{s} \end{cases} \tag{8.3}$$

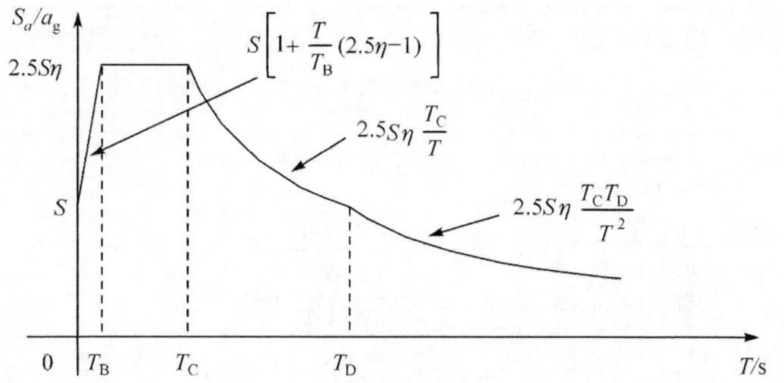

图 8.3　欧洲 BS EN 1998-1-2004 规范采用的水平方向加速度反应谱曲线

3. 日本道路桥梁抗震设计规范

日本道路桥梁抗震设计规范(JRA2012)[9]规定的水准 1 地震、水准 2-Ⅰ类地震和水准 2-Ⅱ类地震的标准加速度反应谱分别如图 8.4(a)～(c)所示。

式(8.4)为水准 1 地震的Ⅰ、Ⅱ和Ⅲ类场地条件的标准设计反应谱函数,加速度反应谱的单位为 Gal。

$$S_0=\begin{cases} 431T^{1/3}\geqslant 160, & T<0.1 \\ 200, & 0.1\leqslant T\leqslant 1.1 \quad (\text{Ⅰ类场地}) \\ 220/T, & T>1.1 \end{cases}$$

$$S_0=\begin{cases} 427T^{1/3}\geqslant 200, & T<0.2 \\ 250, & 0.2\leqslant T\leqslant 1.3 \quad (\text{Ⅱ类场地}) \\ 325/T, & T>1.3 \end{cases} \tag{8.4}$$

$$S_0=\begin{cases} 430T^{1/3}\geqslant 240, & T<0.34 \\ 300, & 0.34\leqslant T\leqslant 1.5 \quad (\text{Ⅲ类场地}) \\ 450/T, & T>1.5 \end{cases}$$

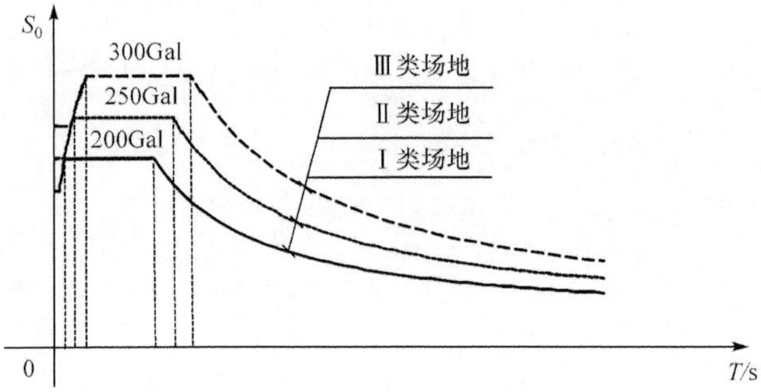

(a) 日本规范水准1地震

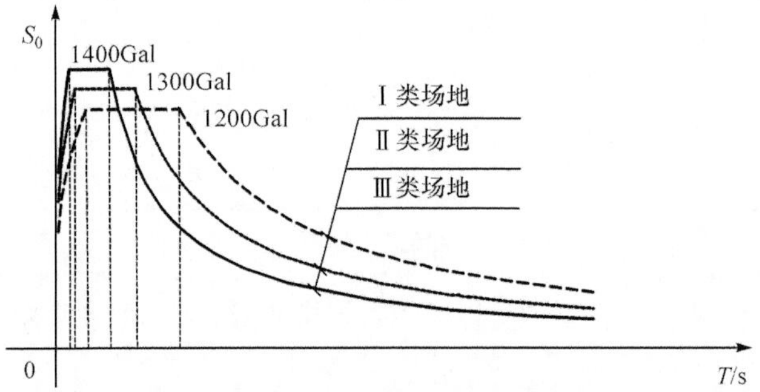

(b) 日本规范水准2-Ⅰ类地震

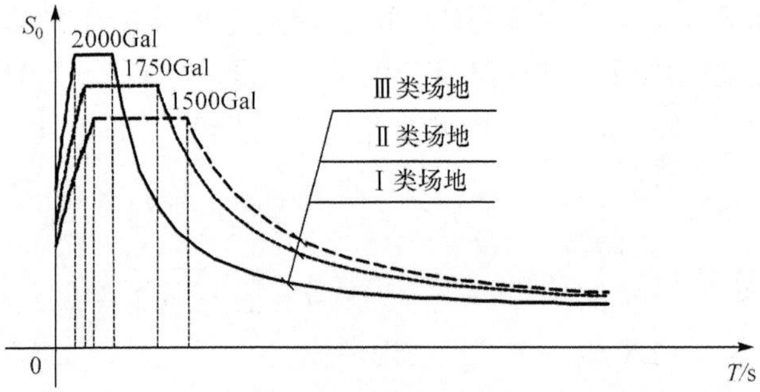

(c) 日本规范水准2-Ⅱ类地震

图 8.4　日本道路桥梁抗震设计规范采用的水平方向加速度反应谱曲线

水准 2 地震分为两种不同特征的地震动类型。其中，水准 2-Ⅰ对应板块间界面爆发的罕遇海洋大地震，类似于 1923 年的日本关东大地震；水准 2-Ⅱ对应近断层地震动，类似于 1995 年的日本阪神地震。式(8.5)和式(8.6)为Ⅰ、Ⅱ和Ⅲ类场地条件下两种类型的地震动设计反应谱函数。

$$\left\{\begin{array}{l} S_{\mathrm{I}0}=\begin{cases}2579T^{1/3}, & T<0.16\\ 1400, & 0.16\leqslant T\leqslant 0.6 \quad (\text{Ⅰ类场地})\\ 840/T, & T>0.6\end{cases}\\ S_{\mathrm{I}0}=\begin{cases}2153T^{1/3}, & T<0.22\\ 1300, & 0.22\leqslant T\leqslant 0.9 \quad (\text{Ⅱ类场地})\\ 1170/T, & T>0.9\end{cases}\\ S_{\mathrm{I}0}=\begin{cases}1719T^{1/3}, & T<0.34\\ 1200, & 0.34\leqslant T\leqslant 1.4 \quad (\text{Ⅲ类场地})\\ 1680/T, & T>1.4\end{cases}\end{array}\right. \tag{8.5}$$

$$\left\{\begin{array}{l} S_{\mathrm{II}0}=\begin{cases}4463T^{2/3}, & T<0.3\\ 2000, & 0.3\leqslant T\leqslant 0.7 \quad (\text{Ⅰ类场地})\\ 1104/T^{5/3}, & T>0.7\end{cases}\\ S_{\mathrm{II}0}=\begin{cases}3224T^{2/3}, & T<0.4\\ 1750, & 0.4\leqslant T\leqslant 1.2 \quad (\text{Ⅱ类场地})\\ 2371/T^{5/3}, & T>1.2\end{cases}\\ S_{\mathrm{II}0}=\begin{cases}3281T^{2/3}, & T<0.5\\ 1500, & 0.5\leqslant T\leqslant 1.5 \quad (\text{Ⅲ类场地})\\ 2948/T^{5/3}, & T>1.5\end{cases}\end{array}\right. \tag{8.6}$$

8.3　结构地震反应计算方法和计算模型

8.3.1　结构地震反应计算方法

在进行抗震性能验算时，结构需求 S_d 一般是通过结构地震反应计算得到，对于特别重要、抗震设计理论不完善的结构，还需要用模型试验进行验证。

结构地震反应计算分为静力方法和动力方法两大类，每一类算法根据是否考虑材料和几何非线性进一步分为弹性小变形(线弹性)、弹塑性小变形、弹性大变形和弹塑性大变形四种方法。钢桥结构抗震设计应根据结构特性及验算内容选择对应的计算方法。

弹塑性大变形计算理论是一种考虑因素较全面的算法，同时考虑材料非线性和几何非线性的影响，能较精确地模拟结构的地震损伤过程。但是，考虑双非线性影响的计算方法存在计算量大、收敛困难的问题，计算成本相对较高。实际上，除大跨度柔性大位移结构或者需要考虑失稳影响的结构外，许多桥梁的地震反应计算并不需要考虑几何非线性的影响。另外，不考虑结构地震损伤的构件也无需考虑材料的弹塑性行为，可按照弹性理论计算。当结构计算需要考虑材料非线性、几何非线性或者同时考虑两者影响时,线性叠加原理不再成立,除了比较简单的结构外,一般都是以确定的作用顺序及地震动时程输入作为计算条件,通过时程分析获得结构的地震反应。即首先计算成桥时的内力状态,然后再计算结构地震反应。

反应谱法和静力计算法是两种地震反应的简化计算方法。其中反应谱法是根据结构自振特性用设计反应谱算出各振型的最大地震作用及对应的地震效应,最后将各振型的地震效应组合得到结构地震效应的方法。组合方法根据振型密集的程度分为 SRSS(平方和开方)方法和 CQC(完全二次项组合)方法两种。由于反应谱方法是根据结构自振特性和叠加方法计算地震效应的算法,原则上仅用于线弹性结构的地震效应分析。

具有代表性的静力计算方法是 Pushover 法,这种算法把结构地震作用等效为静力荷载计算结构的极限状态。计算时保持结构的恒载条件不变,把地震惯性力用水平荷载代替,逐渐增加水平荷载至结构极限状态,获得结构的地震破坏过程、破坏形式及极限承载能力。由于计算结果与荷载作用方式有关,这种方法在复杂钢桥地震反应分析中的适用性受到关注,迄今为止,Pushover 法在钢拱桥抗震设计中的适用性已有一些研究[10-14]。另外,Pushover 法不能反映塑性耗能对钢结构承载能力的影响,当结构容许发生中等程度及以上的地震损伤时,Pushover 法有可能高估了结构的残余承载能力。

表 8.3 给出了各种计算方法的要点及其适用性。

表 8.3 结构地震反应计算的常用方法

计算方法	方法概要	使用范围	需要的输入	计算结果
单自由度反应谱法	根据结构的基本周期和阻尼比,从设计反应谱得到对应的地震作用,通过静力计算得到结构的最大地震效应	可简化为弹性单自由度结构,计算得到最大地震效应	设计反应谱曲线及结构的自振特性	地震作用下的最大弹性内力和变形
等能量法/等位移法	根据单自由度的弹性地震反应计算结果近似计算弹塑性位移的简化算法	可简化为单自由度弹塑性结构体系。当自振周期比较小时等能量法的精度稍高,相反等位移法的精度稍高	根据弹性地震反应结果推算弹塑性反应	地震作用下的最大弹塑性变形
振型分解反应谱法	通过振型分解法把多自由度结构离散成多个振型,每个振型的地震作用及地震效应按单自由度反应谱法计算,通过 SRSS 法或 CQC 法组合各振型的效应得到结构总的最大地震效应	多自由度弹性结构的最大地震效应计算	设计反应谱曲线及结构的各阶自振特性	地震作用下的最大弹性内力和变形

续表

计算方法	方法概要	使用范围	需要的输入	计算结果
振型分解时程分析法	通过振型分解法把多自由度结构离散成多个振型，而每个振型的地震作用及地震反应按单自由度时程计算得到，通过振型叠加得到结构总的地震效应	多自由度弹性结构的地震时程反应计算	地震动时程及结构的各阶自振特性	地震作用下的弹性时程反应
直接积分时程分析法	通过直接对结构的地震运动方程积分计算得到结构的地震反应	弹性结构或者弹塑性结构的地震时程反应计算	地震动时程及结构刚度、质量、阻尼特性	地震作用下的变形和内力时程反应
Pushover 法	地震作用按比例逐渐增加的静力荷载，计算结构的损伤过程及弹塑性地震效应	弹塑性结构的地震效应计算	荷载模式及结构弹塑性计算模型	地震作用下的损伤模式及极限状态

表 8.3 中的算法在一般的结构抗震设计书籍中有详细介绍，以下简单阐述这些算法的基本原理，详细参照相关文献。

1. 振型分解法

结构地震运动方程为

$$\boldsymbol{M}\ddot{\boldsymbol{x}}(t)+\boldsymbol{C}\dot{\boldsymbol{x}}(t)+\boldsymbol{K}\boldsymbol{x}(t)=-\boldsymbol{M}\boldsymbol{R}\boldsymbol{a}_{\mathrm{g}}(t) \tag{8.7}$$

式中，$\boldsymbol{M}$、$\boldsymbol{C}$、$\boldsymbol{K}$、$\boldsymbol{x}(t)$和 $\boldsymbol{a}_{\mathrm{g}}(t)$分别表示结构的质量矩阵、阻尼系数矩阵、整体刚度矩阵、位移向量和多点地震动输入向量；$\boldsymbol{R}$ 表示节点自由度方向与单向地震动激励的夹角余弦列向量。

不考虑阻尼影响的多自由度结构自由振动特性由如下特征值方程计算得到：

$$\left|\boldsymbol{K}-\omega^2\boldsymbol{M}\right|=0 \tag{8.8}$$

式中，ω^2 为特征值，ω 为自振频率（圆频率），对应的齐次方程为

$$(\boldsymbol{K}-\omega^2\boldsymbol{M})\boldsymbol{\varphi}=\boldsymbol{0} \tag{8.9}$$

其中，非零解 $\boldsymbol{\varphi}$ 为特征向量，表示结构对应的振型。对于 n 个自由度的结构，从式(8.8)可以得到 n 个特征值，即结构有 n 阶振型。

结构的振型对质量和刚度矩阵具有正交性，假定将振型对质量矩阵进行规格化，则有

$$\begin{cases}\boldsymbol{\Phi}^{\mathrm{T}}\boldsymbol{M}\boldsymbol{\Phi}=\boldsymbol{I}\\ \boldsymbol{\Phi}^{\mathrm{T}}\boldsymbol{K}\boldsymbol{\Phi}=\boldsymbol{\Omega}^2\end{cases} \tag{8.10}$$

式中，$\boldsymbol{\Phi}=[\boldsymbol{\varphi}_1 \quad \boldsymbol{\varphi}_2 \quad \cdots \quad \boldsymbol{\varphi}_m](m\leqslant n)$为结构的振型矩阵；$\boldsymbol{\Omega}^2$为关于$\omega^2$的对角矩阵；$\boldsymbol{I}$为单位矩阵。

由于多自由度结构的各特征向量之间相互独立，结构的位移向量可以表征为特征向量叠加的形式，即

$$\begin{cases}\boldsymbol{x}(t)\approx\boldsymbol{\varphi}_1 q_1(t)+\boldsymbol{\varphi}_2 q_2(t)+\cdots+\boldsymbol{\varphi}_m q_m(t)=\boldsymbol{\Phi}\boldsymbol{q}(t)\\ \boldsymbol{q}(t)=[q_1(t) \quad q_2(t) \quad \cdots \quad q_m(t)]^{\mathrm{T}}\end{cases} \tag{8.11}$$

式中，$\boldsymbol{q}(t)$为待求的广义坐标向量。当$m=n$时，式(8.11)为精确解。

将式(8.11)代入地震运动方程(8.7)，并利用式(8.10)的关系，可得

$$\ddot{\boldsymbol{q}}(t)+\boldsymbol{\Phi}^{\mathrm{T}}\boldsymbol{C}\boldsymbol{\Phi}\dot{\boldsymbol{q}}(t)+\boldsymbol{\Omega}^2\boldsymbol{q}(t)=-\boldsymbol{\Phi}^{\mathrm{T}}\boldsymbol{M}\boldsymbol{R}\boldsymbol{a}_{\mathrm{g}}(t) \tag{8.12}$$

如果假定阻尼为 Rayleigh 阻尼，即阻尼矩阵为质量矩阵和刚度矩阵的线性组合，则有

$$\boldsymbol{C}=\alpha\boldsymbol{M}+\beta\boldsymbol{K} \tag{8.13}$$

式中，α和β为比例系数。

将式(8.13)代入式(8.12)，可以得到m个独立的振动方程：

$$\ddot{q}_i(t)+2\omega_i\xi_i\dot{q}_i(t)+\omega_i^2 q_i(t)=-\gamma_i a_{\mathrm{g}}(t) \quad (i=1,2,\cdots,m) \tag{8.14}$$

式中，ξ_i和γ_i分别为各阶振型的阻尼和振型参与系数。由于振型之间互相独立，可以分别求解各阶振型，从而将多自由度结构的地震效应求解转化为多个单自由度振动的计算。

振型分解法又分为振型分解反应谱法和振型分解时程法。振型分解反应谱法是把结构离散成多个振型，每个振型的地震作用及地震效应按单自由度反应谱法获得，然后通过 SRSS 法或 CQC 法组合各振型的地震效应得到结构总的最大地震反应。振型分解时程法是把结构每个振型的地震反应按照直接积分的方式进行求解，然后将所求结果回代至式(8.11)得到结构总的地震反应时程。

2. 直接积分法

直接积分法是根据当前已知的结构运动状态(位移、速度和加速度)及荷载条件，计算下一时刻的运动状态。这种算法是通过在时间轴上反复积分和累积，最终计算出地震过程中的结构反应时程，因此也称为逐步积分法。

直接积分法分为显式积分和隐式积分两种。在计算过程中，显式积分是根据当前状态的运动方程计算下一时刻的反应。因此，显式积分要求每一步的时间增量非常小，否则可能导致误差不断积累，计算精度无法保证。与显式积分法不同，隐式积分要求计算过程中满足下一时刻的运动方程，方程中包含未知的下一时刻结构反应，故需要通过迭代获得满足平衡条件的结果。由于满足下一时刻的运动

方程，误差累积小且算法的稳定性较好，隐式积分法成为最常用的结构地震反应计算方法。为提高算法的收敛性和效率，已提出多种改进的隐式积分算法，其中 Newmark-β 法和 Wilson-θ 法是较常用的两种方法。

3. Pushover 法

Pushover 法是一种静力弹塑性分析的计算方法，是结构在地震荷载作用下进行弹塑性变形分析的一种简化算法。Pushover 分析通过对桥梁按照某个确定的荷载方式逐渐增加荷载，直到桥梁结构达到预先规定的某种极限状态。计算过程中，根据水平外力与节点位移之间的荷载-位移曲线可以分析桥梁由弹性至弹塑性状态、再从弹塑性状态至倒塌的过程[15]。因此，这种算法的计算目的是得到结构的抗震能力，包含极限变形能力、极限承载能力等。

采用 Pushover 法进行计算分析时，首先需要选择模拟地震力作用的荷载形式。对于多自由度结构，一般可按惯性力分布或振型分布确定水平地震作用[13]。假定 $\boldsymbol{M}$ 为结构的集中质量矩阵，$\boldsymbol{\varphi}$ 为水平方向卓越振型的特征向量，则水平推力向量 $\boldsymbol{H}$ 可以表示为

$$\begin{cases}\boldsymbol{H}_1=-\boldsymbol{M}\boldsymbol{a}\\ \boldsymbol{H}_2=\boldsymbol{M}\boldsymbol{\varphi}\end{cases}\tag{8.15}$$

式中，$\boldsymbol{H}_1$、$\boldsymbol{H}_2$ 分别为按惯性力分布和振型分布确定的水平推力向量；$\boldsymbol{a}$ 为通过弹性时程分析得到的变形最大时刻节点水平加速度向量。对于简单结构，还可以直接选择按倒三角形荷载方式进行水平加载。

Pushover 法适用于基本振型卓越的结构，多为常规或简单的桥梁，否则计算精度难以保证，一些国家的桥梁抗震设计规范对其适用范围做了限定。例如，日本桥梁抗震设计规范规定当符合下列条件之一时，桥梁结构的抗震验算需要采用时程分析法，Pushover 法不再适用：①结构振型参与系数最大的振型和 Pushover 法所假定形状差异较大的桥梁；②有两阶及其以上振型比较卓越的桥梁；③结构可能首先出现的塑性铰有两处以上的桥梁；④结构形式比较复杂，难以准确预估塑性铰出现位置的桥梁；⑤结构特性不适合采用等能量原则进行 Pushover 分析的桥梁，例如，桥梁结构的自振周期比较长，超出了等能量原则的适用范围。因此，在采用 Pushover 分析前，应首先确定结构是否满足适用条件。

8.3.2　结构地震反应计算模型

结构地震反应计算模型根据采用的单元形式主要分为杆系结构、板壳结构以及实体结构三种类型。在钢桥结构分析中，实体结构是三种计算模型中精度最高的计算方法，但是计算量非常大，除了特殊需要外(如为了验算超低周疲劳破坏的局部应力)，钢桥结构地震反应计算一般不采用实体模型。因此，杆系结构和板壳

结构是两种具有代表性的钢桥计算模型。

结构地震反应计算模型的选择应考虑多方面的因素。计算精度是首先需要考虑的一个重要因素，不精确的计算结果不能成为结构抗震性能验算的依据。但是高精度的计算模型计算工作量大，同时存在如何评价计算结果对结构性能影响的问题。因为局部的结构损伤并不一定都会给结构整体的力学性能带来致命的影响，而精细有限元计算模型最重要的特征是可以分析结构的局部力学行为。因此，计算选用的单元类型需要考虑与之对应的结构及构件极限状态性能指标。

失稳和超低周疲劳破坏是钢桥的两种典型地震破坏，杆系结构计算模型不能正确反映出局部失稳和损伤过程。因此，当桥梁抗震性能目标容许结构发生中等及以上的地震损伤时，钢桥的结构抗震分析宜采用比较精细的有限元模型。为了减少计算量，可在主要地震损伤区域采用板壳模型，可能出现轻微塑性区域采用纤维结构模型，不考虑损伤的弹性区域可采用弹性杆系结构模型。对于超低周疲劳性能的验算，应采用更为精细的局部实体模型进行计算。

表 8.4 列出了结构弹塑性地震反应计算模型的适用性及性能验算指标与单元类型的对应关系，在选择单元时应考虑性能验算采用的指标。

表 8.4　结构弹塑性地震反应的计算模型

计算模型	单元类型	基本特征	性能验算指标
杆系结构	弯矩-曲率模型	引入平截面假定，不能模拟钢板的局部变形和局部失稳，不能计算局部应力，不能考虑双向弯曲，不能考虑动轴力效应；计算比较简便	曲率
	纤维单元模型	与弯矩-曲率模型的不同点是可以考虑动轴力效应和截面双轴弯曲变形，计算量略大	平均应变
板壳结构	板壳单元模型	除了板厚方向的应力、应变分布不能正确模拟外，其他方向的变形得到考虑；计算量大，收敛较困难	面外局部变形
实体结构	实体单元模型	是目前最精确的计方法，可以计算用于超低周疲劳验算的局部应力；计算量非常大，收敛困难	局部应变
混合模型	不同单元类型组合	根据损伤特征分别采用杆系、板壳或者实体单元，满足不同目的的抗震性能验算需要	分别对应

在弹塑性地震反应计算中，滞回本构模型也是影响计算结果精度的一个重要因素，这方面内容在第 3 章已经进行了详细阐述。常用于钢结构弹塑性地震反应分析的本构模型包括随动强化模型、等向强化模型、混合强化模型、双曲面模型和三曲面模型。当应力条件及应力历史较复杂，或者应变反应比较大时，宜采用精确的滞回本构模型。另外，滞回本构模型与采用的单元类型有关，不同的单元类型由于应力分量不同，模型所考虑的应力条件也会发生变化。

在工程设计时具体采用哪种计算方法，可以根据以下原则判断确定：

(1) 对于不容许发生损伤的结构,可以采用弹性理论计算,一般采用杆系结构。对于应力分布比较复杂、结构截面不规则的节点或构件,可采用局部板壳模型计算结构地震反应。

(2) 对于容许轻度地震损伤的结构,可以采用杆系结构模型计算,可能出现塑性的区域采用纤维模型,其他采用弹性模型。对于应力分布比较复杂、结构截面不规则的节点或构件,可用局部板壳模型进行结构地震反应计算。

(3) 对于容许中度地震损伤的钢桥,可以采用杆系结构计算,地震中可能出现塑性的区域采用纤维模型。对于应力分布比较复杂、结构截面不规则的节点或构件,以及地震中塑性程度较显著的区域宜采用局部板壳模型进行结构地震反应计算,对于应变幅较大的特殊连接部位宜进行超低周疲劳强度验算。

(4) 对于耗能构件或装置,除了用精细的板壳、实体模型对构件或装置的变形性能进行验算外,应进行超低周疲劳损伤验算。

(5) 对于独柱式桥墩等形式比较简单的结构,可利用已积累的高精度经验公式直接验算结构抗震性能。

8.4　结构抗震性能验算

应用式(8.1)进行结构抗震性能验算时,需要确定需求 S_d 及能力 R_d。本节进一步讨论这两方面的内容。

8.4.1　结构需求

结构需求可表示为

$$S_d = \sum_i \gamma_{ai} S(\gamma_{fi} F_i) \tag{8.16}$$

式中,$S(\cdot)$ 表示荷载效应;$\sum$ 表示各种荷载效应的组合;i 表示参与组合的各荷载;F_i 为荷载 i 的标准强度;γ_{ai}、γ_{fi} 表示荷载组合系数及荷载作用的分项系数。这些系数根据概率分布通过可靠度理论分析确定,但是地震作用是一种特殊性荷载,一般以重现期的形式给出,系数确定具有一定的经验性。我国《城市桥梁抗震设计规范》[6] 规定,桥梁抗震设计应考虑以下荷载的组合作用:

(1) 永久作用,包括结构重力(恒载)、预应力、土压力、水压力。

(2) 地震作用,包括地震动的作用和地震土压力、水压力等。

(3) 在进行支座抗震验算时,应计入 50%的均匀温度作用效应。

(4) 对于轨道交通桥梁,应分别按有车、无车进行计算;当桥上有车时,顺桥向不计算活载引起的地震力;横桥向计入 50%活载引起的地震力,作用于轨顶以上 2m 处,活载竖向力按列车竖向静活载的 100%计算。

荷载效应 $S(\cdot)$通过计算模型的结构计算分析获得。如前所述，结构地震反应有多种算法，且计算模型、本构模型、计算方法及计算软件、输入地震动等因素均会影响计算精度。在选择计算模型时，不但要考虑计算的精度要求，同时也要考虑用于极限状态验算的指标。例如，Usami 等提出的极限应变是对应于纤维模型的计算结果，板壳模型虽然可以得到更高的应变计算精度，但结果与极限应变验算指标无直接的对应关系，不能根据需求和能力的对比评价结构的抗震性能。

对于线弹性结构，由于叠加原理成立，结构需求可以通过各种荷载单独作用下的效应组合得到，对于需要考虑非线性影响的结构，在荷载效应计算时应考虑荷载的先后作用顺序，从同一计算模型连续计算得到，其中地震作用效应在永久荷载作用的条件下计算得到。

由于直线桥梁的顺桥向和横桥向地震反应相互影响较小，桥梁抗震设计对于水平方向的地震作用一般只考虑单方向输入。根据第 4 章介绍的水平 2 方向地震作用下钢桥墩弹塑性地震损伤特性，桥墩在 2 方向地震作用下的抗震性能低于单方向的作用，特别是当结构临近或者进入塑性状态时，2 方向的地震作用相互影响显著，结构地震损伤程度明显大于单方向输入的结果。因此，对于地震破坏风险较大的重要钢桥，E2 地震作用下的结构地震反应计算宜采用同一地点记录的水平 2 方向地震动作为输入，必要时(竖向振型与水平振型相互耦合的桥梁、大跨度桥梁以及桥址考虑活断层的桥梁)还应考虑竖向地震作用，以找出结构抗震性能的薄弱环节。

结构在服役期间可能受到的地震作用具有随机性，用确定的地震输入作为设计依据不能涵盖结构可能遇到的地震作用。为了考虑不同特性、不同大小地震作用的影响，除了采用多条地震动输入进行计算分析外，近年来地震易损性分析、增量动力分析(IDA)在评价结构抗震性能方面受到广泛关注，即利用大量的地震动时程和不同强度的地震动时程作为输入，计算结构地震反应并从统计学的角度评价结构抗震安全性，分析结构受到超过设计地震作用强度时发生破坏的概率。通过考虑随机性的地震作用分析，可以提高抗震设计结果的可靠性。

另外，近断层地震作用的危险性及强余震对损伤结构的破坏累积效应在钢桥抗震设计过程中需要特别重视。前者将产生巨大的地震破坏力，后者由于主震中已损伤的结构承载能力会有一定程度的下降，在余震中仍有可能引起重大的损伤。

8.4.2 能力计算

能力计算的一般形式为

$$R_{\mathrm{d}}=\frac{1}{\gamma_{\mathrm{b}}}R\left(\frac{f_1}{\gamma_{\mathrm{m1}}},\frac{f_2}{\gamma_{\mathrm{m2}}},\frac{f_3}{\gamma_{\mathrm{m3}}},\cdots\right) \tag{8.17}$$

式中，$R(\cdot)$为考虑材料离散性影响的结构极限状态；γ_b为考虑结构尺寸偏差、极限状态评估方法误差、破坏形式危险性（剪切破坏、弯曲破坏等）的参数，某些情况也可以作为考虑构件重要性的系数（如能力保护构件）；f_k为材料 k 的标准强度；γ_{mk}为材料分项系数，用于考虑材料参数的离散性。各种分项系数通过可靠度理论分析得以确定。

极限状态与性能目标的等级相对应。钢桥的性能目标包括结构安全性极限、使用性极限及可修复性极限。安全性极限是指结构物在地震等荷载作用下产生的内力、变形达到结构承载能力的极限状态，由此导致桥梁发生致命的地震破坏。对于钢桥需要考虑的安全极限包括以下几种状态：

(1) 地基或基础失效引起桥梁的坍塌、失去震后使用功能及修复价值。

(2) 发生落梁破坏。

(3) 结构整体失稳。

(4) 结构主要承重构件或者连接节点失效。

其中，状态(1)和(2)为一般桥梁中普遍存在的失效模式，钢桥的典型失效形式是结构失稳（局部和整体失稳）、拉伸断裂及超低周疲劳破坏引起的状态(3)和(4)两种，这些可以通过构件的承载能力确定。

钢材是一种材质相对均匀的材料，且以板材的形式应用于桥梁结构，可用精细的有限元计算模型计算钢桥结构在反复荷载作用的承载能力。第 4 章介绍了国内外学者根据有限元分析等提出的考虑失稳影响的钢桥墩在水平地震作用下的承载能力经验公式，但这些公式不能满足结构受力条件复杂及边界条件复杂构件的安全性验算，目前仍缺乏一种通用性强的验算公式。与结构稳定极限状态相比，超低周疲劳破坏在结构细部萌生，在开裂前对结构力学行为的影响可以忽略，可基于结构局部计算模型单独验算结构超低周疲劳性能。

震后使用性极限状态是指主要承重结构在地震后具备一定的服役功能，不经加固或者通过简单的临时加固后能满足灾时的应急使用需要；可修复性极限状态是指结构具有不经重建、通过修复恢复使用功能的价值。这些设防目标一般通过控制地震损伤程度来确保。对于前者，更合理的验算方法是通过损伤模型的残余承载能力计算确定，计算时需要除去在地震中已经失效的次要构件，并将残余变形和残余应变的影响反映到计算模型中，根据残余承载能力计算结果确认结构的使用性能。这种验算方法需要采用能正确反映损伤程度的本构模型，目前还有一定的难度。可修复性是经济价值的对比，与损伤位置、施工方法等因素有关，指标确定含有一定的主观性。

震后使用性和可修复性需要考虑三种极限状态：

(1) 主要承重构件的塑性变形容许值。

(2) 在地震中可以失效的次要构件（失效后可更换构件，且不会显著影响承载能力)。

(3) 主要承重构件的残余变形(残余应变)容许值。

与承载能力极限状态相比,上述三种状态的极限值确定相对较灵活,设计人员根据对桥梁的重要性和加固、修复难度的认识确定合适的数值。

根据钢桥的地震损伤特点,这里将各等级损伤极限归纳为表 8.5 所示的形式。表中不包含支座破坏、落梁等一般桥梁共有的地震失效形式。残余变形取值的合理性还需要通过大量的数据分析来进行验证,特别是结构体系及受力条件复杂的桥梁,结构破坏形式多样,容许的残余变形并不相同。在超低周疲劳开裂方面,考虑到开裂后承载力下降显著且裂纹扩展过程预测困难,表中以裂纹萌生作为极限状态。另外,在极限值确定时,分主要承重构件与次要构件分别定义极限指标。

表 8.5　结构的能力极限

<table>
<tr><th>性能目标</th><th>验算对象</th><th>验算内容</th><th>极限状态</th></tr>
<tr><td rowspan="3">不损伤</td><td>结构整体</td><td>稳定性</td><td>稳定(弹性失稳)</td></tr>
<tr><td>构件</td><td>稳定性</td><td>稳定(弹性失稳)</td></tr>
<tr><td>钢板(截面)</td><td>应力</td><td>组合应力在弹性范围内</td></tr>
<tr><td rowspan="4">轻微损伤</td><td>结构整体</td><td>稳定性</td><td>稳定(弹性或弹塑性失稳)</td></tr>
<tr><td>构件</td><td>稳定性
残余变形</td><td>稳定(弹性或弹塑性失稳)
残余变形小于杆长的 1/200</td></tr>
<tr><td>钢板</td><td>残余变形</td><td>残余变形小于钢板宽度的 1/150</td></tr>
<tr><td>焊接部位</td><td>超低周疲劳开裂</td><td>不发生(通常不需要验算)</td></tr>
<tr><td rowspan="5">中等损伤</td><td>结构整体</td><td>稳定性
结构弹塑性变形</td><td>稳定(弹性或弹塑性失稳)
承载力越过极值后下降到 95%</td></tr>
<tr><td>主要构件</td><td>稳定性
残余变形</td><td>稳定(弹性或弹塑性失稳)
残余变形小于杆长的 1/100</td></tr>
<tr><td>次要构件</td><td>稳定性
残余变形</td><td>稳定(弹性或弹塑性失稳)
残余变形小于杆长的 1/80</td></tr>
<tr><td>主要构件的钢板</td><td>残余变形</td><td>残余变形小于钢板宽度的 1/80</td></tr>
<tr><td>焊接部位</td><td>超低周疲劳开裂</td><td>不发生(通常不需要验算)</td></tr>
</table>

续表

性能目标	验算对象	验算内容	极限状态
严重损伤	结构整体	稳定性	稳定(弹性或弹塑性失稳)
		结构弹塑性变形	承载力越过极值后下降到 80%
	主要构件	稳定性	稳定(弹性或弹塑性失稳)
		残余变形	残余变形小于杆长的 1/60
	次要构件	失效	允许可以失效
	主要构件的钢板	残余变形	残余变形在钢板宽度 1/50 以下
	焊接部位	超低周疲劳开裂	萌生裂纹

日本道路桥梁抗震设计规范[9]以承载力极值和残余变形极限作为钢桥墩抗震性能验算的依据,根据容许应变验算钢桥墩的抗震性能。圆形截面钢桥墩容许极限压应变 ε_a 根据径厚比 R_t 算出,即

$$\varepsilon_a = (20 - 140R_t)\varepsilon_y \tag{8.18}$$

式(8.18)适用于 $0.03 \leqslant R_t \leqslant 0.08$、$0.2 \leqslant \lambda \leqslant 0.4$ 以及 $0 \leqslant N/N_y \leqslant 0.2$ 的参数范围,各参数的定义请参考第 4 章。

矩形截面的钢板纵向容许压应变为

$$\frac{\varepsilon_a}{\varepsilon_y} = \frac{\left(1.58 - \dfrac{N}{N_y}\right)^{3.16}(1.68 - R_R)^{2.48}(0.65 - R_F)^{0.41}\left(23.87 - \dfrac{B_W + B_F}{l}\right)^{2.9}\left(\dfrac{2a}{B_W + B_F}\right)^{0.3}}{2500 \times \left(\dfrac{N}{N_y} + 1.0\right)\left(\dfrac{B_W}{B_F}\right)^{0.17}} + 0.5 \tag{8.19}$$

式中,B_W、B_F 为腹板宽度和翼缘板宽度(mm);l 为桥墩的有效长度(mm);a 为横隔板间距(mm)。

欧洲规范[16]规定,在经受不少于 5 个变形循环时钢构件承载力不下降,且截面不发生局部屈曲的临界变形为极限变形状态,美国加州钢桥抗震设计规范[17]以承载力降至 80%作为钢构件的侧向极限变形状态。

美国桥梁抗震设计规范(AASHTO 2011)[7]和加州钢桥抗震设计规范(Caltrans 2014)[17]通过限制构件的长细比和钢板宽厚比、钢板的应变水平等措施提高结构的抗震性能,确保桥梁抗震安全。规范对钢构件整体长细比限制如表 8.6 所示。

表 8.6　美国规范对钢构件长细比的限值规定

构件分类		长细比限值 λ_{cp} 和 λ_{bp}	
		AASHTO 2011	Caltrans 2014
弹性保护构件	轴压为主时，$\frac{P_u}{P_n} \geqslant \frac{M_u}{M_{ns}}$	1.50	1.50
	受弯为主时，$\frac{P_u}{P_n} < \frac{M_u}{M_{ns}}$	$4.40\sqrt{\frac{E}{\sigma_y}}$	$\frac{1970}{\sqrt{\sigma_y}}$
延性构件	轴压为主时，$\frac{P_u}{P_n} \geqslant \frac{M_u}{M_{ns}}$	0.75	0.75
	受弯为主时，$\frac{P_u}{P_n} < \frac{M_u}{M_{ns}}$	$\frac{0.086}{\sigma_y}$	$\frac{17240}{\sigma_y}$

注：1) λ_{cp} 和 λ_{bp} 分别表示受压和受弯为主的构件长细比限值；

2) 受压为主的构件长细比计算公式为：$\lambda_c = KL/(r\pi)\sqrt{\sigma_y/E}$，$L$ 和 K 分别表示有效长度及其系数，r 表示截面惯性半径；

3) 受弯为主的构件长细比计算公式为：$\lambda_b = \frac{L}{r_y}$，$r_y$ 表示弱轴的惯性半径；

4) AASHTO 规定，横撑构件长细比除需满足表 8.6 外，还需满足 $KL/r < 120$ 且 $K \leqslant 0.85$；

5) M_u 和 M_{ns} 分别表示构件的弯矩需求值和强度值；P_u 和 P_{ns} 分别表示构件的轴压力需求值和强度值；

6) 表中单位：AASHTO 为 in、ksi；Caltrans 为 mm、MPa。

另外，上述规范定义的矩形截面宽厚比为翼缘或腹板净宽与板厚之比，圆形截面径厚比为直径与板厚之比。美国规范对钢板的宽厚比限制如表 8.7 所示。

表 8.7　美国规范对宽厚比、径厚比的限值规定

构件/截面分类	宽厚比	弹性保护构件		延性构件	
		AASHTO 2011	Caltrans 2014	AASHTO 2011	Caltrans 2014
无加劲肋构件					
I 型截面压弯	b/t	$0.56\sqrt{\frac{E}{\sigma_y}}$	$\frac{370}{\sqrt{\sigma_y - 69}}$	$0.30\sqrt{\frac{E}{\sigma_y}}$	$\frac{137}{\sqrt{\sigma_y}}$
H 型截面受压	b/t	$0.56\sqrt{\frac{E}{\sigma_y}}$	$\frac{250}{\sqrt{\sigma_y - 69}}$	$0.45\sqrt{\frac{E}{\sigma_y}}$	$\frac{137}{\sqrt{\sigma_y}}$
有加劲肋构件					
矩形截面受压/弯 矩形截面受压弯 矩形空心截面	b/t d/t_w	$1.40\sqrt{\frac{E}{\sigma_y}}$	$\frac{625}{\sqrt{\sigma_y}}$	$0.64\sqrt{\frac{E}{\sigma_y}}$ （空心截面）	$\frac{290}{\sqrt{\sigma_y}}$（空心截面） $\frac{400}{\sqrt{\sigma_y}}$（其他）

续表

构件/截面分类	宽厚比	弹性保护构件		延性构件	
		AASHTO 2011	Caltrans 2014	AASHTO 2011	Caltrans 2014
纵向加劲钢板	b/t	$0.66\sqrt{\frac{kE}{\sigma_y}}$	$\frac{297\sqrt{k}}{\sqrt{\sigma_y}}$	$0.44\sqrt{\frac{kE}{\sigma_y}}$	$\frac{197\sqrt{k}}{\sqrt{\sigma_y}}$
圆形截面受压/弯	$2R/t$	$\frac{0.09E}{\sigma_y}$	$\frac{19730}{\sigma_y}$	$\frac{0.44E}{\sigma_y}$	$\frac{8950}{\sigma_y}$

注：1) b 和 d 分别表示矩形截面翼缘净宽度和腹板净高度；t 和 t_w 分别表示翼缘和腹板厚度；

2) 表中单位：AASHTO 为 in、ksi；Caltrans 为 mm、MPa；

3) k 表示在均匀外力条件下钢板的屈曲系数，其他类型截面的宽厚比限值请参考相关规范。

8.5　提高钢桥结构抗震性能的措施

根据钢桥地震破坏形式，提高钢桥抗震性能的构造措施主要从以下几个方面来考虑：

(1) 防止钢板发生失稳的措施。

(2) 防止构件发生失稳的措施。

(3) 防止结构发生失稳的措施。

(4) 防止过度的塑性变形引起超低周疲劳破坏的措施。

关于避免钢板发生局部失稳，可采用填充混凝土和减小钢板宽厚比的措施。地震中可能发生钢板局部失稳的部位是在支座上的钢腹板和受压翼缘、钢桥墩的底部截面及门式桥墩的横梁腹板剪力最大截面等，这些截面通过增加钢板刚度防止失稳破坏。

图 8.5 为矩形截面和圆形截面提高钢板局部失稳强度的构造措施。对于矩形截面桥墩，除了通过加劲肋减小钢板的宽厚比外，截面四角的直角采用小半径的圆弧构造也可以提高钢板的局部失稳强度。对于圆形截面桥墩，由于失稳后结构的变形能力难以发挥，采用纵向加劲肋可以避免发生如图 8.5(c)所示的局部失稳形式，提高局部稳定强度以及钢板失稳以后的结构变形能力。另外，在开孔位置由于加劲肋不连续，应采取必要的加强措施防止钢板发生局部失稳。

为了提高构件的稳定强度，除了减小长细比外，防止钢板局部失稳的措施也是有效的。钢结构构件的失稳常常是因钢板局部失稳引起的现象。

超低周疲劳裂纹多发生在焊缝部位，特别是墩底四角位置及门式桥墩的梁柱结合部位，如图 8.6(a)所示。应尽量避免应变集中的细部构造形式，并采用全融透的焊接方式避免结构在地震作用下发生疲劳开裂，如图 8.6(b)所示。

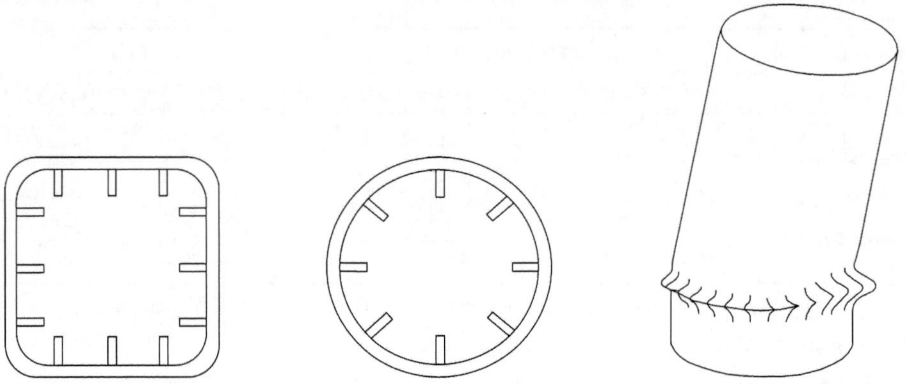

(a) 采用圆弧形转角　　(b) 采用纵向加劲肋　　(c) 不希望出现的局部失稳

图 8.5　提高矩形截面和圆形截面钢板局部失稳强度的措施

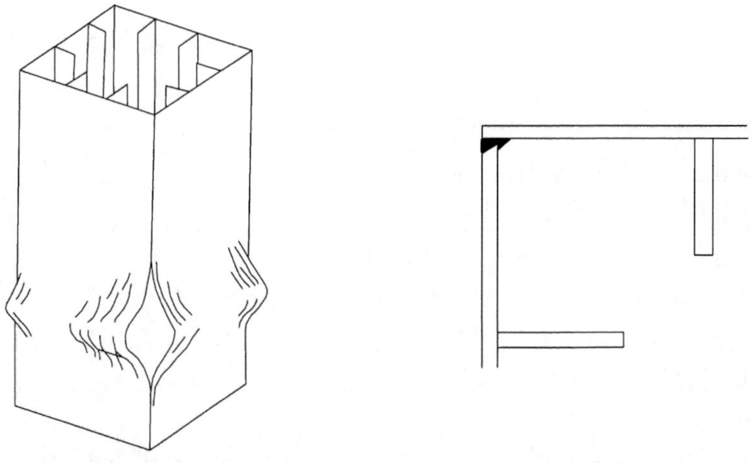

(a) 钢桥墩焊接部位开裂　　(b) 焊接方式

图 8.6　防止焊接部位超低周疲劳开裂的措施

8.6　小　　结

建立钢桥抗震设计方法是研究钢桥抗震性能及计算方法的目标。作为本书最后一章，本章基于性能设计方法的基本框架对钢桥抗震设计中的相关内容进行了整理，论述了性能目标、地震作用、结构地震反应计算和极限状态确定的基本要求等。但是，建立一个成熟的钢桥抗震设计方法，有许多问题有待解决。具体反映在以下几个方面：

(1) 钢桥的地震损伤开始于钢板的局部变形和局部失稳，目前还缺乏一个简便、合理的计算方法模拟地震作用下这一破坏过程。尽管钢材的力学参数相对明确，但是能够模拟钢板局部变形的简便算法仍然缺乏。常用的纤维模型由于不考虑钢板局部变形，只能用于塑性程度较轻微的结构地震损伤计算，而不能模拟损伤程度在中等以上的结构力学行为。板壳有限元计算模型虽然可以模拟钢板的局部变形和局部失稳过程，但因计算量大而不易被工程设计接受，采用不同单元类型的结构计算模型是兼顾计算量和计算精度的一种算法，总体上计算过程仍较复杂。因此，提出一种可以模拟钢板局部变形和局部失稳过程的地震反应简化计算方法是完善钢桥抗震设计方法的重要课题。

(2) 超低周疲劳破坏是一种延性破坏，结构拉伸破坏可以认为是延性破坏的一种特殊形式，建立超低周疲劳破坏验算方法在钢桥抗震设计中具有重要的意义。由于超低周疲劳破坏始于细部，破坏过程包括裂纹的萌生过程和裂纹扩展过程两个阶段。目前提出的验算方法是基于微观及细观应力和应变的计算理论，在结构抗震性能计算时需要算出微(细)观的力学行为，且裂缝形成和开裂过程与焊接方式、焊接材料、母材等许多因素有关，算法的实用性还有待完善。因此，建立简便、精确的超低周疲劳强度验算方法也是一个待解决的重要课题。

(3) 性能设计方法提出了桥梁的性能目标，虽然承载能力极限(如失稳、超低周疲劳破坏)根据失效模式可以确定，但是与震后的使用性和可修复性要求对应的极限状态确定缺乏相关的依据，主观性强。

(4) 与混凝土结构相比，对钢结构抗震设计的构造细节研究比较欠缺，特别是焊接构造，相关问题需要进一步完善。

参考文献

[1] 宇佐美勉. 鋼橋の耐震・制震設計ガイドライン[M]. 東京：丸善，2006.
[2] 中华人民共和国交通运输部. JTG/T B02-01—2008 公路桥梁抗震设计细则[S]. 北京：人民交通出版社，2008.
[3] 中华人民共和国住房和城乡建设部. GB 50223—2008 建筑工程抗震设防分类标准[S]. 北京：中国建筑工业出版社，2008.
[4] 中华人民共和国住房和城乡建设部. GB 50011—2010 建筑抗震设计规范[S]. 北京：中国建筑工业出版社，2010.
[5] 国家地震局. 中国地震烈度区划图[M]. 北京：地震出版社，1991.
[6] 中华人民共和国住房和城乡建设部. CJJ 166—2011 城市桥梁抗震设计规范[S]. 北京：中国建筑工业出版社，2011.
[7] AASHTO. Guide specifications for LRFD seismic bridge design[S]. 2nd ed. Washington DC：American Association of State Highway and Transportation Officials，2011.
[8] BS EN 1998-1-2004 Eurocode 8. Design of structures for earthquake resistance. General

rules, seismic actions and rules for buildings[S]. Brussels: European Committee for Standardization, 2004.

[9] Japanese Road Association. Specifications for highway bridges, Part V: Seismic design[S]. Tokyo: Maruzen, 2012.

[10] Lu Z H, Ge H B, Usami T. Applicability of pushover analysis-based seismic performance evaluation procedure for steel arch bridges[J]. Engineering Structures, 2004, 26(13): 1957-1977.

[11] Cetinkaya O T, Nakamura S, Takahashi K. A static analysis-based method for estimating the maximum out-of-plane inelastic seismic response of steel arch bridges[J]. Engineering Structures, 2006, 28(5): 635-647.

[12] Cetinkaya O T, Nakamura S, Takahashi K. Expansion of a static analysis-based out-of-plan maximum inelastic seismic response estimation method for steel arch bridges to in-plane response estimation[J]. Engineering Structures, 2009, 31(9): 2209-2212.

[13] Lu Z H, Usami T, Ge H B. Seismic performance evaluation of steel arch bridges against major earthquakes. Part 2: Simplified verification procedure[J]. Earthquake Engineering and Structural Dynamics, 2004, 33(14), 1355-1372.

[14] Cahya E, Yamao T, Kasai A. Seismic response behavior using static pushover analysis and dynamic analysis of half-through steel arch bridge under strong earthquakes[J]. International Journal of Civil Engineering and Technology, 2014, 5(1): 73-88.

[15] Chen W F, Duan L. Bridge Engineering Handbook: Seismic Design[M]. 2nd ed. Boca Raton: CRC Press, 2014.

[16] CEN-2005. EN1998-2. Design of structures for earthquake resistance. Part 2 Bridges[S]. Brussels: European Committee for Standardization, 2005.

[17] California Department of Transportation. Guide specifications for seismic design of steel bridges[S]. 2nd ed. Sacramento CA: Caltrans, 2014.